集人文社科之思　刊专业学术之声

集 刊 名：民国研究
主办单位：南京大学中华民国史研究中心
主　　编：朱庆葆
执行主编：梁　晨

STUDIES ON REPUBLICAN CHINA



总第40辑

集刊序列号：PIJ-2009-020
中国集刊网：www.jikan.com.cn/民国研究
集刊投约稿平台：www.iedol.cn

中国历史研究院
Chinese Academy of History
集刊资助

南京大学人文基金资助集刊

中文社会科学引文索引（CSSCI）来源集刊
社会科学文献出版社CNI名录集刊
中国知网CNKI收录
集刊全文数据库（www.jikan.com.cn）收录

总第40辑
2021年秋季号

SSAP 社会科学文献出版社
SOCIAL SCIENCES ACADEMIC PRESS (CHINA)

民国研究
2021年秋季号　总第40辑

# 目　录

## 教育与文化



## 研究与会议综述

Studies on Republican China
Autumn 2021 No. 40

# Contents

【政治与军事】

# 舆论与政治：1945年国共两党围绕“胡世合事件”的博弈*

肖远琴　潘　洵**

**提　要**　“胡世合惨案”发生以后，电力公司职工便自发运动，要求国民党当局惩凶。随着斗争形势的发展，中共迅速做出正确的决策。此后，中共中央南方局成立了以王若飞为首的应对机构，全面领导这一斗争的开展。至此，“胡世合事件”由以电力公司工人自发运动向中共领导运动转变。事件伊始，国民党并未预料到运动会迅速扩大，故在处理过程中含糊不清，包庇凶犯。基于此，中共依靠民意力量及利用国民党内部矛盾发动舆论攻势。国民党当局妄图压制这些力量时，中共则运用合法手段竭力释放和引导这些力量。当局迫于舆论压力及事态演变之难以调和，迅即做出让步，枪毙田凯。最后，该事件民事部分由涉事双方代表同意，彼此谅解，并签订“和解文约”。该事件最终走向“和解”，一方面是中共在斗争中注意把握分寸，坚持抗日民族统一战线，斗而不破；另一方面则是国民党在各种压力之下不得不谨慎应对的结果。

**关键词**　胡世合事件　国民党　南方局　工人运动

---

*　本文为国家社会科学基金抗日战争研究专项项目“中国抗战大后方文献资料整理与研究”（19KZD005）阶段性成果之一。本文曾提交2021年10月在上海举行的“中华人民共和国建国史研究（1945~1954）”学术研讨会及11月在西安举行的“中国共产党抗战大后方建设暨纪念西安事变85周年”学术研讨会，对与会专家学者提出的宝贵意见，在此一并致谢。

**　肖远琴，西南大学历史文化学院、重庆中国抗战大后方研究中心博士研究生；潘洵，西南大学历史文化学院、中共党史党建研究院教授。

1945 年 2 月 20 日，国民党特务田凯[①]枪杀在中韩文化协会饮食部（以下简称“中韩餐厅”）执行工作任务的重庆电力公司工人胡世合，制造了“胡世合惨案”。这一惨案引发了中共领导的川东及重庆地区自贯彻隐蔽方针以来第一次大规模的反对国民党特务统治的群众运动，是对国统区人民革命力量的一次大检阅，[②] 标志着重庆民主运动高潮的到来，[③] 在现代革命史上有重大意义及影响。目前学术界对这一事件的研究尚停留在史实梳理层面，[④] 或者在中共领导层面与工人运动史方面着墨较多。[⑤] 其中，部分学者在梳理该事件过程中出现了一些小的失误。[⑥] 另外，整个事件之始末事实上尚未厘清，如：惨案发生后国民政府是怎么应对的？该事件是怎么进

① 田凯是战时重庆臭名昭著的特务。他是重庆市财政局第八稽征所调查员及侦缉队的组长，又是袍哥德字孝义社的三排，还是重庆卫戍总司令部第一分区的额外稽查和军统指挥的重庆市警察局侦缉队第一队（市中区队）队员，该队队长何玉昆是他的拜把兄弟。可见，田凯身份复杂且特殊。因战时重庆的治安很乱，地痞流氓横行无忌，常在餐厅、茶楼、酒店和娱乐场所寻衅生事，故这些场所皆寻求“交际经理”（类似于保镖，饭馆若遇到麻烦，由其应付）的庇护。“交际经理”一般由卫戍、警备、特高组、刑警处、警察局以及军统等机构内有权势的人充任，此为中韩文化协会饮食部选择田凯为其“交际经理”的根本原因。参见《章畴叙同志回忆“胡世合运动”中的斗争》，重庆市总工会工运史研究组、西南师范学院历史系编印《重庆工运史研究资料汇编》第 7 辑，1983，第 108 页；黄淑君主编《重庆工人运动史（1919～1949）》，西南师范大学出版社，1986，第 270 页；郑蕴侠《中统秘闻：一个健在的中统少将的回忆》，四川人民出版社，1996，第 231 页。

② 周勇主编《中国共产党抗战大后方历史》（上），重庆出版社，2017，第 303 页。

③ 《1945 年 2 月 20 日胡世合事件发生》，《重庆日报》2021 年 2 月 20 日，第 3 版。

④ 以下学术成果对“胡世合事件”进行了史实性梳理，如邓颖《胡世合运动的来龙去脉》，《红岩春秋》2020 年第 10 期；吴日中《刘光与“胡世合运动”》，《湘潮》2004 年第 2 期；等等。

⑤ 以下学术成果对“胡世合事件”的研究偏重于工人运动史与中共领导层面，如黄淑君《中共南方局对胡世合事件的领导》，《西南师范大学学报》（人文社会科学版）1983 年第 4 期；《胡世合惨案与重庆工人反对国民党法西斯统治的斗争》，黄淑君主编《重庆工人运动史（1919～1949）》，第 266～294 页；等等。

⑥ 以下著作在梳理“胡世合事件”时，均在该惨案发生之时间书写上出现相同错讹。如吉林省长春市总工会文教工作委员会编《工会工作辞书》，吉林省新闻出版局，1988，第 513 页；陈乐洋主编《工会工作手册》，中国工人出版社，2002，第 127 页；尚海等主编《民国史大辞典》，中国广播电视出版社，1991，第 445 页；王虹生等主编《工青妇大辞典》，中国经济出版社，1990，第 400 页；辽宁大学历史系中国现代史教研室编印《中国现代史名词解释》（下），1982，第 174 页；等等。这些著作皆将胡世合惨案发生的时间误为 1945 年 3 月 20 日。经过爬梳相关档案、文献及资料，该惨案发生时间应为 1945 年 2 月 20 日。“胡世合事件”是全面抗战时期大后方人民在中共领导下掀起的一场“打击国民党嚣张气焰”的民主运动，在中国近现代史上有重大意义及影响。因此，对于该惨案发生时间之书写，窃以为不应出现基本的史实错误。

行赔偿的？我们无从得知。该事件最终走向“和解”，至今也无人提及。此外，中共如何利用社会舆论来替胡世合主持正义，国民政府迫于舆论的压力如何妥善处置该案等还未见深入探讨。如众所知，重大历史事件爆发后一般会引起不同政治势力借助舆论来宣传自身主张，舆论宣传在重大历史事件中扮演着极其重要的角色。故本文从舆论与政治的角度出发，探讨 1945 年国共两党如何围绕“胡世合事件”进行博弈，并考证相关问题，对当前有关“胡世合事件”定论尚存问题进行重新审视，以得出较为客观的结论。

## 一 胡世合被枪杀的前因及经过

抗战军兴，随着国民政府迁都和沿海工厂及其他机构内迁，重庆工厂数量倍增，人口亦迅速增长（由战前的 40 多万人增加到 100 多万人），陪都重庆的工业和照明用电孔急，出现了严重的“电荒”。虽然电力公司一再呼吁，有关当局亦明令对偷电行为“严加取缔”，但重庆少数特权者仍然漠视，特别是国民党军、警、宪、特机构偷窃和浪费电力极为严重。[①]至抗战中后期，重庆各发电厂负荷已重至无法维持之地步，电力公司迫不得已拟定分区轮流停电次序表，采取轮流停电的办法。然而，实行分区轮流停电仍未能解决机炉负荷过重的问题，电荒并未得到有效缓解。如第三厂在“分区轮流停电”后，机炉负荷仍有增无减，原定 6 日轮流停一次仍不能继转正常气压，电力极感不敷分配。[②] 实际上，重庆为陪都所在地，工厂及人口陡增，以致电力供不应求。其间，国民政府经济部通过核实电力公司所送报表，发现“每月发电度数与售电度数相差约 30%，即每月损失电流约 200 万度”。其中一部分系线路损耗，而其余部分则系被窃，为数殊属惊人，故翁文灏认为：“若不严加取缔，不仅影响正当市民用电，更是妨碍军工生产。”因此，经济部函请战时生产局会同有关机构及重庆电力公司商拟彻底取缔窃电办法，于 1942 年 1 月由经济部呈军事委员会批准公布实施。[③] 然在此明令之下，重庆偷电用户仍多，故电力公司经常派

① 南方局党史资料征集小组工运组、重庆市工人运动史编写组：《关于胡世合事件》，徐塞声主编《中共中央南方局历史文献选编》（下），重庆出版社，2017，第 1202 页。

② 《关于订定第三厂分区轮流停电次序表致顺昌股份有限公司重庆铁工厂的函（附表）》（1945 年 3 月 31 日），重庆市档案馆藏，档案号：01980002000170000205。

③ 《关于胡世合因剪除私接电线被中韩文化协会餐厅枪毙的公函、训令》（1945 年 2 月 24 日），重庆市档案馆藏，档案号：0053-0019-0296-0000-068-000。

人检查用户线路，一经发现即剪线断电。其中，中韩餐厅即属偷电大户之一，其有百多盏电灯、20多个吊扇，因有田凯这块“牌子”保险，故其长期偷电未受干涉。①

1945年1月24日，重庆大梁子的变压器因负荷太重被烧坏，② 重庆电力公司将其撤回修理，其间邹容路用户中韩餐厅（系大梁子变压器供电）私自在都邮街变压器上接线用电。电力公司认为此举使都邮街变压器超过负荷，便于1945年2月19日（星期一）上午派人前往该处，一面劝告，一面将其私接线路剪断。随后，双方发生正面冲突，执行合法任务的电力公司工人反被餐厅方送往大阳沟派出所，后经该所所长从中调停，双方和解。然而，该餐厅于当晚复将电线自行接上。电力公司认为该餐厅不顾电力安全的非法行为严重影响战时生产，20日再次派人前往剪断电线。③ 电力公司根据战时重庆“节省电流办法”第二条规定敦请都邮街第二警察分局派遣警察同往，以防双方再起冲突。④ 然而，电力公司剪线员胡世合、吴兴方等人和随行警察抵达该餐厅时发现，有田凯、江德茂⑤等警察局、保安队长官数人在座，二分局警察随即被斥退。⑥ 显然，餐厅一方是知道电力公司要来剪线的，⑦ 故请“高官坐镇”以震慑电力公司工人。当工人爬上电线杆剪线时，餐厅楼上的人不仅对电力工人进行了言语侮辱，而且从楼上扔凳子砸向工人，双方冲突再次发生。在斗殴过程中，田凯配枪被

---

① 郑蕴侠：《中统秘闻：一个健在的中统少将的回忆》，第232页。

② 魏宏运主编《民国史纪事本末》第6册，辽宁人民出版社，1999，第616页。

③ 《重庆电力公司全体职工为中韩文化协会饮食部非法接电并公然聚众暴行枪击本公司执行业务人员致死敬向社会人士吁请主持正义启事》（1945年2月23日），重庆市档案馆藏，档案号：0053-0019-02962-0000-042-000。

④ 战时重庆“节省电流办法”第二条规定：严行制止窃电及强用电流以减少电力浪费，由战时生产局呈请军事委员会通令取缔，并函卫戍司令部、宪兵司令部、市政府转知警察局、工务局协助电力公司依法办理。参见《关于请核定第一次电力监理委员会会议记录上翁文灏、彭开煦的呈（附会议记录）》（1945年2月19日），重庆市档案馆藏，档案号：00670011000820000029。

⑤ 此人为卫戍第一分区司令部谍报员。

⑥ 《重庆电力公司全体职工为中韩文化协会饮食部非法接电并公然聚众暴行枪击本公司执行业务人员致死敬向社会人士吁请主持正义启事》（1945年2月23日），重庆市档案馆藏，档案号：0053-0019-02962-0000-042-000。

⑦ 根据当时参与该事件的工人吴兴方、徐昌裔等人的叙述可知，因为电力公司工人黄寿臣事先给该餐厅透露了消息，故该餐厅做了准备。参见《老工人吴兴方谈胡世合惨案的发生》，《重庆工运史研究资料汇编》第7辑，第120页；另见《徐昌裔同志谈在“胡世合运动”中的见闻》，《重庆工运史研究资料汇编》第7辑，第121页。

工人打掉，但黄寿臣[①]复将其枪奉还。[②] 电力公司工人在不及餐厅方人数优势情况下，吴兴方、刘振基、张光荣等工人一并被押至保安队拘留。途中，由两名武装保安队警将工人胡世合挟至民国路口附近，一边走一边打，最后田凯则掏出手枪向胡世合开枪。胡世合小腹中弹，在被送往宽仁医院途中毙命。[③]

实际上，因重庆长期处于电荒之中，窃电现象频出。尽管电力公司“原则上严厉取缔，然困难不胜言状”。[④] 从“胡世合惨案”之前因及其经过便可管窥，想要“严厉取缔”窃电用户，实属困难。尽管有明确的法律条文规定要严行制止窃电及强用电流，还规定警察局、工务局有协助电力公司依法办理此类违法事件之责任，但是像中韩餐厅等窃电用户，仍可依仗“特权”，即卫戍司令部及警察局保安队等的撑腰，而罔顾法律条文之规定，一再挑衅电力公司底线。在第一次冲突后，当晚该餐厅又强行接电，电力公司于次日再派胡世合等人前去剪线，再次发生冲突。原本电力公司“取缔”非法窃电属有法、有据、有理，而该餐厅却依仗“后台”对法律条文视若无睹，加上官商勾结，以致酿成“胡世合惨案”。

当胡世合被杀害的噩耗传至大溪沟电力公司第一发电厂后，该厂立即开三辆卡车载 200 余名工人到都邮街，会集用户股工人共 300 余人前往中韩餐厅，打毁一切用具，并将胡世合的遗体安放在该餐厅的大厅里。第一发电厂工人强烈要求国民党当局严惩杀人凶手。此消息传开，许多工人和市民对受害者给予深切的同情，纷纷赶往肇事地点，支持电力工人的正义斗争，抗议国民党的特务统治。第一天闻讯赶来的群众约有 5 万人。“杀

---

① 此人为电力公司工人，是否有其他身份尚不确定，但根据此人给中韩餐厅透露消息及在斗殴过程中将田凯配枪奉还来看，其很可能是田凯安排在电力公司的一个线人。据徐昌裔称，此人为特务的“狗腿子”，是给特务跑二排的。参见《徐昌裔同志谈在“胡世合运动”中的见闻》，《重庆工运史研究资料汇编》第 7 辑，第 121 页。

② 《老工人吴兴方谈胡世合惨案的发生》，《重庆工运史研究资料汇编》第 7 辑，第 120 页。另见《重庆电力公司全体职工为中韩文化协会饮食部非法接电并公然聚众暴行枪击本公司执行业务人员致死敬向社会人士吁请主持正义启事》（1945 年 2 月 23 日），重庆市档案馆藏，档案号：0053-0019-02962-0000-042-000。

③ 《重庆电力公司全体职工为中韩文化协会饮食部非法接电并公然聚众暴行枪击本公司执行业务人员致死敬向社会人士吁请主持正义启事》（1945 年 2 月 23 日），重庆市档案馆藏，档案号：0053-0019-02962-0000-042-000。

④ 《经济部电业司关于定于 1941 年 4 月 8 日开会续上电流分配问题致重庆社会局的函（附电流分配表及会议记录）》（1941 年 4 月 5 日），重庆市档案馆藏，档案号：0060000 2019370000009。

人偿命”“交出凶手来”的呼声接连不断。[①]此时，“胡世合惨案”的发生成为轰动一时的社会新闻，整个重庆舆论哗然。[②]

## 二 中国共产党对“胡世合事件”的领导

“胡世合惨案”发生后，重庆电力公司的地下党员周力行立即向党组织汇报了惨案情况。随着形势的发展，中共迅速做出正确的决策。[③] 王若飞得知该情况后，立即请示周恩来。周恩来听到汇报后，指示南方局有关部门和《新华日报》开展斗争。[④] 根据这一指示，南方局成立了以王若飞为首的应对机构，全面领导这一斗争。首先是召开了秘密会议；其次是设立了以王若飞为首的秘密指挥部；再次是充分运用了《新华日报》这一舆论工具，并利用国民党内部的矛盾，发挥电力公司产业工会的积极作用；最后是联合民主党派及其他上层人士声援该事件。

首先，惨案发生后，地下党员周力行即于当晚向所在党组织领导刘光汇报，刘光随即在丁日初家召开秘密会议，故从召开秘密会议起，中共便已开始在该事件中发挥作用。他们在丁日初家共召开了两次会议。第一次会议主要是周力行汇报电力公司内部的情况，[⑤] 其所在党组织对事件做了全面分析和讨论，对这场斗争的性质、前途和意义做了估计，决定向电力公司全体职工提出明确的斗争口号，并立刻尽力使真相传布出去。[⑥] 第二次会议中刘光告知所在党组织成员，卫戍司令部已经知道他们开过会，并

① 《关于胡世合事件》，徐塞声主编《中共中央南方局历史文献选编》（下），第 1203～1204 页。

② 梅生：《悼渝电工胡世合之死漫谈“不平”》，《中国劳工》第 6 卷第 3～4 期，1945 年，第 11 页。

③ 《关于胡世合事件》，徐塞声主编《中共中央南方局历史文献选编》（下），第 1204 页。

④ 周勇主编《中国共产党抗战大后方历史》（上），第 303 页。当时周恩来并不在重庆，但红岩有电台，南方局就是通过电台与延安党中央联系的。当时，王若飞传达了周恩来的指示，概括起来有三点：一是要斗，该事件是民主运动的重要组成部分，抓住了这次斗争，就可以推动大后方的民主运动，为民主运动开辟道路；二是打击目标要明确，取得斗争的胜利才能鼓舞斗志，失败了只会使群众意志消沉；三是斗争要充分注意敌我情况，然后决定策略办法，不能让敌人抓住任何把柄。参见《张黎群同志谈“胡世合运动”》，《重庆工运史研究资料汇编》第 7 辑，第 86～87 页。

⑤ 丁日初：《关于“胡世合事件”的一些情况》，《重庆工运史研究资料汇编》第 7 辑，第 102 页。

⑥ 《关于胡世合事件》，徐塞声主编《中共中央南方局历史文献选编》（下），第 1205 页。

得知了开会的内容。[①] 因此，党组织敏锐地察觉到内部出现了内奸，随后进行党内排查，发现参与会议的成员马义为国民党特务。马义的告密使参与该事件的中共党员深陷险境，中共不得不改变策略——个别串联，单线联系，并由周力行向上级党组织汇报，再同其他成员联系。此后，刘光也会直接布置检查工作。[②]

其次，南方局设立了以王若飞为首的秘密指挥部。当时领导该事件的指挥部设在张定[③]家里，王若飞曾在刘光的陪同下多次到场指导。他们选择张定家作为指挥部的秘密所在地是经过仔细分析及出于对张定的了解和信任。张定家位于重庆二十梯，处于市中心，地理位置非常好，其父亲还是当地比较有声望的人，不会轻易被国民党搜查。如其间参与该事件的人员来往频繁，没有被国民党发现，确保了斗争的顺利展开，[④] 足以证明指挥部选址的科学性和正确性。

再次，中共充分运用了《新华日报》这一舆论工具。当王若飞把该事件通知南方局各个部门后，新华日报社就把此次斗争当作中心工作来做。只要《新华日报》的记者出动，整个新闻界就被动员起来，如《大公报》《新蜀报》《商务日报》等都发表了相关文章，甚至动员了国民党报社中同情受害者一方的记者。当时，这些记者到各地去采访，把社会的上层、文化界、新闻界都联动起来，起了很大的作用。[⑤] 尤其是《新华日报》起到“一个方面军”的作用，其在工人中的影响最大。据相关调查，该报 70% 的读者是工人，[⑥] 由此可见其报道产生的影响。

此外，中共还利用国民党内部矛盾，发挥电力公司产业工会的积极作用。肇事者田凯属于军统，而工会理事长陈铁夫属于中统，[⑦] 此时，中统

---

① 丁日初：《关于“胡世合事件”的一些情况》，《重庆工运史研究资料汇编》第 7 辑，第 102 页。

② 丁日初：《关于“胡世合事件”的一些情况》，《重庆工运史研究资料汇编》第 7 辑，第 103 页。

③ 张定是燕京大学学生，民主青年同盟成员。此时，其因工作需要来到重庆，且在张黎群的直接领导下开展工作。

④ 《张定同志对“胡世合运动”指挥部的回忆》，《重庆工运史研究资料汇编》第 7 辑，第 99～101 页。

⑤ 《张黎群同志谈“胡世合运动”》，《重庆工运史研究资料汇编》第 7 辑，第 84 页。

⑥ 重庆工运史编写组：《震惊全国的“胡世合运动”》，《重庆工运史研究资料汇编》第 7 辑，第 3 页。

⑦ 余造邦：《关于“胡世合事件”的回忆（节录）》，《重庆工运史研究资料汇编》第 7 辑，第 113 页。

想借该事件对抗在国民党市党部改选中军统势力的竞争对手。[①] 因此，其一度对工人采取同情和支持的态度。尽管他们在“移柩”等问题上倒向市政府及警察局一边，但其在事件初期的积极态度确实曾起到一定的作用，使工人在工会公开、合法的掩护下进行更有效的斗争。电力公司方面，电力公司工会理事长陈铁夫与副理事长杨秀蓁之间因争权夺利，亦是矛盾重重。同时，他们和市属特务之间也有摩擦，都想笼络工人，树立自己的威信。另外，他们对官僚资本的垄断及国民党权贵的偷电行为也有所不满。[②] 因此，这些矛盾为中共从国民党内部撕开“运动”的口子提供了契机，中共再通过外围组织扩大事件的社会影响。

最后，中共还联合民主党派及其他上层人士声援该事件。南方局内部决定由祝公健、丁日初负责联络上层，因为他们此前与民盟的邓初民、章伯钧、罗隆基以及国民党革命派的谭平山、柳亚子、朱蕴山等有联系，故两人为合适人选。两人利用所能争取的机会向各自联系的人揭露“胡世合惨案”的真相，以引起他们的同情。同时，争取他们发表谈话，对国民党特务进行谴责，并动员他们写挽联，参加悼念活动。[③] 其间，王若飞亲临在特园[④]召开的会议进行联合声援。开会时，中共方面动员了沈钧儒、黄炎培、章乃器等民主党派人士及青年党部分人士参会。会上，王若飞等积极联合民主党派人士声援电力公司工人的斗争，要求惩办凶手，枪毙田凯，与会人员共同制定了“联合宣言”。[⑤] 若事件处置只有工人及普通群众是极可能被镇压的，但中共联合国民党及民主党派中上层人士，实行“上下配合”，社会影响极大，使蒋介石不得不重视此事。[⑥] 当时，各民主党派进步人士主要通过两种方式表态：一是在报纸上发表文章；二是在追悼会

① 黄淑君主编《重庆工人运动史（1919～1949）》，第 285 页。

② 重庆工运史编写组：《震惊全国的“胡世合运动”》，《重庆工运史研究资料汇编》第 7 辑，第 19 页。

③ 重庆工运史编写组：《震惊全国的“胡世合运动”》，《重庆工运史研究资料汇编》第 7 辑，第 15 页。

④ 特园为民主人士鲜特生的公馆。

⑤ 该联合宣言未登报，汤逊安称“可能被国民党扣留了”。（参见汤逊安《“胡世合运动”中的上层工作片断》，《重庆工运史研究资料汇编》第 7 辑，第 104～105 页）据不完全统计，从 2 月 22 日到 4 月 14 日，被国民党扣发的稿件达 33 篇之多。见黄淑君主编《重庆工人运动史（1919～1949）》，第 275 页。

⑥ 汤逊安：《“胡世合运动”中的上层工作片断》，《重庆工运史研究资料汇编》第 7 辑，第 105 页。

上讲话。[①] 如战时住在重庆民国路的著名文学家巴金甚至直言“你们干得好！”并鼓励中共坚持斗争。[②]

晚清以降，随着报刊等近代媒体的创立和发展，媒体在主导社会舆论中发挥着越来越重要的作用，促成了大规模公众舆论的形成。一旦某个（某类）人物和事件被媒体集中报道，就极有可能成为社会舆论的焦点和热点。经历过晚清革命思想宣传的革命党、政治精英等深知社会舆论这一利器，故极重视社会舆论在塑造某种形象中的独特作用。因此，在“胡世合惨案”发生后，中共运用社会舆论这一利器对国民党高层施加压力。惨案发生后，南方局领导的秘密指挥部根据周恩来的指示，抓住了该事件中国民党内部的矛盾，通过联合民主党派及其他上层人士声援该事件，利用舆论造势，使“胡世合惨案”真相迅速公开。在短短几天内，“胡世合惨案”“成了重庆街头巷尾、茶馆饭店谈论的中心”，“争取民主自由，争取保障人权”成了全市民众的一致要求。[③] 这样，一场以重庆电力公司工人为中心，重庆工人和广大市民积极响应的群众性反特斗争，便有组织、有领导、有计划地开展起来。[④]“胡世合事件”也从最初电力公司工人自发运动转向了中共领导运动。

## 三　国共两党围绕“胡世合事件”的博弈

“胡世合惨案”一发生，国民党当局反应并非迟钝，而是不动声色地责令警察局于事发当日以“秘二字未列号训令”调查“胡世合案”，并饬令警察局立即“查明核办”。[⑤] 次日，重庆市电力公司产业工会借民权路重庆电力总公司会议室招待新闻界，向其介绍了斗殴经过，并请重庆市政府准时派员出席指导。[⑥] 市政府得知该惨案梗概后，于事发当日召开第 42 次党政联席会议“交换意见”，指出：“关于中韩文化协会与电力公司工人纠

① 丁日初：《关于“胡世合事件”的一些情况》，《重庆工运史研究资料汇编》第 7 辑，第 103 页。

② 《章畴叙同志回忆“胡世合运动”中的斗争》，《重庆工运史研究资料汇编》第 7 辑，第 111 页。

③ 中共中央党史研究室编著《中国共产党历史图志》，上海人民出版社，2001，第 273 页。

④ 潘洵、刘志平主编《红岩精神》，中共党史出版社，2018，第 113 页。

⑤ 《关于报送胡世合死亡处理经过的呈、指令》（1945 年 2 月 24 日），重庆市档案馆藏，档案号：0053-0019-02962-0000-042-000。

⑥ 《关于派员指导新闻界报告胡世合斗殴经过上市政府的呈》（1945 年 2 月 21 日），重庆市档案馆藏，档案号：0053-0019-02962-0000-057-000。

纷案，被害人胡世合之尸身应早日安葬。本案之民事部分应提前移交法院判决，对于记者、家属并应善为安慰。”[①]此时，重庆市政府委派警察局调查真相未出，故在应对时只能静待结果。

随后，重庆市警察局经侦查，其发言人唐毅称“已获真相”。真相为：

> “缘邹容路变压器损坏，久未修复，中韩文化协会饮食部迫于需要，私行接电。”电力公司于19日派工前往剪线曾发生纠纷，经警察局第二分局大阳沟分驻所调处寝事。20日9时许，电力公司复派员工前往拆除该会电表，又起冲突，互相殴击。该会什物多被损坏，并有田世贵（田凯）者前往查询被殴，其出枪示威，失火伤电力公司工人胡世合，即趁间逃逸。其时，警察局方在第一剧场举行纪念周，闻讯即派保安队驻往弹压。一面将双方当场肇事之吴汉治、吴汉民、曹庆康、刘振基、吴兴方等带局处理。一面将受伤之胡世合送医院救治，卒因伤重毙命。电力公司员工旋交由该公司张工程师保释，而该公司工人以胡世合身亡群情愤激，复于11时许又蜂拥至中韩文化协会重加捣毁。其楼下商店亦被波及，附近民众因久无电灯颇多怨愤，经职亲往理喻，并宣示秉公处理办法，工人、民众始各散去。胡世合尸体当即派警看守，并请法院检察处派员相验。凶手田世贵及有关人犯吴汉治、吴汉民、曹庆康等，连同手枪、子弹、证章全卷并解。[②]

唐毅除奉令查明真相外，还将调查案卷及处理经过具文呈复重庆市当局。他认为重庆卫戍总司令部应该迅速处理该案，并迅速了结此事，然后将民事部分移送法院办理。[③] 显然，重庆市警察局的调查结果与电力公司产业工会的阐述有很大差别。该调查结果并未提及警察局、保安队帮中韩餐厅动手打人。从该调查结果来看，重庆市警察局力图将参与事件的所辖人员洗干净，明显袒护涉事餐厅及杀人凶犯，故在呈复当局该案调查结果及处理经过时强烈要求迅速了结此案。

田凯打死胡世合后就跑到南岸何玉昆家躲避，何是袍哥里的三哥。当时袍哥界要求唐毅设法摆平“胡案”，不让田吃亏。唐毅因需利用袍哥巩

---

① 《重庆市第四十二次党政联席会议记录》（1945 年 2 月 20 日），重庆市档案馆藏，档案号：0051-0002-00618-0000-073-000。

② 《关于报送胡世合死亡处理经过的呈、指令》（1945 年 2 月 24 日），重庆市档案馆藏，档案号：0053-0019-02962-0000-042-000。

③ 《关于报送胡世合死亡处理经过的呈、指令》（1945 年 2 月 24 日），重庆市档案馆藏，档案号：0053-0019-02962-0000-042-000。

固其势力，故只能应其要求。于是，唐毅放出风来称田凯是自卫放枪。何玉昆还估计了形势，认为此事不会出大问题，给田凯撑腰打气，并要田去警察局投案自首，因知罪认罪可以减刑。[①] 随后，唐毅公开发表谈话称“田凯杀人是出枪示威，失火误伤”。[②] 田凯、江德茂等人也想尽办法为自己辩护。他们到处宣称“用枪杀人是由于自卫”。他们甚至曾唆使茶房放火烧中韩餐厅以加罪于电力公司工人。[③] 此外，唐毅处理该案期间还曾与电力公司代总经理浦心雅交涉，主张和平解决该事件，浦氏鉴于该事件之复杂性，并未妥协。[④] 同时，国民党一方还放出消息称“有异党活动，不要受利用”，并派出大批特务，盯梢主张公正的人士。[⑤]

面对国民党当局为杀人凶手开脱，歪曲事实，以消弭群众反抗情绪的情况，中共迅速采取行动，利用《新华日报》发表通讯、社评等予以驳斥。2 月 22 日，《新华日报》在第 1、3 版均刊载有关“胡世合惨案”的消息。第 1 版刊载了《重庆电力公司全体职工为中韩文化协会饮食部非法接电并公然聚众暴行枪击本公司执行业务人员致死敬向社会人士吁请主持正义启事》，该“正义启事”标题字体加粗放大，以达到醒目之效。第 3 版则刊载了《特务横行越来越凶，偷了电还枪杀工人，特务统制一天不取消，人权就一天没有保障，邹容路惨案便是实例》，进一步揭露“胡世合惨案”真相。实际上，《新华日报》头版头条及通讯报道，其核心都是为“胡世合惨案”定性，即国民党“特权阶级”利用特权知法犯法，违法乱纪，滥杀无辜，抹灭人权。该定性有两层意思。一是责任问题。在国民党高唱“保障人民身体自由”和“取缔窃电”时，特务公然行凶，枪杀奉命执行取缔违章用电任务的工人，工人们奋起要求枪毙凶手，抚恤受害者家属，保障人权，[⑥] 这是合理要求，当局应对该事件有一个公正的交代。二是事件的影响。因这场大规模群众斗争发生时，抗日战争胜利在望，但毕

① 《陈兰荪先生谈“胡世合事件”（摘要）》，《重庆工运史研究资料汇编》第 7 辑，第 126~127 页。

② 《抗议国民党特务暴行——重庆八万群众公祭工人胡世合》，《解放日报》1945 年 3 月 26 日，第 1 版。

③ 《为惨杀电力公司工友胡世合事件向各业工友们各界同胞们控诉》（《一本重要的历史文献纪念册——胡世合工友纪念册》），重庆市总工会工运史研究组、西南师范学院历史系编印《重庆工运史研究资料汇编》第 2 辑，1982，第 23 页。

④ 刘光：《关于重庆电力公司反特斗争的总结（节录）》，南方局党史资料征集小组编《南方局党史资料 · 群众工作》，重庆出版社，1990，第 128 页。

⑤ 金根：《胜利是怎样得来的》（《一本重要的历史文献纪念册——胡世合工友纪念册》），《重庆工运史研究资料汇编》第 2 辑，第 30 页。

⑥ 《关于胡世合事件》，徐塞声主编《中共中央南方局历史文献选编》（下），第 1211 页。

竟还是大敌当前。在此形势下，国内“阶级的政治经济要求”仍应“以不破裂合作抗日为条件”，[①] 即只要当局满足工人提出的要求，该事件便可得到解决。

随后，《新华日报》又于2月24日以《这场人命案》为题发表短评，指出唐毅的谈话妄图把肆意行凶的特务田凯说成无从查考的“着米色中山服者”，将故意射击说成“失火误伤”，并不是包庇偷电、肆意行凶，从而使“一场偷电行凶、击毙人命的大案，就此轻轻过去”。[②] 该短评从侧面揭露了当局对该事件定性的错误有二。一是事件的责任。称“失火误伤”，即凶犯未犯故意杀人罪，并不是包庇偷电、肆意行凶。二是事件的范围。称“着米色中山服者”即是告知其人姓名、官衔无从考证，事件应该到此为止，不涉及政治（国民党）与其他机关（警察局、保安队及卫戍司令部等）。该短评一针见血地揭露了事件的实质，鲜明地驳斥了国民党当局对“胡世合事件”的定性。《新华日报》还在同版发表社论《不能忽视的一件惨案》，该文深度挖掘了凶手田凯的底细，并控诉国民党“特权阶级”鱼肉大后方民众，呼吁“谁也不能默尔而息”。该文除呼吁群众“运动起来”外，还指出了电力公司及电力工人在抗战中所做的巨大贡献，称重庆电力公司是一家民营的业务机构，全面抗战爆发以后设法为后方维持电力供应，在重庆大轰炸中，电力公司员工“随炸随修”，将生死置之度外。随后社论进一步披露国民党“特权阶级”浪费电力，不顾电力公司运营及战时电力供应之困难，控诉巨宅机关总是电炬彻夜通明，冬天则以电炉取暖，甚至连水缸都用电烧水，导致众多市民无电可用、工厂缺电停工、重庆多区不时停电。[③]事实上，这一社论起到三方面的作用：一是利用舆论造势，揭露事件真相；二是对群众进行思想动员，为掀起大后方民主运动的高潮做充足准备；三是通过舆论揭露国民党“特权阶级”的腐败与奢靡。此后，《新华日报》还陆续发表有关“胡世合事件”的通讯报道、特写及社评等39篇，被国民党当局扣发的未计算在内。[④]

经上述努力，唐毅起初试图包庇凶犯的计划流产了。随后，由重庆市长贺耀组、社会局长包华国、国民党市党部主任委员方治代替唐毅出面解决该事件。其间，贺耀组一方面派代表奉劝电力公司工人照常工作，并派

① 《关于胡世合事件》，徐塞声主编《中共中央南方局历史文献选编》（下），第1211页。
② 《这场人命案》，《新华日报》1945年2月24日，第3版。
③ 《不能忽视的一件惨案》，《新华日报》1945年2月24日，第3版。
④ 黄淑君：《中共南方局对胡世合事件的领导》，《西南师范学院学报》1983年第4期，第74页。

代表慰问死者家属；[①] 另一方面则委托包华国代表处理“胡世合命案”。包随即与被害人代表杨秀蓁、陈铁夫二人进行谈判。[②] 此二人代表电力公司工人提出八项要求[③]：一是枪毙杀人凶犯——特务分子田凯；二是严办江德茂、吴汉治，查封中韩餐厅；三是惩办参与行凶的保安队队员及其长官；四是抚恤遗族，赔偿医药费；五是请求政府通令陪都各工厂停工五分钟为死者致哀；六是要求政府维护公共事业，保障战时生产，禁绝偷电行为；七是要求政府保障工人工作自由，重申保护劳工的法令；八是要求政府切实保障人身自由，实行民主，取消特务机构。[④]

其间，唐毅在市政会议上提议逮捕杨秀蓁，称其为“鼓动者”，贺耀组则认为不妥，恐事件扩大。杨听到消息后十分愤慨，对同事称自己不怕逮捕，“不达目的是决不低头的”。随后，杨等又以电力公司产业工会名义请求重庆市总工会援助，开始以枪毙凶手为先决条件，此后又以“拉闸”对重庆市当局施压，称若该事件两日内得不到解决，则全市停电 20 分钟，四日不解决则每天只做两三小时工作。[⑤] 显然，电力供应被用作电力工人与重庆市当局的谈判筹码。在与当局谈判过程中，工人们始终坚持“枪毙田凯，杀人偿命”的基本要求，并一再表示，如不枪毙田凯，就将在全市停水停电，还用“小广播”的方式透露消息，让市民储水备用。[⑥]

此消息一出，重庆市当局压力倍增，唯恐事件进一步扩大。随后，国民党上层人士纷纷对该事件表态。翁文灏认为，窃电行为不仅影响市民正常用电，更妨碍军工生产，要求严格取缔窃电行径。[⑦] 显然，对于“胡案”，国民党高级官员翁文灏是站在受害者一方的，他希望违法窃电者受到法律制裁。戴笠则对田凯的行为非常气愤，认为田凯败坏了军统名声，

① 《抗议国民党特务暴行——重庆八万群众公祭工友胡世合》，《解放日报》1945 年 3 月 26 日，第 1 版。

② 《关于检送胡世合案情及拨款抚恤的呈、公函、令（附解决办法）》（1945 年 2 月 27 日），重庆市档案馆藏，档案号：0053-0013-00124-0000-001-000。

③ 此八项要求由地下党员刘光等人与电力公司杨秀蓁、陈铁夫等人共同规定，在谈判中由杨、陈二人作为代表进行谈判。参见刘光《关于重庆电力公司反特斗争的总结（节录）》，《重庆工运史研究资料汇编》第 7 辑，第 34 页。

④ 《为惨杀电力公司工友胡世合事件向各业工友们各界同胞们控诉》（《一本重要的历史文献纪念册——胡世合工友纪念册》），《重庆工运史研究资料汇编》第 2 辑，第 24 页。

⑤ 刘光：《关于重庆电力公司反特斗争的总结（节录）》，《南方局党史资料 · 群众工作》，第 130~131 页。

⑥ 《关于胡世合事件》，徐塞声主编《中共中央南方局历史文献选编》（下），第 1207 页。

⑦ 《关于胡世合因剪除私接电线被中韩文化协会餐厅枪毙的公函、训令》（1945 年 2 月 24 日），重庆市档案馆藏，档案号：0053-0019-0296-0000-068-000。

给治安带来很大麻烦，故其想杀掉田凯。[①] 重庆警备司令王缵绪甚至懊恼地说："你们哪个要去惹电力工人嘛……电力公司的工人惹不得。"[②] 贺耀组在该事件中几次三番被中共领导的工人、工会等要求"主持正义"，[③] 故其同样主张枪毙田凯。[④] 蒋介石听到电力公司工人要"拉闸断电"的消息后"大生贺耀组的气"。[⑤] 蒋介石随即命令贺耀组赶紧解决该事件。

显然，"拉闸断电"作为重要的谈判筹码，对国民党当局具有一定威胁性。因为一旦电力公司工人"拉闸断电"，不仅会使整个重庆成为"黑暗世界"，而且会严重影响绝大多数工厂（包括兵工厂在内）的生产，从而影响整个抗日大局。在此境况之下，国民党当局不得不根据工人提出的八项要求拟定解决办法十三项：第一，依法严惩凶手田凯；第二，保安队队员是否有帮凶情事，由市政府秉公查明严惩；第三，江德茂现已在押，应依法惩办；第四，关于本案另由市长谈话；第五，除丧葬费由市政府责令中韩餐厅负责外，民事赔偿部分应由审讯机关核明后，由市政府责令执行；第六，市长赠送 10 万元作为治丧补助费用，其余 10 万元由电力公司垫拨；第七，移灵时由警察局长代表市政府送葬，开吊时由市长主祭，社会、警察两局局长陪祭；第八，中韩餐厅即日封闭；第九，讣报不得登载启事或变相说明，工人团体吊祭由总工会负责通知；第十，电力公司抚恤费仍由电力公司照抚恤办法办理；第十一，开吊于本月内举行；第十二，开吊时诵经 2 日；第十三，商定后由警察局长代表市政府负责。[⑥] 在当局拟定解决该事件办法后，重庆市总工会的态度很快就转到缩小事件上来，[⑦]

---

① 《陈兰荪先生谈"胡世合事件"（摘要）》，《重庆工运史研究资料汇编》第 7 辑，第 127 页。

② 《徐昌裔同志谈在"胡世合运动"中的见闻》，《重庆工运史研究资料汇编》第 7 辑，第 124 页。

③ 产业工会及工人直接威胁贺耀组，若不答应他们的要求，他们马上把黄山、曾家岩处蒋介石官邸的闸刀全拉下。参见杨顺仁《撩开神秘的纱幕：党在陪都的地下斗争》，重庆出版社，1991，第 442 页。

④ 《陈兰荪先生谈"胡世合事件"（摘要）》，《重庆工运史研究资料汇编》第 7 辑，第 127 页。

⑤ 《事件的经过（节录）》（《一本重要的历史文献纪念册——胡世合工友纪念册》），《重庆工运史研究资料汇编》第 2 辑，第 25 页。

⑥ 《关于检送胡世合案情及拨款抚恤的呈、公函、令（附解决办法）》（1945 年 2 月 27 日），重庆市档案馆藏，档案号：0053-0013-00124-0000-001-000。

⑦ 刘光：《关于重庆电力公司反特斗争的总结（节录）》，《南方局党史资料·群众工作》，第 131 页。

因为市总工会认为，“市长公正处置，并专赐厚仪，至为感戴”。[①]

2 月 25 日，王缵绪将案情呈报蒋介石时，蒋介石立即在上面批了“枪毙”二字，26 日上午 10 时田凯被枪毙。“胡世合事件”的影响随即减弱，不再扩大。到 3 月 1 日出葬时，国民党当局调动了大批特务和党部工作人员，称：“要严格防止散布传单及叫喊口号，并且拒绝外厂工人和市民参加送葬。”因此，送葬路线选择了人员流动较少的小什字、民族路、都邮路、民生路、中一路、上清寺、国府路到大溪沟。到了七星岗以后，国民党当局以“再送就要发生乱子”为借口遣散送葬人员，先遣散了民生机器厂送葬代表团 200 余人，随后又令手举挽联的百余名工人停止前进，要他们经过枣子岚垭走小路到大溪沟去，不准他们通过上清寺等地。[②] 实际上，当国民党枪毙了田凯以后，这一斗争便基本上告一段落。[③] 国共两党围绕“胡世合事件”的“对手戏”亦随即落幕。

## 四 “胡世合事件”的落幕

“胡世合事件”随着田凯被枪毙，其刑事部分基本告一段落，然其民事部分仍未有着落，故重庆市电力公司产业工会理事长陈铁夫便于 1945 年 3 月 22 日函呈重庆市政府，称其会会员胡世合因公惨遭暴徒枪杀致死一案，虽经市政府主持公道，将凶手田凯依法判处死刑，并将中韩餐厅查封，但是，此案的主谋江德茂未获拘押，仍逍遥法外。他发现中韩餐厅重新整修门面要复业。他认为此案虽已移交法院审判，但数月仍未得传讯，故希望重庆市当局知晓具体细节。是日，重庆市政府派员前往中韩餐厅调查启封缘由：一是渝市彼时成立青年军接待站，尚无地址办公，该站因奉警察局长命令暂借中韩餐厅备作招待青年军入营之用；二是当时青年军押解来渝俘虏 30 余人需地关押，故将俘虏暂置于该餐厅，为避免发生意外才修理该餐厅门窗、桌凳，中韩餐厅复开属误会。另江德茂未经拘押、全案移交法院仍未得传讯，此二项关涉未了民事，重庆市政府称“无法查办，

① 《关于检送胡世合案情及拨款抚恤的呈、公函、令（附解决办法）》（1945 年 2 月 27 日），重庆市档案馆藏，档案号：0053-0013-00124-0000-001-000。

② 刘光：《关于重庆电力公司反特斗争的总结（节录）》，《南方局党史资料·群众工作》，第 132~133 页。

③ 刘光：《关于重庆电力公司反特斗争的总结（节录）》，《南方局党史资料·群众工作》，第 135 页。

除将第二项批示外，拟请将第一、三两项仍函请法院办理”。[①]

随后，重庆市法院经市政府呈函对该事件后续做出回应，称：“此案经王松懋、杨贤生等从中调解，取得双方代表同意，彼此谅解，故此案业于5月16日当众签订和解文约，[②] 各执一份为凭。文约内容涵盖六点：（一）承王松懋、杨贤生因甲、乙双方友谊关系出面调停，已得双方谅解，彼此为息事计，彻底结束此案；（二）由乙方代表以私人名义付给胡世合遗族抚恤法币25万元[③]整，立约之日一次付清，由甲方出具收据为凭；（三）甲乙双方一切诉讼共同具呈法院撤回，以后任何一方不得另生枝节；（四）同式缮正式份，甲乙双方各执一份为据；（五）由工会方面照式缮成副本分呈党政机关备查；（六）以上各项双方签字之日即生效力。”[④]

显然，田凯被枪毙后，电力公司产业工会继续要求当局彻底了结该事件，因涉及该事件的主要对象江德茂及中韩餐厅还未得到应有处置。因此，重庆市当局在电力工会的催促下要求法院尽快解决该事件。田凯被枪毙后，中共坚持“斗而不破”之原则，坚持抗日民族统一战线。[⑤] 基于此，该案才在王松懋、杨贤生等调解下顺利了结，胡的家属拿到相应赔偿后，将诉讼撤回。最终该案由胡世合家属代表胡世顺、中韩餐厅代表吴汉治在“和解文约”上签字，“胡世合事件”落下帷幕。

---

① 《关于胡世合遭暴徒枪杀疑点的呈、公函、指令》（1945年3月22日），重庆市档案馆藏，档案号：0053-0019-02962-0000-082-000。

② 立和解文约人为胡世合家属代表胡世顺与中韩餐厅代表吴汉治，分别为甲方、乙方。

③ 显然，该事件民事部分关于重庆市政府及涉事单位给予胡之“遗族抚恤”金是解决问题的关键。然而，相关著作及文献中仅记载贺耀组代表当局送了10万元国币给胡的家属作为抚恤金。事实上，除了由重庆市长给予10万元作为治丧补助费用外，电力公司还垫拨了10万元。另外，市政府责令中韩餐厅负责部分丧葬费。民事赔偿部分则由审讯机关核明后，由市政府责令执行，电力公司抚恤费仍由电力公司照抚恤办法办理。田凯服刑后，此案由王松懋、杨贤生等从中调解，取得双方代表同意，彼此谅解，并签订“和解文约”。由中韩餐厅代表吴汉治“以私人名义付给胡世合遗族抚恤法币25万元整，立约之日一次付清”。综上可知，胡世合遗族明面上前后总共获得重庆市政府及涉事单位款项计45万元。参见刘光《关于重庆电力公司反特斗争的总结（节录）》，《南方局党史资料·群众工作》，第132页；《关于胡世合事件》，徐塞声主编《中共中央南方局历史文献选编》（下），第1208页；《关于检送胡世合案情及拨款抚恤的呈、公函、令（附解决办法）》（1945年2月27日），重庆市档案馆藏，档案号：0053-0013-00124-0000-001-000；《关于检送胡世合案和解文约的呈、指令（附文约）》（1945年5月30日），重庆市档案馆藏，档案号：0053-0019-02962-0000-110-000。

④ 《关于检送胡世合案和解文约的呈、指令（附文约）》（1945年5月30日），重庆市档案馆藏，档案号：0053-0019-02962-0000-110-000。

⑤ 南方局党史资料征集小组工运组、重庆市工人运动史编写组：《关于胡世合事件》，徐塞声主编《中共中央南方局历史文献选编》（下），第1211页。

# 余 论

在“胡世合事件”中，我们可以看到国民党当局在处理该事件时态度的转变，这种转变得益于多方力量[①]施加的压力，事件中的舆论几乎一边倒地偏向受害者一方。当然，其中最关键的是共产党在国民党当局妄图压制这些力量时，利用合法手段竭力释放和引导这些力量。如调动电力公司职员和公司上层积极作为，利用国民党内部派系之间的矛盾，引导国民党工会发挥积极作用，坚持公开斗争与秘密斗争相结合，[②] 联合民主党派及其他上层人士声援该事件。显然，中共在该事件中凝聚了一切可以联合的力量，发挥了统战的作用。尽管就事件处理结果看没有达到预期的理想效果，[③] 但是为受害者家属争取到了部分权益，由此也奠定了共产党在大后方人民心目中的良好形象。当然，国民党当局在该事件中唯恐事态进一步扩大，故对舆论进行严格管控，在“胡世合事件”之“解决办法”中明确规定“讣报不得登载启事，或变相说明，工人团体吊祭由总工会负责通知”。[④] 同时，扣发相关媒体有关“胡世合事件”之敏感报道。[⑤] 然而，《新华日报》还是以智取的方式避开当局的检查，向民众传递了国民党打压有关“胡世合事件”舆论报道的消息。[⑥] 另外，国民党当局亦以“软硬兼施”的方式“胁迫”相关负责人尽快缩小事件影响。[⑦]在整个事件中，中共十分注意把握斗争的分寸，在斗争口号上不提“建立联合政府”等更高的主张，而是在“特务横行何处去，民主政治几时来”等挽联中，揭示斗争的鲜明政治意义。另外，中共在

① 主要是电力公司职工、重庆各工厂工友、重庆市民以及舆论界、部分民主党派及其他上层人士。

② 《关于胡世合事件》，徐塞声主编《中共中央南方局历史文献选编》（下），第 1209~1210 页。

③ 中共应该取得的理想成果是实现此前提出的八项要求，而实际上除了杀人凶犯被枪毙及受害者家属得到赔偿外，其他的参与者并未受到明面上的处置，而涉事餐厅在与受害者一方签订和解文约后仍照常营业。

④ 《关于检送胡世合案情及拨款抚恤的呈、公函、令（附解决办法）》（1945 年 2 月 27 日），重庆市档案馆藏，档案号：0053-0013-00124-0000-001-000。

⑤ 据不完全统计，从 2 月 22 日到 4 月 14 日，被国民党扣发的有短评 1 篇、特写 1 篇，群众来信被扣发的则多达 31 篇，总共被扣发的稿件达 33 篇。见黄淑君主编《重庆工人运动史（1919~1949）》，第 275 页。

⑥ 《编辑部启事》，《新华日报》1945 年 2 月 27 日，第 3 版。

⑦ 刘光：《关于重庆电力公司反特斗争的总结（节录）》，《南方局党史资料・群众工作》，第 131~132 页。

主要要求（枪毙凶手）上主张绝不妥协，在次要要求上做了适当变通，鉴于国民党规定战时的罢工者将以汉奸论处，故在斗争中只散布停电消息，甚至以此为条件和当局谈判，但并不明确宣布罢工。在保证追悼会实际上达到预期效果的前提下，在移柩问题上则未予坚持。在达到主要目标（枪毙了田凯）后，对要求抬棺游行全城等意见进行了劝说，特别是当送葬行列行至七星岗，部分挽联、祭幛等遭到特务撕毁时，即劝阻群众。[①]

在国共围绕“胡世合事件”的博弈中，中共在该事件的舆情引导中抓住主要矛盾，使几股力量凝聚成一股足以震慑国民党当局的力量。鉴于事态发展之严峻，国民党当局深知必须做出妥协，否则难以平息“燎原之势”的怒火。显然，在事件处置中，国共双方均利用了舆论力量。

当然，中共以民主的呼声来反对特务统治有着深刻的时代背景。战时，国民党为维护统治，其特务组织遍布其统治区域。其中特务机构军统和中统及其附属的庞大的组织，诸如各种特检处、检查所、稽查处、稽查组等，渗入各个机关、单位，严密控制着机关、单位的运转。如战时重庆大学商学院院长马寅初因出言抨击国民党被捕，著名的民主人士邹韬奋也受到特务的迫害，就连浙江大学教授费巩到重庆讲学也遭到秘密杀害。[②]故打击特务的嚣张气焰、取消特务统治、保障人权成了形势发展的客观要求和广大大后方民众的迫切要求，而胡世合被特务杀害刚好成为“反特”的导火线，这也是中共在该事件中能动员民众及联合民主人士的一个关键因素。

另外，1943 年世界反法西斯战争形势发生转折。首先是苏联取得了斯大林格勒战役的胜利，随后英美联军相继取得北非战场和登陆西西里岛的胜利。同时，中共领导的八路军及新四军在反“扫荡”战争中也取得了辉煌的成绩。反观国民党方面，1944 年豫湘桂战役遭遇大溃败，暴露出国民政府的诸多弊端，故其受到国内外舆论的指责和批评。同年 9 月在重庆召开的国民参政会上，中共明确提出废除国民党一党专政和成立民主联合政府的要求。这一要求得到各阶层人民、各党派及无党派人士的支持。从 1944 年初至 1945 年初的一年时间里，大后方的民主声浪高涨，这是中共在领导“胡世合事件”中把“要民主”“保人权”“反特务”相联系的主要政治环境。显然，“胡世合事件”中受害方部分权

---

① 《关于胡世合事件》，徐塞声主编《中共中央南方局历史文献选编》（下），第 1211 页。

② 重庆工运史编写组：《震惊全国的“胡世合运动”》，《重庆工运史研究资料汇编》第 7 辑，第 2 页。

益得到保障，主要得益于中共的领导，也与当时大后方整个政治环境及舆论压力有关。故在应对该事件时，国民党当局不得不谨慎，为控制舆情，枪毙田凯，抚恤胡之遗族。该事件最终走向“和解”，一方面是中共坚持抗日民族统一战线，斗而不破；另一方面则是国民党在各种压力之下不得不谨慎应对。

# 炸弹下的绥靖：美国在华教会机构被炸问题（1937~1941）

韦 博*

**提 要** 抗战时期，属于第三国的非军事机构美国在华教会机构遭到日机滥炸。为了维护在华利益，美国多次向日本提出交涉，抗议日军的轰炸暴行，但囿于对日绥靖政策，美国的交涉软弱无力，无法达到目的。日本虽一再声称充分保护美国在华利益，但始终没有停止对美国在华教会机构的迫害。日本的滥炸行为是美国一贯坚持远东绥靖政策的恶果，也为太平洋战争的爆发埋下伏笔。为了争取美国支持抗战，中国积极声援美国在华被炸教会机构，谴责日本暴行。美日中围绕美国在华教会机构被炸问题的交涉活动充分体现了太平洋战争爆发前三国复杂的外交关系。

**关键词** 抗战时期 美国在华教会机构 绥靖政策

近代以来，美国传教士凭借不平等条约在中国各地广泛开设教会学校、教会医院等教会机构，这些教会机构在一定程度上具有典型的半殖民地特征，是美国在华权益的重要组成部分。据 1927 年的调查，美国基督教会对华大小学校、医院、礼拜堂的投资总额超过 8000 万美元，共建立学校 4931 所，医院 169 所，[①] 遍布中国大半省市。卢沟桥事变以后，日机频繁出没于中国各地，大量美国在华教会机构屡遭轰炸。美国就在华教会机构被炸受损多次通过外交途径向日本提出严正交涉，企图制止日本的暴行。但囿于绥靖政策，始终无法迫使日本停止轰炸暴行。在此情形下，中国希望利用日本对美在华教会机构的轰炸促使美国支持抗战的外交意图更是一

* 韦博，上海大学历史系博士研究生。

① 《美教会在华事业调查》，《兴华》第 24 卷第 37 期，1927 年，第 25 页。

厢情愿。

美国在华教会机构的遭遇及美国政府就此做出的对日交涉，是考察太平洋战争前夕美日关系的一个重要窗口。故此本文梳理美国在华教会机构被炸受损情形，在此基础上探讨美日相关交涉史事，为考察七七事变后至太平洋战争前这一时段美国对日绥靖政策下的美日中三国外交关系提供一个具体案例。①

## 一 美国在华教会机构被炸受损情况及特点

美国在华教会机构是非军事目标，根据国际惯例与空战规则，在战争中，空中轰炸的设施必须加以区分。早在 1907 年，第二次海牙和平会议通过的《陆战法规和惯例公约》中就规定："凡关于宗教、技艺、学术及慈善事业之建筑物，历史纪念物、病院及病伤者收容所等，在当时不供军事上使用者，务宜尽力保全。"② 1922 年 12 月至 1923 年 2 月在海牙召开的国际法学家委员会会议拟定的《空战规则草案》又规定："禁止轰炸凡宗教、美术、科学或慈善性质之建筑物、历史纪念碑、伤病船、医院及伤病者之收容所。"③ 这些国际空战规则明确禁止轰炸宗教机构等非军事目标。为了保护在华财产，美国甚至向日本政府提交了在华教会机构的分布情况表，要求日机在轰炸时加以区分。④ 然而，日军完全漠视国际空战规则与人道主义原则，对中国施行无差别轰炸。正如《伦敦新闻画报》所报道，"日本人经常轰炸那些远离真正发生军事冲突的地区。而军事目标则似乎完全退居一个次要的地位"。⑤

1933 年 4 月 20 日，在北平以北的密云的美教会被日机反复轰炸，⑥ 这是美国在华教会机构第一次遭到日机轰炸。七七事变后，日军集其航空兵

① 学界相关研究成果，一是涉及某一地区的美国在华教会机构被炸的，如冯庆豪《重庆大轰炸对外国使、领馆及其他驻华机构的伤害情况初探》（《长江文明》2008 年第 2 期）、姚旭《重庆大轰炸中外国机构受损及应对措施初探》（《民国档案》2017 年第 4 期）；二是以某一个被炸的美国在华教会机构为研究主体的，如朱江《日机轰炸南通基督医院始末》（《档案与建设》2008 年第 7 期）。

② 林我将：《国际空战法规论要》，商务印书馆，1940，第 119 页。

③ 陶樾：《现代国际法史论》，大东书局，1946，第 71 页。

④ 美国国务院编《美国外交文件·日本，1931～1941 年（选译）》，张玮瑛等译，中国社会科学出版社，1998，第 168 页。

⑤ 沈弘编译《抗战现场——〈伦敦新闻画报〉1937～1938 年抗日战争图片报道选》，中国社会科学出版社，2005，第 70 页。

⑥ "American Mission Reported Bombed," *Los Angeles Times*, August 20, 1933, p. 3.

力，更加肆无忌惮地对中国实施轰炸，各地广泛分布的美国在华教会机构也难逃劫难，遭受了相当大的损失。笔者根据现有相关资料，绘制美国在华教会机构被炸受损情况如表1所示。

**表1 1937~1941年美国在华教会机构被炸受损情况**

| 年份 | 被炸教会机构 | 受损情况 |
|---|---|---|
| 1937 | 通州美国公理会、沪江大学、南通美基督医院、惠阳美教会医院、南昌美国卫理公会所属艾卡达恩妇幼医院、江苏松江美国卫理公会女子学校、无锡圣安德鲁医院、东吴大学医院 | 房屋严重受损，财产损失颇巨，出现人员伤亡 |
| 1938 | 广州美华教会学校、协和教会学校、济宁美南方浸信教会、藤县美教会、郑州美教会、徐州美长老会、郑州美自由卫理公会以及南方浸信会差会、美华医院、海州美长老教会、宿迁与清江浦美教会女子学校、岭南大学、广州圣希利达女子学校、福州美耶稣教会、武汉圣希理达女子中学、广州淑正小学、华中大学、梧州美浸信会思达医院、桐柏美路德兄弟会、金门美教会、桂林美基督教会及联合传教差会、桂林美南方浸信会医院 | 共计死伤80人以上（其中包括到教会机构避难者），房屋被炸毁，经济损失甚巨 |
| 1939 | 长沙美教堂路德会、衡阳美长老会北方差会医院、罗定美教会、牯岭美圣公会、荆门美圣约传道会医院、北京美教会、美斯堪的纳维亚宣道会、宜昌美圣公会学校、长沙美循道会教堂、重庆万县美教会、鹰潭美教会、福州美教会医院、桐柏美教会、河南唐河美路德教会及学校、莆田美卫理公会、恩施美路德教会、重庆美卫理会医院、常德美长老会、建瓯美道明会差会、福州协和高级学校、河南确山美路德会医院、漳州美教会、广东阳江美教会、浙江双林美南方卫理会、雷州美教会、沂水美南部浸信会、莱阳美浸礼会、醴陵美循道会、重庆秀山美基督教联合教会、广东南海美教会 | 死伤10余人，部分教会建筑被完全炸毁 |
| 1940 | 江西临川美教堂、重庆美圣经会及安息日会、重庆美卫理公会医院、重庆美第七基督复临安息日会、成都美浸礼会女布道会、金陵大学理学院、衡阳美仁济医院、重庆美循理会路易斯纪念教堂、桂林美浸信教会、沅陵美复初贞德女子中学、重庆美监理教会医院 | 部分教会建筑被炸毁，部分遭燃烧弹焚毁，有人员伤亡 |
| 1941 | 沅陵美基督教会、重庆戴家巷美监理会医院、重庆美卫理公会医院、建瓯美教堂、福建美归正会医院、重庆美安息日会、韶关美浸信会 | 死伤10余人，房屋部分被炸毁 |

注：本表统计尚不完全，仅统计了部分被炸的美国在华教会机构。

资料来源：Papers Relating to the Foreign Relations of the United States, Japan, 1931-1941, Vol. I (Washington: United States Government Printing Office, 1943)；"Incendiary Bombs Blast Chungking", *New York Times*, Aug. 20, 1940, p. 6；《一年来日机轰炸侵犯各国在华利益之统计》，《大美晚报》1938年8月4日；《在华美产遭日轰炸 美又提抗议》，《国际日报》（上海）1939年3月30日；《一个月内六次抗议 美国在华产业遭受日机烂炸》，《文汇报》（上海）1939年4月13日；《敌炸美在华财产 竟达一千次以上》，《新华日报》1939年10月8日；《敌机在华炸毁美国财产调查》，《中央日报》1939年12月9日、10日；《在日机任意摧毁下 美国在华财产损失统计》，《大公报》（香港）1939年12月15日；《日寇侵华与美国在华利益之损失》，《新华日报》1940年1月7日；《统计消息：敌机在华炸毁美国财产概况表》，《江西统计月刊》第5期，1940年，第66~68页；《衡阳美教会七次被炸》，《申报》1941年8月8日；等等。

由表 1 可知，1937~1941 年，美国在华教会医院、学校等多次被日军轰炸，不同程度受损。

日军的轰炸具有时段长、范围广、频次高、破坏性强的特点。

从纵向看，日军对美国在华教会机构造成的有规模轰炸始于 1937 年七七事变后，截至 1941 年太平洋战争爆发前，时间跨度长达四年半。据笔者不完全统计，在这段时间里，美国在华教会机构被炸次数达 170 次。从横向看，被炸区域多、范围广，几乎遍布整个中国。笔者根据搜集的各种资料，制成美国在华教会机构被炸时空分布图（见图 1、图 2）。

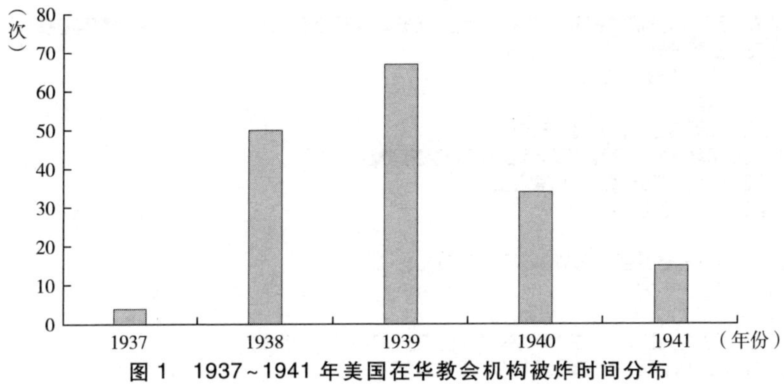


**图 1　1937~1941 年美国在华教会机构被炸时间分布**

资料来源：Japan-United States, The American Journal of International Law, Vol. 36, No. 2, Supplement: Offical Documents (Apr., 1942); "The American Ambassador in Japan (Grew) to the Japanese Minister for Foreign Affairs (Arita), December 22, 1938", Papers Relating to the Foreign Relations of the United States, Japan, 1931-1941, Vol. I; Japanese Bomb Hospital, *New York Times*, Nov. 04, 1939, p. 7; Hull Protests to Japan on Kulangsu and Bombing; Action an Aid to Britain, *New York Times*, Jun. 21, 1939, p. 1; Japanese Continuing Raiding of Chungking, *New York Times*, May 11, 1941 p. 25. 《敌机在华炸毁美国财产调查，危害美国在远东利益，蔑视美国国家之尊严》，《中央日报》（重庆）1939 年 12 月 9 日、10 日；周勇主编《重庆大轰炸档案文献——轰炸经过与人员伤亡》（上），重庆出版社，2011，第 141~143 页；《日机轰炸郑州教会产业 美领署提抗议》，《新闻报》1939 年 6 月 2 日；《美教会产业被日机炸毁》，《申报》1940 年 4 月 16 日；《敌机七十二架，昨袭韶关，美国学校亦被炸》，《中央日报》（重庆）1941 年 9 月 29 日；《一年来日机轰炸下侵害第三国在华权益之统计》，《华侨战线》第 1 卷第 11~12 期，1938 年，第 47~48 页；等等。

由图 1 可知，1937~1941 年，美国在华教会机构被炸时间分布呈抛物线形状。1937 年被炸 4 次，1938 年猛增至 50 次，1939 年达到 67 次，1940 年 34 次，1941 年 15 次。从 1937 年至 1939 年呈递增趋势，1939 年到达顶点，从 1939 年到 1941 年逐年减少。1938~1939 年是被炸高峰期，这与日本对华轰炸战略的实施密切相关。七七事变后，日本为了协同海陆军作战，企图迅速灭亡中国，摧毁中国抗战的物质基础与精神支柱，以炸迫降，对中国实行疯狂的战略轰炸。1937 年 8 月至 1938 年 5 月，日机轰炸中国各地的次数从 145 次增加到 2204 次，[①] 1939 年全国各地遭到空袭次数达到 2603 次。[②] 而 1940~1941 年，由于日机投弹技术的提升以及国际舆论的一致谴责，美国在华教会机构受到日机误炸或是故意轰炸的次数有所减少。太平洋战争爆发后，日本转向太平洋战场，加之美国空军援华，日本对中国轰炸次数逐渐减少。1941 年后，再未有美国在华教会机构被炸事件发生。

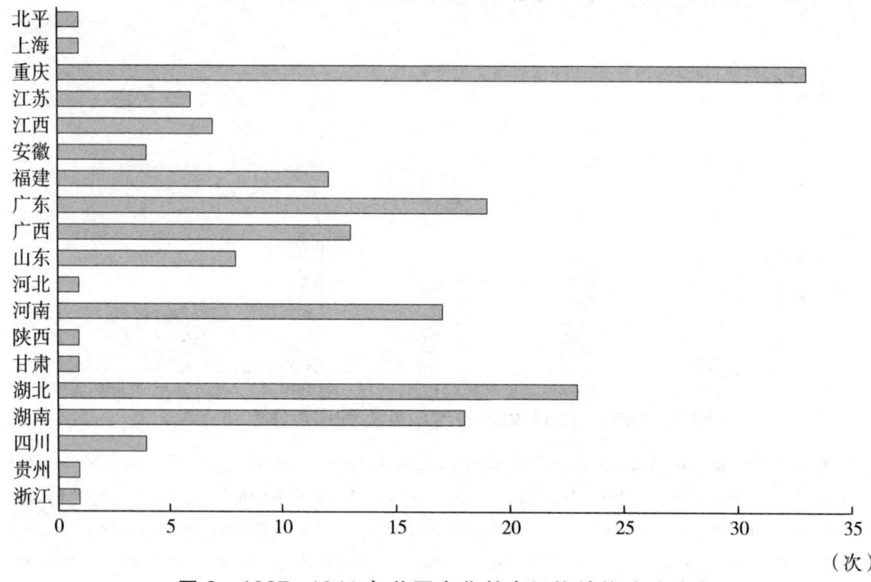


**图 2 1937~1941 年美国在华教会机构被炸地域分布**

资料来源：Papers Relating to the Foreign Relations of the United States, Japan, 1931 - 1941, Vol. I；方明：《国殇》第 6 部《抗战时期国民政府大撤退秘录》，团结出版社，2013，第 334 页；《敌机昨又轰炸惠阳美教会医院》，《申报》1937 年 9 月 14 日；《敌机在华炸毁美国财产概况表》，《江西统计月刊》第 5 期，1940 年，第 66~68 页；"Memorandum by Mr. John H. Spencer, of the Division of Far Eastern Affairs, June 8, 1938", Foreign relations of the United States Diplomatic Papers, 1938, Vol. IV, The Far East (Washington: United States Government Printing Office, 1955), p. 344；《日机袭长沙轰炸美教堂 平美大使馆四次提抗议》，《申报》1939 年 4 月 6 日；《桐柏美教会被炸》，《真光杂志》第 38 卷第 7 期，1939 年，第 54 页；《美教会屡受敌摧残》，《新华日报》1940 年 1 月 4 日；等等。

由图 2 可知，美国在华被炸教会机构分布于全国。其中重庆的美国教

① 《全国各地空袭损害统计表》，《中国的空军》第 13 期，1938 年，第 12 页。

② 航空委员会防空总监部：《二十八年度全国空袭状况之检讨》，中国第二历史档案馆藏，全宗号 28，案卷号 170。

会机构被炸 33 次，湖北 23 次，广东 19 次，湖南 18 次，河南 17 次，广西 13 次，福建 12 次，山东 8 次，江西 7 次，江苏 6 次，安徽和四川各 4 次，北平、上海、浙江、河北、陕西、甘肃、贵州各 1 次，被炸范围几乎遍及整个中国。被炸的美国在华教会机构地域分布极为广泛，除了日机轰炸中国各地以外，也与美国在华教会机构分布广有一定关系。而重庆的美国教会机构被炸次数远远超过其他地区，与重庆作为当时中国的战时首都密切相关。日军为了消磨国民政府的抗战意志，摧毁中国抗战的物质基础，对重庆施行了旷日持久的战略大轰炸。据 1943 年 3 月重庆市防空司令部办公室编制的重庆空袭损害表，1938～1941 年日机空袭重庆次数计 193 次，投弹 13008 枚。① 在如此高频次、高强度的轰炸下，重庆的美国教会机构自然频频遭受日机蹂躏。

日机对美国在华教会机构往往不是只实施一次轰炸，同一教会机构往往遭受反复的、高频次的轰炸。如郑州美南方浸信会医院自 1938 年 2 月到 1939 年 3 月 20 日，前后被炸达 7 次，② 1939 年 3 月 17 日这一天就被炸 2 次，造成 6 人死伤，③ 这样频繁的轰炸对南方浸信会医院造成了严重的损失。安徽省太平县的美基督教会及联合传教差会于 1938 年 11 月 13 日、14 日、18 日被炸，④ 间隔时间极短，这明显不是日军在事后所辩解的“失误”，而是有意为之，在同一地方连续失误三次是不大可能的，日军的诡辩断不能使人信服。湖南衡阳美国长老会也多次受袭，医院、教堂被反复轰炸，受损严重。1939 年 1 月 12 日，其北方差会医院及教会被日机炸毁；⑤ 1940 年 8 月 16 日，衡阳美长老会医院及其邻近外侨楼房 4 幢全部焚毁，经济损失达 10 万元；⑥ 1941 年 8 月 4 日，衡阳美长老教会屋宇再遭日

① 唐润明主编《重庆大轰炸档案文献·轰炸经过与人员伤亡》（上），重庆出版社，2011，第 59～67 页。

② “The American Ambassador in Japan (Grew) to the Japanese Minister for Foreign Affairs (Arita), March 30, 1939,” *Papers Relating to the Foreign Relations of the United States, Japan, 1931-1941*, Vol. Ⅰ, Washington: United States Government Printing Office, 1943, p. 645.

③ 《寇机滥炸教堂　美提强硬交涉》，《新蜀报》1939 年 3 月 19 日。

④ “The American Ambassador in Japan (Grew) to the Japanese Minister for Foreign Affairs (Arita), March 30, 1939,” *Papers Relating to the Foreign Relations of the United States, Japan, 1931-1941*, Vol. Ⅰ, p. 644.

⑤ “The American Ambassador in Japan (Grew) to the Japanese Minister for Foreign Affairs (Arita), March 30, 1939,” *Papers Relating to the Foreign Relations of the United States, Japan, 1931-1941*, Vol. Ⅰ, p. 645.

⑥ 《十六日敌机袭衡阳时，美长老会医院全部焚毁》（简讯），《新华日报》1940 年 8 月 21 日。

机轰炸，损坏一部分，[①] 此次被炸的房屋，在之前的轰炸中已经被破坏弹与燃烧弹击中，损毁严重。而在日军对重庆的大轰炸中，美国在渝教会机构更是反复被炸。如重庆卫理公会医院屡遭轰炸。1939年6月9日，一枚炸弹落在卫理公会医院，一名教士的住宅被炸毁；[②] 7月6日，卫理公会被2枚炸弹击中，教会医院女病房损毁，男病房受到轻微损坏；[③] 1941年5月9日、10日及6月1日卫理公会医院楼房再次被轰炸，[④] 损失惨重。同一教会机构反复被炸的例子比比皆是，这些机构几乎都悬挂或漆涂巨大醒目的美国国旗，这不应是日军在执行空中作战任务时的偶发事故，况且美国在华教会机构被炸后，美国皆当即向日本提出强烈抗议，甚至将被灾地区的教会资产分布地图送呈日本当局，但日本置若罔闻，不断对美国在华教会机构进行轰炸。

日机轰炸美国在华教会机构的破坏性极强。1937年8月17日，日军制造了震惊中外的江苏南通美基督医院被炸案。日机侵袭南通时，向美基督医院及其周围地区掷弹6枚，1枚炮弹直中医院病房，立即爆炸起火，将该医院病房完全炸毁。炸死林姓女医师及王姓练习医师2人、护士2人、工人4人及病人30余人，美国护士傅锐女士和麦文果女士均受轻伤。1枚炸弹落于溥尔琪牧师的住宅，该住宅完全被炸毁。第3枚炸弹落于美国教会设立的崇英女子中学，该校新落成的健身房被完全炸毁。其余炸弹落于医院附近。“日机之轰炸，决非由于错误，实为故意的毁炸慈善机关。”[⑤] 而据轰炸亲历者麦文果女士回忆，此次轰炸落在医院中的炸弹共计3枚，被炸死者有1名女医师、1名实验室的技师、3名看护、4名病人以及6名仆役，14人受伤，其中王道伟医师头部被炸弹碎片击中，受重伤。[⑥] 轰炸发生后，在美国驻华大使馆的要求下，由医院院长海格门牵头组成了一个6人基督会临时委员会，评估轰炸后医院的重置费用，最终在10月27日

① 《衡阳美教会七次被炸》，《申报》1941年8月8日。

② “Toll Is Light in Japanese Raid on Chungking; Residents, Warned Hour Ahead, Took Shelter,” *New York Times*, June 10, 1939, p. 11.

③ “Japan Again Bombing Chungking; Most Citizens Safely in Dugouts,” *New York Times*, July 7, 1939, p. 8.

④ “The American Ambassador in Japan (Grew) to the Japanese Minister for Foreign Affairs (Matsuoka), June 4, 1941,” *Papers Relating to the Foreign Relations of the United States, Japan, 1931-1941*, Vol. Ⅰ, p. 714.

⑤ 《日机故意炸毁南通基督医院》，《申报》（临时夕刊）1937年8月27日。

⑥ 穆文珂：《基督医院是怎样被炸的》，墨农译，《宇宙风》第65期，1938年，第183~184页。

将调查报告呈送美国驻华大使馆。根据这份调查报告，南通美基督医院被灾财产重置共需要189132.38美元，其中完全被毁的病房楼、厨房（包括家具和器材）价值174365.72美元，医生住宅、护士宿舍价值1300美元，医院门房、传染病房、洗衣房及附属建筑价值400美元，崇英女中体育馆7000美元，完全被毁的传教士住宅4000美元，此外，溥尔琪牧师个人财产及家具价值1866.66美元，高诚身博士放在溥尔琪家中的书200美元。[①]日机此次轰炸给南通美基督医院造成了巨大损失，对医院这种非军事机构的破坏是典型的非人道行为。

再如1938年9月17日，9架日机大肆轰炸梧州，在市区投下40余枚炸弹与烧夷弹，美国浸信会产业中弹多枚，情形惨烈，受损严重。美浸信会思达医院楼顶共落9枚炸弹，“爆炸之声，如天崩地裂，世界末日一样，院内充满硫磺气味，左邻火光熊熊，黑烟冲天”，医院楼顶正中落1枚炸弹，毁楼一层，旁边落8枚炸弹，院内家私、仪器、用具等物大半被毁，两间职员住所、一间牧师住所亦被炸塌。医院除一两名职员轻微受伤外，其余人员均平安，但来院避难而不幸被炸身亡者5人，轻重伤者16人。此外，浸信会所办的培正中学校内也落弹6枚，死伤学生10余人，校舍毁坏3座；宏道女子小学也被日机掷弹，房屋毁坏，不能居住。[②] 两所学校的正常开课面临极大的困难。日机的轰炸，致使浸信会思达医院院产与两所学校校产受损严重，外在的房屋建筑、内在的什物器具无一躲过横飞的炸弹，造成了难以弥补的巨大损失，破坏了医院与学校的正常运行秩序。

再如，1938年10月24日，河南桐柏路德兄弟会被日机轰炸，造成美国公民菲比·尼赫斯死亡，其母阿瑟·E.尼赫斯夫人及其姐姐鲁思·尼赫斯受伤，其居住的楼房被炸毁。而更令人扼腕的是菲比·尼赫斯只有3岁，其姐姐也才8岁。[③]

日机对美国在华教会机构的滥炸明显违背了国际公法，造成了平民伤亡和相当严重的经济损失，也损害了美国的在华利益，这是美国远东绥靖政策纵容的结果。这些机构都悬有美国国旗，日机在执行轰炸任务时，是极易辨识的。

---

① 朱江：《麦文果》，苏州大学出版社，2013，第85~86页。

② 梁朝汉：《梧州浸信会事业被炸惨状》，《真光杂志》第37卷第11号，1938年，第48页。

③ “The American Ambassador in Japan (Grew) to the Japanese Minister for Foreign Affairs (Arita), October 31, 1938,” *Papers Relating to the Foreign Relations of the United States, Japan, 1931-1941*, Vol. Ⅰ, pp. 627-628.

## 二 美日交涉

曾有媒体指出："一般相信，美对此苦心经营之慈善教育及传教机关，横遭日本摧毁，决不肯轻易放松。"[①] 1937 年 8 月 27 日，美驻日大使格鲁在致日本外相广田弘毅的照会中指出，针对日军对华作战中发生或偶然发生的侵害美国人民生命财产安全的情况，美国政府有权要求日本赔偿，[②] 向日本当局表明了美国对其在华利益受损的态度。美国政府就教会被炸向日本提出的交涉，内容均为轰炸损失、罪责承担问题，要求日本停止对美在华教会机构的侵害并保证之后不再发生类似事件。

1937 年 9 月 12 日，日机轰炸广州惠阳美教会医院。17 日，格鲁大使照会日本外相广田，指出，3 架日机 3 次在该教会区域低飞盘旋，每次投弹均命中医院，医院人员被严重炸伤，医院及宿舍损毁，而医院距离中国军队基地甚至远远超过 3 公里，显然是日军蓄意为之。[③] 美国强烈抗议日军这种不合理、不合法和违反人道主义原则的袭击，要求日本政府必须采取有效的措施制止此类行为，保证之后不再发生美教会被袭击的事件。从 1938 年 1 月 1 日到 6 月 1 日，日机 15 次袭击美在华教会机构。5 月 31 日，格鲁大使向日本副外相堀内谦介递交了日机 5 月 21 日轰炸河南驻马店路德联合教会、24 日及 28 日炸毁海州长老会、28 日轰炸江苏宿迁及淮安长老会等事件的照会，[④] 强烈抗议日机无差别轰炸，严重损害了其利益，指出日方所谓的视线不清、难以分辨的借口不能为美国政府及人民所接受。另外，武昌美教会资产多次遭到日机轰炸，仅 8 月 12 日，就有 5 处美国教会机构遭到空袭，美天主教会、文华大学、圣希尔达学校、圣约瑟医院及基督教联合会皆在轰炸范围之内。基督教联合会房屋四周共落弹 6 枚，炸毙华人 2 名，所有玻璃窗悉数震毁。2 枚炸弹落于圣希尔达学校附近，炸毁墙垣一面及门房。文华大学及圣约瑟医院附近共落 4 枚炸弹，同时有多枚

---

① 《惠安医院被炸》，《真光杂志》第 36 卷第 11 号，1937 年，第 54 页。

② "The American Ambassador in Japan (Grew) to the Japanese Minister for Foreign Affairs (Hirota), August 27, 1937," *Papers Relating to the Foreign Relations of the United States, Japan, 1931-1941*, Vol. Ⅰ, p. 490.

③ "The American Ambassador in Japan (Grew) to the Japanese Minister for Foreign Affairs (Hirota), September 17, 1937," *Papers Relating to the Foreign Relations of the United States, Japan, 1931-1941*, Vol. Ⅰ, pp. 498-499.

④ "Memorandum by the Ambassador in Japan (Grew), May 31, 1938," *Papers Relating to the Foreign Relations of the United States, Japan, 1931-1941*, Vol. Ⅰ, p. 594.

小型炸弹落于蛇山附近的运动场内，死伤学生数名。[①] 事后，美向日外务省递交了7月15日的第992号、993号照会，7月22日的第1005号、1006号照会以及8月15日的第1022号、1023号、1024号、1025号照会，痛陈日机轰炸武昌美教会资产的罪行，提出强烈抗议，并指出该资产早已在交给日本当局的地图中标明，[②] 再一次要求日本政府采取措施避免此类事件发生。

美国政府抗议不断，日本飞机轰炸不止。1939年3月30日，格鲁大使向日本外相有田八郎提出交涉，就20多起轰炸案向日本政府强烈抗议，包括1938年6月与10月22日广东西南澎尼尔传教士住宅被炸，11月13日、14日、18日安徽太平基督教会及联合传教差会被炸，12月24日、29日桂林基督教联合传教会被炸，12月29日韶关南浸信会、桂林南浸信会医院被炸，1939年1月10日长沙路德传教会被炸，1938年11月13日、23日及1939年1月12日衡阳美长老会医院及教堂被炸，1939年1月15日重庆卫理会树德女子中学被炸，1月23日牯岭美教会被炸，2月22日荆门圣约传道会医院被炸，2月25日罗定美天主教会被炸，3月8日宜昌美教会被炸，3月14日宜昌美圣雅格中学被炸，3月17日、19日郑州美南方浸信会医院被炸，3月20日湖北襄阳及樊城的圣约传道会路德联合教会资产被炸。[③] 在抗议书中，美国指出以上教会机构均有明显的标志，并且早已把资产地图交给日本当局，但还是遭到轰炸，有些教会甚至被完全炸毁，其强烈要求日本当局阻止类似案件继续发生。

1940年8月19日，日机空袭重庆，美循理会路易斯纪念教堂被炸，中1弹，全部焚毁，[④] 而美国早在此前的多次照会中提请日本注意保护该教会在重庆的产业，故对这次轰炸提出了更加强烈的抗议，指出：保护美国公民及财产的一切权利；在重庆及中国其他地区，美国公民的生命因日本的空袭而受到严重威胁，美国公民的财产遭到损害也已经完全说

---

① 《武昌教会医院学校遭空前轰炸》，《真光杂志》第37卷第8号，1938年，第54页。

② "The American Ambassador in Japan (Grew) to the Japanese Minister for Foreign Affairs (Ugaki), August 16, 1938," *Papers Relating to the Foreign Relations of the United States, Japan, 1931-1941*, Vol. Ⅰ, p. 619.

③ "The American Ambassador in Japan (Grew) to the Japanese Minister for Foreign Affairs (Arita), March 30, 1939," *Papers Relating to the Foreign Relations of the United States, Japan, 1931-1941*, Vol. Ⅰ, pp. 643-645.

④ "Incendiary Bombs Blast Chungking," *New York Times*, August 20, 1940, p. 6.

明日军的轰炸是不加区分的狂轰滥炸。[①] 美国严厉谴责日本滥施轰炸的暴行。

针对美国政府的一再抗议，日本政府多番推诿，找各种理由搪塞。一是称天气状况不佳。“日本历次轰炸医院、教堂、大学等非军事目标，总是拿‘可见度小’和差误来作辩解。”[②] 南通美基督医院被炸后，日本海军武官向美国当局表示歉意与遗憾，并保证这绝不是日军故意为之，可能是因为天气恶劣，能见度低，轰炸目标模糊。[③] 二是称日方并未收到美国在华资产分布地图。悬挂有美国国旗并远离军事设施的梧州浸信会思达医院被炸后，美国提出了抗议，日本声称没有获得思达医院的任何位置信息。[④] 而面对美国政府提出的赔偿问题，日本政府也常以“难以调查”为由，拖延处理。1937 年 9 月，美国就广州惠阳教会被炸向日本提出赔偿，直到 1938 年 4 月，日本才给予赔偿。在南通美基督医院的赔偿问题上，日本更是一拖到底。在明知道很难获得详细且准确的被炸信息的情况下，日本还要求美国提供调查报告。美国组织了专门的调查委员会，将损害情况表呈送日本当局，但日本认为此项报告不够全面、详细、准确，美国的索赔从 1937 年 8 月开始，到 1938 年 9 月还未成功，最终因太平洋战争的爆发而不了了之。南通美基督会财物总管马轲（Edwin Marx）说道：“如果日本政府自愿的话，轰炸南通基督医院的事件就能得到满意的解决。如果日本政府无意解决的话，我们在索赔的事情上做得再多也没有用。”[⑤]

此外，在舆论压力下，日本也对美国的屡次抗议做出了有限的外交回应。1939 年 5 月 17 日，日本外务省就格鲁大使所呈送的 3 月 30 日抗议书给出答复，表明日本当局已尽最大努力来保护第三国在华之财产，尤其是教堂、学校、医院等机构，也再三提醒前线指挥官注意保护美国在华资

---

① “The American Ambassador in Japan (Grew) to the Japanese Minister for Foreign Affairs (Matsuoka), September 13, 1940,” *Papers Relating to the Foreign Relations of the UnitedStates, Japan, 1931-1941*, Vol. Ⅰ, pp. 695-696.

② 王建朗主编《中华民国时期外交文献汇编 1911～1949》第 7 卷（中），中华书局，2015，第 896 页。

③ United States Department of State, “The Ambassador in Japan (Grew) to the Secretary of State, August 20, 1937,” *Foreign Relations of the United States Diplomatic Papers, 1937*, Vol. Ⅳ, The Far East, Washington: United States Government Printing Office, 1954, pp. 269-270.

④ “Blame for Mission Bombing Denied,” *The North-China Herald and Supreme Court & Consular Gazette*, September 28, 1938; “No Information On Wuchow Hospital Given, Japanese Say,” *The China Press*, September 22, 1938.

⑤ 朱江：《麦文果》，第 87 页。

产，但仍不断有美国资产在空袭中受损，日当局表示十分遗憾与痛心，盼望美国政府理解日本的“苦心”与“处境”。[①] 日本时隔一个半月才回复美国的抗议，做出道歉，可见日本政府毫无诚意，只字未提能否保证不再侵害美国在华教会机构。日本甚至颠倒黑白，将美在华教会机构被炸的损失罪责完全归咎于中国，宣称是中国军队有意在美国在华教会机构附近驻防，中方是在阴谋挑起日美矛盾。

综览美国对日本提出的外交交涉，其仅仅停留在抗议和索赔层面，并无实质性举措，无法保护美国在华教会机构的安全。美国的妥协使日本更加肆无忌惮地实施轰炸，严重损害美国在华利益。

美国就在华教会机构受损进行的对日交涉几乎无效。这是因为在珍珠港事件爆发前，美国推行远东绥靖政策，力求不卷入战争，对日本的侵华持妥协退让的态度，不愿因教会受损而与日本彻底交恶。“无论如何，在华之教士只能希到……外交上之保护。教士生命财产之损失，不能酿成一种局势，而使美国陷入战事漩涡中。如教会财产遭受损失，应以和平手段磋商办法。”[②] 所以，美国的对日抗议谨慎且适度，助长了日本的侵略气焰。此外，美国内部对日政策存在分歧。美国驻华大使詹森、海军上将亚内尔等人主张对日强硬，认为美国不能一再对日妥协，日本的侵略目的是排除第三国在华利益，独占中国。他们认为，“挫败日本的这种图谋的唯一办法是援助蒋介石，维护他的当权地位，同时开始对日本进行贸易制裁。……如果我们不采取措施很快地阻拦日本，‘白种人在亚洲就不会有前途了’”。[③] 而美国驻日大使格鲁等人认为，不应彻底激怒日本，对日本侵害美国在华权益的抗议要注意方式和方法，甚至不惜牺牲中国的部分权益以避免美国卷入战争。一定程度上，美国内部对日政策的不统一使美国终究难以迈出实际制裁日本的步伐。值得注意的是，面对日本频繁轰炸美国在华教会机构，美国政府也开始转变对日政策。1938 年 6 月，国务卿赫尔呼吁飞机制造厂商不要将飞机和航空设备出售给日本，即“道义禁运”，以抗议日本轰炸无辜民众的行为。12 月，中美达成了桐油借款的协议，美国援华制日又前进一步。1939 年 7 月，《美日友好通商条约》的废除，是

① 「米国教会等への空爆被害に対する米国政府抗議」（三十九年三月三十日）外務省編『日本外交文書　日中戦争』第 3 冊、六一書房、2011、2074-2076 頁。

② 《美国差会关于宣教士于非常时期在华工作之宣言》，《兴华》第 34 卷第 43 期，1937 年，第 14 页。

③ 迈克尔·沙勒：《美国十字军在中国（1938~1945 年）》，郭济祖译，商务印书馆，1982，第 22~23 页。

中日战争以来美国对日本采取的最强硬行动，这表明美国决心保护其在华权益。1941 年，日本推行“南进”政策后，美国走上了全面制裁日本的道路。珍珠港事件后，美对日宣战，美国因长期以来的远东绥靖政策自食恶果，终究被卷入战争。而日本也受到应有的惩罚，为滥炸暴行付出了代价。

## 三　中国的反应

日机对中国各地的轰炸是全方位、无差别的，不区分军事目标与非军事目标，不区分中国与第三国的设施。中国既是日军暴行的受害者，又是美国在华教会机构屡遭轰炸的见证者，中国各界强烈谴责日军的滥炸暴行。

1937 年 10 月 15 日，时任外交部长王宠惠在向美国民众的广播演讲中说道：“日本既从事于武力征服，以期侥幸有成，因不仅违法毁约，而其方法与行动，则尤为人类良知所共责，其摧毁学校、教堂、医院、红十字会之暴行，其轰炸无抵抗城市，杀戮无辜平民之残虐，已激起举世之愤怒……此种对于非战斗人员之惨加屠戮，不仅为一二少数人所指斥。”[①] 指出日本轰炸教会机构的非法性与非人道性。蒋介石对于日机的轰炸暴行也阐明了自己的意见。1938 年 7 月，蒋介石在致世界反对轰炸不设防城市大会的电文中指出：“日机不断在远离战区之城市，滥事轰炸平民……凡红十字会救护队，车站轮埠之难民，文化及教育机关，慈善团体及教育产业，医院及渔船，皆成为轰炸之目标，种种暴行罄竹难书，甚至外侨之生命财产……亦遭日机之轰炸”，[②] 揭露了日机无差别轰炸的罪行。宋美龄对于日机轰炸暴行的谴责，在其发表的《告美国民众》的演说中得到了充分展现。她讲道：“最近在上海和附近各处，连续发生了不幸事件，使一部分美国和别国的侨民，丧失生命，遭受损失，或感受其他的苦痛……南通美国教会医院……更遭到故意的轰炸……若干年来美国在华辛勤缔造的宗教文化事业，同时也将受到这种野蛮的打击。”[③]

中国新闻媒体也密切关注并大量报道美国在华教会机构被炸的情况。如 1937 年南通美基督医院被炸，引起了极大的反响，《中央时事周报》《国际言论》《兴华》《申报》《中央日报》等报刊纷纷进行报道，详细披

---

① 《外王向美广播演讲》，《中央时事周报》第 6 卷第 39～41 期，1937 年，第 31～33 页。

② 《各方致巴黎大会电信》，《新华日报》1938 年 7 月 23 日。

③ 《宋美龄回忆录》，东方出版社，2010，第 215～217 页。

露南通美基督医院被炸的情况；1937 年 9 月 12 日，日机轰炸广东惠阳美教会医院，《申报》在 9 月 14 日第 2 版以《敌机昨又轰炸惠阳美教会医院》为题，对该教会牧师目睹日机轰炸的过程做了报道：“据汤氏言，当日机轰炸该教会及其附属之惠安医院时，飞行甚低，当能见及飞扬该教会屋顶上之二美国国旗，且该教会与附近之华军驻在地，至少相去半英里，但日机于轰炸华军驻在地之后，继即向该教会投弹，故其此种行动，显出于故意。”① 1939 年 6 月 30 日，福建福州美国教会所办的协和中学被炸后，针对美国政府的对日抗议，《申报》在 7 月 1 日的报道中提到：“日机昨日轰炸福州，曾将美国传教师所办之协和中学炸毁，惟美人幸无伤亡，美方已向日方提出强硬抗议。按，协和中学为美人所办之学校，前时美方曾将其所在地通告日方，且在屋顶漆有大美国国旗二面，日机当能窥见。再则日机轰炸时，飞行甚低，更无误会之可能，但在校舍之西面，被击中一弹，随即起火，以致全校悉告焚如……”② 还对后续情况进行了跟踪报道。1940 年 9 月 5 日，日机轰炸湖南沅陵，美教会机构损失颇巨。对此，《新华日报》报道：“敌机昨日袭沅，美教会财产亦遭轰炸，计美国复初贞德女子中学中一弹，毁房屋二栋，死女生三人，美中华基督教会传牧师宅中一弹，美复初会湖滨高级农校中数弹，此外青年会中二弹，损失均重。”③ 在报道损失情况的同时，《新华日报》一针见血地指出：“以上各会校，皆悬有极显著美国国徽，仍不免敌机狂炸，可见倭寇有意摧毁美侨生命财产及文化事业。”④ 除了以上所举的常规性轰炸报道外，1940 年第 3 卷第 5 期的《江西统计月刊》及 1939 年 12 月 9 日、12 月 10 日的《中央日报》还专门梳理日机对美国在华教会机构的轰炸情况并制成《敌机在华炸毁美国财产概况表》，统计了 1937 年 8 月到 1939 年 9 月美国在华教会机构被炸损失情况，虽然此表的统计并不完整，但为日机侵害美国在华教会机构提供了有力的证据。中国新闻媒体对于日机轰炸美国在华教会机构的报道，有简要叙述，也有详细披露，并且报道了美国对日交涉的情况，甚至还进行了数据统计，充分揭露了日军这种公然挑衅世界文明的残暴轰炸罪行。

日本发动侵华战争后，日机在中国境内的狂轰滥炸给中国人民的生命财产带来了不可预估的损失。作为日机轰炸暴行的受害者和见证者，中国

① 《敌机昨又轰炸惠阳美教会医院》，《申报》1937 年 9 月 14 日。

② 《日机炸协和中学，美提抗议》，《申报》1939 年 7 月 1 日。

③ 《敌机前日袭湘西，沅陵美侨财产被炸》，《新华日报》1940 年 9 月 6 日。

④ 《敌机前日袭湘西，沅陵美侨财产被炸》，《新华日报》1940 年 9 月 6 日。

不可能对美国在华教会机构被炸置若罔闻。中国政府的密切关注与社会媒体的广泛报道，除表示对美国在华教会机构被炸遭遇的深切同情外，也有希望美国转变对华政策并向国际社会争取广泛支援的目的。正如外交部长王宠惠所说："多寻与国，减少敌国，其国家与我利害相同的，当与之为友，其国家利害相反的，当使之不至与我为敌"，"尽量宣传日本暴行与侵略事实，唤起世界民众的同情"。①

## 结 语

美国虽然就在华教会机构被炸向日本提出严正交涉，多次抗议日军的滥炸暴行，但因美国坚持远东绥靖政策，一再妥协退让，对日交涉软弱，致使日军侵害美国在华教会机构愈演愈烈。日本对美国的外交抗议冷淡处理、敷衍塞责，每以误炸为借口辩解，以天气不好、能见度低来回应美国的抗议。然而，美国多次按日本要求，将其在华资产分布地图交予日本当局，其所有在华教会机构均悬挂巨幅国旗，或在屋顶上漆涂巨大国旗，日机在空中执行轰炸任务时，是可以辨认的。因此，日军的种种狡辩不能成立。日机轰炸美国在华教会机构，表明它面对美国在华资产时肆无忌惮，其后的珍珠港事件和太平洋战争很难排除这种张狂心态的惯性作用。中国政府和民间舆论对日军轰炸美国在华教会机构的反应强烈，强烈谴责日寇的滥炸暴行，声援美国在华教会机构，以期美国转变远东政策，支持中国抗战，制止日本侵略暴行。但在美国绥靖政策的影响下，这一外交意图显然无法产生实际效果。

---

① 中国国民党中央委员会党史委员会编《王宠惠先生文集》，台北，近代中国出版社，1981，第230页。

# 抗战时期中国共产党对美洲洪门致公堂的统战工作*

石　瑶**

**提　要**　中共对美洲洪门致公堂的统战工作是其开展海外统战、争取华侨华人的重要内容。全面抗战爆发前，这一工作主要通过美共中国局自觉地组织推进，旅美中共党员视美洲洪门致公堂为促成华侨华人抗日民族统一战线的关键力量，借助“衣联会”加以联络。全面抗战爆发后，中共日益重视海外华侨华人的抗日动员工作，增强对美共中国局的指导，形成国内外联动的局面。周恩来派赴美国的党员创办《美洲华侨日报》，以该报为阵地秘密推进统战工作，逐渐获得致公堂领袖司徒美堂的肯定和信任，参与致公堂组织华侨华人政党的核心工作。中共对致公堂的态度与致公堂的自身定位及政治理念是一致的，这是中共统战工作得以推进的基础和原因。

**关键词**　美共中国局　洪门致公堂　华侨华人　海外统战

美洲洪门是近代美洲华侨华人中最具影响力的组织。① 初到美洲的华侨华人，面对语言不通、举目无亲的窘境与殖民主义者的欺凌，亟须加入组织以寻求庇护。美洲洪门为其成员提供生活上的保护，作为华侨华人的互助性团体而公开活动，又因其吸收成员不受地域、血缘等限制，故“华侨中十之八九皆系洪门成员”。② 经过1925年尝试组党及此后的政治探索，

---

* 本文是国家社科基金青年项目“新民主主义革命时期中国共产党对美国华侨华人统战工作研究”（21CDJ038）的阶段性成果。

** 石瑶，中共中央党校（国家行政学院）中共党史教研部讲师。

① 潮龙起：《美洲华侨与抗日战争》，江苏人民出版社，2021，第366页。

② 秦宝琦：《洪门真史》，福建人民出版社，1995，第358页。

美洲洪门致公堂的政治目标、行动方式均有转变。抗战时期，美洲洪门致公堂在组织动员华侨华人支援抗战中发挥了重要作用，成为国共两党在寻求华侨华人的政治支持与经济援助时竞相争取和联合的对象。

学界现有抗战时期中共对美洲洪门致公堂的统战工作研究，多以 1935 年中共发表《八一宣言》表示愿意与致公堂建立抗日民族统一战线为起点，以皖南事变后毛泽东与司徒美堂的函电往来、1941 年周恩来与归国的司徒美堂联络等高层往来为主要内容。[①] 总的来说，现有研究重在政策层面的分析，集中描述中共主要领导人与美洲洪门致公堂领袖司徒美堂的互动。但是，抗战不同阶段中共对美洲洪门致公堂统战工作的具体面相和基本特点，旅美中共党员对美洲洪门致公堂进行联络与争取的实际活动，还有待深入考察。

事实上，在中共发表《八一宣言》将致公堂划归为愿意参加抗日救国事业的团体前，美共中国局已经在实际工作中践行对美洲洪门致公堂的统一战线工作。全面抗战爆发后，中共愈加重视海外华侨华人工作，与美共中国局内外相应，逐步推进对美洲洪门致公堂及其领袖司徒美堂的统战工作。为此，本文拟在学界既有研究的基础上，利用《大汉公报》《美洲华侨日报》等资料，考察抗战不同阶段中共对美洲洪门致公堂所做统战工作的主要内容和基本特点，探讨美洲洪门致公堂对中共统战工作做出的回应，以期加深对中共海外统战工作及美洲洪门致公堂历史发展的理解。

## 一　中共借助“衣联会”争取美洲洪门致公堂

全面抗战爆发前，中共在美洲的华侨华人工作主要通过一批在美国加入共产党的中国留美学生，未经中共中央直接领导，自觉地组织推进。1924～1925 年，清华学校 1924 级学生施滉、徐永煐、冀朝鼎，北京女子师

---

① 任贵祥、潮龙起等将美洲洪门致公堂作为海外华侨华人的一部分，在考察中共侨务工作时，论及中共对美洲洪门致公堂的统战工作，具体参见任贵祥《华侨与中国新民主主义革命——兼论民主革命时期华侨与中国共产党的关系》，中国华侨出版社，2006；潮龙起《美洲华侨与抗日战争》。曾瑞炎、任贵祥等详细论述了毛泽东与司徒美堂函电往来的具体经过，以此研究毛泽东对致公党的态度及政策，具体参见曾瑞炎《毛泽东与华侨爱国统一战线》，《华侨华人历史研究》1993 年第 4 期；任贵祥《解放战争时期毛泽东与华侨来往电函解析》，《毛泽东邓小平理论研究》2005 年第 5 期。与此类似，关于中共中央南方局的研究论著探讨了周恩来等人与在重庆的司徒美堂进行联络的历史，具体参见南方局党史资料征集小组编《南方局党史资料·大事记》，重庆出版社，1986。

范学生罗静宜等，先后赴美国留学。[①] 早在清华就读期间，施滉、徐永煐、冀朝鼎就通过五四运动走到一起，创办了“以求人类底真幸福”的唯真学会，为寻求“政治救国”之道，施滉、徐永煐还代表唯真学会拜访过孙中山、李大钊。[②] 抵美后，施滉等因声援国内五卅运动、北伐战争，及开展反帝爱国活动，为美国共产党所关注。1927 年大革命失败前后，施滉、徐永煐、冀朝鼎声讨蒋介石，陆续加入美国共产党。1927 年 5~6 月，在美国共产党的指导下，施滉、徐永煐、冀朝鼎等在旧金山创建了隶属于美共中央委员会的中国局。[③] 施滉任书记，徐永煐、冀朝鼎等五人为委员，罗静宜为妇女组织员。[④]

中共最初在美洲华侨华人中的工作，是由美共中国局的这批具有共同理想的先进知识分子具体负责的。美共中国局成立时，施滉在斯坦福大学攻读东方史，[⑤] 徐永煐在斯坦福大学读经济，[⑥] 冀朝鼎在芝加哥大学读历史，[⑦] 他们在留美学生中开展政治活动。1927 年夏，美国西部的留学生在斯坦福大学召开一年一度的夏令营集会，施滉、徐永煐、冀朝鼎均有参加，他们向留美学生介绍了四一二反革命政变的真相，并同支持国民党右派的留学生激烈辩论。据同为清华 1924 级学生的罗培源回忆，“我的政治启蒙教育是从那年夏天开始的”。[⑧] 值得注意的是，美共中国局在美是秘密活动的，其党员对外不暴露政治身份。[⑨] 1927 年下半年，美共中国局创建“美洲拥护中国工农革命大同盟”，作为外围组织，在留美学生及华侨华人中开展活动。[⑩] 在这期间，徐永煐中断了在校学习，开始专门从事革命工作。

1928 年春，美共中国局转移到华侨华人和留学生较为集中的纽约。[⑪] 同年，美共中国局书记施滉被美共中央派赴古巴，徐永煐成为中国局的实际负责人。自此至 1946 年 10 月徐永煐离美，近 20 年间，徐永煐主要住在

① 徐庆东等编《百年永煐——深挚的怀念》，内部印行，2002，第 191 页。
② 清华大学校史组编《人物志》第 1 辑，清华大学出版社，1983，第 71 页。
③ 徐庆来编著《徐永煐纪年》，中央文献出版社，2011，第 75 页。
④ 中共云南省委党史资料征集委员会编《施滉》，云南民族出版社，1987，第 60 页。
⑤ 《施滉》，第 89 页。
⑥ 徐庆来编著《徐永煐纪年》，第 74 页。
⑦ 宋立志编著《名校精英：清华大学、北京大学》，京华出版社，2010，第 26 页。
⑧ 庄丽君编《世纪清华》，光明日报出版社，1998，第 341 页。
⑨ 何立波：《中共海外组织美共中央中国局》，《党史博览》2016 年第 7 期。
⑩ 张报：《二、三十年代在美国的中国共产党人》，《国际共运史研究资料》1982 年第 4 期。
⑪ 《施滉》，第 181 页。

纽约。[①] 美国联邦调查局曾对中国在美国的共产主义活动进行长期追踪，认为徐永煐即为在美共产主义者中的最高领导者。[②] 迁至纽约后，“美洲拥护中国工农革命大同盟”改组为“美洲华侨反帝大同盟”，其机关报《先锋报》亦在美国进步大主教的资助下，由油印改为铅印，每周公开出版八版。[③] 美共中国局依托“美洲华侨反帝大同盟”及《先锋报》在纽约的华侨社会中活动。

九一八事变后，美共中国局的主要议题由“反帝”发展为“抗日”。自 1931 年 10 月起，《先锋报》每期都刊载呼吁华侨华人参加抗日运动的文章，“美洲华侨反帝大同盟”亦试图联络各团体。但碍于美共中国局在华侨社会的影响力，收效有限。[④] 1933 年徐永煐当选美共中国局书记，他在《先锋报》发表了一系列文章，反思美共中国局搞“关门主义”、[⑤]“隔绝群众的清高主义”，[⑥] 决议调整政策，去接近和组织华侨华人中可以联合的力量。

1934 年 4 月，徐永煐判断，“现在纽约的小衣馆业者，是劳苦的份子，是无产阶级的友军”。[⑦] 于是，美共中国局以华侨华人同业公会——纽约华侨衣馆联合会（以下简称“衣联会”）为突破口，率先与其联络。“衣联会”是 1933 年 4 月 30 日由纽约从事洗衣行业的民众建立的组织，[⑧] 其根本诉求在于“联络感情，集中力量，内谋维护同业之利益，外求取消限制华侨洗衣馆一切苛例”。[⑨]

此处需要厘清美共中国局与“衣联会”之间的关系。有学者认为，“衣联会”是由美共中国局建立的团体。其主要依据是，曾参加过美共中国局的张报回忆，美共中国局根据旅美华侨华人多从事洗衣业的情况，成

---

① 徐庆来编著《徐永煐纪年》，第 82 页。

② Potentialities of Chinese Communist Intelligence Activities in the United States, Federal Bureau of Investigation United States Department of Justice, May, 1954.

③ 《华侨华人百科全书·新闻出版卷》编辑委员会编《华侨华人百科全书·新闻出版卷》，中国华侨出版社，1999，第 379 页。

④ 邝治中：《纽约唐人街——劳工和政治，1930～1950 年》，杨万译，上海译文出版社，1982，第 114 页。

⑤ 《先锋报》1935 年 2 月 15 日。

⑥ 《先锋报》1935 年 3 月 1 日。

⑦ 《先锋报》1935 年 9 月 1 日。

⑧ 于仁秋：《救国自救：纽约华侨衣馆联合会简史（1933～1950's）》，三联书店（香港）有限公司，1992，第 64 页。

⑨ 于仁秋：《救国自救：纽约华侨衣馆联合会简史（1933～1950's）》，第 54 页。

立了洗衣业工会。[①] 与此一致，何立波研究美共中国局不同阶段工作内容指出，1933 年美共中国局纠正了此前“左”的倾向，通过发动华侨华人建立包括“衣联会”在内的团体，保障华侨华人权益，从事左翼运动。[②] 总的来说，研究美共中国局的学者多认为，“衣联会”是由美共中国局建立的。

一些学者则认为，“衣联会”在接受美共中国局帮助的同时，是与美共中国局保持距离、否认接受其领导和控制的独立团体。“衣联会”研究者于仁秋将美共中国局的党员统称为“华人左派”，详细论述了华人左派与“衣联会”之间错综复杂的关系，即华人左派帮助和支持“衣联会”，而“衣联会”在接受华人左派支持的同时，并不接受华人左派的政治领导及政治主张。[③] 麦礼谦的观点与于仁秋一致，认为“衣联会”领导者对美共中国局持谨慎、警惕的态度，但是面对纽约中华公所的敌意，“衣联会”已经没有选择，其中较为激进的力量与美共中国局结成联盟。[④]

在上述两种观点中，笔者较为倾向于仁秋、麦礼谦二人的观点，即“衣联会”是包含不同政治观点的职业性群众团体，而非美共中国局的下属组织，二者不存在组织上的隶属关系。[⑤]

但同时可以肯定的是，美共中国局已在支持“衣联会”的过程中实现了对其领导。一方面，美共中国局为“衣联会”的斗争提供了支援和指导，使“衣联会”对旅美中共党员产生了需要和依赖。加之双方在政治目标、利益等方面的共同点，逐渐采取了一致行动。另一方面，基于“衣联会”“不分党派、性别”的特点，[⑥] 美共中国局的旅美中共党员得以秘密加入“衣联会”，并开展工作。

为了争取华侨华人更广泛的抗日力量，美共中国局开始借助“衣联会”争取美洲洪门致公堂。笔者认为，美共中国局在华侨华人社会众多保守力量中选择了致公堂，是基于以下因素考虑的。

从政治主张上看，美洲洪门致公堂历来坚持民族主义，对蒋介石的不抵抗政策表示不满。致公堂早年曾联络华侨华人支援孙中山领导的辛亥革

---

① 张报：《二、三十年代在美国的中国共产党人》，《国际共运史研究资料》1982 年第 4 期。

② 何立波：《中共海外组织美共中央中国局》，《党史博览》2016 年第 7 期。

③ 于仁秋：《救国自救：纽约华侨衣馆联合会简史（1933～1950's）》，第 74 页。

④ H. Mark Lai, *Chinese American Transnational Politics*, University of Illinois Press, 2010, p. 87.

⑤ 于仁秋：《救国自救：纽约华侨衣馆联合会简史（1933～1950's）》，第 86 页。

⑥ 雷卓峰：《纽约华侨洗衣馆联合会成立经过》，华侨华人编《中华文史资料文库》第 19 卷，中国文史出版社，1996，第 827 页。

命，其堂员多为民族主义者。福建事变后，司徒美堂所领导的洪门致公总堂以“中国致公总部”的名义发表通电拥护福建事变中成立的人民革命政府。[①] 蔡廷锴组织福建人民政府失败后，于 1934 年 8 月到达美国，司徒美堂亲自保护其安全，陪蔡廷锴访问了美国十余座城市，[②] 并不顾中国国民党当局的阻拦陪同蔡廷锴出席了“衣联会”的宴会。[③] 甚至有资料表明美洲洪门致公堂欲选蔡廷锴为该堂总理。[④] 上述活动均显示了致公堂抗日反蒋的基本立场，相同的政治立场是美共中国局争取与其联合的前提。

从组织构成上看，美洲洪门致公堂是传统华侨华人社团中最不稳定且最具独立性的组织，为美共中国局联络致公堂提供了机会。[⑤] 不同于中华公所等团体较多依附于中国国民党，美洲洪门致公堂始终保持独立性。美洲洪门致公堂与中国国民党美洲支部存在竞争关系，对中国国民党在华埠的跋扈颇为不满。而致公堂内部既有对华人左派持怀疑态度的保守势力，也有激进的民族主义者。特别地，致公堂的一些堂员加入了“衣联会”，使致公堂与“衣联会”始终保持着联系，[⑥] 为“衣联会”与致公堂的联合提供了组织上的基础。

基于上述条件，旅美中共党员借助“衣联会”展开了对致公堂的争取工作。1934 年“衣联会”作为主导，联合“美洲华侨反帝大同盟”等组织成立了“纽约华侨抗日救国会”。[⑦]“纽约华侨抗日救国会”实际受美共中国局管理，决议吸纳“工人、妇女、学生、当地报纸的工作人员，甚至各堂的成员”。[⑧] 该会请抗日反蒋且具有洪门背景的蔡廷锴劝说致公堂参加抗日救国会，蔡廷锴也表示会极力说服致公堂。[⑨]

1935 年，中共驻共产国际代表团草拟了《八一宣言》，并于 10 月 1 日以中华苏维埃共和国中央政府和中共中央委员会的名义正式发表。《八一

① 《中同致公总部通电拥护人民政府》（1933 年 12 月 23 日），薛谋成、郑全备选编《“福建事变”资料选编》，江西人民出版社，1984，第 183 页。

② 司徒美堂：《旅居美国七十年（1950 年 12 月）》，中国致公党中央研究室编《司徒美堂》，中国致公出版社，2001，第 61 页。

③ 《先锋报》1935 年 9 月 1 日。

④ 《刘伯端等电蒋中正闻蔡廷锴得陈铭枢同意回函海外洪门致公堂愿任该堂总理等文电日报表等二则》（1935 年 5 月 17 日），《蒋中正总统文物》，台北“国史馆”藏，典藏号：002-080200-00451-071。

⑤ 邝治中：《纽约唐人街——劳工和政治，1930~1950 年》，第 116 页。

⑥ 于仁秋：《救国自救：纽约华侨衣馆联合会简史（1933~1950's）》，第 105 页。

⑦ 邝治中：《纽约唐人街——劳工和政治，1930~1950 年》，第 114 页。

⑧ 《先锋报》1935 年 9 月 28 日。

⑨ 于仁秋：《救国自救：纽约华侨衣馆联合会简史（1933~1950's）》，第 106 页。

宣言》将“致公堂”划归为“一切愿意参加抗日救国事业的各党派、各团体”中的一部分，作为苏维埃政府和共产党愿意争取与联合的对象。[①] 可以说，美共中国局在《八一宣言》发布前，已经在实际工作中践行对美洲洪门致公堂的统一战线工作。相较于中共中央在政策层面建立抗日民族统一战线的号召，美共中国局则在现实层面开展对美洲洪门致公堂及华侨华人的统战工作。

经过数月的讨论及辩论，致公堂虽然对共产革命仍持保留态度，但同意加入抗日救国运动。随后，致公堂帮助“衣联会”动员笃亲公所、龙岗公所等众多团体先后加入抗日救国运动。在动员中华公所加入抗日民族统一战线的过程中，司徒美堂曾在会上斥责保守派，“大有声泪俱下之势”，宣布反对“民族卖国贼”。[②] 1936 年 1 月 19 日，“衣联会”与致公堂共同促成发起“纽约全体华侨抗日救国会”。“纽约全体华侨抗日救国会”以“不分党派，联合海内外民众，实行武装自卫，反对一党专政，促进国防政府，积极抗日，扫除一切汉奸”为宗旨，形成了联合绝大多数华侨华人社团的统一战线组织，开始进行支援国内抗战的各项活动。[③]

总的来说，全面抗战爆发前，中共对美洲洪门致公堂的统战工作具体是由美共中国局实施的。虽然中共中央未能给予中国局直接指导，但中国局的行动与中共《八一宣言》所确立的方针相一致。美共中国局将致公堂看作联络美国华侨华人社团的关键所在，其统战工作借助华侨华人同业公会——“衣联会”具体施行。这一阶段，美共中国局对致公堂的统战工作侧重于借由致公堂的势力，敦请华侨华人保守派社团参加爱国运动，共同促成华侨华人的抗日民族统一战线。对于联络致公堂的具体方针、策略较为笼统，尚不涉及致公堂内部的具体事务。

## 二　中共以《美洲华侨日报》为中心推进统战工作

全面抗战爆发后，中国共产党更加广泛地关注海外华侨华人的抗日动员工作。1938 年 3 月 18 日，毛泽东在辜俊英纪念手册上题词：“全体华侨同志应该好好团结起来，援助祖国，战胜日寇。共产党是关心海外侨胞

① 中共中央统战部、中央档案馆编《中共中央抗日民族统一战线文件选编》（中），档案出版社，1985，第 16 页。

② 《先锋报》1935 年 12 月 21 日。

③ 潮龙起主编《历史丰碑——海外华侨与抗日战争》，暨南大学出版社，2015，第 65～66 页。

的，愿意与全体侨胞建立抗日统一战线。”[①] 为动员华侨华人，中共分两个方面派出党员：一方面是在延安的中共中央直接派人到侨居地开展工作；另一方面是通过周恩来1939年1月在国统区成立的中共中央南方局派人到海外华侨华人中开展工作。[②]

与中共派出党员相配合，这一时期从侨居地回国的党员为中共了解华侨华人实际情况以制定相应政策提供了信息来源。1939年10月，承担美共中国局重要工作的饶漱石离美返国。1940年2月28日，饶漱石向中共中央书记处报告了华侨工作情况。在听取报告后，中共中央决议成立专门的华侨工作委员会（1941年12月并入海外工作委员会），以加强党对华侨工作的领导，其具体任务包括准备团结各地华侨的行动纲领，研究在华侨中工作的策略，并给各地华侨工作的人员以具体的指示等。[③]

中共对争取海外华侨华人、开展海外统战很重视，将对美洲洪门致公堂及其领袖司徒美堂的统战工作列为重要议题。这既是出于《八一宣言》视致公堂为愿意参加抗日救国事业的团体的判断，也缘于中共接收到的致公堂支援国内抗战的信息。1939年10月6日，中共中央机关报《新中华报》刊发了美洲洪门致公堂来信《全美洲洪门恳亲大会宣言》，记述了1939年6月15日美洲洪门致公堂为“统一内部之指挥，齐一战时之步骤，增加一切力量，以此力量与我全国四万万五千万兄、弟、姊、妹同一集合”，组织10多个国家200余处分支机构的代表，在墨西哥城召开洪门恳亲大会，决议成立“全美洲洪门总干部”，由司徒美堂负责，任总监督。[④]

1940年6月，南洋华侨领袖陈嘉庚访问延安。据陈嘉庚回忆，“毛泽东主席来余寓所数次，或同午饭，或同晚餐”，“因自抗战以来外国未有借我现金，政府所倚赖全属华侨外汇”。[⑤] 以陈嘉庚到访延安为契机，《新中华报》1940年6月4日发表社论《华侨在抗战中的作用》，称赞华侨为抗战“提供人力物力献给祖国”。[⑥] 特别地，该社论注意到，华侨“在美洲

---

① 中共中央文献研究室编《毛泽东年谱（1893～1949）》（中），中央文献出版社，2002，第59页。

② 任贵祥：《华侨与中国新民主主义革命》，第256页。

③ 中共中央组织部、中共中央党史研究室、中央档案馆编《中国共产党组织史资料》第3卷（上）《抗日战争时期（1937.7～1945.8）》，中共党史出版社，2000，第51页。

④ 中国致公党厦门市委党史研究编委会编《海外洪门与中国致公党》，内部印行，2017，第53页。

⑤ 陈嘉庚：《南侨回忆录》，上海三联书店，2014，第164页。

⑥ 《新中华报》1940年6月4日。

的，成立美洲华侨抗日统一战线”，[①] 可见中共对美共中国局在华侨社会中的活动有相当的了解。

1940 年 7 月，美共中国局借助“衣联会”筹募资金，在纽约创办《美洲华侨日报》，唐明照任社长，冀贡泉为总编辑。[②] 毛泽东为《美洲华侨日报》创刊题词：“起来，为中华民族的独立自由而奋斗到底。”[③] 《美洲华侨日报》创刊后，成为美共中国局在华侨华人中开展活动的重要阵地，而毛泽东的题词也表明，中共将加强对美共中国局的指导。国民党的情报部门指出，《美洲华侨日报》“不特足为中共在美有力之宣传机关，抑且为中共在美之活动中心”。[④]

一方面，《美洲华侨日报》为在美中共党员开展统战工作提供了合理的职业身份，美共中国局建构了以《美洲华侨日报》为中心的隐秘社会网络。负责美洲洪门致公堂统战工作的唐明照、冀贡泉，依托《美洲华侨日报》，分别以社长、总编辑的身份在美国活动，其开展统战工作有合理的职业身份。

唐明照是 1933 年经中共安排派赴美国旧金山的。唐明照在九一八事变后开始投身反对日本帝国主义侵略东北的群众运动，之后被吸收为中共党员。1932 年任中共北平市委组织部长，曾在学生运动中被中国国民党当局逮捕，因持有美国护照被释放。1933 年，中共党组织考虑到唐明照对美国较熟悉且了解华侨华人社会，便安排他再赴美国旧金山。唐明照遂中断在清华大学政治系的学习，进入加州大学伯克利分校，并由中共转入美共，担任美共加州大学党组织负责人。[⑤] 1937 年唐明照任“衣联会”干事，在很多场合以“衣联会”代表身份出现，[⑥] 并通过“衣联会”筹资办报。1940 年，唐明照任美共中国局书记，但此政治身份并未对外公开。[⑦] 他对外的身份是美洲华侨日报社社长。

---

① 《新中华报》1940 年 6 月 4 日。

② 中国华侨历史博物馆编《中国华侨历史博物馆藏品图录》，文物出版社，2014，第 68 页。

③ 《毛泽东年谱（1893~1949）》（中），第 202 页。

④ 秦孝仪主编《中华民国重要史料初编·对日抗战时期》第 5 编《中共活动真相》（1），台北，中国国民党中央委员会党史委员会，1981，第 571 页。

⑤ 唐逢斌：《我国首任联合国秘书长》，政协恩平市委员会学习和文史委员会编印《唐明照与女儿唐闻生》，2009，第 8 页。

⑥ 于仁秋：《救国自救：纽约华侨衣馆联合会简史（1933~1950's）》，第 118 页。

⑦ 中国福利会编《宋庆龄致陈翰笙书信（1971~1981）》，东方出版中心，2013，第 40 页。

冀贡泉是 1939 年 2 月被周恩来派赴美国的。[①] 冀贡泉本人并非中共党员，而是爱国民主人士。他是最早加入美共的冀朝鼎的父亲，也与徐永煐有私交。冀贡泉担任山西法政专门学校校长时，[②] 徐永煐任英文教员兼校长英文秘书。[③] 据《清华周刊》记载，“徐君在太原与冀朝鼎君之父冀育堂（贡泉）先生，相处甚得。暇常习法律于冀先生，而已教冀先生英语，真可谓教学相长矣”。[④] 1938 年 6 月，冀朝鼎在受美国洛克菲勒基金会资助回中国开展经济调查期间，向周恩来做了秘密报告。周恩来在重庆会见了冀朝鼎及其父亲冀贡泉，表示虽然中共和中国国民党已经一致抗日，美国将所有的援助给了蒋介石及中国国民党，但中共仍需要国外朋友及购买武器和装备的资金。冀朝鼎直接受周恩来指导，按指示带父母弟妹全家赴美，筹集资金并且秘密关注中共事业，在中共的海外统战中发挥作用。[⑤] 冀贡泉曾在日本留学六年，可以流利使用中、英、日三种语言，[⑥] 抵达纽约后便开始参与《美洲华侨日报》的筹备工作。[⑦]

徐永煐也参与了《美洲华侨日报》的筹备和编辑工作。据罗静宜回忆，“为了做好统战工作，使《华侨日报》的文章更适合于华侨群众，于是就请冀朝鼎同志的父亲冀贡泉先生当主编，徐永煐同志坐在冀老伯的对面当副编，有事共同商量，把报办得更好”。[⑧]

在旅美中共党员积极活动的同时，周恩来负责的中共中央南方局也推进着华侨工作，继续派党员赴美国活动。中共中央南方局专门设有统一战线工作委员会、国际问题研究室和华侨工作组。[⑨] 1941 年 7 月 3 日，周恩来致电毛泽东，分析了当前太平洋的局势和国内近况，认为在海外要加强

---

① 《华侨华人百科全书・人物卷》编辑委员会编《华侨华人百科全书・人物卷》，中国华侨出版社，2001，第 242 页。

② 中国人民政治协商会议汾阳县委员会文史资料研究委员会编印《汾阳文史资料》第 5 辑，第 124 页。

③ 徐庆来编著《徐永煐纪年》，第 63 页。

④ 徐庆来编著《徐永煐纪年》，第 67 页。

⑤ Chaozhu Ji, *The Man on Mao's Right: From Harvard Yard to Tiananmen Square, My Life Inside China's Foreign Ministry*, Random House, 2008, p. 21.

⑥ Chaozhu Ji, *The Man on Mao's Right: From Harvard Yard to Tiananmen Square, My Life Inside China's Foreign Ministry*, p. 34.

⑦ 《冀贡泉与纽约〈华侨日报〉》，见智效民《胡适和他的朋友们》，云南人民出版社，2004，第 240 页。

⑧ 《施滉》，第 195 页。

⑨ 中共中央文献研究室编《周恩来年谱（1898～1949）》（下），中央文献出版社，2007，第 256 页。

党的领导，以开展对英美人士、华侨的统一战线工作，同时提出了派人加强香港领导的问题。[①] 1941 年 9 月，张淑义、龚普生奉中共中央南方局安排，同船赴美国留学。[②] 张淑义和龚普生是燕大校友，抵美后在纽约的哥伦比亚大学读书。

以《美洲华侨日报》为中心，旅美中共党员形成了秘密的社会网络。如美共中国局书记、报社社长唐明照与报社会计张希先为夫妻，美共中国局委员兼副总编辑徐永煐曾经任报社总编辑冀贡泉的英文秘书，冀贡泉与冀朝鼎为父子。1941 年到达美国的张淑义后与徐永煐结为夫妻，她的燕大校友龚普生则与南方局外事组的龚澎为姐妹。陈翰笙回忆，“我在纽约有些朋友，当我要知道什么消息，只消出去转一圈，通几个电话，就可以达到目的了”。[③] 除此之外，龚普生与龚澎的书信往来成为美共中国局与南方局，亦即旅美中共党员同周恩来进行联络的重要渠道之一。可以说，旅美中共党员中有父子、夫妻、校友、同学等社会关系，为统战工作奠定了重要基础。

另一方面，《美洲华侨日报》在美洲洪门致公堂所关注的号召华侨华人、宣传抗日等方面发挥了重要作用，同时对致公堂的各项活动加以宣传，获得了司徒美堂的肯定。不同于 1938 年至 1939 年饶漱石在纽约办的《救国时报》，《美洲华侨日报》所展现出来的政治立场更加温和、中立，吸引了遍及美洲的读者，成为 20 世纪 40 年代纽约发行量最大的中文报纸。[④] 从内容上看，《美洲华侨日报》聚焦于时事政治新闻及华侨华人动态两方面。在论及时事政治时，《美洲华侨日报》对二战期间各国作战攻势及国际关系进行了详细介绍，也对中国国内抗战形势进行了报道。

《美洲华侨日报》创刊之初，在报道国内抗战形势及政治、经济等情况时，对中国国民党及中共两方面的情况表现出较为中立的政治立场，并未直接宣示其政治倾向。比如对皖南事变进行详细报道时，采取了“呼吁团结”[⑤]、“消除摩擦”[⑥] 的立场，还原国民党挑起事端的经过，同时借斯诺等记者的稿件力图从旁观者的角度为中共争取同情。[⑦] 正如冀贡泉之子

---

① 《南方局党史资料·大事记》，第 170 页。

② 中共上海市委党史研究室编《上海党史资料汇编》第 2 编《土地革命战争时期》（下），上海书店出版社，2018，第 839 页。

③ 《四个时代的我·陈翰笙回忆录》，中国文史出版社，2012，第 63 页。

④ H. Mark Lai, *Chinese American Transnational Politics*, p. 23.

⑤ 《加紧呼吁团结》，《美洲华侨日报》1941 年 1 月 20 日。

⑥ 《周恩来谈消除国共摩擦》，《美洲华侨日报》1941 年 1 月 20 日。

⑦ 《国共分裂加深有决裂之虑》，《美洲华侨日报》1941 年 1 月 9 日。

冀朝铸在回忆中指出，《美洲华侨日报》的秘密议程是助力中国和中共的事业，并且与美国左翼组织形成联盟，但同时不公开表现其政治立场。[①]《美洲华侨日报》温和的政治态度，为其争取了包括致公堂在内的读者受众，也避免了反对力量的过度关注，为日后系统宣传中共的方针、政策，进行海外统战奠定了基础。

《美洲华侨日报》对华侨华人活动状况的详细报道，特别是对美洲洪门致公堂的密切关注，拉近了其与美洲洪门致公堂的关系。首先，《美洲华侨日报》对纽约筹饷总会为国内抗战筹款的情况进行了追踪报道。筹饷总会是致公堂总部发起成立的为国内抗战筹款的机构。七七事变后，致公堂总部发表“集中我五洲洪门全体义士，一心一德与我全国海内外爱国同胞一致合力抵抗日寇，共救中国”的宣言，[②] 并号召致公堂各地分支堂口“从速发起筹饷，以助军糈，军势急迫，不容稍缓”。[③] 司徒美堂随之辞去其他职务，以纽约筹饷总会主席的身份，专门负责筹饷工作。

唐明照等以“衣联会”中的身份响应纽约筹饷总会，携“衣联会”积极参与筹饷，并利用《美洲华侨日报》这一平台，对筹饷总会的工作进行报道。《筹饷总会常会会议纪要》[④]、《筹饷总会通告》[⑤] 成为日报的固定内容，辑录了历次筹饷会议的报告事项、讨论事项，对筹饷总会募集资金的数额、去向均做了详细记录。

其次，《美洲华侨日报》对美洲洪门致公堂及司徒美堂个人的活动情况进行了追踪报道。相关报道不仅涵盖致公堂接纳新成员[⑥]、筹款购买校舍[⑦]等常规活动，也对洪门致公堂作为华侨华人社团，为华侨华人利益而奔走的各项活动进行了宣传，如报道了致公堂请求国民政府增加侨汇津贴[⑧]、请求救济侨眷等。[⑨] 这一时期“衣联会”和美洲洪门致公堂互动频繁，在支援抗战的活动中积极合作，《美洲华侨日报》也均对其进行了报道。可以说，《美洲华侨日报》已成为华侨华人社会不同团体沟通、联络

① Chaozhu Ji, *The Man on Mao's Right*: *From Harvard Yard to Tiananmen Square*, *My Life Inside China's Foreign Ministry*, Random House, 2008, p. 38.

② 《洪门人士抗日救国之郑重宣言》，《大汉公报》1937 年 7 月 30 日。

③ 《美国致公堂总部筹款救国宣言》，《大汉公报》1937 年 8 月 27 日。

④ 《筹饷总会常会会议纪要》，《美洲华侨日报》1940 年 7 月 15 日。

⑤ 《筹饷总会通告》，《美洲华侨日报》1940 年 8 月 6 日。

⑥ 《致公总堂新职员》，《美洲华侨日报》1944 年 12 月 19 日。

⑦ 《安良堂拨款五万元　为稚大购买校舍》，《美洲华侨日报》1945 年 1 月 9 日。

⑧ 《美洲洪门代表大会关心侨汇》，《美洲华侨日报》1945 年 3 月 19 日。

⑨ 《司徒参政美堂见蒋梦麟　会商救济沦陷区侨眷办法》，《美洲华侨日报》1945 年 3 月 27 日。

的媒介。

《美洲华侨日报》办报水平甚高，一度得到国民党情报部门的肯定，称“采访消息及写作社评，均见实力”。[①]《美洲华侨日报》获得了司徒美堂的关注与肯定，而同属先进知识分子的唐明照、冀贡泉等人，也因展现出丰富的知识储备及较强的社会活动能力，颇为司徒美堂所赏识。司徒美堂邀请他们加入致公堂，并依据堂规成了他们的“舅父”。司徒美堂还应唐明照邀请，参加了“衣联会”举办的向华侨华人宣传抗日的大会。[②] 据唐明照回忆：“那时我们的《美洲华侨日报》同致公堂的《纽约公报》合作得很好。”[③]

与在美中共党员的活动相对应，中共中央对美洲洪门致公堂由过去政策性地表示联合发展为实质上的接触、联络。中共在明确提出“团结全体华侨，团结其各阶层各党派”方针前，即已与司徒美堂进行了联络。皖南事变后，毛泽东收到司徒美堂敦促国、共双方团结抗战的电文，于 1941 年 3 月 14 日复电司徒美堂，首先表示对美洲华侨华人“关怀祖国，呼吁团结，敬佩无已”。[④] 然后，毛泽东一方面重申了中共坚持抗日民族统一战线的立场，表示“中国共产党始终以民族利益为重，坚持抗日民族统一战线政策迄未稍变”；另一方面将国共冲突的原因归于中国国民党，指出“当此民族存亡千钧一发之时，亲日派分子如不被驱逐，反共派分子如不放弃其两个战争的计划，一党专政如不取消，民主政治如不实行，三民主义如不兑现，总理遗嘱如不服从，中华民族之前途，必须葬送于此辈之手”，借此争取司徒美堂对中共的支持。[⑤]

1942 年担任国民政府行政院参议员的司徒美堂在回国之际，从香港经东江、韶关、桂林等地辗转到达重庆。周恩来曾携邓颖超到酒店看望，代表中共向司徒美堂表示问候，并派人送去《新华日报》。[⑥] 之后，周恩来、邓颖超、董必武在八路军驻重庆办事处接待了司徒美堂，并就国事各方面问题进行了交谈。[⑦] 周恩来向司徒美堂详细阐述了皖南事变中中国国民党

---

① 秦孝仪主编《中华民国重要史料初编・对日抗战时期》第 5 编《中共活动真相》(1)，第 571 页。

② 唐明照：《我所知道的司徒美堂》，《司徒美堂》，第 203 页。

③ 唐明照：《我所知道的司徒美堂》，《司徒美堂》，第 204 页。

④ 《毛泽东年谱（1893~1949）》（中），第 283 页。

⑤ 《毛泽东复美洲洪门总干部监督司徒美堂先生等电》（1941 年 3 月 14 日），中国致公党中央文史委员会编《中国致公党文件选编》（上），中国致公出版社，1995，第 1 页。

⑥ 黄鼎臣：《周恩来与司徒美堂》，《司徒美堂》，第 180 页。

⑦ 《周恩来年谱（1898~1949）》（下），第 265 页。

军队攻击新四军的经过，描述了中共领导的抗日力量是如何抵抗日本侵略的。[①] 并口头转达了毛泽东“欢迎美堂先生在方便的时候访问延安”的邀请，赠送了延安生产的羊毛毯子、陕北小米、河南小枣，司徒美堂也复函向毛泽东表达了谢意和敬意。[②] 对于中共的邀约，司徒美堂一度犹豫不决，虽然他对蒋介石中伤中共的宣传表示怀疑，但此时他对中共的方针、政策仍然不够了解，持观望态度。[③] 美共中国局的统战工作还有深入的空间。

## 三 中共党员参与美洲洪门致公堂组建政党的核心工作

抗战后期，司徒美堂对美洲洪门致公堂的整合与发展，使致公堂逐渐具备政党的特征。美洲洪门致公堂基于其在抗战中捐款输将的重大贡献，加之常年在海外受西方政党政治的影响，参与国内政治的意愿愈加强烈。

《美洲华侨日报》在华侨华人中的统战工作日见成效。抗战胜利前夕，旅美中共党员借助《美洲华侨日报》向致公堂宣传联合政府主张，使致公堂愈加坚定以政党身份参与国内政治的理念。1945年2月10日，美洲洪门致公堂的七家报纸[④]、中国宪政党的两家报纸[⑤]响应中共《美洲华侨日报》，共同发表《美洲华侨报界对国事主张》，号召中国国民党结束一党专政，成立民主政府。致公堂对中共联合政府主张的支持，一度引发中国国民党当局的高度重视和美国情报部门的追踪调查。[⑥] 然而，中国国民党将致公堂政治立场的集中表述视为中共“嗾使”，未能审视自身政治体制之不足。

近乎在同时，中国国民党于1945年3月1日宣布，“定期于今年十一月十二日，召开国民大会，制定宪法，成立宪法政府，至宪法通过后，所有政党，均取得合法及平等之地位”。[⑦] 致公堂由此看到回国参政的现实可

---

① 司徒美堂：《我的生活经历》，《司徒美堂》，第112页。

② 张健人、黄继烨：《司徒美堂》，广东人民出版社，2007，第50页。

③ 司徒美堂：《我的生活经历》，《司徒美堂》，第112页。

④ 美洲洪门致公堂的七家报纸具体包括：纽约《五洲公报》（*Chinese Republic News*），加拿大温哥华《大汉公报》（*Chinese Times*，*Tai Hon Kung Po*）、多伦多《洪钟时报》（*Chinese Times*，*Hung Chung Shih Po*），古巴《开明公报》（*Hoi Min Kung Po*）、《民声日报》（*La Patria*），秘鲁《公言报》（*La Voz De La Colonia China*），墨西哥《公报》（*Kong Po*）。

⑤ 中国宪政党的两家报纸具体包括：《新中华日报》（*New China Daily Press*）、《世界日报》（*Chinese World*）。

⑥ 参见石瑶《抗战后期美洲洪门致公堂的政治参与——以“美洲〈十报宣言〉事件”为中心的考察》，《华侨华人历史研究》2020年第1期。

⑦ 《对全美洲洪门恳亲大会贡一言（二）》，《大汉公报》1945年3月10日。

能性，将改组政党列入议程。

司徒美堂及美洲洪门人士议定在纽约召开全美洲洪门恳亲大会，商讨致公堂“改堂为党”，组织华侨华人政党的事宜。1945 年 3 月 11 日至 22 日，全美洲洪门恳亲大会在纽约召开，决定以美洲洪门致公堂为基础改组“中国洪门致公党”。这次恳亲大会可以看作中国洪门致公党的成立大会。会议共有 54 名代表，实际出席 47 名。① 值得注意的是，受司徒美堂之邀加入美洲洪门致公堂的美共中国局委员唐明照、爱国民主人士冀贡泉，作为纽约的洪门代表参加了恳亲大会。

梳理恳亲大会的主要议程，不难发现，唐明照、冀贡泉在此次大会中均被委以重要的工作。在组织政党方面，3 月 12 日召开的预备会议，主要对会议期间的分工进行了安排，推选出司徒美堂等 10 人为大会主席团，并推选出文书股 5 人、审查股 5 人。唐明照作为文书股成员之一，参与负责大会的文书工作。在会议正式召开阶段，大会讨论通过全加拿大致公堂总干部提出的《洪门致公堂应改组政党案》，将组织政党的工作推进至实际操作阶段，公举吕超然、杨天孚、朱今石、陈月湖、冀贡泉 5 人为改组政党章程起草委员。② 政党章程的起草涉及致公党自身性质、指导思想、政治纲领、组织结构、组织制度、党员权利与义务等内容，是致公党赖以建立和活动的法规体系的基础。冀贡泉作为党章起草委员，实际参与到组织政党的关键环节中。

筹备办报是全美洲洪门恳亲大会的另一重要议题。美洲洪门各代表认为洪门七家报社分属不同堂口，“未曾组织统一舆论，统一报道之总机关报，故新闻消息来源，不是译自西报或听自播音电台，即是来自祖国之别党别派通讯社之稿件”。③ 大会遂决定以《纽约公报》为基础开设新的报馆，“集中开办五洲公报，统一舆论”。④ 参会代表集资认股以购置楼宇、配备机器，唐明照积极认购股份，认资 50 元，并捐资为《纽约公报》解决现实需要。⑤

在救济侨眷的议题下，唐明照提出的《应请中国红十字会求国际红十

---

① 《海外洪门与中国致公党》，第 66 页。

② 《海外洪门与中国致公党》，第 67 页。

③ 《代表古、秘、巴三国洪门机关出席全美洲洪门恳亲大会朱家兆同志公毕回湾在欢迎大会之演词（五）》，《大汉公报》1945 年 5 月 26 日。

④ 《代表古、秘、巴三国洪门机关出席全美洲洪门恳亲大会朱家兆同志公毕回湾在欢迎大会之演词（四）》，《大汉公报》1945 年 5 月 25 日。

⑤ 《（特载）洪门代表大会消息（二）》，《大汉公报》1945 年 3 月 31 日。

字会设法救济侨眷案》在全美洲洪门恳亲大会上获得通过。[①] 此后，司徒美堂以中国洪门致公党驻美洲总部正主席的名义，赴纽约市大使馆会见时任中国红十字会会长蒋梦麟，商洽救济侨眷办法，唐明照作为四名代表之一陪同前往。[②] 由此可见，在全美洲洪门恳亲大会组党、办报、救侨的核心议题中，旅美中共党员均能参与其中，发挥着重要作用。

唐明照、冀贡泉对美洲洪门致公堂统战工作的突破，为中共中央对美洲洪门致公堂的统战工作打开了局面。中共中央南方局副书记董必武参加旧金山会议期间，与美洲洪门致公堂进行了更为直接、深层的联络。1945 年 4 月至 11 月，董必武以中共代表身份参加中国代表团出席旧金山会议，这是中共高层领导第一次以公开身份在美国活动。[③] 董必武利用在美参会的机会展开国际统战，对美洲洪门致公堂及在美华侨华人进行争取和联络。

一方面，董必武积极地向包括美洲洪门致公堂在内的华侨华人宣传中共的政策主张。在美共中国局党员的帮助下，董必武于 5 月 18 日在旧金山用英文发表了《中国解放区实录》，使海外华侨华人得以了解中国共产党领导下抗日根据地各方面的发展状况及中共在整个抗日战争中的作用和影响。5 月 24 日，董必武和代表团部分成员一同访问旧金山市华侨华人居住区，先后参观了中华会馆、中华学校、东华医院等，并在中华学校向学生发表了讲话。5 月 27 日，董必武和代表团全体成员共同出席了旧金山中华总会馆为代表团举行的宴会。6 月 3 日，董必武出席了旧金山救国总会举行的侨众宣传大会并发表演讲："海外侨胞希望我国早日实现民主政治，国内同胞也具同一目标，切望大家一齐努力，争取我国的民主政治早日实现。"[④] 董必武的上述工作并非直接针对致公堂的活动，但在客观上为致公堂了解中共的基本政治主张提供了可能。同时，对比国民政府宋子文等人不重视甚至忽视基层华侨华人的态度，董必武的联络工作给华侨华人留下了深刻印象。[⑤]

另一方面，董必武与美洲洪门致公堂进行了互动与合作。在旧金山会议期间，董必武与担任大会代表团华侨顾问的司徒美堂进行了交流。[⑥] 此

① 《海外洪门与中国致公党》，第 67 页。

② 《司徒参政美堂见蒋梦麟　会商救济沦陷区侨眷办法》，《大汉公报》1945 年 4 月 2 日。

③ 何立波：《中共海外组织美共中央中国局》，《党史博览》2016 年第 7 期。

④ 《董必武年谱》，中央文献出版社，1991，第 226 页。

⑤ 邝治中：《纽约唐人街——劳工和政治，1930~1950 年》，第 151 页。

⑥ 全国政协文史和学习委员会编《回忆司徒美堂》，中国文史出版社，2015，第 227 页。

外，在随同代表团走访华侨华人社区的过程中，董必武与旧金山致公党建立了联系，因此得以有机会在旧金山致公党与华侨宪政党举办的大会上做了题为《中国共产党的基本政策》的长篇讲演，向华侨华人介绍了中国共产党坚持抗战、坚持团结、坚持民主进步的基本政策，阐述了中国共产党在抗日战争以及建设陕甘宁边区、敌后抗日根据地的巨大成就，指出中国共产党所有政策都是为了建立一个独立、民主、自由、团结、强大、繁荣的新中国。[①] 美洲洪门致公堂机关报《大汉公报》连续十天在其头版对董必武的演讲予以转载。[②] 中共以洪门机关报为媒介宣传了政治主张。

除了直接对华侨华人及美洲洪门致公堂进行联络和宣传工作外，董必武在纽约期间还会见了唐明照等人，对在美中共党组织的重建及《美洲华侨日报》的工作进行了重要指导。[③] 美共中国局开始以“中共在美工作领导小组”的身份活动，为唐明照等对美洲洪门致公堂下一阶段的统战工作奠定了基础。

## 结　语

在九一八事变后全国规模的群众抗日救亡运动兴起之时，中共仍囿于“左”倾关门主义，排斥一切上层分子及中间势力。[④] 此后，中共的主要精力在于应付中国国民党当局的军事“围剿”，美洲洪门致公堂及海外华侨华人的海外统战，则非中共当时能力所及。而美洲洪门致公堂则持既反对中国国民党，又反对中国共产党的政治态度，其政治纲领明确规定“护共和反对党治、安定社会反对共产”。[⑤] 并且，中国国民党当局对中共的负面宣传以及中共自身政治力量的局限，都影响了美洲洪门致公堂与中共的关系。基于双方的政治理念及优先议题，中共并未建立与美洲洪门致公堂的实质性关系。

同一时期，一批在美国加入共产党组织的留学生以及中共派赴美国的党员，已经组建美共中国局，开始自发地深入海外华侨华人开展活动。美共中国局先是以维护华人洗衣工权益的“衣联会”为突破口，实现了对

① 《董必武年谱》，第 226 页。

② 《董必武先生主讲中国共产党的基本政策》，《大汉公报》1945 年 7 月 5 日。

③ 《徐永煐纪年》，第 154 页。

④ 中共中央党史研究室：《中国共产党历史》第 1 卷上册，中共党史出版社，2002，第 209 页。

⑤ 《五洲致公堂代表大会议决存堂组党公约》（1931 年 9 月 12 日），由王起鹍提供，现存于古巴致公团体档案室。

“衣联会”的管理，之后借助“衣联会”开展对华侨华人保守派社团致公堂的工作。美共中国局将致公堂视为动员华侨华人支援抗战的关键所在，于 1936 年联合致公堂共同促成华侨华人的抗日民族统一战线。可以说，美共中国局与致公堂的往晤，早于学术界通常所认识的中共对致公堂的统战始于 1935 年《八一宣言》的发表。

全面抗战爆发后，中共更加广泛地关注海外华侨华人的抗日动员工作，与美共中国局形成了对外联动的局面。周恩来派赴美国的党员创办《美洲华侨日报》，为旅美中共党员提供了广泛、固定、合法联系致公堂等华侨华人组织的途径，构建了隐秘的社会网络并积累了信任；而其宣传的内容以公正客观的导向、贴近华侨的内容、高超的报道技巧与温和的政治态度，争取了更大范围的支持者，并逐渐向华侨华人宣传中共的政治主张。

随着国内抗战形势的发展变化，美洲洪门致公堂的自身定位及主要活动均处于动态变化中，中共亦随之调整了对美洲洪门致公堂的统战工作。抗战胜利前夕，致公堂希望作为独立的政治力量参与国内政治，与旅美中共党员借助《美洲华侨日报》向致公堂宣传的联合政府主张若合符节。在致公堂“改堂为党”的过程中，负责《美洲华侨日报》的唐明照、冀贡泉等人在议程决策、组织构建中都起到了重要的作用。而这为董必武对美洲洪门致公堂的统战工作创造了条件，通过直接的宣讲与互动，中共领导层争取到华侨华人的支持，也为“中共在美工作领导小组”取代美共中国局来团结华侨华人奠定了基础。

总体而言，抗战时期中共对致公堂开展了行之有效的统战工作。一方面，“衣联会”这样的行业工会组织发挥的作用很大，更易接近致公堂这样源于民间的会党组织，这之后旅美中共党员也注重深入各个阶层的华侨华人，既重视对致公堂领袖司徒美堂的联络，也着力对普通群众进行争取。这与中国国民党只联络华侨华人中的上层是不同的。另外，中共对致公堂的统战工作，辅以高超的海外宣传技巧。中共在华侨华人中宣传“联合政府”的主张，符合致公堂的政治诉求，照顾到致公堂政治参与的利益。相同的政治理念、利益诉求是中共对致公堂统战工作得以推进的基础和原因。

# 重塑身份的尝试：清季民初太虚对革命之因应

段仁波*

**提　要**　清季民初，革命风潮不断，由此催生的新观念和新制度不可避免地对佛教界造成影响，并促使诸如太虚这样的佛教人士做出适应国家和社会的改变。先是在出家不久后，太虚受三民主义等新思想洗礼，广泛结交革命人士，投身到革命斗争中。民国成立后，太虚认为佛教非变无足以通，为此积极寻求临时政府的支持，试图创办佛教的统一机关。当遭遇挫折后，太虚在提出佛教革命的基础上主张政教分权，一方面要求佛教事务由佛教的统一机关专门管理，另一方面则争取僧人应有的民权。清季民初佛教人士对政治变局之因应，既是他们再造身份的尝试，也折射出他们国民意识的觉醒。

**关键词**　清季民初　佛教改革　太虚　政教分权

清季民初的革命不仅发生在政治层面，也在一定程度上影响着佛教界。其间，革命对佛教界有着怎样的影响？佛教界对革命是如何回应的，对革命后建立的中华民国抱有何种期待？这些问题值得深究。实际上，清季民初的革命①在对佛教造成冲击的同时，也带来了前所未有的新观念和确立了新制度，促使一部分佛教人士产生了身份危机，他们积极参与政治，提出佛教革命，从而适应现代国家和社会。② 太虚法师即是其中的代表人物，他在清季民初的活动和人际网络充分体现了对革命的因应。因为

* 段仁波，中山大学马克思主义学院助理教授。

① 需要说明的是，本文所讨论的“革命”，指的是清季民初政权更迭这一政治革命。

② 有研究者对近代中国佛教为适应社会变革所做的努力做过考察，本文不再赘述，相关研究可参见何建明《佛法观念的近代调适》，广东人民出版社，1998。

角度有所不同，先行研究侧重于探讨太虚的佛教革命主张，[①] 而鲜少论及其对清季民初革命变局的因应问题。同时在资料方面，先行研究主要利用太虚的自传和年谱等再现其早年经历，而对于其他方面资料的发掘还不够。实际上，当时的各种报刊诸如《申报》《大公报》等，还有教外人士的函电、回忆录等资料，对太虚早年的经历或多或少有所提及，却未被前人研究充分利用。鉴于此，本文综合利用多方资料，通过梳理太虚早年的活动及人际网络，深入考察他在清季民初变局之下的心态与抉择。

## 一　思想来源：早期交际和阅读

尽管辛亥革命发生在1911年，但是佛教界人士受革命思想的洗礼则要向更早年份追溯，故有必要对太虚的早年经历做一考察。

太虚法师，俗姓吕，乳名淦森，生于1890年，浙江崇德人。由于父亲早逝，生母改嫁，太虚不得已依靠外祖母为生。[②] 在这样的家境中，太虚虽未上过私塾，却未曾缺失启蒙教育。一方面，外祖母"经验丰富，识见广博"，时常给太虚讲述各种见闻，以增长其见识；另一方面，小娘舅开设的蒙馆成为他读书的地方。据《太虚自传》称："那时读的书，都是以《百家姓》、《三字经》、《神童诗》、《千家诗》、《大学》、《中庸》、《论语》、《孟子》、《诗经》等为程序。"[③] 太虚列举的书单以四书五经为主，可见其自幼即受到传统文化的熏陶。

在少年时代，太虚时常跟随外祖母出入寺庙道观，游览安徽九华山和

① 具有代表性的研究主要有：陈仪深《太虚法师的政治思想初探》，《中央研究院近代史研究所集刊》第19期，1990年6月；何建明《民初佛教革新运动述论》，《近代史研究》1992年第4期；李向平《救世与救心：中国近代佛教复兴思潮研究》，上海人民出版社，1993，第169~186页；邓子美《传统佛教与中国近代化——百年文化冲撞与交流》，华东师范大学出版社，1994，第146~151页；邓子美、陈卫华《麾下一代新僧——太虚大师传》，青海人民出版社，1999，第29~69页；李广良《佛法与革命——太虚大师的革命思想》，《世界宗教研究》2002年第3期；罗同兵《太虚对中国佛教现代化道路的抉择》，巴蜀书社，2003，第13~15页；陈永革《人间潮音——太虚大师传》，浙江人民出版社，2003，第19~35页；苏美文《菩提树与革命僧：清末民初僧人与革命之探讨》，《新世纪宗教研究》第3期，2006年；霍姆斯·维慈《中国佛教的复兴》，王雷泉等译，上海古籍出版社，2006，第24~26页；侯坤宏《佛教在辛亥革命中的角色与地位》，《东方早报》2011年5月11日，第6版［后收入氏著《太虚时代：多维视角下的民国佛教（1912~1949）》，台北，政大出版社，2018，第125~152页］。

② 《太虚大师行略》，汉藏教理院同学会太虚大师追悼委员会编辑委员会编《太虚大师纪念集》，上海书店，1989，第1页；太虚：《法相唯识学》，商务印书馆，2011，第837页。

③ 释太虚：《太虚自传》，《太虚大师全书》第31卷，宗教文化出版社，2004，第159页。

浙江普陀山一带。太虚后来回忆称，在外祖母影响下，他对“寺院僧众更深歆慕”。[①] 之后，太虚前往苏州平望小九华寺出家，师从奘年和尚。[②] 值得注意的是，《申报》于1912年2月27日提及太虚的出家经历，称其“顿觉娑婆浊世无复可恋，乃忻然出家剃度”。[③] 这是目前所见社会性报纸对于太虚的较早记录。

出家之后，太虚先是接受佛学教育，以学教参禅为主业，这是佛门中人的必修课。1904年11月，太虚赴宁波天童寺跟从寄禅和尚受戒。[④] 是年12月，太虚又往宁波永丰寺学教参禅，并在阅经上有所体验，不断精进。[⑤]

直到1908年，太虚接触到当时比较活跃的僧人，思想随之发生了趋新的转变。一方面，太虚在慈溪西方寺阅经时，恰逢造访于此的温州僧人华山。华山为开新学“风气的先导”，为太虚介绍“世界和中国大势所趋”，并提出佛教应革除积弊，振兴僧学。[⑥] 随后，太虚“借观各种新学书籍”，称：“就其所携者，有康有为《大同书》，梁启超《新民说》，章炳麟《告佛弟子书》，严复译《天演论》，谭嗣同《仁学》及五洲各国地图，中等学校各科教科书等。”至此，太虚对新学萌发兴趣，尤其对谭嗣同《仁学》情有独钟，随即产生“以佛学入世救世”的宏愿，“势将不复能自遏，遂急转直下的改趋回真向俗的途径”。[⑦]

另一方面，太虚在苏州平望小九华寺巧遇僧人栖云，“大受其革命思想的掀动”。[⑧] 据有关资料记载，栖云，俗姓李，曾赴日本速成师范深造，接触到佛教后回国出家。值得注意的是，栖云很早就加入同盟会，“鼓吹革命不遗余力，并介绍日本佛教近况，给一般保守的僧侣”。[⑨] 正是在栖云的引导下，太虚阅及“孙文与章太炎之《民报》，梁启超之《新民丛报》，邹容之《革命军》”等宣传革命的读物。[⑩] 很显然，太虚列举的新学图书

① 释太虚：《太虚自传》，《太虚大师全书》第31卷，第162页。

② 释印顺：《太虚大师年谱》，中华书局，2011，第16~17页。

③ 《逆境庐随笔》，《申报》1912年2月27日，第8版。

④ 明旸主编《圆瑛法师年谱》，宗教文化出版社，1996，第8页。

⑤ 释印顺：《太虚大师年谱》，第17~18页；释太虚：《我的宗教经验》，《太虚大师全书》第22卷，第303~304页。

⑥ 释太虚：《太虚自传》，《太虚大师全书》第31卷，第176页；《华山法师辞世记》，《觉社丛书》第3期，1919年4月。

⑦ 释太虚：《太虚自传》，《太虚大师全书》第31卷，第176页。

⑧ 释太虚：《太虚自传》，《太虚大师全书》第31卷，第177页。

⑨ 书新：《开国时期的佛教与佛教徒》，张曼涛主编《现代佛教学术丛刊·民国佛教篇》，大乘文化出版社，1978，第5页。

⑩ 太虚：《法相唯识学》，第838页。

并未超出当时读书人的涉猎范围，是他们获取新思想的重要渠道，无疑也深刻影响着佛教界的趋新人士。

经此之后，太虚受到革命思想的触动，称自己虽“初不稍移”佛法救世的立场，但“只觉中国政治革命后，中国的佛教亦须经过革命”。[①] 需要说明的是，这一时期受革命影响并积极宣传革命的僧人还有黄宗仰、苏曼殊等，[②] 而此时的太虚则名不见经传，还只是佛教界的“小人物”，与他们并无交集。

1909 年初，在华山等人的鼓励下，太虚赴祇桓精舍接受新式佛学教育。祇桓精舍创立于 1908 年，以南京金陵刻经处为依托，由杨仁山居士与印度僧人达摩波罗、日本学者南条文雄联议而设。[③] 实际上，杨仁山很早就主张开办佛学堂并有所筹划，[④] 其在《支那佛教振兴策一》中提议改订新章，饬令僧道中有产者“以其半开设学堂”，认为“如是则佛教渐兴，新学日盛，世出世法，相辅而行”。[⑤] 祇桓精舍学制三年，开设普通学和专门学，其中普通学主修本国文、理、地理、史学、算法、英文、东文及梵文等，而专门学则是佛学。[⑥] 值得注意的是，在祇桓精舍学习的还有欧阳渐，太虚由此“始心识其人”。[⑦] 对此，《大公报》称：“校中缁白诸生多系少年聪隽，震旦佛教重兴将系于此举矣。”[⑧]

出家后的头两三年，太虚活跃于江浙一带，而后又转向革命思想颇为活跃的广东。1910 年 1 月，应栖云邀请，太虚赴广州办僧教育会。[⑨] 到粤之后，经栖云引介，太虚进一步拓展了人际网络，不仅与地方官绅论诗作对，还结识了邹鲁、朱执信、潘达微等众多鼓吹革命之士，参与他们的集会。[⑩] 对于这一经历，曾参加过革命之役的罗落花回忆称，太虚于 1910 年

---

① 释太虚：《太虚自传》，《太虚大师全书》第 31 卷，第 177 页。

② 有关清末僧人参与革命的论述，可参见书新《开国时期的佛教与佛教徒》，张曼涛主编《现代佛教学术丛刊 · 民国佛教篇》，第 5 ~ 7 页；何建明《晚清资产阶级革命中的爱国佛僧》，《理论月刊》1998 年第 6 期；苏美文《菩提树与革命僧：清末民初僧人与革命之探讨》，《新世纪宗教研究》第 3 期，2006 年。

③ 《金陵祇桓精舍开学》，《大公报》1908 年 11 月 28 日，第 3 张第 1 版。

④ 唐文权：《杨文会与清末佛教革新运动》，《中国文化》1995 年第 1 期。

⑤ 杨仁山：《支那佛教振兴策一》，麻天祥主编《20 世纪佛学研究经典文库 · 杨仁山卷》，武汉大学出版社，2008，第 236 页。

⑥ 杨仁山：《释氏学堂内班课程》，《杨仁山集》，中国社会科学出版社，1995，第 18 ~ 20 页。

⑦ 太虚：《阅竟无居士近刊》，《海潮音》第 22 卷第 7 期，1941 年。

⑧ 《金陵祇桓精舍开学》，《大公报》1908 年 11 月 28 日，第 3 张第 1 版。

⑨ 陈永革：《人间潮音——太虚大师传》，第 22 ~ 24 页。

⑩ 释印顺：《太虚大师年谱》，第 25 ~ 28 页。

南来广州，“偕吾党出生入死”。[①] 这表明，太虚在接受革命思想洗礼后，开始投身到革命斗争中。

这一时期，经与革命人士来往，初露头角的太虚认同革命。1911 年 3 月，广州起义失败后，太虚即兴作《吊黄花岗》一诗以示哀悼，其中四句称：“南粤城里起战争，隆隆炮声惊天地！为复民权死亦生，大书特书一烈字。”[②] 随后，太虚因牵涉“革命党嫌疑”，旋即被地方官府通缉。在潘达微、江孔殷等人的帮助下，太虚得以免除牢狱之灾。[③] 此时的太虚参与革命显然是出于忧国忧民的情怀，这契合其佛法救世的主张。

武昌起义爆发后，革命对佛教界同样不可避免地造成冲击，而佛教界一部分开明人士则对革命表现出积极的拥护态度。据太虚在自传中记载，灵隐寺玉皇和尚带领沪上僧人参与对南京的进攻，谛闲和尚也召集绍兴众多僧人参与革命。[④] 经此之后，寄禅法师认为“我佛弘旨最适共和”。[⑤] 太虚则在后来回忆称：“在那个时候，我对于佛教改进的思想，就是要怎样根据佛教的真理，适应现代的国家和社会。”[⑥] 不过，佛教界也有人对革命持反对态度，并从佛法的角度审视革命，认为革命“反复无常”，使人们陷入战祸之中。[⑦]

## 二　身份危机：寻求民国政府认可

正如前文所述，革命对佛教人士的思想观念产生影响，促使他们的政治认同发生改变。有论者已经指出：“社会环境的急剧变革，势必导致佛

---

① 释东初：《中国佛教近代史》（上），中华佛教文化馆，1974，第 88 页；释圣怀：《广东佛教史》，东林念佛堂有限公司，1984，第 153 页。

② 释印顺：《太虚大师年谱》，第 29 页。有论者指出，太虚曾否认自己参加广州起义，详见陈立夫、刘成禺、冯自由等原作，龚隽、赖岳山整理《“太虚档案”一：太虚法师与民初（1912～1913）政党》，中山大学人文学院佛学研究中心主办《汉语佛学评论》第 4 辑，上海古籍出版社，2014，第 30 页。

③ 释太虚：《太虚自传》，《太虚大师全书》第 31 卷，第 179～180 页。

④ 释太虚：《太虚自传》，《太虚大师全书》第 31 卷，第 184～185 页。

⑤ 冯毓孳：《中华佛教总会会长天童寺方丈寄禅和尚行述》，《佛学丛报》第 5 期，1913 年。

⑥ 太虚：《我的佛教改进运动略史》，《海潮音》第 21 卷第 11 期，1940 年。

⑦ 郭硕、赵庭权：《民国时期佛教界眼中的辛亥革命——以对革命、孙中山与三民主义的评论为例分析》，《华中师范大学研究生学报》2011 年第 4 期。

教组织、佛法观念的一系列变革。”[①] 辛亥革命后，佛教界一部分开明人士开始重新审视佛教与政治的关系，并对新生的共和政权采取积极联络态度。在此背景下，太虚认为佛教要顺应国家和社会做出改变，即如其在《佛教史略》中所言：“今日之中华民国既度入世界时代，政教学术无一不变，佛教固非变不足以通矣。”[②]

民国成立之初，《中华民国临时约法》赋予民众结社的自由，各种政党和社团组织纷纷建立。[③] 受此风气影响，佛教界也兴起了创办组织的潮流，出现了多个“国字号”的佛教社团，即全国性的佛教组织。[④] 1912 年 1 月，太虚抵达南京并在毗卢寺住下，筹划创办一个佛教组织，并将其命名为“中华佛教协进会”。[⑤] 就在此时，社会党人在毗卢寺设立支部开展活动，太虚得以结识社会党人，还参与他们的支部活动。[⑥] 据吕大任回忆：“元年春，在上海云南路仁济堂，开社会主义研究会。中有年轻和尚，发言独多，与余意亦独惬。询之，始知为太虚法师。”[⑦] 为推动中华佛教协进会的成立，太虚也在毗卢寺成立了筹备处。

然而，佛教协进会的创办离不开政府支持，为此太虚试图联络建政不久的南京临时政府。恰在此时，太虚结识孙中山的同乡——社会党员“粤人某”。经此人介绍，太虚前往总统府请见临时大总统孙中山。不过，孙中山只是安排秘书马君武负责接洽，太虚介绍了开办佛教协进会的构想。无独有偶，先前与太虚相交有年的仁山同样来到南京请愿开办佛学堂。随后，太虚与仁山取得联络，告以创办佛教协进会的计划，指出目下应谋求

① 陈永革：《论太虚大师与民国宁波佛教》，释怡藏、温金玉主编《潮音永辉——纪念太虚大师示寂 60 周年文集》，宗教文化出版社，2008，第 333 页。

② 太虚：《佛教史略（续）》，《佛教月报》第 2 期，1913 年 6 月；《太虚法师文钞集》，中华书局，1927，第 33 页。

③ 有关《中华民国临时约法》对佛教的影响，可参见许效正、张华腾《试论〈临时约法〉对庙产问题的影响》，《社会科学评论》2009 年第 2 期；许效正《社会治理中的佛教与国家（1895~1927）》，中国社会科学出版社，2019，第 260~275 页。

④ 所谓“国字号”的佛教社团，是指以“中华”或者“中国”命名的佛教组织。陈仪深指出，创办全国性教会组织“是太虚大师毕生的主要志业，也是佛教现代化的重要指标，却是一项失败的尝试”[见氏著《中国佛教现代化的尝试与挫折（1912~1949）》，《普门学报》第 2 期，2001 年 3 月]。明杰也认为，建立全国性佛教统一组织，是太虚终生努力的目标（见氏著《从“中华佛教联合会”到“中国佛教会”——试析太虚大师建立全国性佛教组织的努力》，《佛学研究》2017 年第 2 期）。

⑤ 释印顺：《太虚大师年谱》，第 32 页。

⑥ 夏顺奎：《中国社会党的成立、分裂和解散》，江苏省政协文史资料委员会编《江苏文史资料集粹 · 综合卷》，江苏文史资料编辑部，1995，第 12 页。

⑦ 释印顺：《太虚大师年谱》，第 35 页。

“新佛教建设”，而开办僧学是不可或缺之步骤。[①] 对于佛教建设的构想，太虚和仁山可谓不谋而合。

随后，太虚创办佛教协进会的计划步入实施阶段。1912 年 2 月，经与江苏镇江金山寺青权等人协商，佛教协进会得以召开成立大会。参会者有僧众及各界来宾，而来宾之中大多为与太虚有过交往的社会党员。在成立大会上，太虚讲明佛教协进会章程，尚且算得上顺利。[②] 受限于资料，太虚所拟的佛教协进会章程具体内容无从得知。不过，《时事新报》指出，太虚主张开办的佛教协进会以改良僧界、弘扬佛学、普及教育以及振兴实业为宗旨。[③]

随后，仁山登台发表演说，介绍其开办佛学堂的计划，却遭到寺中部分僧人反对。不过，仁山并未退却，而是再登台“历述青权、寂山等向来的专制”，主张以寺产充当学费。[④] 然而，佛学堂开办并不顺利，还未来得及开展活动，即因寺中僧人冲突遭遇重重困难，最终因保守势力过于强大而不得不停办。[⑤]

由于社会党人的参与，时任教育总长蔡元培误以为佛教协进会为社会党创办，于是致电社会党的召集者江亢虎指出，佛教协进会的主张虽好，但应以渐进的方式进行，“颇闻金山开会，有以武力胁取寺产者，深望非确，请公及诸同志注意，勿使我辈所爱敬之社会党及佛教徒为人诟病”。[⑥] 蔡元培反对以武力夺取庙产，而江亢虎则答复蔡元培称，佛教协进会乃该党党员即僧人太虚以私人名义发起成立，“非本党直接事业，本党不负责任，鄙人亦无暇预闻”。[⑦] 由此可见，佛教协进会的行动不免有些激进，从而引发了外界的质疑。

对于“金山之变”，《大公报》则以《和尚也举大总统》为题进行了报道。其称，近日佛教界“不幸有一般年少僧徒”，不守师长教诲，冒犯丛林戒规，被驱逐出寺，或投靠军界，或依附党会，“公报私仇，于中取

---

① 释太虚：《太虚自传》，《太虚大师全书》第 31 卷，第 185 页；黄常伦：《金山寺的风波》，中国人民政治协商会议江苏省委员会文史资料委员会编《江苏文史资料选辑》第 38 辑，江苏文史资料编辑部，1990，第 90 页。

② 释太虚：《太虚自传》，《太虚大师全书》第 31 卷，第 185~186 页。

③ 《佛教协进会纪闻》，《时事新报》1912 年 2 月 13 日，第 2 张第 1、2 版。

④ 释太虚：《太虚自传》，《太虚大师全书》第 31 卷，第 186 页。

⑤ 东初：《民国肇兴与佛教新生》，张曼涛主编《现代佛教学术丛刊 · 民国佛教篇》，第 13~22 页。

⑥ 《上海社会党本部江亢虎先生鉴》，《时事新报》1912 年 2 月 11 日，第 1 张第 1 版。

⑦ 《南京教育总长蔡元培先生电悉》，《时事新报》1912 年 2 月 11 日，第 1 张第 1 版。

利”。该报道特别指出，僧人仁山勾结太虚、慈峰、铁峰等“痞僧”，依仗一批社会党人创设佛教协进会，“欲借共产之名，强行夺产之实”。[①] 外间更有传言称，僧人太虚借助会党名目，以武力强行侵占江苏镇江金山寺，“行为不法”，势必要侵入常州天宁寺。针对这一消息，北京政府民政部饬令江苏镇江民政长核查太虚有无强占金山寺庙产之实，并且令常州民政长对天宁寺加以保护，不准僧人实行武力自卫。[②] 很显然，外界对佛教协进会并不认可，更认为此种做法为投机之举。

恰在此时，寄禅法师联合各地将民国前已经成立的地方僧教育会改组为中华佛教总会，[③] 同时劝太虚“停止佛教协进会之进行”。[④]

为筹建中华佛教总会，寄禅法师赴南京谒见临时大总统孙中山，得到其认可。[⑤] 随后，寄禅向北京政府教育部呈递组织章程请求立案。对此，教育总长蔡元培认为，该僧以振兴佛教为宗旨，提倡教育公益等各项事业，“深堪嘉尚”，应即准许立案。耐人寻味的是，蔡元培进一步指出，中国积弱“未必非一因宗教改革刻不容缓”，并对佛门中人寄予厚望，希望他们务须广为传布大乘精义，“勿蹈旧日专事诵经礼忏，类似巫祝之陋”。[⑥] 由此可见，蔡元培对于“宗教改革”一说并不认可，暗示佛教界不应过度拔高，而应务实从事佛法传播。

这一时期，太虚主要围绕中华佛教总会开展活动，同时协助寄禅办理会务。1912 年 4 月，中华佛教总会于上海留云寺成立，明确宗旨为“促进人群道德、完全国民幸福”，[⑦] 并且宣示“保教保僧，提倡教育，拥护中华

---

① 《和尚也举大总统》，《大公报》1912 年 3 月 14 日，第 5 版。

② 《内务部电常州民政长保护天宁寺并饬僧人不准以武力自卫文》，《临时政府公报》第 18 期，1912 年；《内务部电镇江民政长查僧太虚有无强占金山寺文》，《临时政府公报》第 18 期，1912 年；《内务部对于僧界之批词》，《时事新报》1912 年 3 月 12 日，第 2 张第 1 版。

③ 尘空：《民国佛教年纪》，张曼涛主编《现代佛教学术丛刊·民国佛教篇》，第 168 页。有关中华佛教总会的研究，可参见许效正《中华佛教总会（1912～1915）述评》，《法音》2013 年第 4 期；黄夏年《“中华佛教总会”研究》上、中、下三部分，分别发表在《中国佛学》2013 年第 1 期、2014 年第 1 期和 2014 年第 2 期；许效正《社会剧变中的佛教与国家——中华佛教总会与民初政府关系述评》，《世界宗教研究》2015 年第 4 期。

④ 释印顺：《太虚大师年谱》，第 34 页；《太虚大师行略》，《太虚大师纪念集》，第 2 页。

⑤ 《中兴佛教寄禅安和尚传》，《寄禅大师文汇》，华夏出版社，2012，第 501～502 页。

⑥ 《教育部准设佛教总会》，《大公报》1912 年 3 月 26 日，第 5 版；《教育部近政记略》，《时事新报》1912 年 3 月 16 日，第 1 张第 2 版。

⑦ 《中华佛教总会章程》，《佛学丛报》第 1 期，1912 年 10 月 1 日。

民国”。[①] 同时，经僧众推举，寄禅出任中华佛教总会会长。[②]

中华佛教总会提出的“促进人群道德、完全国民幸福”，实际上反映了民初佛教界的有趣现象，即当时佛教界时常强调佛教的现世价值，或者佛教对国家的作用。当时就有僧人认为佛教与政治、与共和的关系密切。一方面，佛教传入中国已有两千余年，“梦见金身，汉明帝始通天竺；奉迎佛骨，唐天子酷嗜浮屠。梁武舍身，见诸信史；建文削发，载在稗官。掌十八狱幽魂，地藏王司法独立；练五百尊罗汉，如来佛尚武可风。以韩文公道学先生，不能挤排佛氏；如苏学士风流老辈，亦且倾倒禅门”，这体现出佛教与政治的关系。另一方面，佛教深具共和精神，“若夫热心祖国，西天接引佛，奚惭公仆之称；普渡众生，南海观世音，长造国民之福。现色身相，婚姻大可自由；结欢喜缘，男女本来平等。极乐世界，人人开方便之门；救苦天尊，处处设欢迎之会。剪八千根烦恼发，何等文明；诵十万卷高王经，自多幸福”，这体现出佛教与共和的关系。[③] 显然，这种对佛教作用的凸显，反映了当时佛教界希望得到认可的迫切心理。

中华佛教总会成立后，随即向各界发表通电称：“前经各省僧界以宗教与政治攸关，拟联合蒙藏，促进共和，组织中华佛教总会，呈蒙前大总统孙准予立案，并奉内务教育部批示嘉许业于四月十一号在上海留云寺开成立会，举定僧敬安为会长，道兴、清海为副长。”[④] 该通电刊登在《申报》上，其言及“以宗教与政治攸关，拟联合蒙藏，促进共和”，实则是向外界发出的宣示。有研究者高度评价了中华佛教总会的成立，认为其奠定了佛教组织的统一格局。[⑤]

1912 年 3 月，欧阳渐、李翊灼等人创办的中华佛教会也向临时大总统孙中山呈进《佛教会要求民国政府承认条件》，请求临时政府保障佛教会教务开展。具体而言，一是政府应承认佛教会系完全自在教会；二是政府对佛教会应尽保护责任；三是佛教会所享利益与各教平等；四是佛教会有自由布教权；五是佛教会有监督佛教公团财产处分权；六是佛教会有整顿佛教并促其发达权；七是佛教会有调和信徒维持佛

① 明旸主编《圆瑛法师年谱》，第 15 页。

② 《中华佛教总会特别广告》，《申报》1912 年 4 月 18 日，第 4 版。

③ 《戏拟和尚要求参政同盟会小启》，《大公报》1912 年 4 月 9 日，第 6 版。

④ 《中华佛教总会电》，《申报》1912 年 4 月 27 日，第 2 版；《中华佛教总会》，《时事新报》1912 年 4 月 27 日，第 1 张第 2 版。

⑤ 何建明：《民初佛教革新运动述论》，《近代史研究》1992 年第 4 期。

教秩序权；八是佛教会对于改良社会及救济社会等事业有通告政府并请其保护权；九是佛教会对牵涉佛教信士的裁判有旁听并要求复行裁判权。[①] 以上九个方面，涉及佛教会之根本利益。由此可见，不仅是中华佛教总会，当时其他的佛教组织也踊跃投书孙中山，试图寻求政府层面认可。

针对中华佛教会之陈请，1912 年 4 月 10 日《顺天时报》刊登了孙中山的复函，其称："近世各国政教之分甚严，在教徒苦心修持，绝不干与政治，而在国家尽力保护，不稍吝惜，此种美风最可效法。"值得一提的是，孙中山援引《临时约法》第五条"中华民国人民一律平等，无种族、阶级、宗教之区别"，以及第二条第七项"人民有信教之自由"等条文，认为中华佛教会所提的各项要求"尽为约法所容许"。[②] 据此可知，孙中山对于佛教界成立的社团组织是认可的。[③] 有论者则指出，这是孙中山对佛教社团合法身份做出的确认。[④]

综上所述，这一时期出现的多个佛教组织都试图成为佛教的统一机关，并寻求民国政府的支持。[⑤] 相较而言，中华佛教总会因具备广泛的组织基础，在当时佛教界似乎是最具影响力的，而李翊灼、欧阳渐和濮一乘等人创办的中华佛教会，以及太虚开设的佛教协进会，未曾有过实际作为。不过，太虚试图建立佛教的统一机关，这一举动仍然是值得肯定的。[⑥] 正如有论者指出，太虚"以建立全国性的佛教团体作为复兴中国佛教的必要条件"，实则具有深刻的"政治自觉"，倘若佛教具备这一项条件，即可告别旧时代之"梦魇"。[⑦]

---

① 《佛教会要求民国政府承认条件》，《佛学丛报》第 2 期，1912 年 11 月 1 日。

② 《大总统令教育部查照佛教会李翊灼等函请保护即予批准立案文》，《临时政府公报》第 47 号，1912 年；《孙中山复佛教会函》，《顺天时报》1912 年 4 月 10 日，第 5 版。

③ 《报界俱进会转各报馆鉴》，《时事新报》1912 年 3 月 21 日，第 1 张第 2 版。有关孙中山与佛教关系的论述，可参见陈金龙《孙中山与佛教》，《安徽史学》2005 年第 2 期。

④ 龚隽、陈继东：《作为"知识"的近代中国佛学史论——在东亚视域内的知识史论述》，商务印书馆，2019，第 565~566 页。

⑤ 书新：《开国时期的佛教与佛教徒》，张曼涛主编《现代佛教学术丛刊 · 民国佛教篇》，第 7~10 页。

⑥ 有关太虚与民国前期佛教组织的研究，可参见黄夏年《太虚大师与民国前期佛教组织》，释怡藏、温金玉主编《潮音永辉——纪念太虚大师示寂 60 周年文集》，第 43 页。

⑦ 陈仪深：《太虚法师的政治思想初探》，《中央研究院近代史研究所集刊》第 19 期，1990 年 6 月。

## 三　佛教革命：重构政教关系

在佛教界看来，民国成立，“完成五大族之民权”。同时，《临时约法》对于人民权利“本有一律平等，无种族宗教阶级之区别”，显然“于孔老耶回之外”，还包括佛教。[①] 然而，佛教界虽积极创办自身组织，却并非轻而易举。

就在此时，由于中华佛教总会复请批准事交涉未果，寄禅法师深受打击，不久圆寂于北京法源寺。[②] 1913 年 2 月，正值佛教界为寄禅召开追悼会，时任中华佛教总会副会长静波和尚在会上指出，“寄公之死为佛教死，实为僧众死”。太虚则在演说中提出佛教应进行三种革命，即组织革命、财产革命和学理革命。濮一乘主编的《佛学丛报》批评太虚所提的佛教革命，认为财产革命“尚有讨论之余地”，而学理革命“恐非自命新佛之提婆达多从地狱复起不可”，组织革命“不但无理由之可言，且并逻辑而亦不可解”。[③] 前文已指出，濮一乘是中华佛教会发起人之一，其与太虚的理念多有分歧，故持此论点不足为奇。

值得注意的是，太虚后来对佛教革命的表述有所变化，将先前提出的组织革命、财产革命和学理革命表述为教理革命、教制革命和教产革命，并进一步揭示其中的内涵：第一，教理革命指的是佛教应当注重现世而非死后问题，探寻宇宙人生真谛，从而指导人类社会“向上发达而进步”；第二，教制革命，即改革佛教制度；第三，教产革命就是要破除剃派和法派继承遗产的私有制陋习，“以为供养有德长老，培育青年僧材，及兴办佛教各种教务之用”。[④] 不难发现，佛教革命的主张旨在为陷入困境的佛教寻找出路，[⑤] 而教制革命为其重要方面，也就是改革僧制。

事实上，改革僧制必然涉及政教关系问题，而当时佛教界一部分僧人认为宗教与政治可相辅而行。1913 年 4 月，太虚向北京政府国会呈递《上参众两院请愿书》，并将其发表在这一年第 3 期的《佛教月报》上。文章

---

① 《戏拟和尚要求参政同盟会小启》，《大公报》1912 年 4 月 9 日，第 6 版。

② 释印顺：《太虚大师年谱》，第 36~37 页。

③ 《寄禅上人追悼会纪事》，《佛学丛报》第 4 期，1913 年 2 月 1 日。

④ 太虚：《我的佛教改进运动略史》，《海潮音》第 21 卷第 11 期，1940 年 11 月 1 日。相关研究可参见李广良《佛法与革命——太虚大师的革命思想》，《世界宗教研究》2002 年第 3 期。

⑤ 有研究者指出，中国佛教现代化之课题即在教理方面、制度方面和财产方面，详见陈仪深《中国佛教现代化的尝试与挫折（1912~1949）》，《普门学报》第 2 期，2001 年 3 月。

指出，建立国家之道无非在于政治与宗教："政治齐其末，宗教植其本；宗教种其因，政治收其果；政治以张其形式，宗教以实其精神。"[①] 同时，先前与太虚在天童寺相识的圆瑛也在《佛教月报》发表《佛教与民国之关系》一文，认为宗教能够教化人心，改良社会风俗，"增进国民共和程度"，更直言"今中华民国，既定共和为政体，正宜利用佛教慈悲之道，开通民智"。[②] 在圆瑛看来，佛教具有启迪民智之功用，而建设国家正好可以借此为用，从而促成共和政治的实现。

至于改革僧制的方式，除佛教主动做出转变外，也有待政府积极改善政教关系。太虚递交的《上参众两院请愿书》还指出，"我国钳教政下，欧西驾教政上，遂成学术晦湮之弊，而召国家崩析之祸"。职是之故，太虚主张政教分立，成立佛教统一机关专门管理佛教事务。在太虚看来，佛教之财产和居宅"得完全由佛教统一机关之佛教总会公有而保护之"；除佛教统一机关从事管理外，任何机关、团体和个人"均不能侵占而干涉之"；而除办理教务外，佛教徒"亦不得侵入政界应有之权利及混杂政界应办之事业"。值得一提的是，太虚提议将此写入"宪法专条"，以免生各种纠纷。[③] 很显然，成立佛教统一机关办理佛教事务，佛教徒不能"侵入政界"，即太虚主张的"政教分权"。

实际上，政教分权并非太虚先行提出，而是之前就已经有所提倡。民国成立之初，孙中山是主张政教分权的，他认为"政教分立，几为近世文明国之公例"。[④] 寄禅法师在创办中华佛教总会之时，也提出"政教分权、政教并立"。[⑤] 这一时期发起中华佛教会的欧阳渐、李翊灼等人在谒见孙中山之时，也以政教分权作为倡议。[⑥] 1912年4月5日，《申报》就已经报道蒙古联合会向北京政府提出政教分权的主张，其中指出"政教分途，乃政治进化之明证"。[⑦] 不过，太虚主张"政教分权"，实则是不满地方官对庙

① 太虚：《上参众两院请愿书》，《佛教月报》第3期，1913年7月。

② 圆瑛：《佛教与民国之关系》，《佛教月报》第2期，1913年6月。

③ 太虚：《上参众两院请愿书》，《佛教月报》第3期，1913年7月。

④ 《大总统复美以美会高翼圣、韦亚杰论中国自立耶教会函》，《临时政府公报》第9期，1912年。有关民初孙中山的宗教主张及其与佛教界的互动，可参见张金超《民元孙中山的宗教主张及具与宗教界之关系探略》，《澳门理工学报》第4期，2019年。

⑤ 陈永革：《人间潮音——太虚大师传》，第28~30页。

⑥ 李翊灼：《佛教会发趣文》，孙中山故居纪念馆编《馆藏辛亥革命前后中外文档案》第1册，广东人民出版社，2021，第159~162页；《南京电报》，《民立报》1912年3月21日，第3版。

⑦ 《蒙古联合会主张政教分权》，《申报》1912年4月5日，第2版。

产“并不实力保护”。[①] 事实上，民国成立以后，北京政府虽然在政策上规定对庙产进行保护，[②] 且申令“不论何人不得强取寺院财产”，[③] 但是地方上侵占庙产事件时有发生。正因如此，太虚主张实行“政教分权”，也就是成立佛教统一机关专门办理佛教事务。

值得一提的是，太虚在提出政教分权的同时，在《上参众两院请愿书》中主张僧人依法享有参政的权利。依据《临时约法》中“人民无种族、阶级、宗教之区别，一例平等”的条文，太虚指出佛教徒既然“同尽纳税之义务，同尽守法之义务”，理应“同享参政之权利”。[④] 不言而喻，太虚倡导的“参政之权利”，以保障佛教的利益为出发点，实则是提出僧人的公民权问题。[⑤] 这在当时虽然不具备落实的条件，但是反映了一部分佛教人士国民意识的觉醒。

## 结　语

很显然，清季民初的革命，虽然更多发生在政治层面，但是实际上已经渗透到社会各个层面。在此背景下，佛教界一部分开明人士受到革命的冲击，试图重塑自身的身份，以做出适应国家和社会的改变。作为佛门中人，太虚在革命思潮洗礼下，不仅广泛结交革命人士，而且投身到革命斗争之中。中华民国成立后，太虚对新生的民国充满期待，故而积极寻求临时政府支持，试图创办全国性的佛教组织，并且在提出佛教革命的基础上主张政教分权。太虚的主张虽然未得到广泛响应，却引领着佛教界的新潮流。在当时的情况下，提倡政教分权显得尤为必要，这不仅是佛教界人士应对变局的一种自救措施，更预示着他们国民意识的觉醒。概而言之，清季民初太虚法师对革命之因应，既是其政治认同和国家观念的反映，也是其对于佛教如何应对“千年未有之变局”的深刻省思。

---

① 《国务院关于保护寺庙财产致内务部公函》，中国第二历史档案馆编《中华民国史档案资料汇编》第3辑《文化》，江苏古籍出版社，1991，第689~690页。

② 许效正：《试析民国初年（1912~1915）的佛教保护政策》，《法音》2013年第7期。

③ 《内务部公布寺庙管理暂行条例令》，《中华民国史档案资料汇编》第3辑《文化》，第692页。

④ 太虚：《上参众两院请愿书》，《佛教月报》第3期，1913年7月。

⑤ 有研究者对僧人的公民权问题做了探讨，详见赵迟《从僧伽到公民——民国时期佛教公民观研究（1912~1949）》，硕士学位论文，上海大学，2004；何子文《佛教僧人的社会身份及其近代转变》，宗教文化出版社，2016。

【经济与社会】

# 1927~1937年农村金融救济的影响

## ——以江浙为例

束荣华*

**提　要**　全面抗战前的十年间，中国农村在内外因素交织影响下经济危机显露，农村金融枯竭是重要原因，而金融救济则是当时国民政府农村治理的重要方略。江浙两省毗邻政治中心南京和经济中心上海，是国民政府计划经营的“模范省”，诸多农村金融救济政策最初也出于两省，国民政府借助这些政策实现了对新型农村金融制度体系的构建。政策性农村金融的组建和商业性农村金融的引导很大程度上矫正了乡村传统金融体系的消极影响，重构了乡村金融的运行秩序。国民党也将农村金融救济政治泛化，作为改变乡村秩序的重要凭借和路径。

**关键词**　南京国民政府　江苏　浙江　金融救济　农村治理

全面抗战前的十年间，中国农村颓势显露：“吾国年来天灾匪祸，接踵而来，虽救济肃清已收伟效，然农村经济业已崩溃无余……我国今日，内因封建势力之未尽铲除，外受国际资本主义之不断侵蚀，农村之崩溃已由隐蔽状态而趋于显露。”① 内政部认为金融枯竭是农村经济危机的重要原因：“现代中国农村金融已陷于恐慌状态，一般农民虽欲发展生产事业，

---

* 束荣华，南京大学历史学院博士研究生，国家移民管理局徐州边检站政委。

① 《中国合作学社关于以合作方式繁荣农村方案致国民党中执委呈》（1932年12月），中国第二历史档案馆编《中华民国史档案资料汇编》第5辑第1编《财政经济》（7），江苏古籍出版社，1997，第59~60页。

然每苦缺乏资本。"[①] 因此，农村金融救济已成为国民政府农村治理的当务之急，行政院表示："我国农业金融枯窘已极，各地农村破产堪虞，诚宜设法早图救济。"[②] 江浙两省作为中央在实控省份着力打造的"模范省"，很多农村金融救济政策更是发端于此，在其后推行的进程中，极大地冲击了传统的乡村金融格局，客观上促进了中国传统农村金融体系的现代化转型，而农村金融救济涉及乡村政权组织、田亩捐税制度、生产资料（土地）分配、农民财产信用等诸多要素，国民政府在推进国家权力向乡村延伸的过程中，也进一步将金融救济政治泛化，作为重塑乡村秩序的重要手段。当前，学界对此时期官方农村金融救济研究多侧重两个方面：一是在全国层面上进行宏观论述，[③] 而未能根据当时复杂的省情，分类分析各地区差异情况，对于地方政府农村金融救济政策论述不够；二是在研究金融机构农贷业务和农村合作运动涉及农村金融救济活动时，[④] 主要从具体金融机构农贷业务方面论析金融机构运营和农贷发放，缺乏对特定地区各层面的量性分析。也有学者关注到国民政府对原"苏区"农村金融救济的重视，对此进行了论析。[⑤] 总体而言，上述学者多从经济角度解读和评判国民政府农村金融救济，主要以资金的"量"和农村庞大人口的"数"的对比作为衡量标准，较少从重塑农村金融秩序及乡村秩序的角度进行分析。事实上，在这十年农村金融救济过程中，国民政府通过制度建设重构了乡村金融的运行秩序，新型农村金融机构对乡村民间高息借贷产生了矫正作用，农村金融救济的政治泛化也推进了乡村秩序的重塑。本文尝试以上述视角，从相对完整记录南京国民政府施政轨迹的江浙地区入手，对这十年

---

① 《内政部为第二次全国内政会议有关农村救济提案致实业部咨文》（1932 年 1 月），《中华民国史档案资料汇编》第 5 辑第 1 编《财政经济》（7），第 51 页。

② 《行政院关于设立中央农业银行拯救农村破产案函》（1933 年 5 月），《中华民国史档案资料汇编》第 5 辑第 1 编《财政经济》（7），第 76 页。

③ 于永：《20 世纪 30 年代中国农村金融救济之考察》，内蒙古人民出版社，2002；尹红群：《应对危机：二十世纪二三十年代国民政府救济农村的财税政策》，《湖南社会科学》2012 年第 6 期；许永峰：《20 世纪二三十年代"商资归农"活动运作的特点》，《中国经济史研究》2012 年第 2 期。

④ 中国人民银行金融研究所：《中国农民银行》，中国财政经济出版社，1980；徐畅：《抗战前江苏省农民银行述论》，《中国农史》2003 年第 3 期；陈川：《民国时期农本局和中国农民银行的农贷业务比较》，《宁夏社会科学》2015 年第 3 期；张士杰：《国民政府推行农村合作运动的原因与理论阐释》，《民国档案》2000 年第 1 期。

⑤ 徐畅：《二十世纪二三十年代华中地区农村金融研究》，齐鲁书社，2005；游海华：《农村合作与金融"下乡"——1934～1937 年赣闽边区农村经济复苏考察》，《近代史研究》2008 年第 1 期。

农村金融救济对于乡村金融转型和乡村秩序重构的影响进行再解析。

## 一　江浙开启农村金融现代转型

南京国民政府成立后应对金融救济的首要办法，就是在官方层面大力推行新型农村金融，力促农村传统金融的现代化转型。江浙地区环卫京畿，是国民党实控的政治核心区，毗邻金融重镇上海，上海商业资本较易向这些地区流动，江浙两省的主政者和负责农村金融的建设厅长，如叶楚伧、陈果夫、沈百先、张静江、黄绍竑、朱家骅、程振钧、曾养甫等，都力促现代农村金融业发展。江浙在天时、地利、人和兼具之下，在近代农村金融现代转型中夺得头筹。

### （一）地方农民银行江浙先建

官方应对农村金融枯竭的首要措施就是设立具有政策导向的新型农村金融机构，扩展农民借贷渠道。江浙两省在中央农业金融机构筹设之前，已尝试设立地方农业金融机构。首先是江苏省，1927 年 6 月，江苏省政府通过了建设厅长叶楚伧、财政厅长张寿镛的提议，决定将孙传芳征收未完的两角亩捐作为省农民银行基金续征，并呈报中央核准筹设江苏省农民银行。[①] 1928 年 7 月，江苏省农民银行正式开业，开业当年发放农贷 12.5 万元，其后逐年递增，至 1931 年达到 529.1 万元。[②] 苏南各县继之纷纷成立县级农民银行，如 1931 年嘉定县农民银行成立，1932 年上海县农民银行成立等。至 1935 年，江苏吴县有各银行分支机构 20 家，居全省之首，无锡县 10 家，常熟县、武进县分别为 8 家，其他苏南各县普遍在 2~7 家，江苏全省共计 49 个县有银行分支机构。除县城驻地外，苏南地区部分经济发达的镇也都有银行分支机构，如丹阳县吕城镇、上海县闵行镇、武进县奔牛镇、吴江县盛泽镇、吴县荡口镇。[③] 浙江省紧随其后，1928 年 5 月，衢县农民银行筹设完成；7 月，浙江省政府颁布《浙江省农民银行条例》，规定省及地方设立农民银行，[④] 并成立了省农民银行筹备处。1929 年 10 月，决议筹备期间提拨省农行资本金 50 万元投资中国农工银行杭州分行，

① 江苏省农民银行总行编印《一年来之江苏省农民银行》，1929，第 1 页。

② 中央银行经济研究室编《中国农业金融概要》，商务印书馆，1936，第 221 页。

③ 《苏省银行统计》，《农行月刊》第 2 卷第 12 期，1935 年，第 74 页。

④ 《浙江省农民银行条例》，《浙江省建设月刊》第 14 期，1928 年，第 28~29 页。

委托该行发放农贷,[①] 该分行当年发放农贷3.23万元，翌年增至11.99万元。[②] 1931年5月，浙江省建设厅训令各县筹办农民银行，各县纷纷奉行。至1935年底，浙江省共有县农民银行13家，其中具有代表性的是海宁县农民银行，1930年该行始发农贷60252元，翌年增至151836元。[③] 江浙两省农民银行成立后，各省虽纷起仿效，但都停留于县级，如广东省，1933年7月番禺县农民银行成立，1934年3月阳春县农民银行成立。至1936年，全国虽有涉农银行32家,[④] 但至全面抗战爆发前，省级农民银行正式运营的省份仅有江苏省。浙江省农民银行没有实体，依托中国农工银行杭州分行运营，但浙江县级农民银行发展较好，从1930年到1934年，浙江省共设立县农民银行和农民借贷所47家，资本额近90万元;[⑤] 至1937年，浙江省已先后设立25个县农民借贷所，5个县农民借贷所筹备处，3个县农民放款处，另加上16个县立农民银行，全省县级农业金融机构达49个，资本总额近105万元。[⑥]

### （二）农村信用合作社江浙先推

合作运动起于西方，五四运动前后传入中国，最早由非政府组织“华洋义赈救灾总会”在河北推行，屡见成效，但北洋政府农商部却于1927年1月下令“查禁合作社”。南京国民政府与北洋政府态度迥然不同，国民党从广州时期起就从官方层面上积极推广设立农村信用合作社。1928年10月，国民党二届中央常务委员会第179次会议通过了“下层工作纲领案”，确认合作运动为七项社会改造国策运动之一。[⑦] 信用合作社是合作社的主干，占比达到八九成，时人评价：“中国的全部合作运动可以说是信用合作运动。”[⑧] 江浙两省官办合作运动实施较早，最早由县级政府启动。1927年，江苏武进县筹办农民信用合作社，并通过省民政厅审核。[⑨] 1928

---

① 陈言：《确定浙江省农民银行进行方针之商榷》，《浙江省建设月刊》第10期，1932年，第60页。

② 《中国经济年鉴续编（1934）》，商务印书馆，1935，A卷第180页。

③ 《一年半来海宁县农民银行营业概况》，《银行周报》第39期，1932年，第27~34页。

④ 《关于抗战前农业金融及信用社概况的报告》，《中华民国史档案资料汇编》第5辑第1编《财政经济》(7)，第357页。

⑤ 姚公振：《中国农业金融史》，中国文化服务社，1947，第197页。

⑥ 陈国强：《浙江金融史》，中国金融出版社，1993，第266页。

⑦ 秦孝仪主编《革命文献》第84辑，台北，中国国民党中央委员会党史委员会，1980，第306页。

⑧ 罗正纲：《中国农村合作运动的自主路线》，《新中华杂志》第13期，1937年，第91页。

⑨ 《武进县乡农民信用合作社章程》，《江苏民政厅公报》第36期，1927年，第5~13页。

年 5 月，江苏吴江县筹设农民信用合作社 24 家，社员 1733 人，股本 2987 元，股金由江丰农工银行代管。[①] 同年，两省开始在省级层面推广信用合作社，7 月，浙江省颁布了《浙江省农村信用合作社暂行条例》，8 月，江苏省批准了《乡村信用合作社模范章程》。1929 年，江苏省新成立农村信用合作社 36 家，[②] 浙江省新成立农村信用合作社 35 家。[③] 国民党高层虽重视合作运动，但直至 1931 年，实业部才颁布《农村合作社暂行规程》和《合作运动方案》，正式推广合作社，其后合作社尤其是信用合作社得到快速发展，江浙地区发展尤为迅猛。至 1932 年 8 月，计 19 个省市有官方注册合作社 2763 个，前两位正是江苏、浙江，分别为 1609 个、686 个，在全国（不含东三省，下同）占比分别为 58.23%、24.83%。全国计有信用合作社 2215 个，社员 56584 人，股本金 368384 元，江苏和浙江在全国也居前二，社员数在全国占比分别为 57.80%、28.48%（见表 1），江浙两省合计占比超过八成。通常合作社借入月息为 8 厘至 1 分，借出月利为 1 分 2 厘，[④] 合作社享有 20%~50%的净利差。江浙地区农村信用社实际运营也颇有亮点，如江苏丹阳县，1936 年全县农业合作社发放各类农业合作贷款 16.71 万元。[⑤]

**表 1　1932~1936 年部分年份江浙信用合作社统计**

单位：个，人

| | 1932 年 | | 1934 年 | | 1935 年 | | 1936 年 | |
|---|---|---|---|---|---|---|---|---|
| | 社数 | 社员数 | 社数 | 社员数 | 社数 | 社员数 | 社数 | 社员数 |
| 江苏 | 1262 | 32704 | 1419 | 38264 | 1731 | 45779 | 1655 | 47529 |
| 浙江 | 332 | 16116 | 362 | 23042 | 945 | 25267 | 917 | 25966 |

资料来源：《十九省市合作社分配状况表》，《申报年鉴》1933 年刊，P 卷第 87~92 页；《各省市合作社社数社员数》，《实业统计资料》第 1 期第 178~179 页、第 3 期第 196~197 页，1936 年；《江苏省各县合作社统计表》，《江苏省政建设月刊》第 11 期，1936 年，第 1 页；《浙江省各县市合作社分类统计表》，《浙江省建设月刊》第 6 期，1936 年，第 1 页。

① 《吴江县合作社一览表》，《江苏省农矿厅农矿公报》第 2 期，1928 年，第 42~44 页。

② 《江苏省农矿厅各区合作社指导所指导成立之合作社一览表》，《江苏省农矿厅农矿公报》第 11 期，1929 年，第 73~75 页。

③ 《浙江农村信用合作社统计表》，《浙江党务》第 31~32 期，1929 年，第 87~89 页。

④ 《中华民国史档案资料汇编》第 5 辑第 1 编《财政经济》（7），第 361 页。

⑤ 《丹阳县合作社放款金额统计》，《丹阳合作》第 6 期，1936 年，第 57 页。

### （三）新式农仓抵押发贷江浙先行

西方农仓金融制度于 20 世纪 20 年代后期传入中国，农民通过储押农产品获得资金，可避免因急需资金而被迫贱价出售农产品。最早的新式农仓也出现于江浙地区，江苏省农民银行于 1929 年春在吴江县盛泽镇最早创设新式农仓，同年冬，在无锡县分设两处仓库试办米粮储押业务。1930 年，又在武进、松江、常熟、青浦、昆山等县筹建仓库。至 1934 年，江苏省农民银行在本省 36 个县建立农业仓库 184 所，占江苏省农业仓库总数 282 所的 65%，堆积谷米总量 100 万石，储押放款 400 余万元。在江苏省农民银行的带动下，江苏省农仓建设快速发展，至 1936 年底，已达 317 所，分布于全省 53 县，县均 6 所，设立农仓的县占全省县数的比重达 87%。[①] 除了本身积极建立新式农仓，该行还邀请其他商业银行在苏建仓放款，1932 年 10 月，该行致函在沪的中国银行、交通银行、上海商业储蓄银行（简称上海银行）和江苏银行四行，邀请在苏州、无锡、常州、南通等地与各行合作经营农业仓库储押业务，之后常州地区设立奔牛、夏溪、焦溪、漕桥和南夏墅 5 处放款仓库，通州地区设立 4 处放款仓库。[②] 浙江省新式农仓建设相比江苏省较为滞后，吴兴县是该省最早筹设新式农仓的地区，于 1932 年设立，[③] 此后该省新式农仓主要由商业银行筹设，浙江省政府直至 1936 年才从政府层面大规模推广新式农仓。江苏省新式农仓运营的成功使国民政府开始重视新式农仓建设。1933 年，实业部最先在南京筹建中央模范农业仓库，至 1937 年底，实业部农本局在关内 12 个省 3 个直辖市共有自营农仓 31 处，仓库总容量 46.5 万石（市制），资金总额 117.6 万元，发放各类农贷 76.62 万元。[④] 其他涉农贷的银行也在相应区域陆续设立农仓发放抵押农贷，如中国农民银行、中国银行、上海银行等，全面抗战爆发前这些银行设立的农仓半数以上在江浙地区，也一定程度发挥了调剂农村金融的作用。比如，中国农民银行在浙江杭县设立的农仓，在 1935 年至 1936 年通过向农民发放抵押农贷，成功地调节了市价，维护了农民利益。1935 年下半年杭州地区粮食丰收，粮价下落，该行自 9 月起在粮价低谷每担 6 元时向农民储押放贷，收储 2700 余担，11 月起粮价上

---

① 劳远瑷：《农业仓库与农村金融》，《农行月刊》第 4 期，1937 年，第 36 页。

② 《上海商业储蓄银行二十一年度营业报告书》（下），《银行周报》第 17 期，1933 年，第 23~24 页。

③ 《吴兴县筹备农业仓库之经过》，《浙江省建设月刊》第 12 期，1932 年，第 27~32 页。

④ 《中华民国史档案资料汇编》第 5 辑第 1 编《财政经济》（8），第 87~88 页。

涨，至 1936 年 4 月，粮价涨至每担 10 元 2 角。储押期间，农民视行情卖粮还款，平均售卖价格 8 元 6 角，有效防止了“谷贱伤民”。①

## 二 金融救济促进农村金融秩序重构

从国家层面系统地解决传统农村金融体系存在的利息高、渠道窄、资金贫等问题，应该始于南京国民政府，虽最初是金融救济的应急之举，但其在全面抗战前十年的施政过程中逐步构建了农村金融法规制度体系，也努力将此付诸实践，通过对传统农村金融制度体系的重建，部分矫正了乡村民间高利借贷产生的不良社会影响，初步重构了乡村金融的良性运行秩序，一定程度上达到了金融救济的治理目标。

### （一）传统金融格局的变革

南京国民政府成立之前，江浙农村金融市场放贷主体还是钱庄、典当等传统金融机构，南京国民政府成立后，面临农村经济危机困境，国民政府开始借助国家力量推动现代金融入乡，整顿和重塑传统金融秩序。南京国民政府初期重点整顿钱庄发钞问题，1928 年 3 月，江苏省政府对溧水县政府以金融救济之名呈报该县商会集资创办裕溧钱庄发行铜元券一案，予以严令禁止。② 1929 年 3 月，财政部稽查铜山县十余家钱庄商号私自发行铜元券案，随即致函江苏省政府称“该县政府实属玩视法令”，江苏省政府立即严令铜山县取缔钱庄商号所发行的铜元券，要求“毋再玩违，并速具报”。③ 同年 9 月，江苏省政府根据省党部转送东台县党部的呈报，饬令东台县取缔钱庄发行的流通券，④ 并通令全省取缔各钱庄私发的各类纸币及流通券。1929 年 3 月，浙江省政府根据财政部咨函，饬令永嘉县收回各钱庄发行的具有流通功能的计条庄票，并通令全省。⑤ 对于典当行业的整顿，江苏省政府于 1927 年 11 月就颁布了《江苏省典当营业规则》，对典当行业的陋规积弊进行了全面规范，按营业资本将典当分为四等，实行政

---

① 《各地农村概况：杭州》，《中国农民银行月刊》第 7 期，1936 年，第 70~71 页。

② 《财政：不准溧水钱庄发行铜元券票》，《江苏省政府公报》第 26 期，1928 年，第 20 页。

③ 《财政：令铜山县长取缔钱庄商号私发纸币》，《江苏省政府公报》第 93 期，1929 年，第 4~5 页。

④ 《财政：取缔东台各钱庄滥发纸币案》，《江苏省政府公报》第 238 期，1929 年，第 7~8 页。

⑤ 《令永嘉县县长：准部复该县各银钱庄号所发计条庄票应一律收回转行遵照由》，《浙江省政府公报》第 564 期，1929 年，第 12 页。

府登记执照制，并规定利息上限。[①] 此后，1930 年 5 月江苏省政府对该规则进行了局部修正，10 月进行了重大修订后重新颁布实施。浙江省政府 1931 年 5 月颁布了《浙江省典当营业暂行规则》，基本内容跟江苏省规则类似，重点整治收取各类规费、利用度量转换、当期零头取整等变相提高利息的现象，[②] 之后于 1935 年 4 月予以修正。在整顿钱庄和典当的同时，在国家力量的推动下，地方农民银行、信用合作社、新式农业仓库等现代金融机构不断组建，国家银行及商业银行开始在农村设立分支机构办理农贷业务，这给乡村传统金融格局带来了巨大冲击，传统金融机构钱庄、典当等逐渐走向衰落。南京国民政府成立前的 1923~1926 年，江浙部分地区钱庄分布情况为：南京 32 家，常州 27 家，扬州 32 家，无锡 19 家，江阴 8 家，宜兴 5 家，溧阳 6 家，宝应 17 家，靖江 7 家，泰兴 17 家；杭州 41 家，永嘉 26 家，嘉善 11 家，嘉兴 9 家，吴兴 16 家，平湖 13 家。除上述市县区域外，部分乡镇也分布相当数量的钱庄：吴江盛泽镇 8 家，江都邵伯镇 7 家，泰兴黄桥镇 5 家，嘉善西塘镇 5 家，吴兴菱湖镇 3 家，桐乡乌镇 3 家。[③] 到 1935 年，上述地区存有官方统计的钱庄数都在快速下降：无锡 9 家，江阴 3 家，宜兴 1 家，溧阳 1 家，宝应 6 家，靖江 2 家，泰兴 6 家，盛泽镇 5 家，邵伯镇 3 家；[④] 杭州 34 家，嘉兴 3 家。[⑤] 据江苏省财政厅关于各县 1935 年钱庄营业税清册，只有 34 个县上报有钱庄，其余 27 个县上报无钱庄。[⑥] 浙江省钱庄数量也由 1931 年的 889 家骤减至 1936 年的 224 家。[⑦] 典当的情况和钱庄类似，1927 年江苏省财政厅统计各县典当税应收数 44625 元，全省共有 595 家典当，其中高淳、江浦、六合、淮安、

① 《江苏省典当营业规则》（民国十六年十一月公布），《银行周报》第 18 期，1930 年，第 12~14 页。

② 《法制：浙江省典当营业暂行规则》，《浙江省政府公报》第 1204 期，1931 年，第 1~5 页。

③ 《各地钱庄同业录》，《钱业月报》第 5 期，1923 年，第 55~59 页；第 6 期，1923 年，第 61~67 页；第 7 期，1923 年，第 60~72 页；第 8 期，1923 年，第 66~82 页；第 9 期，1923 年，第 66~75 页；第 8 期，1924 年，第 14~15 页；第 9 期，1925 年，第 22 页；第 3 期，1926 年，第 4~5 页。

④ 《江苏省之银行钱庄典质业：钱庄业》，《统计通讯》第 6 期，1935 年，第 8~14 页。

⑤ 《浙江各县现存钱庄设立之年代及当年营业钱庄家数表》，《浙江商务》第 3 期，1936 年，第 1 页。

⑥ 黄应昌：《江苏省之钱庄业》，《生力月刊》第 5 期，1936 年，第 127 页。

⑦ 盛慕杰：《浙江近代金融概要》，浙江省政协文史资料委员会编《浙江近代金融业和金融家》，浙江人民出版社，1992，第 199 页。

泗阳、丰县、沛县、萧县、东海、赣榆等十县无典当；[①] 据 1935 年该省建设厅统计数据，全省各县典当数为 350 家，较 1927 年减少了 245 家，而东海区四县、铜山区七县、江宁县已无典当，全省无典当县增至 18 个。[②] 1928 年，浙江杭嘉湖地区 18 个县共有典当 139 家；[③] 1931 年，上述地区典当数即减至 118 家；[④] 1933 年，该省典当停业者达 70 余家，如“海宁城内，以前有当铺四家，本县所属各镇……尚有多家，但至一九三三年，城里的当铺只剩一家，各市镇的则连一家也没有了”；[⑤] 至 1935 年 6 月，杭州典当仅剩 14 家，[⑥] 比 1928 年减少了 17 家。

## （二）农村利率价格的重塑

国民党执政初期，浙江大学学者在 1927 年对浙江青田县鳌里地区的调查报告显示：当地民间借贷利息多为月息 2 分，偶有 2 分 5 厘者。[⑦] 民间借贷月息复利（俗称“利滚利”），月息 2 分年化利率可达 26.82%。1928 年，中央研究院社会科学研究所在浙西杭嘉湖地区农村所做的借贷调查显示：农村民间借贷利率大多按月计，月利率 2%最为普遍，短期月利率最高 4%；粮食借贷年化利率畸高，季前借而季后还的利率高达 30%～40%；典当除名义利率 2%外，通过收“存箱费”、先扣收息、代收印花税、零日按月取整等方式变相提高利率。[⑧] 金陵大学学者在 1928 年对南京市蒋王庙乡的调查显示：多数农民都需借债，年利率在 20%以上。[⑨] 南京国民政府对利率的控制从两方面入手。一是行政方式。1927 年 7 月 19 日，国民政府训令“禁止重利盘剥，规定最高利率不得超过百分之二十，自八月一日施行”，严令借贷年利率上限为 20%，直辖区域在当年 8 月 1 日施行，未

① 《调查表册：江苏省各县典当年税数目表》，《江苏财政汇报》第 2 期，1927 年，第 118～124 页。

② 《江苏省各县典业资本平均统计概况表》，《江苏省改进典业方案》，江苏省建设厅，1935，附表 4，第 25 页。

③ 杨勇：《近代江南典当业研究》，博士学位论文，复旦大学，2005，第 18～19 页。

④ 《统计：浙江省各县典当家数统计图》，《浙江财政月刊》第 5 卷第 6～7 期，1932 年，第 1 页。

⑤ 朱其华：《中国农村经济的透视》，中国研究书店，1936，第 84 页。

⑥ 《全国银行年鉴》（1935），中国银行总管理处经济研究室，1935，O 卷第 8 页。

⑦ 周长信：《农村调查（青田县鳌里）》，《国立浙江大学农学院周刊》第 2 期，1927 年，第 16 页。

⑧ 韩德章：《 浙西农村之借贷制度（附表）》，《社会科学杂志》（北平）第 2 期，1932 年，第 139～185 页。

⑨ 黄培肇：《改良农村社会的我见》，《中华农学会报》第 68 期，1929 年，第 7 页。

攻克区域自攻克后第 31 日起施行。[①] 1928 年 7 月 25 日，国民政府指令“典押各业暨商场利率拟定最高年利不得超过百分之二十”，[②] 将年利率上限 20%的范围进一步明确。江浙两省政府严格贯彻国民政府的规定，浙江省政府建设厅 1928 年 10 月 29 日训令各县，要求粮食等实物借贷的折算利率也不得超过年利率 20%。[③] 江苏省政府农矿厅 1930 年 2 月训令无锡县政府查明该县农民借债加头米恶制，严令禁止该县流行的农民春借一斗米、秋收还一斗三升的高利盘剥行为，要求无锡县布告严禁并具文上报查处情况。[④] 江浙两省在本省制定的典当营业规则中都规定了典当年利率不得超过 20%。浙江省政府在 1930 年 9 月发布行政令取缔典当营业陋规，其中一个重点就是取缔典当在约定利率之外以“存箱钱”等名义变相增加利率。[⑤] 在通过行政手段禁止的同时，江浙两地政府也通过官办金融机构的农贷利息示范引导民间借贷利息，江苏省农民银行农贷的原则是供给农民低利资金，抑低农村贷款利率，故其农贷利率比传统金融贷款和其他金融机构贷款都要低，利率根据贷款期限有所不同，按江苏省农民银行 1928 年组织大纲第九条规定，放款利率“最高不得过月利一分”。[⑥] 浙江省农民银行筹办期间，曾试放款一次，月息 8 厘，后委托中国农工银行浙江分行放款，规定此项放款利息不得超过月息 1 分。[⑦] “月息不超一分”在全面抗战前的十年成为政策性农业银行和商业银行农贷利息的上限，如 1932 年，上海银行会同中国银行、交通银行、江苏银行以及江苏农民银行在江苏发放农业仓库贷款时月息 8 厘；1933 年，上海银行苏州分行在发放农产品储押农贷时月息 9 厘；[⑧] 1936 年底，交通银行与浙江省政府商定在浙江发放农贷时，

① 《国民政府训令：天字第一六七号》，《国民政府公报》（南京 1927）宁字第 10 期，第 42~43 页。

② 《国民政府指令：第七〇四号》，《国民政府公报》第 78 期，1928 年，第 10 页。

③ 《浙江省政府建设厅训令第五五八号》，《浙江省政府公报》第 442 期，1928 年，第 23~25 页。

④ 《公牍：训令无锡县政府仰查明该县农民借债加头米恶制布告严禁具报文》，《江苏省农矿厅农矿公报》第 21 期，1930 年，第 44 页。

⑤ 《浙江省政府九月份行政报告：（九）工商：甲、取缔典当营业陋规》，《浙江省政府行政报告》第 9 期，1930 年，第 41 页。

⑥ 《江苏省农民银行组织大纲》，《江苏省政府公报》第 21 期，1928 年，第 29 页。

⑦ 中央银行经济研究处编《中国农业金融概要》，商务印书馆，1936，第 464 页。

⑧ 《上海商业储蓄银行二十一年度营业报告书》（下），《银行周报》第 17 期，1933 年，第 23 页。

交行通过县农民银行发放农贷收取月息 7 厘，转贷县农行加息 2 厘。[①] 在南京国民政府多重手段管控之下，江浙地区民间借贷年利率从国民党执政初期普遍高于 24%（以月息 2 分不累复利计），逐渐下降。据 1934 年官方抽样统计数据，浙江农民借贷利率水平在全国最好，年利率在 20%以下的占比达到 41.2%，年利率 30%以上几乎没有，江苏逊于浙江，年利率在 20%以下的占比为 14.3%，但高于全国平均水平（见表 2）。

表 2 1934 年江浙地区农民借贷年利率分布情况

单位：%

| 地区 | 年利率 10%～20% | 年利率 20%～30% | 年利率 30%～40% | 年利率 40%～50% | 年利率 50%以上 |
|---|---|---|---|---|---|
| 江苏（抽样 47 个县） | 14.3 | 48.7 | 25.2 | 5.9 | 5.9 |
| 浙江（抽样 46 个县） | 41.2 | 57.7 | 1.1 | — | — |
| 全国（抽样 871 个县） | 9.4 | 36.2 | 30.3 | 11.2 | 12.9 |

资料来源：实业部中央农业试验所农业经济科估计《各省农村金融调查》，《农情报告》第 11 期，1934 年，第 109～112 页。

## （三）商行资金归农的引导

南京国民政府成立后，在引导商业银行资金向农村投入方面颇有建树，当时上海是重要的金融中心，在南京国民政府倡导商业银行下乡的风潮中，江浙作为环沪地区，获益较多。1932 年 10 月，江苏省农民银行致函在沪的中国银行、交通银行、上海银行和江苏银行四行，拟在苏州、无锡、常州、南通等地与各行合作经营农产仓库储押业务。四行对此一致赞同，后正式订立合同实施。常州地区放款总额 15 万元，各行分任 3 万元，江苏省农行办理一切手续，并负责收回本金及保付息金，其余各行负责监督检查。苏州、无锡参照常州模式。南通稍有差异，由在沪的四家商行联贷给江苏省农行如皋分行 3 万元，期限 8 个月，期内陆续交还，利随本减，四行随机派员检查贷户和押品储存处，四行还商定共享在通州、启东、泰

① 《中国交通两银行扩大浙省农村放款》，《中国农民银行月刊》第 12 期，1936 年，第 42～43 页。

县等地的农仓，自行承接 50 元以下的粮食抵押放贷。[①] 1933 年 5 月，国民政府成立行政院农村复兴委员会，中国银行总经理张公权被指定为经济组召集人，张随即推动上海银行公会成立“农村金融调剂委员会”。1934 年 7 月，南京国民政府立法院通过《储蓄银行法》，规定：储蓄银行“（七）对于农村合作社之质押放款。（八）以农产物为质之放款……不得少于存款总额五分之一”。[②] 此规定引起银行界的普遍担忧，当时在商业银行界开展农村金融领先的上海银行，1933 年度农贷放款合计也不过 100 余万元，仅占该年储蓄存款总额的 3%，这与所要求的 20%相比，还有非常大的差距。[③] 虽然该法立法本意与现实差距巨大，但客观上促使许多商业储蓄银行开始重视农村金融。1934 年末，上海银行、中国银行、交通银行、中国农工银行、中国垦业银行等商业银行都已在江浙地区设立网点，与合作社合作发放农贷，[④] 较明显的有上海银行在江苏 31 个县、中国农工银行在浙江 12 个县发放农贷。[⑤] 1935 年，中国实业银行、金城银行、中国通商银行、中国国货银行、新华信托储蓄银行、中国企业银行、中孚银行、中和银行等商业银行都在江浙县域设立分行。[⑥] 1936 年 8 月，浙江省建设厅与上海银行商定在浦江、金华等十县共同发放桐油种植贷款 20 万元，按 3∶7，由该省县级农民银行承担 6 万元，上海银行承担 14 万元，上海银行委托县级农民银行通过合作社转贷。[⑦] 1936 年，中国银行在浙江省扩大了农贷发放规模，该年在海宁、嘉兴、吴兴、诸暨等县发放农贷 46 万元，年末浙江省建设厅与之商定 1937 年农贷基数为 50 万元，发放额度视情况可续增至 200 万元，发放范围扩大至湖绍地区各县。同期，浙江省建设厅与交通银行签订协议，交通银行 1937 年在浙江杭嘉地区 16 个县发放农贷 100 万元，由交行通过县农民银行转贷，县农民银行按照 6∶4 或 7∶3 配套放贷。[⑧]

---

① 《上海商业储蓄银行二十一年度营业报告书》（下），《银行周报》第 17 期，1933 年，第 23~24 页。

② 《储蓄银行法全文》，《民生》第 23 期，1934 年，第 11 页。

③ 王维骃：《储蓄银行农村投资不得少于存款总额五分之一之商榷》，《银行周报》第 45 期，1934 年，第 10~11 页。

④ 《全国合作事业调查：4. 各省市合作社放款机关》，《农情报告》第 2 期，1935 年，第 25 页。

⑤ 王文钧：《商业银行在农村中之动态》，《银行周报》第 48 期，1935 年，第 22 页。

⑥ 《江苏省之银行钱庄典质业：银行业》，《统计通讯》第 5 期，1935 年，第 15 页。

⑦ 《上海银行办理浙浦江十县桐油放款》，《中行月刊》第 3 期，1936 年，第 65~66 页。

⑧ 《中国交通两银行扩大浙省农村放款》，《中国农民银行月刊》第 12 期，1936 年，第 42~43 页。

## 三 合作运动参与乡村社会秩序重塑

南京国民政府宣称其秉承孙中山“真正民治，则当实行分县自治”思想，[①] 成立之初就积极推进县自治运动，但在全面抗战前的十年里，南京国民政府乡村自治实践却是沿着国家力量强力渗透农村的路径，对传统乡村秩序进行重塑。南京国民政府在农村金融救济中赋予了合作运动作为经济互助活动之外的政治功能，将其内涵政治泛化，将其经济功能与乡村行政编组深度结合，终使合作运动成为重塑乡村传统秩序的重要工具。

### （一）党义政纲灌输的重要载体

国民党早期就将合作运动与“三民主义”中民生主义相结合，1919 年，孙中山即主张各地普设合作社：“此后之要事，为地方自治团体所应办者，则农业合作、工业合作、交易合作、银行合作、保险合作等事。”[②] 1924 年 8 月，孙中山在做民生主义第一讲时，再次主张以“合作”来解决民生问题。国民党要员廖仲恺、戴季陶、陈果夫等对合作运动极为推崇，在不同场合都宣讲合作运动深度契合民生主义要义。1926 年 1 月，国民党二大通过《农民运动决议案》，提出“从速设立农民银行，提倡农民合作事业”，[③] 正式把合作运动列入政纲。1927 年 6 月，陈果夫敦请“中国合作先导”薛仙舟拟制《全国合作化方案》，并呈报蒋介石，薛仙舟更是将推动合作运动与实现三民主义画上等号：“三民主义归结于民生主义，民生主义之实现即三民主义之实现……要实行民生主义，应定民生政策……则舍合作莫属。”[④] 1928 年 2 月，国民党二中四次全会上通过了蒋介石、陈果夫、张静江等提出的《组织合作运动委员会建议案》，该建议案指出，“解决民生问题的方法，虽不止一种，但合作运动（消费、生产或屋宇合作社及合作银行等运动）却是最稳妥的，最切实的，最合于民生主义的一个重要方法”，提议在“中央与经济设计委员会之下设立合作运动委员会，专司研究、宣传及指导合作运动的职务”。[⑤] 合作运动在官方语境中正式作

---

① 王耿雄等编《孙中山集外集补编》，上海人民出版社，1994，第 290 页。

② 《孙中山全集》第 5 卷，中华书局，1982，第 222 页。

③ 荣孟源主编《中国国民党历次代表大会及中央全会资料》上册，光明日报出版社，1985，第 134 页。

④ 《薛仙舟先生遗著：中国合作化的方案》，《江苏合作》第 6~7 期，1936 年，第 1 页。

⑤ 寿勉成、郑厚博编著《中国合作运动史》，正中书局，1937，第 107 页。

为民生主义的实现载体，成为国民党对乡村政治启蒙和动员的重要手段，国民党把政纲整合到合作运动中，从上而下组织了声势浩大的政治思想运动，江浙两省作为政治核心区中的“模范省”，从上至下先行层层发动政治动员，两省省政府设立了专司合作事务的省级行政机构，并先后开办了“合作指导员养成所”，从各地招收学员分期培训后再分派到各县，宣传国民党“三民主义”和合作运动政纲，发动地方合作事业。江苏省“养成所”从 1928 年 5 月成立至 1930 年 5 月，肄业学员有 84 人，[①] 浙江省“养成所”在 1928 年 10 月和 1932 年 10 月前后举办了两次，共招收学员 80 人。[②] 除省级层面进行人员意识形态整训外，江浙两省还督促县级政府强化对民众关于合作运动的灌输训导，江苏省政府训令各县创办合作社指导所，[③] 浙江省政府训令各县在建设局（科）单设合作促进员编制并单列预算。[④] 在省政府督促下，各市县积极跟进人员再培训，组织人员赴乡村指导发动，浙江海宁县 1928 年 9 月即呈报省政府要求举办农村合作社人员传习所，[⑤] 1931 年 1 月，浙江吴兴县政府举办合作讲习会，召集各区民众参会听讲，除由省政府委派合作促进员担任常任教员外，还指派已参社的社员前往讲授。[⑥] 1933 年，徐州省立民众教育馆专设合作讲习会，招收周边各县的听讲者，常态化办班。[⑦] 丹阳县作为合作试验区，其讲习班更是办到所辖区一级。[⑧] 上述各类班讲授内容除合作社的常见业务知识外，合作运动蕴含的国民党党纲更是重点内容。除了人员动员外，国民党在舆论铺陈方面也是下足了功夫，为此，在全国层面创办了《合作月刊》《农村合作》《合作讯》《农行月刊》等刊物，江浙两省分别创办了《江苏合作》《浙江合作》《浙江合作通讯》，江浙地区部分市县也创办了专门刊物，如《丹阳合作》《崇明合作》，这些刊物除对合作运动进行宣传报道外，很多专栏文章都是立足合作运动宣传国民党党纲。

---

① 《合作社指导员养成所近况》，《农矿通讯》第 9 期，1929 年，第 5 页。

② 陈振汉：《浙江省之合作事业》，《政治经济学报》第 2 期，1935 年，第 297 页。

③ 《训令各县县长仰即拟具创办合作社指导所计划呈厅审核文》，《江苏省农矿厅农矿公报》第 5 期，1928 年，第 26 页。

④ 《命令：浙江省建设厅训令第一四一六号（中华民国十八年十月）》，《浙江省政府公报》第 723 期，1929 年，第 28 页。

⑤ 《令海宁县县长：呈一件为拟办农村合作社人员传习所呈送简章预算等祈察核由》，《浙江建设厅月刊》第 17 期，1928 年，第 54~55 页。

⑥ 《浙江省促进员举办农事训练》，《合作月刊》第 12 期，1931 年，第 26~27 页。

⑦ 《江苏省立徐州民众教育馆合作讲习会简章》，《教育新路》第 30~31 期，1933 年，第 9 页。

⑧ 《江苏省建设厅丹阳合作实验区摄影（五幅）》，《江苏建设》第 5 期，1935 年，第 1 页。

## （二）保甲制推行的重要媒介

1934 年，国民党将保甲制向全国推行，保甲制度作为刚性的行政强制措施，实际上违背了孙中山民权主义中的民众自治思想，为了让保甲制在理论上更有说服力，在推行过程中更为顺畅，国民党高层试图安排相对柔性的带有经济驱动力的合作运动作为保甲制的联动机制。蒋介石曾指示："办理保甲，最好即寓经济意味于其间，同时提倡各种之合作社。"① 他要求陈果夫等人"研究如何利用地方农业金融机构及农村合作事业，以经济力量配合乡镇保甲制度组训农民之方法"。② 各地在具体落实编组保甲过程中，也努力将其与合作运动融为一体。1935 年 5 月，《南通县政府运用保甲推行合作事业计划大纲》由江苏省建设厅核准实施，其中规定"每一合作社之组织，由各该乡长保长发起筹备，并负责介绍各甲长及户长为社员，有乡长甄别审查，认可后，方得加入。……各该乡镇保甲内教育事业、卫生事业、消防事业及救济自卫等事，业均得利用合作制度暨保甲制度经营之"，③ 这实际上将合作运动和保甲制度合二为一。同年 6 月，省主席陈果夫出席全省合作事业讨论会，会上高邮县提案中再次提议将保甲制与合作社融合，推广合作社时借用保甲制度，合作社盈利回馈支持保甲制度。④ 1935 年 3 月，浙江省缙云县政府呈报省建设厅核准的《缙云县政府利用保甲推行合作事业办法草案》中，规定"各乡应组织何种合作社由各该乡长及保甲长视各地需要情形决定之……各乡乡长及保甲长决定组织某种合作社后即由乡长保甲长为发起人拟定社章"，⑤ 直接将合作社纳入保甲体系。同年 7 月，浙江省政府主席黄绍竑批转教育厅请示事项时，训令各特区、县保甲人员应协助推行民众教育及合作事业。⑥ 保甲体系与合作社体系融合后，1936 年 9 月，浙江江山县农民借贷所在郑家坞乡试行依托保

---

① 蒋中正：《各地行政人员今后努力之途径和方法——二十五年五月十六日在地方高级行政人员会议闭幕典礼讲》，《中央党务月刊》第 94 期，1936 年，第 520 页。

② 《中国农民银行》，第 155 页。

③ 《南通县政府运用保甲推行合作事业计划大纲》，《江苏建设》第 11 期，1935 年，第 18 页。

④ 《江苏省合作事业讨论会纪要：提案：（组字第七号）案由 利用保甲制度普遍推进合作社案》，《农行月刊》第 7 期，1935 年，第 30 页。

⑤ 《缙云县政府利用保甲推行合作事业办法草案》，《浙江合作》第 6 期，1935 年，第 12 页。

⑥ 《训令：为准教育厅咨据第一省学区八届辅导会议议决各县市保甲人员应协助推行民众教育及合作事业案嘱查照办理等由令仰一体遵照由》，《浙江省政府公报》第 2386 期，1935 年，第 9~10 页。

甲体系发放农贷，当期发放贷款 6000 元。[①] 随着保甲制的普遍推行，最终在全面抗战前，江浙地区合作运动与保甲制已深度糅合，合作社借助保甲体系数量增加，保甲制也借助合作运动增添了“自治”“互助”“民生”的标签。

### （三）乡村组织化的重要手段

国民党较早就意识到传统乡村秩序中国家力量空缺，十分关注国家力量对乡村秩序的重组。1926 年 1 月，国民党“二大”通过《农民运动决议案》，就已经提出“引导农民，使成为有组织之民众”，“制止土豪劣绅垄断乡政，扶助农民之自治团体”。国民党定都南京后，陆续推行的县自治、合作运动、保甲制等政策，核心都在于农民组织化、乡村行政化，无不尝试将乡村纳入国家权力管控体系，在这个过程中，国民政府除采取行政强制措施外，由于信用合作社在合作运动中的绝对优势地位，其将借助信用合作社，以经济利益诱逼农民编入国家掌控的乡村组织体系作为重要手段。其中最主要且最有效的方式就是各银行不直接向农民发放农贷，而是通过合作社转贷于农民，迫使农民寻求入社，江浙地区执行尤为彻底，如《江苏省农民银行条例》规定“江苏省农民银行之放款，以贷与农民所组织之合作社为原则”，[②]《浙江省农民银行条例》也规定“放款以贷与农民所组织之农村信用合作社为限”。[③] 在浙江省农民银行筹办期，浙江省委托中国农工银行杭州分行发放农贷，省建设厅与该行的委托协议中就明确规定“分行此项放款以贷与本省农民所组织并经建厅认可之农村信用合作社为限”，[④] 至 1930 年，在开始放款一年间该行共向浙江省 226 个合作社发放农贷，发放区域集中在毗邻杭州的杭县、余杭、萧山、吴兴四县。[⑤] 1935 年，江苏省农民银行营业报告提及，该行农贷只向合作社和生产互助会放款，且向生产互助会放款，至 1934 年只办存量、停办新增，并要求互助会择优改组为合作社，1934 年该行共向 2018 个合作社发放各类农贷 236

① 《农村与合作情报：江山县农民借贷所最近办理保甲放款》，《农友》第 10 期，1936 年，第 31 页。

② 《江苏省农民银行条例》，《江苏省政府公报》第 453 期，1930 年，第 2 页。

③ 《浙江省农民银行条例》，《浙江建设厅月刊》第 14 期，1928 年，第 16 页。

④ 《浙江建设厅与中国农工银行浙江分行商订关于农民放款之互约》，《中央银行旬报》第 11 期，1929 年，第 21 页。

⑤ 《中国农工银行杭州分行经营农民放款之成绩》，《中央银行旬报》第 34 期，1930 年，第 18~19 页。

万元，合作社到期还款率达 85%。[①] 除了省级农民银行如此，县级农民银行农贷放款也是面向合作社，如浙江余姚县农民银行就明确“本行放款对象，以合作社为原则”，[②] 海宁县农民银行规定“本行放款，以贷与本县农民在县境内所组织之合作社”。[③] 江浙地方农村金融机构通过合作社向农民转贷推动农民入社，只是全国新式农村金融参与乡村秩序转型的一个缩影，中央农村金融机构也是如此，1936 年，中国农民银行农村“救济”贷款办理报告和营业报告提及，该行农贷发放都是先发放给合作社，没有合作社的，一般由该行会同当地政府组建合作预备社，然后再由合作社（合作预备社）转贷给社员，“救济”贷款利率较为优惠，月息 7 厘，贷款额每户以 5～10 元为度。[④] 因民间借贷利息多为月息 2 厘，而合作社农贷利息多在月息 1 厘左右，利差一倍左右，这对于农民来说是巨大的经济利益诱惑，此方式是江浙地区合作运动初期信用合作社数量和社员数迅猛增长的重要因素。

## 四 土地金融试验撬动土地制度改革

土地金融政策作为农村金融救济政策的重要一环，从国民政府早期起就不断被提及。1931 年，孔祥熙在设立农民借贷所提案中对土地抵押融资有了初步设想。[⑤] 1933 年，行政院在设立中央农业银行回函中明确提出：“农业银行采用土地抵押及分期摊还之放款方式。”[⑥] 江浙地区不仅尝试土地抵押融资，更进一步推进以金融手段实现土地权属均等化为目标的土地融权试验，后虽因抗战被打断，但固有的土地制度有所松动，其以田地税赋为担保的类似土地债券形式的土地融权改革，已经具有可操作性。抗战中后期国统区“扶植自耕农”运动基本上参照了启东模式，即政府强制征收超限土地转售无（少）地农民，以土地债券形式向原地主分期还本付息。

---

① 《江苏省农民银行业务报告》（上），《银行周报》第 16 期，1935 年，第 27～29 页。

② 童泉如：《余姚县农民银行二十三年度上期报告》，《浙江合作》第 47～48 期，1934 年，第 14 页。

③ 《海宁县农民银行放款细则》，《浙江省建设月刊》第 12 期，1931 年，第 130 页。

④ 《中国农民银行》，第 135～139 页。

⑤ 《国民党中执委关于孔祥熙提议设立农民借贷所以拯救农村危机案公函》，《中华民国史档案资料汇编》第 5 辑第 1 编《财政经济》（7），第 48 页。

⑥ 《行政院关于设立中央农业银行拯救农村破产案函》（1933 年 5 月），《中华民国史档案资料汇编》第 5 辑第 1 编《财政经济》（7），第 76 页。

## （一）江苏启东地价券试行

在中央层面尝试土地金融改革的同时，江浙地方政府也对土地金融改革进行先期探索。1936 年，“江苏省政府曾拟发行征用土地抵价券二百万元，专充办理公共事业、收用民地、抵给地价之用，并拟具发行办法十一条”。[①] 上述改革探索还仅限于土地融资，尚未进入土地权属调整层面，但江浙少数县域已开始尝试用土地金融手段调整土地权属。江苏启东县于 1928 年 3 月从崇明县分出设县，崇明、启东都是因长江入海口河沙冲积而成，新造陆地随水势涨坍无常，为应付官府固定捐税，逐步形成了“里排”制度，“里排”负责赔垫坍地捐税，收享新涨滩涂地权，启东县大部地权在“里排”手中，“里排”多为崇明县人，“全县现有租佃面积，约占耕地总面积百分之八十，复因启东分自崇明，故租佃田地底权之属于崇明地主者，又约占租佃总面积百分之八十，佃农年纳租息于崇明地主约计一百余万元之巨”，[②] 因此崇、启主佃矛盾十分突出。1936 年，国民党启东县党部常务委员周儒谦等提议“和平而有效”之“转移崇人在启地权简则”十一条，并呈请江苏省地政局“迅予核准施行”，省地政局饬令启东县地政局“查明实情，拟具详细办法”。[③] 启东县地政局长刘岫青据此拟具了土地改革办法报省地政局，该办法的要点是通过土地债券赎买的方式解决佃农缺地问题，根据租佃关系，由政府发行地价券，强制收买地主除自耕田外的“田底”权，转给原佃户，地价券还本付息来自田租收入，由政府担保，佃户缴清地价后，土地归佃户，地价券偿还期限设为六年，年息为 6 厘，由兴农银行具体办理地价券还本付息等事项。[④] 江苏省政府令第四行署召集启、崇两县协调推进，但此方案遭到崇明方面激烈反对，因双方意见分歧严重，计划悬而未决。启东土地改革因契合中国地政学会第三届年会的决议，1937 年 4 月，中国地政学会敦促江苏省从速实施，后因抗战全面爆发而未付诸实施。

## （二）浙江嘉兴土地凭证试点

在江苏进行土地金融探索的同时，浙江也在积极推动此方面的尝试，

---

① 钟襄衮：《我国土地金融实施概况》，《金融知识》第 2 期，1944 年，第 141 页。

② 《启东地制改革平议》，《农业周报》第 4 期，1937 年，第 77 页。

③ 王逢辛：《启东移转崇人在启地权评议》，《江苏研究》第 11 期，1936 年，第 1 页。

④ 徐方庭：《崇启的租佃纠纷和“耕者有其田”》，《中国农村》第 6 期，1937 年，第 106~109 页。

其中以嘉兴土地凭证改革较为显著，嘉兴的改革是在土地抵押融资基础上更进一步，开始涉及土地权属调整。嘉兴地区土地分配严重不均，据1935年嘉兴县政府与浙江大学联合抽样调查：不自耕的地主户数占比0.53%，其土地占比15.5%；自耕的地主户数占比3.25%，其土地占比19.41%；佃农雇农（不含自耕农、半自耕农）的户数占比39.35%，其土地占比仅为2.82%。[①] 1935年11月，新到任的嘉定地区行署专员王先强在嘉兴地区十县第一次行政会议中提出“耕者有其田办法大纲”，提出通过土地金融工具来解决土地分配不均问题，并报请省政府采择施行。[②] 1936年4月，中国地政学会第三届年会上，浙江省民政厅长徐青浦和王先强联袂提出“推行本党土地政策实现耕者有其田案”，要点是通过政府发放土地凭证将土地收归公有，农民具有永耕权，政府收田租，向原地主付5厘利息，并提备公积金向原地主收回土地凭证。[③] 嘉兴县政府在上述提案的基础上，拟定了更为周详的《嘉兴县土地政策实施计划大纲》，核心是其土地金融部分：拟由县政府发行土地凭证收回原产权凭证，以土地凭证方式收回非自耕的土地，并将土地收归公有后再租给农民，设“永耕权”，农民缴租给政府。土地凭证以“丘”为单位，采用不记名方式，县政府土地凭证类似土地债券，票面仅记载所收归公有土地的地号与清丈亩分、地价及利率，可买卖或抵押，利息5厘，期限为15年，地价利息偿付以田租收入支付，地价本金以公积金、欠赋及“溢管”与“失粮”地的田赋等为担保偿还，还完收回土地凭证。[④] 此项改革刚启动，便因全面抗战爆发而被迫搁浅。

## 结 语

江浙地区金融救济政策的实施，最直观的呈现就是新式农村金融机构的涌现；南京国民政府整顿传统农村金融机构，管控市场利率，引导商资归农，由此带来了传统农村金融的革新和乡村金融秩序的重构；新式农贷的推广对钱庄、典当、民间高利放贷者等既得利益集团产生了极大的冲

① 王先强：《嘉兴县土地问题及其解决方案》，《中国经济》（南京）第6期，1937年，第38页。

② 王先强：《嘉兴县土地问题及其解决方案（续）》，《中国经济》（南京）第7期，1937年，第44页。

③ 《中国地政学会第三届年会纪要》，《地政月刊》第4卷第4~5期合刊，1936年，第861页。

④ 《嘉兴县土地政策实施计划大纲》，《地政月刊》第5卷第2~3期合期，1937年，第366~398页。

击，土地融权试验引发了大中地主群体的连锁震荡。国民政府在推动国家权力接管乡村社会，将乡村秩序纳入国家体系进程中，也充分发挥了农村金融救济的政治属性，让其深入参与了乡村秩序的重塑过程，这对近代中国农村的现代转型也发挥了积极作用。但需指出的是，国民政府这些政策措施对“以农立国”的近代中国而言，仍是治标不治本，对广阔农村和广大农民而言，仅是杯水车薪，其未能有效根除近代中国农村围绕土地所有制的系列痼疾，未能真正改善农民受剥削受压迫的社会处境，未能根本改变近代中国的社会性质，这也最终导致国民党政权失去广大人民的支持。

# 迷信与理性：晚清民国时期苏州地区的蝗灾与社会应对*

弓　楷　周新国**

**提　要**　晚清民国时期，苏州地区蝗灾频繁发生。在地方社会的治蝗过程中，祈神禳蝗的迷信活动与防治蝗虫的理性行为始终共存。但有所区别的是，晚清时期，地方政府和社会精英在防治蝗虫的同时，亦将蝗神信仰作为应对蝗灾的一种方式，这就并未与完全依赖祈神禳蝗活动的普通民众发生冲突。而民国时期，地方政府和社会精英摒弃了蝗神信仰，专注于防治蝗虫，但普通民众仍然举行祈神禳蝗活动。双方不可避免地发生冲突，主要表现为普通民众阻挠地方政府和社会精英开展治蝗工作，这亦可看作迷信与理性的碰撞。于是，地方政府和社会精英采取了宣传治蝗知识、捕蝗实践展示、设立捕蝗奖金等措施，以破除普通民众头脑中的迷信观念，进而消解迷信与理性的冲突。这一努力确实取得了一定成效，但迷信观念并未消失，而是继续与理性共存于同一时空。

**关键词**　苏州地区　蝗灾　祈神禳蝗　防治蝗虫

晚清民国时期，地方社会面对蝗灾，一方面祈祷神明禳蝗，另一方面采取行动防治蝗虫，两者并行不悖。学界充分探讨了地方社会的两种应对之道。首先是蝗神信仰。陈正祥利用地方志绘制了中国蝗神庙的分布图，从中得出了中国蝗灾的分布与八蜡庙或刘猛将军庙的数量成正比的结论。①

---

*　本文为国家社科基金后期资助项目“太谷学派文献研究”（项目编号：19FZSB055）阶段性成果。

**　弓楷，江苏工程职业技术学院马克思主义学院讲师；周新国，扬州大学社会发展学院教授。

①　陈正祥：《中国文化地理》，生活·读书·新知三联书店，1983，第52页。

章义和则梳理了中国古代蝗灾的巫禳，认为刘猛将信仰主要盛行于江南地区，八蜡或虫王信仰主要盛行于北方地区。① 此外，还有一些学者对江南地区和江西、山东、新疆、河南等地的蝗神信仰做了地域性的考察。② 其次是防治蝗虫。王建革探讨了清政府治蝗过程中的控制体系、国家与乡村的关系以及控制力度的变迁，发现清代的捕蝗体制是皇帝监控下的总督、巡抚负责制，动员有限的直接控制人员和组织基层乡村来完成捕蝗。③ 赵艳萍则详细介绍了南京国民政府前期的治蝗政策、组织机构、技术和科学团体的治蝗科研工作，并指出该时期的治蝗系统是由地方自主管理，强调防治与技术性，开始向现代科学治蝗转型。④ 同样，亦有一些学者对河北、山西、江苏、安徽等地的治蝗措施和技术做了地域性的考察。⑤ 但是，学界较少关注两种应对之道之间的碰撞及消解。有鉴于此，本文拟以苏州地区⑥为例，研究地方社会对蝗灾的应对，并尝试展示地方社会如何消解两种应对之道之间的碰撞。不当之处，敬祈方家斧正。

## 一　晚清民国时期苏州地区的蝗灾概况

据地方志及报刊记载，晚清至民国时期苏州地区典型年份的蝗灾情况如表 1 所示。

---

① 章义和：《关于中国古代蝗灾的巫禳》，《历史教学问题》1996 年第 3 期。

② 如车锡伦《中国宝卷研究》，广西师范大学出版社，2009，第 450~473 页；吴滔、周中建《刘猛将信仰与吴中稻作文化》，《农业考古》1998 年第 1 期；王红娟《清末民初太湖流域猛将信仰演变及其功能考察》，硕士学位论文，华东师范大学，2005；孔蔚《江西的刘猛将军庙与蝗灾》，《江西师范大学学报》（哲学社会科学版）1994 年第 4 期；代洪亮《民间记忆的重塑：清代山东的驱蝗神信仰》，《济南大学学报》（社会科学版）2002 年第 3 期；王鹏辉《清代新疆的蝗灾与蝗神信仰》，《西域研究》2017 年第 4 期；王正华《清至民国河南归德府蝗灾与蝗神信仰变迁》，《学术界》2019 年第 1 期；等等。

③ 王建革：《清代华北的蝗灾与社会控制》，《清史研究》2000 年第 2 期。

④ 赵艳萍：《民国时期蝗灾与社会应对——以 1928~1937 年南京国民政府辖区为中心考察》，世界图书出版公司，2010，第 145 页。

⑤ 如马萌萌《民国北京政府时期直隶蝗灾及应对研究》，硕士学位论文，河北师范大学，2012；高策、邹文卿《清代山西的蝗灾规律及其防治技术》，《自然辩证法通讯》2013 年第 4 期；杨红运《南京国民政府时期的灭蝗动员——以抗战前的江苏省为例》，《中国历史地理论丛》2016 年第 1 期；杜彪《民国时期安徽蝗灾研究》，硕士学位论文，安徽大学，2017；等等。

⑥ 苏州地区，指原清代苏州府的地域范围，包括吴县、长洲、元和、常熟、昭文、昆山、新阳、吴江、震泽九县和太湖、靖湖两厅。傅林祥、林涓、任玉雪、王卫东：《中国行政区划通史 · 清代卷》，复旦大学出版社，2017，第 265~266 页。

**表 1 晚清民国时期苏州地区典型年份的蝗灾情况**

| 年代 | 蝗灾情况 |
| --- | --- |
| 咸丰 | 六年夏，大旱。七月，蝗从西北来，如云蔽空，伤禾 |
| | 七年七月，飞蝗大至 |
| 同治 | 元年七月甲申，飞蝗自北至南，有雷声送去 |
| 光绪 | 三年秋，有蝗 |
| | 十八年秋，旱、蝗 |
| | 二十年秋，蝗 |
| | 二十三年丁酉秋，虫，东南乡更甚 |
| 宣统 | 元年秋，虫 |
| 民国 | 十七年六月，飞蝗成群结队，离地五六丈 |
| | 二十三年六月，大批蝗虫，成群结队，满天蔽日而来 |
| | 二十四年五月，大批蝗虫，飞入苏境，千万成群 |

资料来源：同治《苏州府志》卷 143《祥异》，《中国地方志集成·江苏府县志辑》第 10 册，江苏古籍出版社，1991，第 648 页；光绪《昆新两县续修合志》卷 51《祥异》、民国《昆新两县续补合志》卷 1《祥异》，《中国地方志集成·江苏府县志辑》第 17 册，第 278、329~330 页；光绪《常昭合志稿》卷 47《祥异》，《中国地方志集成·江苏府县志辑》第 22 册，第 796 页；《万人争看蝗队》，《苏州明报》1928 年 7 月 19 日，第 2 版；《洄泾发现大批蝗虫》，《申报》1934 年 7 月 14 日，第 11 版；《四乡蝗灾积极捕杀》，《申报》1935 年 6 月 14 日，第 8 版。

从表 1 可知，苏州地区蝗灾常在夏秋季节发生，并伴有其他自然灾害。至于蝗灾的成因，可以分为两个方面。一是自然因素。苏州地区的蝗虫属于东亚飞蝗，其繁殖主要受地形、温度和降水的影响。首先，东亚飞蝗繁殖地的海拔一般为 2~50 米，其分布区的海拔可达 200 米。① 其次，东亚飞蝗可能发育温度范围为 20~42℃，适宜发育温度范围为 25~40℃，最适宜温度范围则为 28~34℃。② 最后，降水少的年份，同年很大概率发生蝗灾，降水多的年份，间隔一年很大概率发生蝗灾。③ 对照蝗虫繁殖所需的自然环境，苏州地区的地形、温度和降水恰好符合。苏州地区位于长江三角洲太湖平原的东部，境内平均海拔仅 3~5 米，夏季平均温度在 28℃左右，每年 5 月到 10 月是多雨季节，但 7 月中旬到 8 月中旬又会出现一个降水相对

① 马世骏等：《中国东亚飞蝗蝗区的研究》，科学出版社，1965，第 10 页。

② 郭郛、陈永林、卢宝廉：《中国飞蝗生物学》，山东科学技术出版社，1991，第 430 页。

③ 马世骏：《东亚飞蝗（Locusta migratoria manilensis Meyen）在中国的发生动态》，《昆虫学报》1958 年第 1 期。

偏少的时期，即高温少雨的“伏旱”。[①]

二是社会因素。首先是地方政府的处置不力。一方面，有限的治蝗能力。晚清以降，地方政府施行的治蝗方法虽然呈现多样化，但还是以人工捕打为主，辅以一些药械治蝗。[②] 因此，治蝗效果并不显著。另一方面，消极的治蝗意识。晚清时期，地方官员在组织捕蝗的同时，亦有祈神禳蝗之举。如光绪三年（1877）六月“初一日辰刻，（昆山、新阳）东北西北两角如黑云矗叠，冉冉而来。迫视之，皆蝗虫也……两邑尊闻见之下，立即齐赴上天王刘猛神前拈香叩祷，祈保无虞”。[③] 北洋政府时期，地方政府虽然摒弃了蝗神信仰，但往往是在省级行政机关颁发治蝗训令后才采取行动，并且没有形成完善的治蝗管理机制。南京国民政府前期，尽管地方政府初步建立了一套治蝗管理机制，可各地又存在本位主义的思想和各自为政的现象。如 1935 年 6 月，吴县横泾金区长以飞蝗愈集愈多、扑灭为难为由，拟采用火攻法。但吴江县政府认为，跳蝻已成飞蝗，采用此法已失时效。一旦举火焚烧，蝗虫势必全部飞入吴江县境，蔓延面积亦益将扩大，势必不可收拾。于是吴江县政府电请横泾金区长，万勿以邻为壑。[④] 其次是外地蝗灾的波及。江苏北部的蝗虫在发育为成虫后，能够飞越长江，到达江苏南部。如 1928 年蝗灾，“江北方面，雨水稀少，赤地千里，异常亢旱，而害禾之蝗虫，乃由此而滋生。因江北各县当局在事前未能设法灭绝，遂致日形蔓延，纷纷高飞。蝗以江北稻禾绝少，且值年成荒歉，乃即觅殖民地于他县，即于三日前分批过江。先行飞往江阴，该县已纷纷切实扑灭。乃前昨两日，竟由江阴过无锡而飞过苏州”。[⑤] 最后是普通民众的愚昧。普通民众知识水平低下，一直存有迷信观念，即蝗神信仰。在此影响下，普通民众面对蝗灾，首先想到的是祈神禳蝗。这种愚昧行为使捕杀蝗虫错过了最佳时机，并导致蝗灾快速蔓延。如 1935 年蝗灾，“横泾淑庄田荡内近发现大批蝗虫，面积初仅五百余亩。迨至昨日，竟蔓延至千余亩之多……且该处乡民迷信神权，以为蝗有神助，纷纷焚香祷祝。甚至有抬猛将偶像，巡游陇陌间，冀借神力驱除，绝不愿捕杀一蝗，致蝗有增无已，

① 徐叔鹰、雷秋生、朱剑刚主编《苏州地理》，古吴轩出版社，2010，第 39~50 页。

② 赵艳萍：《民国时期蝗灾与社会应对——以 1928~1937 年南京国民政府辖区为中心考察》，第 153 页。

③ 《蝗孽为灾》，《申报》1877 年 7 月 24 日，第 1~2 版。

④ 《横泾蝗灾　孙特派员张局长下乡　决定纵火扑灭办法》，《苏州明报》1935 年 6 月 15 日，第 6 版。

⑤ 《大批蝗虫过江》，《苏州明报》1928 年 7 月 19 日，第 2 版。

蔓延甚速”。①

正是在上述两种因素的综合作用下，蝗灾在苏州地区频繁发生。蝗灾对苏州地区的社会生活造成了巨大的破坏，最直接的影响是农田歉收，从而引发粮价上涨，致使普通民众生活陷入困境。“吴江为产米之区，每年产额甚多。近年来迭遭水旱虫灾，以致产数遽减，米价有升无退。现在糙粳十三元六角，尚无大宗来源，故中冬每担已涨至十五元六七角，尚须看升。如此连续升涨，小民生计，殊可危也。”② 更为严重的是，蝗灾进一步激化了社会矛盾，加剧了社会冲突。如 1934 年，苏州地区旱灾、蝗灾并发。普通民众因灾荒与租税交迫无以为生，发起了两次大规模的暴动。③

## 二　祈神禳蝗的迷信活动

在中国古代社会，人们面对蝗灾往往力不从心，因此只能寄希望于超自然的力量来解决问题。于是，民间就出现了相应的蝗神信仰。晚清民国时期，蝗神信仰仍然存在于苏州地区。苏州地区的蝗神信仰有两类：一类是八蜡信仰，另一类是刘猛将信仰。八蜡，是指古人祭祀的八种与农业生产有关的神明。《礼记》卷 35《郊特牲》记载：“天子大蜡八，伊耆氏始为蜡。蜡也者，索也，岁十二月，合聚万物而索飨之也。”郑玄注曰：“蜡祭有八神：先啬一，司啬二，农三，邮表畷四，猫虎五，坊六，水庸七，昆虫八。”④ 然而，苏州地区并没有专门供奉八蜡的祠庙，通常是在先农坛祭祀八蜡。如同治四年（1865），长洲县知县蒯德模重建苏州府先农坛，长洲、元和、吴县三县八蜡统祭于此。⑤ 人们供奉八蜡的目的是利用“贿赂”的办法，通过向虫王祭祀献礼，祈求虫王免降灾害。⑥ 相较而言，强调驱赶蝗虫的刘猛将信仰在苏州地区更为盛行。“香山各村集均供奉刘猛

① 《蝗虫蔓延》，《苏州明报》1935 年 6 月 7 日，第 6 版。

② 《米价飞涨》，《吴江》1926 年 10 月 10 日，第 4 版。

③ 章有义编《中国近代农业史资料》第 3 辑（1927~1937），生活·读书·新知三联书店，1957，第 1019 页。

④ 郑玄注，孔颖达正义《礼记正义》卷 35《郊特牲》，吕友仁整理，上海古籍出版社，2008，第 1071 页。

⑤ 同治《苏州府志》卷 36《坛庙祠宇一》，《中国地方志集成·江苏府县志辑》第 8 册，江苏古籍出版社，1991，第 98~99 页。

⑥ 吴滔、周中建：《刘猛将信仰与吴中稻作文化》，《农业考古》1998 年第 1 期。

将神像，为其能驱蝗也。”①

据地方志记载，南宋景定四年（1263），统治者敕封已故抗金将领刘锜为扬威侯和天曹猛将之神。② 并且自此以后，官方和民间一直有祭祀刘猛将的活动。但清朝初年，官方出于维护统治的考虑，严禁民间供奉原型为南宋抗金将领刘锜的刘猛将。直至雍正二年（1724），清政府的态度发生了戏剧性的变化。直隶总督李维钧编造了一个“刘猛将军降灵”的神话，以元末剿除江淮群盗的刘承忠取代了南宋抗金将领刘锜。这样的编造，符合清朝的国家意志，刘承忠亦顺利地被列入了国家祀典。③ “世宗朝，各省祀猛将军元刘承忠。”④ 但在苏州地区，国家祀典规定的刘承忠不仅没有得到普通民众的承认，而且遭到了地方官员和社会精英的忽视。关于刘猛将的原型和来历，苏州地区地方社会主要流传着三种说法，即南宋抗金将领刘锜说、刘锜弟弟刘锐说和元代将领刘承忠说。如同治之前，苏州府刘猛将庙供奉的是刘锐。⑤ 又如光绪四年（1878），昆山县知县金吴澜、新阳县知县丁廷鸾重建刘猛将庙，供奉的却是刘锜。⑥ 可见，地方刘猛将庙供奉的对象和国家祀典规定供奉的对象是有所区别的，这亦从侧面反映了民间信仰与国家意志之间的乖离。不过，三种说法都强调神能驱蝗。⑦ 因此，刘猛将信仰亦成为苏州地区地方社会应对蝗灾的一种方式。

晚清时期，苏州地区府县一级就有五座刘猛将庙，分别位于苏州府、昆山县、常熟县、昭文县和吴江县。市镇乡村更是“无地无之，甚有一村而分立数祀者。祀神之所亦不一，或立小庙，或附于庵院，或供于家”。⑧

① 民国《香山小志》（不分卷），《中国地方志集成·乡镇志专辑》第 7 册，江苏古籍出版社，1992，第 450 页。

② 光绪《昆新两县续修合志》卷 10《坛庙》，《中国地方志集成·江苏府县志辑》第 16 册，第 162 页。

③ 车锡伦：《江南民间信仰的刘猛将》，《中国宝卷研究》，第 453~455 页。

④ 赵尔巽等：《清史稿》卷 84《礼三》，中华书局，1977，第 2546 页。

⑤ 同治《苏州府志》卷 36《坛庙祠宇一》，《中国地方志集成·江苏府县志辑》第 8 册，第 101 页。

⑥ 光绪《昆新两县续修合志》卷 10《坛庙》，《中国地方志集成·江苏府县志辑》第 16 册，第 162 页。

⑦ 周正良：《驱蝗神刘猛将流变初探》，王栋、车锡伦、张海保主编《民俗论丛》第 1 辑，南京大学出版社，1989，第 148 页。

⑧ 光绪《周庄镇志》卷 3《祠庙》，《中国地方志集成·乡镇志专辑》第 6 册，第 528 页。

如相城有十座猛将庙，[①] 洞庭东山有一百多座猛将庙。[②] 一年之中，地方官员在两个固定的时间点祭祀刘猛将。一是正月十三日。是日相传为刘猛将的诞辰，地方官员“诣吉祥庵致祭刘猛将神，燃巨烛如栝棬，至半月始灭”。[③] 是日又恰逢岁首，地方官员致祭刘猛将，意在祈求刘猛将保佑当年的农业收成。二是腊月的某一日。光绪十五年，元和县知县李超琼于十二月二十七日“诣刘猛将军庙陪祭”。[④] 光绪十六年，李超琼于十二月十五日“将陪祭刘猛将军祠矣”。[⑤] 腊月处在岁终，地方官员致祭刘猛将，意在表示对刘猛将保佑当年农业收成的感谢。相较于地方官员在固定的时间和地点祭祀刘猛将，普通民众祭祀活动则更为多样。如中元节前后，民间有“烧青苗”的风俗，其间就伴有赛猛将活动。“农人耕耘甫毕，醵钱赛猛将之神，舁神于场，击牲设醴，鼓乐以酬。四野遍插五色纸旗，云可避飞蝗灾，谓之‘烧青苗’。”[⑥] 普通民众将刘猛将从祠庙内转移到祠庙外，反映出他们对刘猛将消除田间蝗灾的企盼。因为对普通民众而言，刘猛将显灵并发挥驱蝗功效的场所应是在农田，这样才能保佑农业收成。

在发生蝗灾的年份里，地方官员祭祀刘猛将的次数就会增加。如光绪十八年，元和县知县李超琼除了常规的正月、腊月祭祀外，还在蝗灾发生时祭祀。“七月十五日，未曙起，诣猛将及武庙。”[⑦] 普通民众对刘猛将的祭祀则更盛大。如光绪三年，阊门外白莲桥浜西乡民众因本年飞来大批蝗虫，商议按亩摊捐，集资举行猛将会。“自产每亩捐钱一百文，租产每亩捐钱五十文，众农人莫不踊跃乐从，即于前月二十五日，恭迎猛将出巡赛会驱蝗。”此次猛将会规模盛大，“以猛将本庙地方狭窄，特借朱家火神庙作为公馆。所有会中执事由各处城隍、土地庙中公助。自起马开道，至于各色仪仗，凡二十四班跟会者，数以千计。此外有金盔金甲一座，护以骁卫，复有驱蝗马一匹，骑马者手捧黄纛，上书‘驱蝗’两字，约有斗大，

① 民国《相城小志》卷 2《寺观祠庙》，《中国地方志集成 · 乡镇志专辑》第 8 册，第 46 页。

② 长青：《东山风俗——“抬猛将”小考》，政协江苏省吴县委员会文史资料征集整理委员会编印《吴县文史资料》第 3 辑，1986，第 199 页。

③ 民国《吴县志》卷 52 上《风俗一》，《中国地方志集成 · 江苏府县志辑》第 11 册，第 852 页。

④ 《李超琼日记（元和—阳湖—元和）》，江苏人民出版社，2012，第 20 页。

⑤ 《李超琼日记（元和—阳湖—元和）》，第 61 页。

⑥ 民国《吴县志》卷 52 上《风俗一》，《中国地方志集成 · 江苏府县志辑》第 11 册，第 854 页。

⑦ 《李超琼日记（元和—阳湖—元和）》，第 122 页。

以上两项尤为他会所未有。是日已刻出堂，从下新桥行至山塘渡僧桥，绕道南濠至胥门城外，折回白莲桥浜，酉刻回庙。所过地方，观者莫不摩肩接踵，充衢塞巷”。[①]

如果蝗虫未对农业收成造成重大影响，地方官员、社会精英和普通民众都会认为是刘猛将显灵了，于是纷纷酬谢刘猛将。“在新的危机中，神灵一经显示奇迹，帮助人们渡过难关，朝廷或民间一定会嘉奖神灵，给予神灵特定的封号。同时，还可能修葺旧庙，以防神灵被日晒雨淋或被损毁。人们对神的尊重，往往通过修葺寺庙或将庙的内部整修一新来表示。”[②] 如光绪三年，苏州飞来大批蝗虫，但未造成严重损失。因此，地方官员请求上级拨款，拟重新修缮刘猛将庙。“宋宣洲巷旧有猛将神庙，殿宇宏敞。兵燹后，仅存大殿三楹。本年以苏郡蝗虫未伤禾稼，感神之佑，宜答其庥。现闻抚宪已奏请拨款，重新庙貌。”[③] 但此次修庙活动因资金短缺，直到一年后才完成。光绪四年，苏州城内著名士绅潘曾玮、顾文彬、彭毓棻等人积极捐资修葺刘猛将庙，并由潘升请求地方官员发布告示，保护他们的修庙活动。“家长因思上年苏郡飞蝗入境，仰赖神佑，保全田禾。今庙貌未整，实无以答神庥，亟应一律修造完竣，以复旧规……家长等公同商议，拟先倡捐凑集经费，诹日兴工修复，另招妥人看守。诚恐地匪人等借端阻挠，为特遣身禀请出示谕禁。”地方官府为此发布了《重修刘猛将军庙示》：“仰居民、地保、看庙人等知悉，尔等须知该处刘猛将军庙现由郡绅倡捐凑集经费，择日兴修，另招妥人看守。如有地匪人等借端阻挠，以及窃料妨工情事，许即指名禀县，以凭提究。”[④] 普通民众则每年都举行猛将会，以示感谢。如光绪五年，枫桥陈家浜民众集资赛会，抬猛将神出巡。“苏枫桥陈家浜猛将堂素著灵应，前年蝗不为灾，悉赖神力驱除，故该处农人事奉尤虔。每年请神出巡一次，其费皆由各村按亩摊派，踊跃捐输，争先恐后。”[⑤]

由上可见，晚清时期，苏州地区地方政府、社会精英和普通民众都依靠蝗神信仰应对蝗灾。但进入民国后，却是另外一番景象。民国时期，地方政府和社会精英不再将蝗神信仰作为应对蝗灾的一种方式，只有普通民众仍然坚守。如在刘猛将诞辰时，普通民众仍前往刘猛将庙祭祀。1926 年

① 《猛将盛会》，《申报》1877 年 9 月 18 日，第 2 版。

② 杨庆堃：《中国社会中的宗教》，范丽珠译，四川人民出版社，2016，第 132 页。

③ 《平江杂闻》，《申报》1877 年 9 月 19 日，第 2 版。

④ 《重修刘猛将军庙示》，《申报》1878 年 8 月 15 日，第 2 版。

⑤ 《猛将盛会》，《申报》1879 年 7 月 16 日，第 2 版。

2 月 28 日，署名为青衫的作者在《苏州明报》上发表了《赋得猛将堂看大蜡烛》一文，描绘了普通民众祭祀刘猛将的场景："蜡烛堂前点，寻常何足看。只缘祈猛将，遂比敬高官。"[①] 又如在蝗灾发生时，普通民众一方面祭祀虫王。1928 年 7 月 18 日，黄埭镇"骤然发现蝗军，乡民恐惶失措，竟纷纷陈列香案，甚惶甚恐，膜拜顶礼"。[②] 另一方面抬刘猛将神像巡游田间。1927 年 9 月，"葑门外大荡里一带乡民，近以该处田中禾稻发生虫害，乃各乡民习于迷信，谓将猛将神抬游田间，可以免除虫害。遂于前日有乡民百数十人，将猛将神抬出庙外巡游"。[③] 虽然普通民众还坚守蝗神信仰，并开展相关活动，但规模逐渐缩小、仪式逐渐简化。究其原因，主要是时代的变迁。晚清时期，蝗神信仰对于地方政府和社会精英而言，不仅是应对蝗灾的一种方式，还有更深层次的意义。地方政府将蝗神信仰视为控制地方社会的重要渠道，通过祭祀虫王和刘猛将、倡修刘猛将庙，不仅笼络了社会精英，而且满足了普通民众的精神需求，较好地实现了国家政权和社会精英、普通民众利益的统一。社会精英则将蝗神信仰视为维持地方社会话语权的象征资本，通过捐修刘猛将庙，既缓解了地方政府的财政压力，又获得了普通民众的支持，巩固了自身在地方社会的地位。而民国时期，在建设现代化国家政权的时代背景下，地方政府和社会精英将蝗神信仰视为迷信，远离并加以批判。普通民众举行的祈神禳蝗活动亦遭到打击和取缔。尽管如此，在更为广大的普通民众中间，蝗神信仰已经成了消除田间蝗灾、确保农业丰收的象征。无论时代如何变迁，实际效果又是如何，蝗神信仰一直是普通民众的精神慰藉和寄托。

## 三　防治蝗虫的理性行为

当蝗灾来临时，蝗神信仰只能在精神方面提供慰藉，并不能从根本上解决问题，而且还会带来一些负面影响，如延误捕蝗时机，造成农业损失。因此，地方政府和社会精英开始理性地应对蝗灾。

晚清时期，苏州地区地方社会的治蝗机制属于皇帝监控下的总督、巡抚负责制。[④] 如光绪三年，包括苏州地区在内的江苏省多地发生蝗灾。光绪帝接到两江总督沈葆桢、江苏巡抚吴元炳奏报后，谕令他们"严饬地方

---

① 《赋得猛将堂看大蜡烛》，《苏州明报》1926 年 2 月 28 日，第 3 版。

② 《飞蝗军曾窥黄埭》，《苏州明报》1928 年 7 月 22 日，第 2 版。

③ 《迷信之害》，《苏州明报》1927 年 9 月 2 日，第 3 版。

④ 王建革：《清代华北的蝗灾与社会控制》，《清史研究》2000 年第 2 期。

文武随时搜挖，毋稍疏懈”。[①] 于是，地方官员组织了捕蝗行动。一方面，地方官员饬令乡董、图董率领民众捕蝗。“昆新地方亦自五月晦日起，先后飞到蝗虫不知凡几，去多停少，尚无大碍。然东北乡闻已被伤不少，即经各地保禀报县中，由县立刻照会乡、图董实力督捕，送城给价收买。两邑尊即禀各大宪，并将捕蝗说抄录照会乡董，谕饬各图董如有蝗虫飞落，即速督同庄保、田甲、农佃人等依法捕捉。”[②] 为了更好地调动普通民众捕蝗的积极性，地方政府还出钱收买。“苏城长、元、吴三县会衔出示，令各处农民各自捕捉蝗蝻，由六门厘卡给钱收买。每蝗一斤给大钱十文，每蝻子一斤给大钱二十文，由是村童、牧监都有赴卡缴卖者。”[③] 另一方面，地方官员派遣军队捕蝗。“六七月间，苏城各乡蝗虫遍野，各营兵勇奉令捕蝗。每日踏露前往，日昃始息，躬其役者，实属劳瘁。”[④] 此时期苏州地区的治蝗工作已根据蝗虫的发育过程，分为治蝗卵、治蝗蝻和治飞蝗三个阶段。“除蝗之法，捕蝗不如除蝻，除蝻不如收子。”[⑤] “蝗”即飞蝗，“蝻”即蝗蝻，“子”即蝗卵。治蝗卵的方法有根除滋生地法和毒水浇孔、灰水封孔法，治蝗蝻的方法有开壕法、鸣锣驱逐法和布围法，治飞蝗的方法有桐油粘胶法、网扑法和火攻法。[⑥] 可见，这些治蝗方法是以人工捕打为主。

北洋政府时期，苏州地区各县的治蝗工作受省级行政机关的指挥和监督。如1921年2月14日，江苏省长公署训令吴县公署组织人员搜挖蝗卵，并填报考成表，作为考核依据。“本省近年以来，迭受蝗患，历经扑捕，迄未净尽。转瞬春暖，一经孵化，后患堪虞。仰该知事督同董保于上年飞蝗停落处所以及荒滩荡地，严密搜挖，如得蝻子，随时焚毁，以除害虫而保民食，并限于惊蛰以前一律挖竣。查照前颁考成表填明具报，以凭考核。”吴县温知事接到训令后，立即“咨行县警察所，转饬所属各分所一体遵照”，并“通令各市乡董事，会同办理”。[⑦] 与此同时，社会精英亦加入治蝗队伍。1922年1月，江苏省昆虫局成立。[⑧] 该局聘请了世界著名昆

① 《德宗景皇帝实录》卷51，光绪三年五月，《清实录》第52册，中华书局，1987，第717页。

② 《捕除蝗孽》，《申报》1877年8月10日，第2版

③ 《收买蝗蝻》，《申报》1877年7月28日，第2版。

④ 《金阊琐缀》，《申报》1877年9月20日，第3版。

⑤ 《德宗景皇帝实录》卷57，光绪三年九月上，《清实录》第52册，第788页。

⑥ 陈崇砥：《治蝗书》，莲池书局，同治十三年刊本，南京农业大学藏。

⑦ 《省令严除蝗患》，《申报》1921年2月15日，第7版。

⑧ 《江苏昆虫局举行开幕式》，《申报》1922年1月16日，第8版。

虫专家、美国加州农科大学昆虫学主任教授吴伟士为局长兼主任技师，留美康奈尔农科大学农学博士胡经甫及留美俄亥俄农科大学农学硕士、东南大学昆虫学主任教授张巨伯为副技师，负责解决全省虫害问题。[①] 但由于军阀混战和经费拮据，治蝗方法并无过多改进，还是以人工捕打为主。

南京国民政府前期，苏州地区地方政府初步建立了一套治蝗管理机制。首先是组织机构。一方面，地方政府成立了专门治蝗机构，负责监督、指导和宣传工作。如 1928 年 7 月 21 日，吴县政府成立了吴县防除蝗灾委员会，并通过了组织大纲，决定由昆虫局、农业学校、稻作试验场、建设局、县公安局担任指导股，由县政府、县公安局、款产处、县党部担任总务股，由县党部、县公安局、农业学校、农民协会担任宣传股。[②] 另一方面，地方政府组织了专业捕蝗队伍，领导普通民众捕蝗。如 1928 年 7 月 19 日，常熟县政府派出 50 名公安人员，组成两个捕蝗大队，分赴西北乡领导民众扑灭蝗虫。常熟县建设局亦派数名指导员，携带 100 具捕蝗网、数种杀蝗药品和捕蝗方法标语，引导民众捕捉蝗虫。[③] 其次是经费保障。治蝗经费的来源主要是地方政府拨款，如吴县防除蝗灾委员会的经费由县政府、建设局、款产处分担，[④] 吴江县除虫费用在县地方费项下开支，[⑤] 昆山县各界捕蝗团的经费从县备荒费中支取。[⑥] 再次是奖惩条例。苏州地区各县政府遵行江苏省政府制定的奖惩条例，奖励治蝗成绩卓著者，惩戒治蝗不力者。江苏省政府针对治蝗人员和普通民众，分别颁布了《江苏省各县治蝗人员奖惩规则》[⑦] 和《奖励人民捕蝗办法》[⑧]，以确保治蝗取得实效。最后是灾后救济。蝗灾过后，地方政府调查各地受灾情况，并以防荒存谷、存款开展救济。[⑨]

除了地方政府之外，治蝗工作中还活跃着社会精英的身影。如科学界人士给予了方法指导。1929 年，云集了昆虫学、农学专家的江苏省昆虫局将全省分为 8 个治蝗区域，吴县、吴江县、昆山县和常熟县被划入第五区。

---

① 《苏省设立昆虫局经过》，《申报》1921 年 12 月 18 日，第 8 版。
② 《委员会组织议案》，《苏州明报》1928 年 7 月 22 日，第 2 版。
③ 《县政府大举捕蝗》，《申报》1928 年 7 月 21 日，第 10 版。
④ 《委员会组织议案》，《苏州明报》1928 年 7 月 22 日，第 2 版。
⑤ 《签除虫费用候转函公款公产处核复由》，苏州吴江区档案馆藏，档案号：0204-1929-003-0492-0027。
⑥ 《四乡发现蝗虫》，《申报》1928 年 7 月 28 日，第 10 版。
⑦ 《苏省治蝗人员奖惩规则》，《申报》1928 年 11 月 19 日，第 9 版。
⑧ 《核准农厅呈报奖励人民捕蝗办法》，《江苏省政府公报》第 203 期，1929 年。
⑨ 《调查备荒之谷款》，《苏州明报》1928 年 7 月 24 日，第 3 版。

4月25~26日，江苏省昆虫局召开第五区治蝗会议，向各县代表讲解蝗虫生活习性以及治蝗方法。[①] 4月29日，江苏省昆虫局又成立了苏州区治蝗所，并委派陆积梅为主任，指导该区治蝗事宜。[②] 又如教育界人士提供了人力支持。1935年6月10日，江苏省立农业学校唐校长带领昆虫科主任及60余名学生，组成了一支捕蝗队，携带捕蝗器具及卧具等，乘船前往横泾捕蝗。[③]

在此时期，地方政府和社会精英亦将治蝗工作分成治蝗卵、治蝗蝻和治飞蝗三个阶段，并分别制定了治理方法。第一阶段是治蝗卵，方法有掘卵法和耕锄法。[④] 第二阶段是治蝗蝻，方法较多，有掘沟法、围打法、鸭啄法、油杀法、网捞法、毒饵法和袋集法。[⑤] 第三阶段是治飞蝗，除了同样适用的围打法、鸭啄法和袋集法外，还有白旗诱杀法、[⑥] 火烧法[⑦]和器械法。[⑧] 其中，毒饵法和器械法是社会精英在引入西药除蝗技术及器械的基础上研发的本土化产物。[⑨] 可见，此时期的治蝗方法虽然还是以人工捕打为主，但已辅以一些药械。

概而言之，晚清民国时期，地方政府和社会精英在应对蝗灾时，都有防治蝗虫的理性行为。但又有所不同，主要表现为以下两点。一是中央政府的干预程度。晚清时期，地方社会的治蝗工作受到中央政府的管控。而民国时期，地方社会自行负责治蝗工作，中央政府很少直接干预。二是蝗神信仰的存在与否。晚清时期，蝗神信仰和防治蝗虫共存，并不是此废彼存。而民国时期，地方政府和社会精英摒弃了蝗神信仰，专注于防治蝗虫，并开始运用西方科学技术。就效果而言，南京国民政府前期，地方政府、社会精英在推广和使用了多种治蝗方法后，治蝗效率得以提高，治蝗工作亦取得了一定成绩。如1935年6月下旬，吴江县共扑杀飞蝗二三千斤；[⑩] 7月上旬，吴江县共捕杀蝗蝻五六千斤。[⑪] 因此，有学者认为，“20

---

① 《第五区治蝗会议第二日记》，《申报》1929年4月27日，第14版。

② 《苏州区治蝗所成立》，《申报》1929年5月3日，第12版。

③ 《破除迷信躬亲捕蝗》，《苏州明报》1935年6月11日，第6版。

④ 《稻作场治蝗要言》，《苏州明报》1928年7月24日，第3版。

⑤ 《农业实验所拟定治蝗方法》，《申报》1934年7月31日，第8版。

⑥ 《苏地当局积极筹防》，《苏州明报》1928年7月20日，第2版。

⑦ 《乡民动员纵火灭蝗》，《申报》1935年6月16日，第10版。

⑧ 《重要杀虫药剂及国产喷雾器之应用（附图）》，《农报》第3卷第1期，1936年。

⑨ 赵艳萍、倪根金：《民国时期药械治蝗技术的引入与本土化》，《南京农业大学学报》（社会科学版）2013年第2期。

⑩ 《各县治蝗旬报续志》，《农报》第2卷第20期，1935年。

⑪ 《各县治蝗旬报续志》，《农报》第2卷第19期，1935年。

世纪 30 年代是民国系统治蝗最有成效的时期”。[①]

## 四　迷信与理性的碰撞及消解

南京国民政府前期，苏州地区的治蝗工作虽然取得了一定成绩，但由于物资的匮乏，技术更为先进的药械治蝗并未大规模地投入使用，防治效果亦不显著。这就造成了地方政府公信力的缺失，于是普通民众仍然依赖祈神禳蝗的迷信活动。在此情形下，张力便存在于普通民众与地方政府、社会精英之间。

蝗神信仰在普通民众头脑中已经根深蒂固，即使治蝗方法再先进，他们亦会置之不理。面对蝗灾，普通民众首先想到的还是祈求神明保佑，以求心理安慰。如 1928 年 7 月，吴县黄土桥、胡家巷、郭巷等处民众将蝗灾的发生归咎于“今春未演猛将神戏”，于是便“发起集资补演神戏，并舁猛将神赛会，游巡田畔，以资驱蝗”。[②] 这种迷信观念甚至直接导致普通民众阻挠地方政府和社会精英开展治蝗工作。蝗虫在交尾之际，不会啃食农作物。但在普通民众看来，这是因为有神明的保佑，此时倘若捕蝗，会触犯神明，并降下灾祸，所以极力阻挠地方政府人员捕蝗。“大批蝗军入境后，即停留存空，叠成四阵，亦不落地。故乡民深信，有神佑助，故蝗虫未曾开口。且据虫之口上，均有白衣封锁。乡政员钱君当时主张捕捉，但众乡民深恐触犯神怒，并持言谓，‘如若一经捕捉，神心谴责，如有灾厄，请负其咎’。”[③] 各市乡治蝗人员因民众的百般阻挠而束手无策，只得向县政府请求指示。“吾国数千年来，迷信神权，须神灵保佑四字深印在民众脑筋之中，一时实难以感化。今则遍地蝗蝻，停伏昼夜，未损片禾，亦云奇矣，不免宪武因亦为此感动也。但以后之去与不去，吃与不吃，殊难预算。为此飞函具报，请求鉴核，如何办理，应候训治，俾可遵循。”[④]

在祈神禳蝗的迷信活动与防治蝗虫的理性行为发生碰撞时，地方政府和社会精英采取了一系列措施，以破除普通民众头脑中的迷信观念，进而消解碰撞。首先，宣传治蝗知识。普通民众由于对蝗虫及蝗灾缺乏认知，在蝗灾来临时，只能虔诚地供奉虫王和刘猛将。因此，破除迷信观念的第

---

① 赵艳萍：《民国时期蝗灾与社会应对——以 1928~1937 年南京国民政府辖区为中心考察》，第 146 页。

② 《乡民瞶愚犹述祈神佑》，《苏州明报》1928 年 7 月 25 日，第 2 版。

③ 《飞蝗军曾窥黄埭》，《苏州明报》1928 年 7 月 22 日，第 2 版。

④ 《东桥乡行政员之警告》，《苏州明报》1928 年 7 月 25 日，第 2 版。

一步便是宣传治蝗知识。“下乡捕蝗时，首宜宣传打破迷信神权之事。”[①]如1929年，江苏省昆虫局编写了《治蝗浅说》，分发各县，向普通民众宣传治蝗知识。其中，第四部分详细讲解了为何蝗虫应当设法防治，而不应当祈祷求恳。[②]

其次，捕蝗实践展示。地方政府先组织捕蝗队捕杀蝗虫，然后向普通民众展示，并进行宣讲。如1928年7月26日，吴县公安局郑诚元局长抽调30名公安人员组成捕蝗队，要求他们在“农民顽固执迷之时，可以白纸呈铺平坦之处，手持白旗，将蝗诱至纸上，一起歼杀之。并向农民晓谕曰，‘如蝗而有灵，则神必佑之，决不任蝗自蹈死机也’。”[③] 又如1935年6月10日，吴县县长亲入菱芦间，用捕蝗器捕捉蝗虫，并向民众训示：“若捕捉蝗虫，天将降灾，则余当首承之。余今命尔等捕捉，则尔等亦可无畏矣。”[④] 民众见县长亲自捕蝗，极为感动，于是亦开始分头捕捉。此外，为了更有力地破除民众头脑中的迷信观念，地方政府人员还有炸食蝗虫的举动。受此影响，民众亦跟着尝试。“县政府派出之捕蝗队指导员薛光前领导各警捕蝗，将蝗虫之头摘去后，即投入油锅炸食之，以冀解除乡愚之迷信。农民竟有仿效试食者，咸称炸蝗虫味殊不恶，味如煎虾。”[⑤]

最后，设立捕蝗奖金。晚清和北洋政府时期，地方政府已有出钱收买蝗虫之举，但当时纯粹是为了激励民众捕蝗。而南京国民政府前期，地方政府设立捕蝗奖金，除了激励民众捕蝗外，还带有破除民众头脑中迷信观念的目的。如1928年7月26日，吴县县政府训令各市乡乡政委员出钱收买蝗虫。“查乡民狃于迷信，每遇蝗虫麇集，烧香祈祷，不敢捕食，乃致酿成灾患，殊切殷忧。现在该委员出资收买，每蝗虫一斤银元二枚，既可破除迷信，又可使各该乡民尽力捕获，办理极合机宜，深堪嘉尚。合行令该各该委员一体仿照办理，并出示布告，实行收买。务使家喻户晓，努力驱除。俾乡民相识觉悟，咸晓知于人力足以回天也。其价相机可以酌加，约多至二百文一斤为度。其加遵照办理，毋稍延缓，并着随时具报核夺。”[⑥] 奖金利诱法果然奏效，黄埭乡民众在7月27日至8月1日六天之

① 《组织基本捕蝗队》，《苏州明报》1928年7月27日，第2版。
② 《治蝗浅说（续）》，《农林新报》第179~180期，1929年。
③ 《组织基本捕蝗队》，《苏州明报》1928年7月27日，第2版。
④ 《破除迷信躬亲捕蝗》，《苏州明报》1935年6月11日，第6版。
⑤ 《浒关乡民大啖蝗肉》，《苏州明报》1928年7月30日，第2版。
⑥ 《蝗虫定为每斤念文》，《苏州明报》1928年7月27日，第2版。

内，一共捕捉了八千斤左右蝗虫。[①]

由上可见，地方政府和社会精英通过破除普通民众头脑中的迷信观念来消解治蝗过程中迷信与理性的碰撞，确实取得了一定成效，普通民众纷纷加入治蝗队伍。时人见此，曾做出乐观估计，“苟各乡均一律照办，则蝗群虽众，不难即日肃清也”。[②] 但现实却并非如此，祈神禳蝗的迷信活动继续与防治蝗虫的理性行为共存于同一时空。“农民防蝗工作极为认真，大有不遑寝处之状。而田间各猛将庙之香火亦陡然兴盛，农民均往焚香跪祷，密求勿令蝗虫再来。”[③]

纵观晚清民国时期苏州地区地方社会的治蝗过程，祈神禳蝗的迷信活动与防治蝗虫的理性行为始终共存，并行不悖。这看似荒诞不经，实则又在情理之中。蝗灾不仅影响了农业收成，而且对普通民众造成了心理伤害。既然现实中地方政府和社会精英无法根除蝗灾，那么祈求神明就成了普通民众的必然选择。况且蝗神信仰能为普通民众提供精神慰藉，缓解内心的焦虑。实际上，对普通民众而言，祈神禳蝗亦好，防治蝗虫亦罢，只不过是应对蝗灾的手段。他们最为关心的还是能否消除田间蝗灾、确保农业丰收，毕竟“由来稼穑维民宝，贫家只望蚕桑好”。[④] 总之，普通民众对粮食丰产的强烈渴望及对蝗灾的深度恐慌，很大程度上亦反映了地方社会治蝗过程中迷信与理性的矛盾交织。

---

① 《黄埭捕蝗消息》，《苏州明报》1928 年 8 月 2 日，第 2 版。

② 《黄埭获蝗解城焚毙》，《苏州明报》1928 年 7 月 27 日，第 2 版。

③ 《飞蝗过境后昨闻》，《苏州明报》1928 年 7 月 23 日，第 2 版。

④ 袁学澜：《吴门岁暮杂咏》，张智主编《中国风土志丛刊》第 35 册，广陵书社，2003，第 5 页。

# 民国时期两次币制改革所引起的西南镍币风潮

冯健伦*

**提　要**　抗战胜利后，由于国民党当局各种经济举措失当，恶性通货膨胀蔓延全国，当局为挽救经济，于 1948 年 8 月推行金圆券币制改革。然而币改后成都、重庆、昆明、贵州等西南主要城市，皆发生以镍币为主的经济危机，使原本经济安定的西南地区社会发生动荡，同时对京沪经济也造成一定程度的影响。1949 年 7 月，国民党当局在中国南方十余个城市推行银元券币制改革，西南地区镍币风潮又起。短时间内的两次镍潮，引发各方责难，也加速了银元券币改的失败。两次镍币风潮的主因，看似是西南民间镍币藏量较中国其他区域丰富，却也凸显了币制改革过程中当局辅币政策的缺失与民心的背离。

**关键词**　镍币风潮　币制改革　西南地区

1948 年，国共两党战场情势发生逆转，连带造成经济动荡，恶性通货膨胀蔓延全国，法币几乎失去货币交易之基本功能。8 月，国民党当局出台金圆券改革办法，期望通过币制改革，改善经济环境。币改办法规定法币以 300 万比 1 兑换金圆券，使钞券价值显著增长，必须同时施行辅币办法，以利民间交易畅通。而镍币在此次币改后也重回货币体系。然而由于事前缺乏详细评估，施行过程存在瑕疵等情事，成都、重庆、昆明、贵州等地皆发生以镍币为主的经济危机，对金圆券及银元券币改初期的物价造成冲击。当时普遍认为，此“镍潮”由上海和西南信息不对称，相关人士从中收购舞弊引起，相关调查由于时局动荡，最终不了了之。事后至今，

* 冯健伦，东南大学人文学院历史学系讲师。

仍缺乏对此事件的相关研究。本文即尝试探讨造成这两次镍币风潮的原因，即为何两次都在西南地区发生，及“镍潮”造成的社会经济影响。

## 一 1948年镍币风潮的影响

1948年8月，国民党当局为挽救其财政经济危机，满足日益扩大的内战军费开支，决定废弃法币，改行金圆券。其中《金圆券发行办法》第二条规定：“金圆之辅币为角及分，以十分为一角，十角为一元。”第四条规定：“金圆辅币为一分、五分、一角、二角、五角五种，以铜、镍分别铸造，并由中央银行发行金圆辅币券，同时流通。”①

在1944年停止发行辅币后，镍币便逐渐退出市场。此次改革币制，发行金圆券，同时恢复了旧有镍币的使用。8月23日，中央银行成都分行发布公告：“镍币不分年限和版次，一律准照面额作金圆券辅币行使。”② 这一政策引发了西南各省由镍币而起的经济动荡，史称“镍币风潮”。

镍币风潮发生之时，正值币制改革开始推行的关键时期，自然引起当局重视，蒋介石命主计长徐堪前往调查。徐堪9月11日前往重庆调查8日、成都5日、昆明6日，后再回重庆进行二次调查。这二十余日，徐堪洽访地方有关当局，了解当地各种情形，集成报告，这份报告是西南镍潮的重要参考资料。由该报告可知，西南各重要城市的物价，在币制改革时的波动幅度有限，较8月19日上涨20%～30%。因西南黄金白银市价原低于京沪20%～30%，而申汇贴水率亦为30%～40%，金银收兑价格既同于京沪，新币发行申汇又相抵，物价遂上升。此时市场心理虽略有浮动，但民众仍对新币抱有信心。在镍币问题发生后，往昔按斤、担计重之物，摇身一变成为金圆券辅币，身价百倍。市场通货陡然大增，对于人民心理刺激尤甚，物价至此疯狂上涨，涨幅由20%、30%，一跃而达100%以上，最高竟有涨达3倍以上者。涨势以9月10日前后为最高潮，此后逐渐恢复平稳。③

由表1可知，重庆、成都、昆明三地物价上涨时间相似，但上涨率则有差别，以成都上涨率最高。成都物价在1948年8月19日限价以前，原较昆

① 中国第二历史档案馆编《中华民国史档案资料汇编》第5辑第3编《财政经济》（3），江苏古籍出版社，2000，第804页。

② 成都市地方志编纂委员会编《成都市志·金融志》，四川辞书出版社，2000，第41页。

③《徐堪呈蒋中正物价膨胀限价问题税收申报金融措施镍币风潮与川滇两省粮食情形等问题与建议》，台北“国史馆”藏，档案号：002-080200-00333-095。

明、重庆两地为低，8 月 19 日后则涨势迅猛，一举超出昆、渝两地甚多。

**表 1 1948 年 8 月 19 日至 9 月中旬成都、重庆、昆明物价上涨率**

单位：%

| 地名 | 中熟米（市石） | 面粉（袋） | 菜油（市石） | 棉纱（包） | 煤（吨或包） |
|---|---|---|---|---|---|
| 昆明 | 128 | 137 | 175 | 75 | 100 |
| 重庆 | 155 | 210 | 99 | 70 | 130 |
| 成都 | 287 | 100 | 392 | 139 | 181 |

资料来源：《徐堪呈蒋中正物价膨胀限价问题税收申报金融措施镍币风潮与川滇两省粮食情形等问题与建议》，台北“国史馆”藏，档案号：002-080200-00333-095。

成都在镍币风潮爆发后，当局事先未掌握物资作为储备，就强令回复到 8 月 19 日价格，造成有价无市现象。不肖军人及地痞流氓，于市中商店强按限价收购各类商品，转售黑市。同时，大户、散户也均有握粮不售之现象，于是运商裹足，店铺闭门，市面沉寂，人心惶惶。四川省主席王陵基虽明令军人，流氓劫途强购者，格杀勿论，但对疏畅货源仍难有具体办法。成都为食米产区，且 1948 年为丰收年，但其竟成为米价涨势最猛的城市之一。至 8 月 30 日，鸡蛋涨到 5 分一个，米、油、肉几乎完全买不到了，部分学校也因买不到米暂缓开学。粮食问题日益严重，70 万名市民面临断炊的风险。①

昆明方面，限价是以 8 月 23 日的价格为标准，此在应付当时情况方面，不失为明智措施，故昆明物价上涨率较低。各种货品的黑市虽存在，然与限价标准相去尚属不远。

此次全国限价将各种物价，包括工资，冻结在 8 月 19 日，在执行技术上也遭遇到若干问题。例如产区价格高于销区，原料价格已提高在先，但成品价格则未及时调整等，这在全国皆然，西南各城市也不能例外。然西南与京沪也有不少相异之处，西南物价原较京沪为低，主要原因在于申汇的差额，一般在上海收款 100 万元，在重庆仅需交 70 万元，在成都仅需交 60 万元。币制改革后，金银价格及申汇先后与京沪扯平，故无论在经济观察还是人民心理上，均有物价上涨的趋势。而只有西南发生镍币风潮，京沪则无此现象，造成游资陡增，加深贱币重货观念。另京沪物价管制，常以抛售储备物资作为配合的手段，西南则乏此准备，也无此力量。西南情形原较特殊，政治力量不能尽如上海畅达，例如昆明购囤大锡现象，成都

① 《锦城镍币潮（成都通讯）》，《大学评论》第 1 卷第 10 期，1948 年，第 10~11 页。

藏粮不售现象等，背景皆不简单，地方长官只能婉劝而不能力迫。工资方面，西南物价原低于其他地方，工资亦然。币制改革后，工资折合金圆有低至一元五六角者。工人衣食所需价格上涨，但工资冻结，自然无以为生。主管当局仍严格执法，但劳资双方早已私下协商，故工资表面上正常，实际上则另立名目，以资贴补，劳资双方没有出现明显冲突也在于此。但工资既已调整，商品限价自难维持。①

上述种种，可以看出镍币风潮影响了币制改革在西南的成效。另外乡间原有大量存留镍币，在此刺激下纷纷向都市流入，银根更加松滥。② 原本经济稳定的西南地区，突然转为经济动荡之所，后方民众信心动摇，对京沪经济也造成一定程度的负担。

## 二 关于镍币风潮的调查

此次镍币风潮，在西南主要城市重庆、成都、昆明、万县、自贡等地均有发生。然而为何会有“镍潮”的发生？各地报道在讨论原因时，皆异口同声表示相关人士从中上下其手。其中关于中央银行各分行负责人贪污之声不绝于耳，许多相关报道皆十分具体，例如央行成都分行经理杨孝慈利用公布政令的时间差，以 7000 亿元法币在市场上秘密收购镍币等。各地监察部门、法院也多以有重大贪污舞弊嫌疑为由，提出检举。然而此次镍币风潮是否确为人谋不臧引起，笔者分别就成都、重庆、昆明三地调查结果进行探讨。

成都方面，较普遍的说法是中央银行成都分行负责人在 8 月 21 日已接到命令，却迟至 25 日才将命令公布。而在此之前的 4 天时间里，分行上下大量低价收购当时为废铜废铁的各种硬币。③ 其中又以杨孝慈行径最为恶劣，他利用职权，秘密以 7000 亿元法币，在数日内派人收囤镍币渔利，从中获利数十亿元。8 月 28 日成都各报一致揭载后，杨孝慈顿时成为千夫所指的对象。

留蓉立法委员李琢仁、漆中权等为成都镍潮事，联名电请行政院严查

---

① 《徐堪呈蒋中正物价膨胀限价问题税收申报金融措施镍币风潮与川滇两省粮食情形等问题与建议》，台北“国史馆”藏，档案号：002-080200-00333-095。

② 《重庆一周金融物价（联合征信所渝所特稿，自八月卅至九月四日）》，《征信新闻》（上海）第 817 期，1948 年，第 3 页。

③ 王鹏：《成都镍币风潮》，申晓云等主编《民国掌故》，上海人民出版社，1997，第 669～670 页。

央行成都分行负责人；成都市参议会参议员卿俊等24人，举发成都市长乔诚、央行成都分行经理杨孝慈，贻误国策，操纵图利，以致酿成镍潮。[①]四川省参议会并就此事联名致电总统蒋介石及行政院等中央机关，希望借由高层压力查明此事。蒋介石9月11日致电俞鸿钧，表示成都辅币风潮已引起各方广泛注意，“究竟该分行经理是否因请示辅币版次以致延误，抑系故意截留政令乘机牟利”，希望俞鸿钧尽速查明。[②] 在留蓉立委的压力下，行政院也电洽中央银行迅即核办。[③]

在蒋介石和行政院的压力下，中央银行即刻指示行内稽核处和发行局进行调查，两机构接到命令后，稽核处遂派稽核员刘方熺，发行局派襄理宗植心，一同前往成都调查。事后，刘方熺、宗植心于9月21日将调查结果整理成“调查成都镍币风潮情形报告书”，呈报央行。其中关于成都分行故意延迟公布方面，刘、宗二人综观两机构电报往返情形，认为成都分行似尚无故意迟布之嫌。关于违法舞弊方面，调查认为币制改革首日，正是成都市钞荒严重之时，以现钞头寸及时间两点观察论断，所谓杨孝慈以7000亿元法币套购镍币图利一事，应该不可能做到。至于指使他人代为套购情事，经多次调查，无相关实证，基本否定了杨孝慈舞弊的可能。[④]

重庆方面，主要怀疑经理杨晓波从上海返回重庆后，对于币改事已充分了解，却故意秘而不宣，以请示上级为由抑压公告。在9月2日的市商会秋季会员大会上，印刷商业同业公会理事长黄道周即请求重庆绥署等机关彻查这段时间央行来电及公告日期。[⑤]

对于此种怀疑，杨晓波发表声明，表示其在上海时正值经济改革方案宣布，只知大要措施，其余细节均未及面聆机宜，便匆促回到重庆。对于辅币问题，发行局当时无确切指示，只嘱其候命统筹。如何调用及何种辅币可以行使，均未奉明确指示。返回重庆后，即投入新币发行，终日忙于应付推行政令和收兑金银外币等事，实无舞弊可能。并请总行派人到重庆

① 《中央银行为调查成都镍币风潮案与财政部往来函》，中国第二历史档案馆藏，档案号：2-396（2）-417（1）。

② 《中央银行为调查成都镍币风潮案与财政部往来函》，中国第二历史档案馆藏，档案号：2-396（2）-417（1）。

③ 《中央银行为调查成都镍币风潮案与财政部往来函》，中国第二历史档案馆藏，档案号：2-396（2）-417（1）。

④ 《中央银行为调查成都镍币风潮案与财政部往来函》，中国第二历史档案馆藏，档案号：2-396（2）-417（1）。

⑤ 《重庆镍币潮概况调查》，上海市档案馆藏，档案号：Q78-2-14437。

彻查，以明真相。[①]

各方调查工作方面，9月11日，徐堪抵达重庆调查，并委派财政部视察邹仲融，检阅并抄去有关镍币事项文电，加以调查。9月20日，川康区监察委员行署派科员陈风猷，会同重庆市社会局乐元龙，至分行调查。四联总处重庆分处也嘱托联合征信所重庆分所，就重庆镍潮事进行调查。[②]

参议会议长范众渠、监察委员陈云阁等调查后，表示去电时间并无延误。[③] 其他机构也无贪污舞弊的明确证据，又因重庆镍潮在地方当局处置得宜，相比其他城市较快沉寂，调查工作遂告一段落。

昆明方面，由于昆明为此次受镍潮影响最深的城市，在镍潮开始不久后，便开始相关究责工作。8月31日，云南籍国民大会代表20余人，就发行金圆券及收兑黄金外币等工作存在舞弊一事，电请蒋介石"迅派人员来滇督导办理，以免国家人民均受损失"，[④] 要求政府尽速查明。为扩大影响，更将电文内容提供报社刊登。云南籍国民大会代表检举中央银行的消息在各报刊登之后，在西南地区掀起一阵风浪，云南朝野对于央行昆明分行及经理厉德寅违法渎职的嫌疑都极注意，并加以调查。

云南省参议会也在9月1日的第一届第五次大会、驻委会第十四次会议上，重点讨论昆明镍币问题。会中由万寿康、张敬恭、陆守玉、杜希贤、时天如等38名参议员，发起集体紧急动议，为中央银行昆明分行渎职舞弊，故意延期公告金圆券辅币行使，乘机低价抢购，造成金融混乱，影响国计民生，请电总统府、行政院，并代电财政部及监察院，对于辅币渎职舞弊一案，彻查严办央行昆明分行经理厉德寅。[⑤] 张敬恭等11名参议员发起临时动议，要求迅电云贵区监委行署，严查镍币风潮的责任归属。[⑥]

由于上述三项动议内容皆与镍币风潮相关，云南省参议会合并讨论后决议：查上海已于20日公布周知，央行昆明分行负责人声言央行总行于8月22日下午5时30分始发出电报，昆明分行于23日下午6时30分方奉电令，至24日上午9时30分始将电报译出，又延至25日始行公布。如此

① 《中央银行关于彻查昆明、西康、成都、桂林等地镍币风潮案》，中国第二历史档案馆藏，档案号：2-396（2）-223。

② 《重庆镍币潮概况调查》，上海市档案馆藏，档案号：Q78-2-14437。

③ 《中央银行关于彻查昆明、西康、成都、桂林等地镍币风潮案》，中国第二历史档案馆藏，档案号：2-396（2）-223。

④ 《昆明的镍币风潮》，《周论》第2卷第13期，1948年，第7页。

⑤ 《中央银行关于彻查昆明、西康、成都、桂林等地镍币风潮案》，中国第二历史档案馆藏，档案号：2-396（2）-223。

⑥ 《昆明的镍币风潮》，《周论》第2卷第13期，1948年，第7~9页。

重大措施之消息，积压至数日之久，在此期间有各种人物利用先得之消息，自22日起即以大量资金，挨户贱价收购旧镍币，此中弊端甚为明显。应由参议会电呈总统蒋介石，并分电行政、监察两院，对本案予以追究，就各级执行机关玩忽要政，利用职权舞弊营私者之责任，从重惩处，以维法纪，而平民愤，并函云南省政府、云贵区监察委员行署、央行昆明分行进行调查。①

由于此事已闹得满城风雨，因此9月1日才成立的监察委员行署，即派主持昆明警政多年的视察主任孙炽隆调查此事，特种刑事法庭也表示已开始搜集事证，并希望民众协助。② 央行总裁俞鸿钧亦令稽核处调查，稽核处长李立侠派该处二等专员袁杰前往昆明详查。9月12日，袁杰抵昆调查后，很快即缮具调查报告书交予央行，其中关于事实经过已颇为详尽，但昆明方面事态仍极严重，为缓和地方矛盾，俞鸿钧决定再派处长张大同前往彻查。③ 此外，徐堪也抵达昆明，对昆明镍币事进行了解。

9月30日，张大同向稽核处李立侠报告称，昆明方面在经理厉德寅停职后，气氛已较为缓和，徐堪离开昆明前，将厉案交由省主席卢汉主持。央行张大同与财政部邹仲融在调查后认为，镍币案昆明分行确有迟延贻误责任，但查无其他不法情事，外间所指厉德寅收购镍币、购买黄金、透支商业银行款项等舞弊行为，均查无实证。④

综观上述内容可知，尽管检举不少，但关于昆明分行是否利用职权勾结银行收买镍币事，经昆明市警察局、云贵区监委行署、云南特种刑事法庭、徐堪督导员等多方调查，皆查无相关实证。⑤ 昆明市同业公会理事长朱文高，在11月30日公布判决结果，对扰乱金融部分不予受理，收购镍币及黄金部分，交普通司法机关审理，相关调查遂告一段落。⑥

---

① 《昆明的镍币风潮》，《周论》第2卷第13期，1948年，第7~9页。

② 《昆明的镍币风潮》，《周论》第2卷第13期，1948年，第7~9页。

③ 《中央银行有关昆明、成都镍币风潮处理的文书》，中国第二历史档案馆藏，档案号：2-396-308。

④ 《昆明中央银行关于昆明镍币风潮纠举案之声明》，上海市档案馆藏，档案号：Q459-1-66-39。

⑤ 《昆明中央银行关于昆明镍币风潮纠举案之声明》，上海市档案馆藏，档案号：Q459-1-66-39。

⑥ 《昆明特刑庭宣判朱文高案不受理　收购镍币部分交法院审理》，《和平日报》1948年12月2日，第1版。

## 三　1949年第二次镍币风潮

1948年镍币风潮渐趋平息后，在1949年金圆券剧烈贬值情况下，民间已自动舍弃金圆券，改用银元。由于找补不便，成都市商渐以镍币面额十分之一，作为银元辅币行使，数月以来，尚称方便；[①] 贵州则以每20枚十分镍币作银元一角，为时数月，市场平稳。可见镍币在地方已自成稳定的交易媒介。

1949年7月2日，国民党政府颁布《银元及银元券发行办法》，规定以银元为本位币，发行银元兑换券。于7月23日晚8时核定后，即知照中央银行，24日为星期休假日，25日起开始实施，送各地中央银行分行发出公告。[②]

成都方面，中央银行成都分行奉令公告："自七月二十五日起，原有各版镍币，准照面值流通行使，作为银元之辅币。"

央行重庆分行则于7月24日下午4时贴出公告：各种版式的镍币，一律照面额通用并可向央行兑换银元券。[③] 镍币行使兑换的公告，其内容要点为：（1）国民党政府过去发出之各版镍币一律充当银元辅币行使，其与银元兑换比例为1∶1，即1角镍币值1角银元。（2）中央银行自即日起开始办理随时收兑镍币，其兑换比例参照上述规定，用以稳定镍币在市场之行使价值。

此次币改的最大特点，就是将镍币身价瞬间提高7倍之巨。因将其与银元兑换比例定为1∶1，而银元券市价每元值3元5角港币，表明过去投机商人以4角至5角港币买来的镍币，[④] 可立刻以3元5角港币使用，惊人

---

① 《王陵基等为财部规定镍币照面值行使无形中银元贬值影响金融物价请收回成命电》，《中华民国史档案资料汇编》第5辑第3编《财政经济》（3），第942~943页。

② 《央行公告镍币流通引起纠纷案》，台北"国史馆"藏，档案号：014-040400-0013。

③ 重庆金融编写组《重庆金融》上卷（1840~1949），重庆出版社，1991，第357~358页。

④ 1949年5月前后，因港币辅券不足，当局过去发行的各版镍币，被拿出市场当港币使用，镍币与港币兑换比例为1∶1，这个价格为市场自然价格，并非官定，当时一般市面认为此价格合理，故为各业所依照。5月中旬之后，有投机商人开始在云南、广西收买大量镍币，运至广州图利，镍币在市面供过于求，加上有人暗中操纵，镍币遂不能照常流通。起先有薄镍币与厚镍币之分，原镍币仍能行使，但不久后厚镍币即与薄镍币一样，一律不能十足行使。6月中旬开始，投机商人认为镍币仍有价值，遂公开收买，收买价为4成至5成，即镍币每元值港币4角至5角，此为文中镍币价格之由来。参见白雅《发镍币财的幻灭》，《新闻世界》（广州）第49期，1949年，第12页。

的利润连投机商人也意想不到。①

24 日晚，重庆有人获悉镍币又将增值的消息，市场上随即兴起抢购风潮，人潮汹涌，激起各货一片涨风。25 日清晨在央行重庆分行门前兑换者多达千余人，后兑换民众不断增加，挤满央行与银行公会中间的广场，场面混乱。因规定每人限兑 20 元，因此至傍晚停止办公时，仍有不少民众没有获兑。“银牛”乘机卖位子，喊价 2 元，接近兑换处的位子要 3 元。至下午 3 时，银行快关门时，队伍才逐渐缩短。但仍有不少“银牛”携带铺盖准备过夜，为第二天的兑换抢占好位置。

全川又一次在各地掀起镍币风潮，重庆零售商生意异常兴隆，竞相提价；成都商店唯恐去年镍潮重演，纷纷关门，暂停营业，市场一度陷入瘫痪。

为何央行突然实施此举，一般有两种看法。其一认为央行仓库里有相当数量的镍币，加上民众对镍币持欢迎态度，应不致随便向央行请求兑现。而辅券则不然，因辅币为纸质，信心较为不足，可能随时向央行求兑。因此希望以政令恢复镍币身价，用以替代银元辅券，一来仓库内所存镍币即可再次使用而不致作废；二来当局财政已很困难，利用现有镍币，可节省下银元辅券印刷费。其二认为意在对付广东省银行发出的大洋券，因大洋券辅币在华南市场已渐饱和，如果发行银元辅券，不一定能将其赶出市场。当局遂想利用硬币有效打击大洋券，使银元券成为市场唯一的合法纸币。②

主政四川的王陵基见镍潮又起，在 7 月 25 日急电在广州的行政院长阎锡山表示：

> 兹忽照面额行使，增值十倍，势将刺激物价，再度发生抢购物资风潮……特召集本府各委员、各厅处长、成都警备司令部、蓉市市长、市参议会议长、市商会理事长、银行公会理事长暨蓉央行卢经理定中，开紧急会议，并邀请省参议会向议长出席，详加讨论决议，关于镍币照面值流通行使一案，立电行政院、财政部、西南军政长官公署，请在本省准免予执行，本省镍币行使比率，仍照成都市商会原定比率，即按镍币面额十分之一照常行使，一面代电中央银行蓉分行停

① 白雅：《发镍币财的幻灭》，《新闻世界》（广州）第 49 期，1949 年，第 12 页。

② 白雅：《发镍币财的幻灭》，《新闻世界》（广州）第 49 期，1949 年，第 12 页。

止照新规定兑换，一面代电成都市政府鸣锣，并布造（告）周知。[①]

贵州省主席谷正伦也急电阎锡山，分析此政策将造成的可能后果，主要可归纳为下列四点：

(1) 人民以十角兑银元券一元，再以之持兑银元，此间银元券及准备金均不敷用，如予兑换，央行无法应付。

(2) 本省央行于去岁金元（圆）券改革时，原存镍辅币（2200）万元，据查运出约（1000）万元，现存（400）万元，以上如准备不足，则开兑之后，势必发生挤兑情事。

(3) 银元券发行之后，地方政府竭力维持，情况良好，银元辅币券数量过少，且无分辅币，端赖原存镍币周转，市面甚为安定。镍币原系金圆券之辅币，今忽提高，无异将银元贬值。且角以下之辅币全无，市场交易最低一角，物价势必暴涨，将来收支更难平衡，银元券势将无法维持。

(4) 民间所存镍币过多，一旦提出，势必抢购物资，市场紊乱，人心惶惑。[②]

并表示贵阳各商店均因不敢交易而纷纷停业，如中央有力量将全国镍币全部收兑，则非但币信可以维持，全国经济自当稳定，否则恐蹈金圆券覆辙，后果堪虞。

除了西南各省政府，监察机关川康监察行署在 7 月 26 日也致电阎锡山，表示镍币价值抬高，造成川康各地人心浮动，新币信用丧失，影响前途至巨。盼阎锡山能迅饬财政部收回成命，另谋补救。[③]

同一时间代总统李宗仁也得到西南镍潮再起的消息，电令阎锡山尽速处理。7 月 25 日，央行总裁徐堪与副总裁徐柏园就镍币问题进行紧急商讨，分析现况后认为：

(1) 四川、贵州、昆明、桂林等分行传来报告，表示有大量镍币留存当地投机商人手中，此举足使其获得暴利，且利用镍币套取央行

① 《王陵基等为财部规定镍币照面值行使无形中银元贬值影响金融物价请收回成命电》，《中华民国史档案资料汇编》第 5 辑第 3 编《财政经济》(3)，第 942~943 页。

② 《王陵基等为财部规定镍币照面值行使无形中银元贬值影响金融物价请收回成命电》，《中华民国史档案资料汇编》第 5 辑第 3 编《财政经济》(3)，第 943~944 页。

③ 《王陵基等为财部规定镍币照面值行使无形中银元贬值影响金融物价请收回成命电》，《中华民国史档案资料汇编》第 5 辑第 3 编《财政经济》(3)，第 945 页。

库存的银元，间接刺激物价。

（2）各地分行库存银元甚少，恐因镍币之套购而枯竭，不足供应目前军政提款。

（3）各地存有镍币数字甚巨，较原估计更多，过去估计各地存有数量为100万元，实际超过200万元。

（4）央行所存镍币100万元，如为使此百万镍币变为百万银元，预先要拿出200万银元支付，太冒险且不合算，对于未来维持镍币价格信心不足。[①]

在此情况下，“预期之利益未见，而意外之弊案先显”，[②] 故中央银行于25日下午5时决定停止兑换镍币。

1949年7月26日，中央银行发表穗字第五号公告：

查本行第二、第三号公告，为辅币缺乏，便利人民交易，特将旧有镍币照面值流通行使，兹据川黔湘桂等地分行报告，前项镍币多集中少数投机商人之手，公告后持有大宗镍币者，即在市场抢购货物，刺激物价，此种情形殊与便利人民交易之本意不符，兹经商准财政部，将本行第二第三号公告办法予以停止，并由本行会商财政部，另定处理旧有金属辅币办法，再行公告实施，特此公告。[③]

由于国民党战事失利，此次中央银行开兑的行处，仅广州、重庆、成都、柳州、梧州、南宁、贵阳、雅安、万县、南郑、海口、自流井、汕头、厦门、南昌、天水16处，收兑镍币数额如表2所示。

**表2　1949年7月25日中央银行各地分行收兑镍币数额**

单位：元

| 分行名称 | 收兑镍币数额 |
| --- | --- |
| 万县分行 | 2356.00 |
| 成都分行 | 3737.50 |
| 重庆分行 | 6230.00 |
| 雅安分行 | 9251.00 |

① 白雅：《发镍币财的幻灭》，《新闻世界》（广州）第49期，1949年，第13页。

② 《央行公告镍币流通引起纠纷案》，台北“国史馆”藏，档案号：014-040400-0013。

③ 《央行公告镍币流通引起纠纷案》，台北“国史馆”藏，档案号：014-040400-0013。

续表

| 分行名称 | 收兑镍币数额 |
| --- | --- |
| 广州分行 | 1694.60 |
| 海口分行 | 4085.40 |
| 自流井分行 | 3060.30 |
| 柳州分行 | 5703.00 |
| 汕头分行 | 2704.15 |
| 厦门分行 | 490.00 |
| 梧州分行 | 6881.00 |
| 南郑分行 | 5205.20 |
| 南宁分行 | 6072.30 |
| 南昌（赣州）分行 | 3639.60 |
| 贵阳分行 | 50.05 |
| 天水分行 | 19.80 |
| 总计 | 61179.90 |

资料来源：《央行公告镍币流通引起纠纷案》，台北“国史馆”藏，档案号：014-040400-0013。

此次镍潮虽出乎意料，但为避免1948年经济动荡重演，政府反应可谓迅速，7月25日之后便基本抑止。7月25日一日，全国各地总兑入镍币仅61179.90元，损失有限。不满一年镍潮再起，监察委员、立法委员与各民意机关，对于财政部、中央银行如此作为，无不极力抨击，并积极调查准备检举。中央银行也就此次镍潮写就调查报告，呈报行政院长阎锡山。阎锡山阅后仅表示：“所陈不无理由，现事已成过去。”寥寥几字，尽显无奈之感。

## 四　镍币风潮发生的原因

如上所述，既基本能排除一般所认为的贪污因素，那镍灾又是如何造成的？表层的原因为命令不确实，造成地方分行产生疑惑。大致情形为财政经济紧急处分令颁布后，关于发行金圆券、辅券等问题，央行于8月20日在上海发布公告，并由中央银行发行局通电各省分行处。因公告全文过长，且分行单位众多，不得不摘由发电。分行接电后，对于发行金圆券辅币多细节不明，不敢即行公布，一再电请总行释示。[①] 加上此类重要电讯，不同于普通商业电讯，电码繁密，翻译需时，译电人员须特别审慎，译电时间较普通电讯长，造成电讯往返信息不对称，引发各地作业疏失。[②] 但仔细推敲即可知此原因无法成立，摘由发电，对全国分行皆然，并不是只对西南地区的分行摘由，而对其他各地发全文。

笔者认为主因在于，民间存镍过剩，与事前制定政策缺乏详细全面的思考，过于草率行事。

### （一）西南民间镍币藏量丰富

1937 年抗战全面爆发后，国民政府迁都重庆。1937 年 11 月 18 日，中央造币厂奉财政部令接收成都造币厂，改为中央造币厂成都分厂，筹备开铸辅币以应需要。[③] 成都分厂成立后，奉令先行在重庆开铸镍币。[④] 1939 年 5 月，日军飞机连续轰炸成都分厂重庆办事处，办事处房屋受损，电力断绝，因此在 1939 年底将重庆办事处的机件工具与物料移至成都分厂，与成都分厂合并。[⑤]

成都分厂于 1938 年 10 月开铸，开铸初期日产量仅有三四万枚；随着机器设备的不断完善，至 1939 年 7 月日产量已增至铜辅币 35 万枚、镍币 20 万枚；1940 年 11 月，已可日产 5 分合金辅币 45 万枚、10 分合金辅币 25 万枚。后由于物价上涨，市场对辅币需求量减少，成都分厂于 1943 年 5 月奉命停止铸造辅币，利用原有机器设备及技术人员，辗制各种铜片供军工之用，并代成都空军机修厂等工厂修配机件，以维持所需开支。[⑥] 这段时间成都分厂的辅币生产情况如表 3 所示。

成都为抗战时期制造镍币最久、数量也最多的城市，而 1948 年西南镍币风潮，成都为受创最严重的城市（因此有人也将西南镍潮简称为成都镍潮），由此也可看出镍潮严重程度与该城市所藏镍币数量成正比。

① 《中央银行为调查成都镍币风潮案与财政部往来函》，中国第二历史档案馆藏，档案号：2-396（2）-417（1）。

② 《昆蓉两分行镍币风潮　国行现正派员彻查中》，《征信所报》第 755 期，1948 年，第 5 页。

③ 潘峻山：《成都造币厂史料》，《四川文史资料选辑》第 41 辑，四川人民出版社，1993，第 92 页。

④ 潘峻山：《成都造币厂史料》，《四川文史资料选辑》第 41 辑，第 92 页。

⑤ 潘峻山：《成都造币厂史料》，《四川文史资料选辑》第 41 辑，第 94 页。

⑥ 潘峻山：《成都造币厂史料》，《四川文史资料选辑》第 41 辑，第 95~96 页。

表 3　1938～1942 年成都分厂辅币统计

单位：枚

| 年份 | 1 分辅币 | 2 分辅币 | 5 分辅币 | 10 分辅币 | 20 分辅币 | 50 分辅币 |
|---|---|---|---|---|---|---|
| 1938 | 614516 | | 3296517 | 34717199 | 14675319 | |
| 1939 | 42187515 | | | 49889473 | 32523979 | |
| 1940 | 32650000 | 58750000 | 42000000 | 32000000 | | |
| 1941 | | | 67880000 | 119650000 | 324000 | 62500 |
| 1942 | | | | | 18056000 | 28519500 |

资料来源：潘峻山《成都造币厂史料》，《四川文史资料选辑》第 41 辑，第 97 页。

云南省方面，全面抗战初期云南省政府呈文中央，表示“本省市面铜币缺乏，为维持人民生计调剂市面金融起见，拟暂时恢复铸造铜币以资救济”。1938 年 7 月，中央造币厂指派人员前往云南调查，报告称各项机件大都完好，可资利用。加上正值西南各省辅币需要殷切之际，中央接收云南造币厂，改为中央造币厂云南分厂，并赶速拟具开铸铜币计划。[①] 云南分厂从 1940 年投入生产后，产量颇丰，至 1941 年 6 月产量达 20 余万枚。后因物价高涨，原铸辅币单位过小，不适市面需要，1941 年春改铸 10 分及 20 分币。后又奉令专铸 50 分币，但因该币每枚成本超过面值数倍，很快也不符需要。故于 1942 年下半年奉命试办其他有关国防物品，以满足国防工业上的需要。[②] 云南分厂铸造辅币数量见表 4。

表 4　1940～1942 年中央造币厂云南分厂辅币铸数

单位：枚

| 年份 | 5 分镍币 | 10 分镍币 | 20 分镍币 | 50 分镍币 | 1 分铜币 | 2 分铜币 | 总数量 |
|---|---|---|---|---|---|---|---|
| 1940 | 5800000 | 18680000 | | | 5550000 | 25350000 | 55380000 |
| 1941 | 11640000 | 40060000 | | | | | 51700000 |
| 1942 | | 4380000 | 1680000 | 4770000 | | | 10830000 |
| 合计 | 17440000 | 63120000 | 1680000 | 4770000 | 5550000 | 25350000 | 117910000 |

资料来源：《云南近代货币史资料汇编》，第 301～302 页。

① 《财政部民国二十八年二月二十四日渝钱字第 3407 号为将云南造币厂移交中央造币厂咨云南省政府文》，中国人民银行云南省分行金融研究所编印《云南近代货币史资料汇编》，1983，第 299～300 页。

② 《云南近代货币史资料汇编》，第 301～302 页。

国民党当局于1934年至1943年发行多种镍币。全面抗战前镍币为国外所造，全面抗战爆发后即多在成都、重庆、昆明、贵阳等西南地区铸造，尤以成都铸造数量最多，民间的镍币储藏量最为丰富。1943年后镍币停止生产，逐渐被市场淘汰，几成废币。成都的铜器业多收买大批镍币，作为铸造铜镍合金（即白铜）器皿的原料。① 民间所存之镍币一变而为破铜烂铁，转供工业之用，各炼钢厂、翻砂厂、铜器厂及电镀厂均以低价收购，致使镍辅币以原料流行于市。至1948年币制改革前夕，镍币每市斤仅售法币约200万元。②

## （二）币制改革辅币政策的缺失

关于西南民间存镍数量，有统计称中央造币厂自1937年至1941年所铸1分铜币，5分、10分、20分镍币，5分、10分、20分半圆合金币，发行总值为4亿余元，大多在成都铸造。③ 又有说全面抗战时期国民政府所铸镍币总值约1亿元，经国家收回及民间熔化数在4000万元左右，其余则几乎流于西南各省，又以成都为最多。当镍币无形贬值时，几乎家家户户都有几十个。④ 关于吨数，有说成都储藏镍币总量约100吨，当值金圆券1亿元以上，⑤ 更有甚者认为成都民间储藏镍币量在500吨以上。⑥

关于西南区域镍币数量，由于统计困难，未见有详细数量统计，但不论何种说法，皆显示其数量庞大。然而国民政府在规划币制改革时，是否有考虑到此因素？金圆券币改方案的主要设计者王云五，就币制改革的规划曾有相关记载："改革币制所需之币券……依我们后来决定最高发行限额为二十亿元……至各种硬辅币，除五角银币与一分铜辅币应从速鼓铸外，其一角、二角及五角之镍币与合金币，西南各省中央银行及中央造币厂分厂所存尚多，亦可供利用。"⑦ 由此内容可知，在规划币改时，当局便对西南民间镍币数量有所了解，甚至可以说有意在币改中加以运用，但对于镍币数量、发行限额、收兑方式等，缺乏良好的配套政策。1949年7月银元券币改时，规划此次币改的主要人物徐堪表示："旧有金属辅币中之镍币……其已发行者除一部份毁损熔铸，一部份在抗战期间被日军搜运回

① 吉士：《"币改"与镍币潮》，《群众》第2卷第36期，1948年，第20页。
② 《重庆镍币潮概况调查》，上海市档案馆藏，档案号：Q78-2-14437。
③ 李承德：《成都发生镍币风潮》，《群言》第14期，1948年，第14页。
④ 《锦城镍币潮》，《大学评论》第1卷第10期，1948年，第9~11页。
⑤ 吉士：《"币改"与镍币潮》，《群众》第2卷第36期，1948年，第20页。
⑥ 舒曼：《金圆·镍币·人心》，《中建》第1卷第5期，1948年，第22页。
⑦ 王云五：《岫庐八十自述》，台湾商务印书馆，1967，第499页。

国供应兵工原料外，民间所藏估计不多……”[①] 明显错估事实。行政院长阎锡山电代总统李宗仁报告镍潮主要原因时表示：“该项镍币战前发行额，拟闻有四亿余元，今央行事前未调查清楚，仅以库存有之一千三百余万元，即宣布照面值流通行使，果不一日而弊害即显，何能否认非事前考虑欠周……”[②] 可以说，两次镍潮所犯错误基本一致，在于辅币缺乏，采用恢复旧有镍币这种偷懒的办法，却对辅币数量及相关办法不加考虑，这是西南镍潮发生的一个主要原因。

## 结 语

镍币于民国初期开始成为通货硬币，随着铸币技术的提升及市场需求的扩大，日益普遍。全面抗战爆发后，国民政府被迫内迁，中央造币厂也迁往西南，西南成为最主要的铸币区域之一。战时货币流通区域缩小，军用浩繁，国家财政收支悬殊，只能依靠通货硬币之发行，同时增发辅币。随着抗战形势的发展，币值日益低落，当局对辅币条例加以修订，改变合金成分，减少每枚辅币的含镍量，以增加镍币产量。抗战后期，物价飞涨，法币贬值，镍辅币成本逐渐超过面值，加之市场对辅币需求量减少，各地造币厂陆续停铸。市面上流通的镍币，渐被藏匿或收购，变为铜器店制造各种器皿的材料。

1948 年 8 月，国民党当局决定改行金圆券，发行办法中恢复了旧有镍币的使用，同时制定了兑换比例。事实上，金圆券发行办法第五条规定，在此三个月内，法币及东北流通券可权充辅币行使，当局尽可以利用此三个月时间赶铸新的辅币以供使用。然而当局为了节省有限成本，将念头转到全面抗战前及全面抗战时所发行的法币辅币上，且在兑换比例制定上也有颇多失当之举。国民党当局原期望借由此办法，解决民间交易找零之困难，同时使用金属辅币也有利于建立币信。然而镍币风潮发生，这一政策非但没能达到预期目标，反而造成经济动荡。

关于引发镍潮的根本原因，自抗战胜利后国民政府在各地接收开始，贪污舞弊现象层出不穷，此种印象已深入人心。因此镍币风潮发生后，各方皆指相关承办官员营私舞弊，操控市场。辅币方案在通知各分行时，未明确指示何种版式、何种面额、镍币何年铸造，故各分行均不约而同电报

① 《央行公告镍币流通引起纠纷案》，台北“国史馆”藏，档案号：014-040400-0013。

② 《央行公告镍币流通引起纠纷案》，台北“国史馆”藏，档案号：014-040400-0013。

请示，造成各地与上海公告发布时间不一致的现象。各省市议员在激愤中，皆有越过地方机关，直接上报中央，并将陈情书交各地报社刊登等情事。在总统府、行政院勒令尽速查办的压力下，监察机关对央行各地分行负责人发起纠察甚至罢免，加深了镍潮是人谋不臧所引起的印象。

笔者认为，币制改革中关于辅币办法的缺失是两次镍潮发生的主要因素。但辅币办法通用于全国，何以镍潮仅在西南发生？这主要在于镍币的大量铸造是在全面抗战爆发之后，此时国民政府已迁至西南，而在抗战结束前镍币即已被市场淘汰。因此除西南及周边城市外，其他城市镍币数量有限。可以说，辅币办法的缺失是引信，而地方镍币藏量是火药，在火药充足的城市，更凸显出此办法的缺失造成镍潮爆发的事实。因此，西南各地因环境较其他地域复杂，才有币潮发生的说法并不正确。西南镍币风潮虽是地域性的，但导致的恶果也影响了整体经济。国民党当局规定金圆券的发行额为 20 亿元，绝不多发，然据估计仅成都一地的镍币，已合金圆券发行额的 20%~25%。①

原本西南物价相比全国，可谓平稳，受到此镍潮的影响，物价短时间内便和京沪拉平。金圆券发行十多天后，重庆物价便上涨 40%。镍币的复活平添数额庞大的游资，刺激了物价上涨。购买力空前提高，货品大量减少，必然造成物价上涨和物资缺乏。另外，当局又严厉限价，勒令商家恢复“八一九”前的价格，违者便拘捕，造成有价无市，物资奇缺，民众转向黑市贸易。为谋解决，当局又改用议价，而议价跟着黑市调整，每日将议价提高，造成限价政策失败。原金圆券成败关键在上海，因镍币风潮发生，当局焦头烂额，分散了经济管制力量，西南民众对政府信心大减，收兑金银数量有限。1949 年银元券发行时发生的镍潮，中央和地方虽因前车之鉴，因应迅速，一定程度上减少了不良影响，但也证明当时的国民党已无暇也无力避免镍潮的发生，最终加速了币制改革的失败。

① 昌时：《镍币灾里的插曲》，《北大清华联合报》第 2 期，1948 年，第 11 页。

# 风险防控视域下的民国时期传染病防治[*]

徐美英[**]

**提　要**　民国时期传染病频繁发生，对民众生命健康造成了威胁，对经济发展形成了阻碍，也对社会稳定产生了影响。面对疫病的肆虐，政府通过采取加强防治、严格管控、做好宣传等措施，一定程度上减少了人员病亡数量、降低了病源传播风险、提高了民众防范意识，有助于降低了传染病带来的风险和危害，同时也为传染病防疫工作提供了一些借鉴。

**关键词**　风险防控机制　民国　传染病防治

传染病是由一些强烈致病性物质，如细菌、病毒引起的，在借助一定传播媒介的条件下，能在人与人、人与动物或动物与动物之间传播并引起局部或广泛流行的疾病。[①] 某类传染性疾病的大规模流行，会带来严重的风险和灾难，对人类生命健康和经济社会发展造成巨大威胁和冲击。流行广、危害大的传染性疾病通常被称为“瘟疫”。纵观人类发展史，就是一部与传染病不懈斗争的历史。天花、鼠疫、霍乱等疫病曾经夺去数以千万计人的生命。进入20世纪，随着医疗水平和防疫技术的提升，人类在传染病防治方面取得了长足进步，但是疟疾、艾滋病等重大传染性疾病仍未得到有效控制，SARS、埃博拉病毒和新型冠状病毒感染等新发传染病又不断出现，给当今世界带来了新的风险和挑战。科学防治传染病既是管控突发风险的重大事项，也是推动社会发展的重要动力，同时也是关系人民福祉

---

* 本文系国家社科基金抗战工程专项重大项目“中国抗战大后方历史文献资料整理与研究”（19KZD005）的阶段性成果。

** 徐美英，西南大学历史文化学院博士研究生，重庆医药高等专科学校马克思主义学院副教授。

① 施侣元主编《流行病学词典》，科学出版社，2001，第38~39页。

的关键所在。

近年来，随着社会史研究的发展，加之重大传染病频发，民国时期的疫病问题越来越受到关注，相关成果颇为丰硕。[①] 目前，学界关于民国时期的传染病研究主要侧重于公共卫生、疫病流行、应对机制等方面。本文拟在前人研究基础上，从“风险防控”的视角来分析民国时期传染病的防治，以期加深对相关问题的认识。

## 一 民国时期传染病流行概况

民国时期战乱不断，灾害多发，加上经济基础薄弱，医疗卫生条件也非常有限，导致传染病频发。据统计，从 1912 年到 1948 年的 37 年间，累计暴发各类疫病 114 次，平均每年 3.08 次。[②] 为加强对传染病的防治，民国时期中央政府先后三次颁布和修订相关条例，对传染病的种类以法律的形式予以明确。其中 1916 年 3 月北洋政府内务部颁布《传染病预防条例》，第一次将虎烈剌（即霍乱）、赤痢、肠窒扶斯（即伤寒）、天然痘（即天花）、发疹窒扶斯（即斑疹伤寒）、猩红热、实扶的里（即白喉）和百斯脱（即鼠疫）等 8 个病种定为法定传染病。[③] 1928 年，南京国民政府在前述条例基础上略做调整，重新颁布了《传染病预防条例》，将流行性脑脊髓膜炎增列为第 9 种法定传染病。[④] 为适应形势的发展和防治的需要，1944 年，国民政府再次对原有条例进行了较大幅度的修订，制定了新的《传染病防治条例》，其中又新增一种法定传染病，即回归热。[⑤] 法定传染病病种的明确，一方面有利于国民政府和普通民众加深对疫病的科学认

---

① 相关研究主要集中在以下两个方面：一是关于民国传染病防治的宏观研究，如余新忠等的《瘟疫下的社会拯救——中国近世重大疫情与社会反应研究》（中国书店，2004），吕强、王昕的《国民政府时期的涉疫法规及其特征》（《中华医史杂志》2020 年第 5 期）等，围绕民国时期传染病流行概况、防疫政策法规、防疫举措等进行了探讨；二是关于民国传染病的微观研究，如胡勇的《传染病与近代上海社会（1910～1949）——以和平时期的鼠疫、霍乱和麻风病为例》（博士学位论文，浙江大学，2005），曹树基的《国家与地方的公共卫生——以 1918 年山西肺鼠疫流行为中心》（《中国社会科学》2006 年第 1 期），李华文的《民国时期两广地区的疫病与防治》（《经济社会史评论》2020 年第 2 期）等，对民国时期不同类型、不同地区的传染病防治等进行了研究。

② 余新忠：《瘟疫下的社会拯救——中国近世重大疫情与社会反应研究》，第 24 页。

③ 俞凤宾：《陆国务卿颁布传染病预防条例感言（附条例原文）》，《中华医学杂志》（上海）第 2 卷第 2 期，1916 年，第 13～22 页。

④ 《传染病预防条例》，《市政月刊》第 1 卷第 12 期，1928 年，第 12～15 页。

⑤ 《传染病防治条例（三十三年十二月六日国府公布）》，《行政院公报》第 8 卷第 1 期，1945 年，第 23～26 页。

识，另一方面也有利于指导防治工作的具体开展。尽管民国时期传染病的治理工作在不断改进和加强，但是由于受客观历史条件的制约，其流行范围依然很广，这从国民政府卫生部依据各地卫生机构上报材料统计的 1939 年至 1947 年 6 月全国传染病染病情况就可见一斑（见表 1）。

**表 1　1939 年至 1947 年 6 月全国传染病染病情况统计**

单位：人

| | 1939 年 | 1940 年 | 1941 年 | 1942 年 | 1943 年 | 1944 年 | 1945 年 | 1946 年 | 1947 年 1~6 月 | 合计 |
|---|---|---|---|---|---|---|---|---|---|---|
| 霍乱 | 34619 | 14781 | 351 | 23597 | 17383 | 1196 | 21552 | 54197 | 201 | 167877 |
| 赤痢 | — | 57855 | 101984 | 89740 | 86621 | 41130 | 59163 | 165550 | 51467 | 653510 |
| 伤寒 | — | 6502 | 15081 | 25317 | 12848 | 7514 | 11184 | 45668 | 12302 | 136416 |
| 天花 | 2786 | 2546 | 12646 | 9772 | 6450 | 5578 | 5338 | 20385 | 15832 | 81333 |
| 流行性脑脊髓膜炎 | 2493 | 421 | 1237 | 1083 | 3616 | 8941 | 5346 | 6213 | 10874 | 40224 |
| 白喉 | — | 938 | 2484 | 3556 | 1439 | 778 | 792 | 3414 | 2683 | 16084 |
| 猩红热 | — | 263 | 996 | 1929 | 1122 | 539 | 455 | 1200 | 2179 | 8683 |
| 鼠疫 | 883 | 1692 | 1149 | 990 | 5489 | 2492 | 2593 | 11069 | 1563 | 27920 |
| 斑疹伤寒 | — | 1917 | 5734 | 8023 | 4371 | 4438 | 5855 | 5482 | 2765 | 38585 |
| 回归热 | 8492 | 9320 | 10040 | 18493 | 17434 | 12648 | 16274 | 17301 | 7265 | 117267 |
| 疟疾 | — | 199718 | 386360 | 336291 | 363880 | 193523 | 235648 | 984252 | 357934 | 3057606 |
| 黑死病 | — | — | — | — | — | — | — | 7409 | 7285 | 14694 |
| 合计 | 49273 | 295953 | 538062 | 518791 | 520653 | 278777 | 364200 | 1322140 | 472350 | 4360199 |

资料来源：主计部统计局编辑《中华民国统计年鉴》，中国文化事业公司，1948，第 349 页。

由于正处在战乱阶段，上述统计数据缺漏甚多。即便如此，从表 1 我们依然可知民国时期传染病病情之严重。在不到 9 年的时间里，合计有 4360199 人感染上述传染病。除去猩红热之外，上述其他传染病染病总人数都在万人以上，其中尤以疟疾、赤痢、霍乱、伤寒等疫病流行最为剧烈，患病人数都在 10 万以上，感染疟疾的人数更是达到了惊人的 3057606 人。此外，从各年的染病人数来看，除了 1939 年，其他年份每年都有超过 25 万人患传染病，特别是 1941 年到 1943 年连续 3 年都有超过 50 万人染病，抗战刚刚取得胜利后的 1946 年染病人数更是多达 130 多万人。

上述数据，是国民政府卫生部对全国做的一个统计。具体到不同省份，受当地的人口数量、医疗水平等因素影响，可能感染传染病的人数会有所区别，但是总体来说患病的基数都高得惊人。我们以民国时期被誉为“模范省”的广西为例，该省的传染病患病人数同样一直居高不下。对此，广西省政府民政厅卫生处依据相关材料，对 1937 年至 1945 年法定传染病患病人数做了统计：1937 年 32794 人，1938 年 29636 人，1939 年 22704 人，1940 年 6134 人，1941 年 20927 人，1942 年 56370 人，1943 年 40820 人，1945 年 31455 人。[①] 从全面抗战爆发到抗战取得胜利，除去 1944 年因广西沦陷资料散失，全省合计有 240840 人染上传染病。据广西省政府统计处编《广西年鉴（第三回）》，到 1945 年抗战胜利，广西全省人口共计 14545868 人。[②] 我们做个大致的测算，上述 8 年时间，广西省的法定传染病患病率大概为 16.56‰，即每千人就有 17 人感染传染病。广西当时还是全国公共卫生建设的“模范省”，“在中国各省中，有完备与健全之制度而可称为近乎模范省者，为唯广西一省而已！凡中国人之爱国具有全国眼光者，必引广西以为荣!”[③] 让国人引以为荣的广西尚且如此，其他省份情况更不容乐观。由此可见民国时期传染病流行之广、危害之大，这不能不引起世人的高度重视。

## 二　民国时期传染病带来的风险与危害

传染病传播速度快，致病性强，若防控不力，短时间内就会迅速蔓延，造成群体性感染。因此，疫病的发生往往考验着一个国家的医疗服务水平、应急管理能力和社会保障机制。民国时期，由于条件限制，疫病频发，给整个社会带来了巨大的风险和危害。

### （一）对民众生命健康造成威胁

国家的发展，民族的复兴，与民众的健康密不可分。传染病对人类社会的影响十分深远，其中最直接也最严重的就是危害民众的生命健康。时任北洋政府卫生部中央卫生委员会委员的俞风宾在目睹传染病造成大量人员死亡情况后，曾发出这样的感叹：“吾国人民本有健全之体格，寻化为萎靡。脆弱者随时随在而有之，甚至血气方刚者俄焉而物化，年富力强者

① 广西省政府统计处编印《广西年鉴（第三回）》，1947，第 1235 页。

② 《广西年鉴（第三回）》，第 153 页。

③ 赖彦于主编《广西一览》，南宁广西印刷厂印，1935，第 3 页。

俄焉而奄毙。……传染病之为害最烈……传染病之在我国者，如夏秋之霍乱、痢疾，春冬之温热喉痧，东三省之鼠疫，内地之痘症，以及喉风、窒扶斯等症，无岁不发生，无岁不蔓延，死者累千盈万，其祸甚于洪水猛兽焉。”①

民国时期到底有多少人因传染病而死亡，很难得到确切数字。但是从国民政府卫生部对1939年至1947年6月全国传染病致死情况的不完全统计中，还是能获得一些信息（见表2）。

**表2 1939年至1947年6月全国传染病致死情况统计**

单位：人

| | 1939年 | 1940年 | 1941年 | 1942年 | 1943年 | 1944年 | 1945年 | 1946年 | 1947年1~6月 | 合计 |
|---|---|---|---|---|---|---|---|---|---|---|
| 霍乱 | — | 1954 | 71 | 9521 | 6318 | 350 | 5201 | 15460 | 23 | 38898 |
| 赤痢 | — | 2507 | 5049 | 3447 | 3795 | 861 | 1499 | 2469 | 304 | 19931 |
| 伤寒 | — | 314 | 935 | 1586 | 668 | 343 | 527 | 1238 | 443 | 6054 |
| 天花 | 437 | 288 | 1996 | 1142 | 944 | 724 | 671 | 2533 | 2989 | 11724 |
| 流行性脑脊髓膜炎 | 1278 | 81 | 213 | 126 | 733 | 2277 | 671 | 1218 | 2351 | 8948 |
| 白喉 | — | 73 | 243 | 384 | 163 | 48 | 69 | 324 | 264 | 1568 |
| 猩红热 | — | 24 | 82 | 128 | 98 | 32 | 44 | 41 | 41 | 490 |
| 鼠疫 | — | 861 | 862 | 896 | 4136 | 1133 | 1286 | 5912 | 675 | 15761 |
| 斑疹伤寒 | — | 55 | 185 | 458 | 262 | 440 | 424 | 260 | 174 | 2258 |
| 回归热 | — | 43 | 123 | 349 | 493 | 434 | 513 | 501 | 155 | 2611 |
| 疟疾 | — | — | 3789 | 1858 | 1751 | 643 | 945 | 3932 | 651 | 13569 |
| 黑死病 | — | — | — | — | — | — | — | 84 | 155 | 239 |
| 合计 | 1715 | 6200 | 13548 | 19895 | 19361 | 7285 | 11850 | 33972 | 8225 | 122051 |

资料来源：《中华民国统计年鉴》，第349页。

从表2可知，9年不到的时间里，上述传染病共导致122051人死亡，由前述统计我们了解到这近9年时间里全国共有4360199人感染疫病，由此可以计算出当时传染病的致死率为27.99‰，即每1000名感染传染病的

① 俞风宾：《陆国务卿颁布传染病预防条例感言（附条例原文）》，《中华医学杂志》（上海）第2卷第2期，1916年，第13~14页。

患者里，就有 28 人因此丢失性命。而各种传染病中以霍乱、赤痢、鼠疫、疟疾和天花的致死人数最多，都在万人以上。在对全国的情况有所了解后，我们再来看看相关省份具体的情况。1946 年福建省瘟疫流行，特别是暴发了鼠疫，事后省卫生处对该年的疫病致死情况做了较为详细的统计，其中，霍乱患病 2286 例，死亡 851 人；天花患病 659 例，死亡 81 人；斑疹伤寒患病 70 例，死亡 6 人；鼠疫患病 6141 例，死亡 3351 人；赤痢患病 1671 例，死亡 36 人；白喉患病 54 例，死亡 5 人；流行性脑脊髓膜炎患病 328 例，死亡 117 人；回归热患病 1174 例，死亡 131 人；伤寒患病 557 例，死亡 20 人。[①] 仅 1946 年整个福建省传染病患者就有 12940 例，其中死亡 4598 人，病死率竟高达 35.53%。传染病如此猖獗，以致一到疫病流行季节，福建人人“谈疫色变”。[②] 此外，国民政府内政部卫生署对 20 世纪 30 年代前后世界上有关国家因传染病死亡人数占总死亡人数的比重进行了调查统计，其中澳大利亚是 9%，法国 12.7%，美国 13.1%，英国 15%，希腊 24.2%，日本 29%，而中国达到了惊人的 42.3%，远远超过同期其他国家。[③] 面对如此高的病死率，时人将防疫工作上升到民族复兴的高度加以强调：“我们成千上万的人，竟遇着传染病而夭折了，这对民族复兴的前途，实在是莫大的障碍，不仅是人口数量的减少，身体的羸弱，而致民族力量的衰弱；而且人口的死亡，病后的残躯，与国民经济的关系，亦非常的密切。”[④] 民国时期频繁暴发的传染病，给民众的生命健康带来巨大伤害的同时，在一定程度上也势必对经济社会发展产生影响。

### （二）对经济发展形成阻碍

保持经济可持续发展，最重要的资本、最稳定的动力就是人。民国时期传染病流行造成大量民众患病和死亡，带来的直接后果便是社会劳动力急剧减少，感染者往往由“生产者”变成“消费者”，从而影响整个经济的正常发展。民国时期著名医学专家杨济时曾经指出：“凡人有了疾病，且把疾病的痛苦不说，病后当然不能去做事谋生，他是从一个生产者，做了一个消费者了，他的医药费是不可免的，他家庭中间接直接所受的损失又不会很小。设使一国内有这样数百万的病夫，国家经济上的损失当然是可观了。……病时的损失，往往病愈后无能恢复。……一个人病后同时亦

① 《法定传染病去年染患死亡统计》，《福建善救月刊》第 2 期，1947 年，第 9 页。

② 舒林：《介绍福州市传染病院》，《福建善救月刊》第 6 期，1947 年，第 34 页。

③ 《各国传染病死亡人数之比较》，《广州卫生》第 2 期，1936 年，第 36 页。

④ 《防疫与复兴民族》，《民族魂》（九江）第 36~37 期，1936 年，第 2 页。

失掉了职业了，做买卖的就不能再维持下去营业……再没有恢复原有经济地位的希望。”①

民国时期有人对每年死亡人数，对经济发展的影响做过一个测算，得出了如下结论：“我国每年死亡人数有六百万人之多，因传染病而死亡的约占百分之四十二，可见传染病的魔爪实在令人深深可怕。……我们假定他们死亡的时候，平均年龄是十岁，在他们这十年之中，社会为每年维持他们的生活，至少要消耗五百元（每年平均五十元，实在是最低的数目）。他们死亡之后，社会就得不着他们服务或生产的报酬了。这五百元，算是完全虚掷了。现在每年死亡六百万人，每年社会所受最低的经济损失，就有三十万万元了。我们如果拿这每年死亡所受的经济损失来做各种事业的建设，可以开三千个大工厂，或建筑一百万里的铁路，或开一万个医院，或办三千个大学校，或十万个小学校，这岂不是惊人的数目吗？”② 上述虽然只是一种假设性的推算，但是在一定程度上也说明了民国时期传染病在造成人口大量死亡的同时，也对经济社会发展产生了严重影响。与此同时，为做好传染病的防治，国家往往还要花费大量的财力和物力。我们以抗战时期的广西省为例，哪怕在最为艰苦的战争年代，广西省对防疫工作投入的经费依然巨大，其中 1941 年投入 86630 元，1942 年 717625 元，1943 年 692000 元，1944 年 310000 元，1945 年 5310500 元，5 年下来总计拨付的防疫费就达到了 7116755 元。③ 除了正常的财政预算拨款，有些年份如果遇到突发性的重大传染病，国家还需要临时增加大量额外的专项经费。如 1947 年江西鼠疫流行，为应对突发疫情，应江西省请求，卫生总署一次拨赣防疫业务费就达 1 亿元，作为购置防疫器材及药品所需，并配拨药品 17 箱。④ 民国时期对传染病防治工作的大量经费投入，无形中加重了政府的财政负担，也增加了民众的经济压力。

### （三）对社会稳定产生影响

社会稳定、人心安定是国家长治久安的前提和基础。民国时期传染病的频繁暴发，带来的另外一个重大的影响就是对正常的社会秩序产生冲击，在民众心里投下恐怖阴影。民国时期有人曾这样描述传染病对社会稳

① 杨济时：《建设时代之公众卫生》，《医学周刊集》第 2 卷，1929 年，第 280 页。

② 《防疫与复兴民族》，《民族魂》（九江）第 36~37 期，1936 年，第 2 页。

③ 《广西年鉴（第三回）》，第 1208 页。

④ 《总署复准蔡署长所请拨赣防疫费一亿元 并配拨防疫药品十七箱》，《江西善救》第 6 期，1947 年，第 27 页。

定产生的影响："考察历史，疫病常继水灾以俱来，他的危害，不减于洪水。现在疫病与洪水，犹如从前尧的时候，洪水与猛兽同样的使人民不能安居乐业，不能安全生命。"① 此君将传染病比作"猛兽"。

传染病流行时，伴随而来的经常是物资奇缺、物价飞涨、假货横行等一系列社会问题，由此导致各种矛盾产生，影响社会稳定。1934 年夏天，安徽南部各地大旱，随之引发瘟疫："徽地产米，向难自给，在兹青黄不接，民鲜储粮，致米价飞腾，贫民难谋一饱，民食前途，至堪忧惧……黟县……居民日常饮料亦发生问题，城厢一带，近日多患真性霍乱，死亡相继。粮食因邻县无输入，价抬每石十三元。"② 一边是疫病横行，一边是米价暴涨，百姓在病痛与饥饿中苦苦挣扎，极易引发社会动荡。在瘟疫流行期间，除了粮食价格容易被抬高外，制售假药也时有发生。1932 年霍乱侵袭成都时，"人民大多购药品预防，各药房所有存货，已将售空毕，乃有奸商趁机在此假造伪劣发售，希图渔利，往往患者购服，不生效，反更严重"。③ 疫病暴发后，本应抓紧医治，可令人气愤的是，服用购买的假药后，非但无效，病情反而加重。此外，传染病巨大破坏力带来的极度恐惧，很容易让民众丧失理性，转而崇尚迷信。民国时期的秋季，在街巷上经常可以看到这样的场景：和尚道士"被街坊上的人们所雇，常是坐在高高的台上，念些什么经咒，还有挂在路旁的红绿纸灯笼，上面写着些'盂兰胜会''太平公醮'等字样。据说这种把戏，是用它超度冤鬼，借此免除地方上的瘟疫的"。④ 甚至还有民众由于对传染病过分忧虑，做出常人难以理解的事情，影响社会的稳定和安全。1947 年 5 月 14 日，《中央日报》报道福建民众因不知情，捣毁传染病院的情形："东南鼠疫防治处在本市东街秘书巷建筑中之检验室、办公厅及传染病院新址，昨被当地一部分民众捣毁……当地各保民众误会'空气传染'之说。"⑤

## 三 风险防控下的民国时期传染病治理

面对传染病带来的巨大挑战，为了将风险和危害降到最低，民国时期在疫病治理方面开展了诸多有益的探索，逐步建立起了一套由政府主导的

① 胡嵩山：《防汛与防疫》，《卫生教育周刊·医政周刊选辑》，1937 年，第 62 页。

② 《皖南旱灾奇重 米价飞涨 民食堪虞》，《申报》1934 年 8 月 22 日。

③ 《新新新闻》1932 年 7 月 21 日。

④ 《打醮和防疫》，《小朋友》第 328 期，1928 年，第 7 页。

⑤ 《建筑传染病院 昨被民众捣毁》，《中央日报》（永安）1947 年 5 月 14 日。

行之有效的工作机制。

### （一）加强防治，降低人员病亡危害

为遏制疫病传播，提高治疗效果，民国时期政府通过采取完善制度、健全机构、开展治疗、接种疫苗等积极措施，在一定程度上减少了人员的感染和死亡，同时也推动了传染病治理由传统瘟疫治理向近代传染病防治的转型。

防治疫病，制度先行。为加强对传染病的治理，民国时期政府先后出台了一系列规章制度。除前述提到的三部有关传染病方面的工作条例外，政府还相继颁布了《海港检疫章程》《管理饮水井规则》《传染病预防条例施行细则》《防疫人员奖惩条例》《防疫人员恤金条例》《种痘条例》《污物扫除条例》《取缔停柩暂行章程》《捐资兴办卫生事业褒奖条例》等条例规章。[①] 制度的不断健全，使民国时期的传染病防治工作逐步实现了有法可依。此外，为更高效地开展和指导全国的传染病防治工作，北洋政府于1919年正式成立了隶属于内务部的中央防疫处，下设秘书室、第一科、第二科及第三科，掌理关于各种生物学制品之检查、鉴定、研究及制造等事项。[②] 中央防疫处是民国时期设置专门防疫机构的开端，此后国民政府又相继组建了卫生部医疗防疫总队、中央防疫实验处等防疫机构。另外，各地的防疫机构也逐步建立起来。如福建省为适应工作需要，对防疫机构一再改组和调整，到1939年5月将全省防疫总所扩充为福建省防疫处，下设闽南、闽西、闽北三个防疫所，在晋江、龙岩、建瓯各附设防疫分所，或流动防疫队。[③]

此外，民国时期政府也特别重视加强对疫病的治疗。为做好对患者的收治，防止疫情传播和扩散，各地按照《传染病预防条例》第三条“人口稠密各地方应设立传染病院或隔离病舍”的要求，[④] 建立了许多传染病院。例如当时福州有30多万人口，市政府拨付800余万元修建了专门的福州市传染病院，1947年4月10日工程正式竣工，对外接诊患者一天最高纪录达300人，其中4月治疗704人，5月4002人，6月4285人，7月3600人。[⑤] 从福州市传染病院4~7月的接诊治疗人数可以看出，疫病医院建立

① 内政部年鉴编纂委员会编《内政年鉴（卫生篇）》，商务印书馆，1936，第276~347页。

② 《内政年鉴（卫生篇）》，第3页。

③ 尤济华：《福建的防疫行政（附表）》，《新福建》第5卷第6期，1944年，第31页。

④ 《传染病预防条例》，《市政月刊》第1卷第12期，1928年，第13页。

⑤ 舒林：《介绍福州市传染病院》，《福建善救月刊》第6期，1947年，第35页。

后的救治效果还是很明显的。民国时期，虽然各地建立了不少疫病医院，但总体来看数量仍然不足，传染病暴发时，往往难以应付。因此当有紧急疫情的时候，为促进患者的康复以及防止疫情进一步传播和扩散，设立临时性的疫病医院就显得非常有必要。当时上海市卫生局为便于疫情发生时民众求医，特约定热心公益医院多家，设置临时时疫救济处，准备各种防疫救治事宜。设有红十字会时疫医院、虹口医院、神州医院、上海时疫医院、急救时疫医院、浦东医院、杨思临时时疫医院、集义善会等，并备有防疫病床 300 余架。民众感染疫病后，可向上述医院免费求治。[①] 民国时期建立的各类传染病院，在救治工作中发挥了重要作用，降低了民众因疫病而死亡的风险。

推行疫苗接种是民国时期防治传染病的重要举措。接种疫苗可以提高人体本身抵抗病毒的免疫力，从而降低感染传染病的风险。1928 年 8 月国民政府卫生部颁布的《种痘条例》明确规定：每年 3 月至 5 月、9 月至 11 月为施行种痘时期，逾期未种痘者得限期补种；非因疾病或其他正当事由不于种痘期内种痘者，对其父母或监护人处 10 元以下的罚款。[②] 通过多年的努力，到 20 世纪 40 年代中期，“预防天花之牛痘接种与预防霍乱、伤寒之疫苗注射，近年普遍实施，他如白喉、猩红热、鼠疫等则于疫病发现之区域内作预防注射”。[③] 据国民政府卫生部统计，1946 年全国种痘 6964504 人，霍乱注射 11561459 人，伤寒注射 158114 人，霍乱伤寒混合注射 2971934 人。[④]

### （二）严格管控，减少病源传播风险

针对传染病流行速度快、传播范围广的特点，民国时期政府采取了及时报告登记、做好隔离及交通检疫等举措，力图控制传染源、切断传播途径，以降低疫病大规模暴发带来的风险。

民国时期政府要求各地实行严格的报告及登记制度，以便进一步掌握疫病流行情况。为此做出明确规定：凡患传染病及疑似传染病，或因传染病死亡者之家属，或机关管理人，应即延聘医师诊断或检查，须于 24 小时内报告于其所在地之管辖官署。医师诊断传染病人或检查其尸体后，不依

① 《医药杂讯：卫生局防疫工作》，《卫生杂志》第 10 期，1933 年，第 19 页。

② 《内政年鉴（卫生篇）》，第 337~338 页。

③ 《中华民国统计年鉴》，第 348 页。

④ 《中华民国统计年鉴》，第 347 页。

章报告或报告不实者，处 50 元以下 5 元以上罚款。① 1942 年，闽浙赣发现鼠疫疫情，时值抗战关键时期，第三战区司令部制定紧急处置办法，规定：三省各县“如有鼠疫病人发现并经诊断确实时，即由县长立即电告战区长官部及省政府，并于六小时以内将疫户周围五户至十户实施封锁；并将各该户居民，一律移居留验所，留验七天”。“各县县长……未能如期严密切实执行或因而染及部队者予以军法议处。”② 此外，为督促做好报告及登记工作，当时的广州市卫生局还设计了专门的登记表，发给医师，要求按照表式分别填列，于每星期届满，即交由该管卫生区汇总送局查核，至于该表纸，可径向该管卫生区领用。③

民国时期政府亦将隔离患者和加强检验检疫，作为避免病源扩散的重要措施。1928 年 10 月 30 日国民政府卫生部颁布的《传染病预防条例施行细则》第四条明确规定：“凡与患传染病者同居之人或其他有受传染之嫌疑者，该管官署应依传染病预防条例第三条之规定，使入隔离病舍施行消毒，其隔离日期应自消毒完毕日起依左列定之，白喉三日，赤痢四日，霍乱五日，鼠疫七日，流行性脑脊髓膜炎、猩红热十二日，斑疹伤寒、天花十四日，伤寒或类伤寒十五日。”④ 传染病的扩散与交通运输的现代化密切相关。为防止疫病随着交通沿线人口的大规模流动而迅速传播，政府早在 1916 年颁布的《传染病预防条例》中就对检验检疫工作做了要求：“当传染病流行或有流行之虞时，地方行政长官得置检疫委员，使其担任检疫预防之事务，并执行舟车之检疫。”⑤ 1937 年安徽合肥北部下塘集镇突发鼠疫，“（该镇）为皖中售麦市场，每年各地赴该地办麦者，均有数十万之巨，距今岁方近麦市，该集突发生鼠疫，数日之间，已毙百余人，以小儿为多，染疫者至多六小时即死……淮南车为旅客安全起见，九日起，已停售下塘集车票，到该站不停，并禁止旅客到该站下车”。⑥ 开展检验检疫工作，在一定程度上减少了疫病随车船之行驶和旅客之往返而蔓延。

---

① 《内政年鉴（卫生篇）》，第 11 页。

② 《闽浙赣三省各县防治鼠疫紧急处置办法》，《卫生通讯》（江西）第 5 卷第 3 期，1942 年，第 74 页。

③ 《布告调查生死传染病》，《广州市市政公报》第 319～320 期，1929 年，第 91 页。

④ 《内政年鉴（卫生篇）》，第 335～336 页。

⑤ 俞凤宾：《陆国务卿颁布传染病预防条例感言（附条例原文）》，《中华医学杂志》（上海）第 2 卷第 2 期，1916 年，第 17 页。

⑥ 《合肥下塘集鼠疫极烈》，《申报》1937 年 5 月 13 日。

## （三）做好宣传，提高民众防范意识

为减少民众对传染病缺乏了解，过于恐惧，而导致疫病防治工作难以开展，阻力重重的情况，民国时期政府还充分利用报纸杂志、标语口号、宣传演讲和卫生运动等方式，开展形式多样的防疫知识宣传，号召民众养成良好的卫生习惯，树立科学防疫理念，从源头上减少传染病的发生。

民国时期各地政府在开展卫生防疫宣传方面的态度是比较积极的。例如在组织卫生宣传工作时，广西省的宣传方式就包括公开演讲、个别谈话、印发标语图画、刊印健生刊物、放映卫生电影及举行卫生展览等。此外，1942 年 9 月 2 日桂林市还专门举办了一场卫生展览会，参加机构有桂林卫生事务所、省立医院、卫生署医疗防疫队、军政部第三防疫大队、桂林市政府卫生科等，展览器材相当丰富，历时 7 日，参观人数达 5 万余人次，收效甚宏。[①] 另外，当时的上海市卫生局为使市民能明了夏季饮食之应留意、注射预防针之重要以及各种防疫常识起见，特摄制了长七八百尺的夏季卫生卡通片一部。对于防疫卫生常识各项，均有详细明确之说明与指示。卫生局同时要求市区各电影院在正片放映前必须播放该片，时间不少于 3 天。[②]

除了政府的直接倡导，当时的一些社会组织也积极参与防疫知识的宣传。1936 年的夏天，湖北省岳口民众教育馆为普及夏令卫生常识，以消除疫病起见，专门举办了一场声势浩大的防疫宣传活动：社交部印发告民众书，绘制标语，联络公安局扫除街巷、给厕所消毒、讲演；教导部向民众、学校讲授防疫常识；阅览部介绍医药卫生书籍并陈列卫生图表；康乐部重新布置民众诊所，并购置大批夏令卫生药品。另外，还邀请了 6 位相关医生及专家围绕传染病的种类、防治等内容进行讲演，每次活动民众极为踊跃。[③] 此外，报刊媒体也经常借助自身平台优势，开展防疫知识的宣传。如《卫生月刊》就刊载了一首关于《天花可怕》的民谣：天花病，最可怕；病稍重，丧性命；病轻者，瞎眼睛；大麻脸，亦怪丑；防天花，宜种痘。[④] 该民谣以通俗易懂的语言向民众宣传天花的危害，规劝大家种痘，以防传染。

---

① 《广西年鉴（第三回）》，第 1209 页。

② 《医药杂讯：卫生局防疫工作》，《卫生杂志》第 10 期，1933 年，第 22~23 页。

③ 《本馆播音：举行防疫运动》，《鄂中民众》第 1 卷第 4 期，1936 年，第 33~34 页。

④ 《天花可怕》，《卫生月刊》第 1 卷第 1 期，1928 年，第 24 页。

民国时期的传染病防治工作，在政府主导和社会各界的共同努力下取得了长足进步，但是其存在应急管理机制不健全、医疗卫生条件急需完善、传染病防治知识有待进一步普及等问题，给今天的传染病防治提供了一些启示和借鉴。如何应对重大传染性疾病带来的风险和挑战，应是需要整个社会和全人类携手共同思考和面对的问题。

# 民国时期武汉城市记忆中的孙中山（1925~1937）*

刘　杰　孙　扬**

**提　要**　武汉是辛亥首义之地，亦是大革命时期国民政府迁都之处。孙中山逝世后武汉各界举行多场纪念追悼大会纪念其开创共和。武汉城市对孙中山的纪念体现了其作为辛亥首义之地的示范性。孙中山去世，广州国民政府迁都武汉后，国民党内部派系之争使“孙中山”纪念符号成为党内政治博弈的工具。争夺孙中山政治符号与政治合法性成为北伐时期武汉城市关于孙中山的特殊记忆。宁汉合流后，在常态化纪念下武汉城市通过举行植树节纪念活动，修建汉口中山公园、中山大道，及在辛亥首义重要纪念地建立孙中山纪念碑、纪念雕塑等表达对孙中山的纪念。整体来看，民国时期武汉城市关于孙中山的纪念具有一定的阶段性特征。而辛亥首义之地的特殊性造就了武汉城市发展中对于孙中山独特的历史记忆。

**关键词**　武汉　城市记忆　孙中山纪念

1925 年 3 月 12 日近代中国民主革命的伟大先驱孙中山先生病逝于北京。他领导辛亥革命推翻封建帝制与创立民主共和，赢得国人的崇敬。他逝世后，社会各界相继举行了声势浩大的纪念活动。孙中山纪念在国民党刻意推行的领袖政治崇拜运动中一直延续，同时在时间与空间双重维度中

---

* 本文系江西省双千计划高端人才（青年）项目（jxsq2019203019）、江西省学位与研究生教改项目“数字人文发展背景下中国史硕士数字史料收集与处理能力培养研究”（JXYJG－2021－005）资助成果。本文直接受长期研究孙中山的前辈学者陈蕴茜教授《崇拜与记忆——孙中山符号的建构与传播》一书及相关论文启发。谨以此文纪念南京大学陈蕴茜教授！

** 刘杰，南昌大学人文学院教授，上海财经大学理论经济学博士后；孙扬，华中师范大学中国近代史研究所硕士研究生。

不断建构社会大众关于孙中山的历史记忆。近年来学者逐渐对孙中山去世后相关纪念等问题展开了讨论，逐渐开辟了孙中山研究的新领域，相关学术成果亦较为丰硕。[①]

作为辛亥革命首义之地，北伐后国民政府的迁都之处，武汉这座城市与孙中山一生的革命和建设活动密切关联。梳理学界以往研究成果，已有学者对孙中山生前与武汉的关系进行了较为详细之探讨，但武汉与孙中山身后的纪念及历史记忆问题至今尚无深入研究。[②] 本文拟从国家纪念仪式与社会记忆史视角，结合报刊及相关原始资料，通过考察武汉作为辛亥首义之地关于孙中山逝后的纪念活动与其他相关活动，探求武汉城市记忆中孙中山形象的塑造，进而透视城市历史发展与社会记忆的相互关系。

## 一 孙中山逝世与武汉各界共同参与逝世纪念

1924年冬，孙中山由粤北上，提倡召开国民会议与废除不平等条约，“以谋民族之独立与民权之确定”。然孙中山抵京后不幸于1925年3月12日因病在北京行辕逝世。孙中山奔走革命40余年，以求中国之自由平等，临终之际犹断续言“和平”“奋斗”“救中国”，其革命奋斗精神为时人所敬仰。在其逝世后全国有17个省近百个市县的各界人士和十几个国家的各界人士及华侨团体举行了各种形式的哀悼活动。[③] 在逝世消息传至武汉后，武汉各界随即筹备举行盛大的追悼纪念活动。

主政湖北的军阀萧耀南3月13日即代表省内军政界致电孙中山治丧处，并通令汉口军政各机关及舰队于14日起下半旗三日，还“以孙中山

① 主要代表论著如陈蕴茜《崇拜与记忆——孙中山符号的建构与传播》，南京大学出版社，2009；李恭忠《中山陵：一个现代政治符号的诞生》，社会科学文献出版社，2009；陈蕴茜《空间重组与孙中山崇拜——以民国时期中山公园为中心的考察》，《史林》2006年第1期；郭辉《国家纪念日与抗战时期“孙中山”形象的塑造》，《湖北大学学报》（哲学社会科学版）2017年第2期；徐涛《上海城市记忆中的孙中山（1925~1949）》，《近代史研究》2018年第1期；罗国辉、邵雍《略论抗日战争时期的孙中山纪念活动》，《广东社会科学》2011年第3期；等等。

② 罗福惠、王倩：《1912年孙中山访问武汉全息追踪》，《湖北文史》2016年第2期；雷平：《1912年孙中山访鄂史事考论》，《湖北大学学报》（哲学社会科学版）2017年第2期；李本义：《孙中山的〈实业计划〉与武汉现代化建设》，《江汉论坛》1999年第5期；等等。

③ 葛培林：《永留浩气在人间——1925年海内外悼念孙中山先生活动纪实》，《中山文史》第39辑，政协广东省中山市委员会文史学习委员会，1996，第303页。

为民国元勋，功在国家”谕示各机关长官于20日上午10时齐集抱冰堂追悼。[①] 国民党湖北省党部、汉口市党部则公推龚国煌为代表赴京吊唁。3月16日，在汉口孝感同乡会举行纪念筹备会议。国民党汉口特别市党部专门唁函：“昊天不吊，总理弃世，举国仓皇，全球震悼，凡我党人，如丧考妣。”[②] 汉口特别市党部于15日邀集省党部及特别市党部同人筹办追悼大会。除了举行追悼纪念会外，还特派李齐民为专门代表赴京进行哀悼。湖北军政界亦随之举行追悼活动。辛亥元老夏道南、张知本等20余人在武昌首义公园开会筹议，公推时象晋为此次纪念筹备会议主席，议决星期二下午2时召集各界人士开筹备大会。“佥以系中山先生，为民国元勋，中外共仰。然此长逝，凡属国民，莫不哀感。若只限于某党某派之追悼，未免范围狭小，遂定名为湖北追悼孙中山先生大会筹备处。无论团体、个人加入，均表欢迎。”[③]

武汉人民对孙中山去世甚为哀痛，各机关均下半旗七日，学校放假两天。“各官厅各界及国民党支部发京唁电极众，湖北省议会及国民党在星期日假孝感会馆开会追悼，到者甚众。”[④] 汉口军政界追悼大会在20日举行，市政府为此拨4000元经费。湖北追悼中山大会17日开筹备会，推定股员并推郭肇明拜见市长请助经费3000元。其他各校各团单独筹备追悼尚有数起。[⑤] 3月24日，武汉各团体在烈士祠开追悼大会。到会数千人，各校放假一日游行志哀，市政府还通令各县于4月8日举行公开的追悼会。[⑥] 汉口商界15日在汉口公共体育场举行追悼仪式。武昌商界刘文卿等发起开联合追悼大会并决定16日午后1时在抱冰堂开筹备会。国立武昌师范大学发起武汉各团体追悼大会，并函请各报馆各团体各学校派代表二人于18日下午1时在该校开会商议筹备事宜。[⑦] 武汉学生联合会提议仿照北京办法，“在武昌首义公园建立孙先生铜像一具，以例流传不朽”。[⑧] 闻者多赞同并

① 葛培林：《永留浩气在人间——1925年海内外悼念孙中山先生活动纪实》，《中山文史》第39辑，第232页。

② 桑兵主编《各方致孙中山函电汇编》第10卷，社会科学文献出版社，2012，第262页。

③ 葛培林：《永留浩气在人间——1925年海内外悼念孙中山先生活动纪实》，《中山文史》第39辑，第233页。

④ 《武汉近闻纪要》，《申报》1925年3月25日，第10版。

⑤ 《汉口电》，《申报》1925年3月19日，第4版。

⑥ 《汉口电》，《申报》1925年3月25日，第4版。

⑦ 葛培林：《永留浩气在人间——1925年海内外悼念孙中山先生活动纪实》，《中山文史》第39辑，第234页。

⑧ 葛培林：《永留浩气在人间——1925年海内外悼念孙中山先生活动纪实》，《中山文史》第39辑，第234页。

随即有工程师前往测绘建设地址并筹备招募事宜。武汉市内各校、各团体单独筹备追悼亦有数起。

除武汉政商学界筹划举行规模不等的追悼纪念活动外，湖北全省在 4 月 7~9 日连续 3 天举行大规模的追悼纪念活动。大会期间武汉全市之商店、机关一律下半旗志哀，各戏园停演一日，各衙各学校及各工厂放假一日，均以集体或个人名义到场致祭。大会第一日到场致祭人数就多达 35000 人次以上，场内来宾络绎不绝，异常拥挤，乃至需要各署军警及各校童子军在场维持秩序。“见者莫不称为空前未有之盛会。”① 湖北省党部全体职员行哀悼礼，武昌全体党员举行公祭。武汉共 70 多个团体 5000 余人举行追悼大会。民新学校及香山旅鄂同乡会纷纷举行追悼会。② 由湖北省举办的纪念活动规模之大、参与人数之多以及群情之激昂，将社会大众吸引到党政军学工商各界营造的以孙中山为主体的社会语境中，塑造了湖北省及武汉各界对孙中山的集体历史记忆。署名萧萧的作者撰文对武汉举行孙中山逝世重大纪念进行了较为详细的报道：

> 孙中山在京逝世后，武汉各界异常震悼。除纷纷电京行辕表示哀痛外，并分途发起追悼大会数起。昨日（二十四）为武昌师大所发起之武汉各团体追悼孙中山大会之期，假武昌烈士祠举行。参加者多属学校团体，连同个人加入者不下 8000 人。萧督办事先曾派傅廷春加入筹备并捐助费用，届时尚派二十五师军乐连到会奏乐。会场正中高悬孙先生遗像，门首扎有松柏牌楼、挽词对联，壁为挂满。其前侧门联云：“扫除五千年帝制淫威，为惨剧，为欢场，镇血是精神，革命功成高揖让；造得四百兆平民幸福，望和平，望奋斗，乾坤归掌握，临终遗言见精神。”其辕门联云：“天为斯人构一线机宜，死得其地，死得其时，一息千稔，举国服丧诚旷典；心敬先生，如万家慈佛，形质虽亡，英灵不灭，五权三民，前途大事属吾徒。”其余佳联甚多。学生到会者强半为青色或白色制服。其隶属于国民党者，左臂均缀黑纱。
>
> 十时半开会，首先奏乐，继鸣炮三响，由段子美报告开会宗旨。略谓先生为中国及世界伟人，今遽弃我国人而逝，吾人所应表示哀悼者岂止一端。望后先生而死者须努力以继先生未竟之志，庶可慰先生

---

① 葛培林：《永留浩气在人间——1925 年海内外悼念孙中山先生活动纪实》，《中山文史》第 39 辑，第 239 页。

② 陈蕴茜：《崇拜与记忆——孙中山符号的建构与传播》，第 101 页。

在天之灵云云。次由陈祉良宣读先生事略，宋如海宣读先生遗嘱毕，后奏乐。又由段子美诵读祭文，全场静默五分钟。遂分班致祭，行三鞠躬礼。由中华大学校长陈叔澄唱礼，师大女生唱追悼歌，声韵哀婉，全场感泣。最后奏乐，礼毕。时已十一时半，乃整队出发游行各街市，沿途散发传单以十万计。各人亦多持有白旗或书“孙文不死”“革命未成”“千古一人”“死我国父”等字样。每行至一处，即有一部商民起立致敬。并有数西人尾随拍照。一时许，齐集阅马厂，将孙公像亭置于省议会门首，群众环绕数匝，齐呼孙中山先生万岁。后由文学中学乐队导引孙公像亭，绕五龙桥，返烈士祠，仍归神座。各职员依次行礼，并有百余妇孺及僧徒三人，日美各一人，参与行礼。时已五时许，全体职员始摄影而散。又公民联合会所发起追悼会，与时象晋等所发起追悼会，近因经费问题，拟合并于四月八日在武昌首义公园举行，定名为湖北追悼孙中山先生大会，刻正筹备一切。萧已通令各县于四月八日一律举行追悼。①

国旗是国家政治仪式中重要的符号。下半旗志哀是为祭奠对国家贡献卓越者的重大纪念仪式。在湖北及武汉追悼大会期间，省市政府统一下半旗志哀。武汉民众还自发以传统祭奠礼仪，如将“白纸”“白布”悬于门外追悼。相比具有国家仪式感的下半旗志哀，民众祭奠仪式虽不甚符合现代国家政治纪念仪式，但恰恰是普通民众主动建构关于孙中山记忆的表现，也是记忆渗入民间日常生活的表征。正是社会个体参与其中，孙中山的社会记忆才得以建构。武汉关于孙中山社会记忆的形成是武汉各界人民共同参与塑造的结果。

作为社会记忆建构主体，个体的能动性不仅表现为对建构过程的参与，还在于记忆内容的自主选择，这种选择出于社会环境、需要及利益的考量，是立足于现在对过去的建构。辛亥革命虽推翻帝制，但民主共和却屡遭破坏。军阀混战之下社会长期动荡分裂，而创立共和的孙中山成为国人对民主政治的精神寄托，其主张的三民主义及建国方略成为国人希冀所在。这也成为武汉城市关于孙中山记忆的主要内容。在武汉各界举行纪念仪式期间，国民党专门组织讲演团宣扬孙中山及其三民主义。武汉各界各团体宣传孙中山三民主义政策等的印刷品及传单有 300 余种之多。纪念会场中专售孙中山遗像及其《三民主义》《五权宪法》《建国方略》等著作

① 萧萧：《武汉各团体追悼中山纪》，《申报》1925 年 3 月 30 日，第 6 版。

的“中山书店”，购买者络绎不绝。[①] 此外，武汉各团体及个人除致祭外亦借场内讲演台发表演说，大意为孙中山先生虽逝，但尚留主义与治国方略，吾人今日之任务，就是促使孙中山先生之主义与政策实现。[②] 听众甚多且拥挤不堪，凸显出武汉市民对孙中山纪念抱有极大热情。在军阀混战的年代，孙中山及其三民主义契合了当时的形势发展，因此武汉举行的纪念仪式中多有对其思想的传播。

孙中山及其所宣传的三民主义是武汉城市纪念活动中凸显的核心内容。统一中国并建设民主政治的宏大夙愿也是各界在其去世后共同的历史记忆。国内派系纷争不断，各方政治利益不同，因而在纪念活动中各有侧重。正如福柯指出：“谁控制了人们的记忆，谁就控制了人们的行为的脉络……因此，占有记忆，控制它，管理它，是生死攸关的。”[③] 对国民党而言占据三民主义解释权可以将其转化为向心力。孙中山逝世后，国民党各地党部就组织了规模宏大的追悼纪念仪式，仅北京中央公园 10 天公祭仪式，参加的机关、团体就达 1254 个，签字留名者 746823 人。[④] 国民党湖北省党部着重突出其作为孙中山政治继承者身份。国民党湖北省党部悬有挽联称：“革命未成功，同志须努力；吾党尚健在，先生亦长存。”[⑤] 汉口特别市湖北省党部执行委员会唁电：“帝孽犹存，军阀犹存，不平等条约犹存，撒手丢开民国其何能国；主义不死，公理不死，亿万众人心不死，同力合作先生究竟长生。”[⑥] 汉口特别市第九区党部唁电：“总理逝世，民命何依，群众哀忱，悲声雷动。志多未竟，遗嘱长存，悼痛之余，益深奋勉。”武汉各团体追悼道：“中山先生为民国元勋，忽闻仙逝，哀痛殊深。”这些挽联和唁电强调的是孙中山领导辛亥革命推翻帝制，开创共和之历史功绩。

在武汉，各界人士追悼孙中山的活动以武昌、汉口为中心。3 月 14 日、15 日武昌各界下半旗志哀，各公团追悼声浪甚高。驻鄂海军各舰自 14

---

① 葛培林：《永留浩气在人间——1925 年海内外悼念孙中山先生活动纪实》，《中山文史》第 39 辑，第 237 页。

② 葛培林：《永留浩气在人间——1925 年海内外悼念孙中山先生活动纪实》，《中山文史》第 39 辑，第 238 页。

③ 转引自高萍《社会记忆理论研究综述》，《西北民族大学学报》（哲学社会科学版）2011 年第 3 期。

④ 陈蕴茜：《崇拜与记忆——孙中山符号的建构与传播》，第 72 页。

⑤ 中国人民政治协商会议天津市委员会文史资料委员会编《天津文史资料选辑》第 126 辑《孙中山挽联选编》，天津人民出版社，2018，第 436 页。

⑥ 《天津文史资料选辑》第 126 辑《孙中山挽联选编》，第 437 页。

日起，皆下半旗三日，各机关则于15日下半旗志哀。汉口商界与民党15日在公共体育场设祭追悼。湖北全省则在4月7~9日连续三天追悼，把纪念活动推向了高潮。在追悼纪念大会仪式上，国民党湖北省党部在孙中山半身遗像上方悬有“痛失导师”匾额以及“吾党尚健在，先生亦长存”挽联。[①] 汉口特别市湖北省党部执行委员会高呼：总理虽逝，然“主义不死”“遗嘱长存”，国民党为孙中山先生手创，定将“完成总理未竟之志”。[②] 国民党利用逝世纪念活动向社会表明其作为合法继承人来完成孙中山未竟之志，“总理四十年革命精神已深印于吾五十万党员脑中，自当努力奋斗，以竟总理未竟之志，而完成国民革命事业”。[③] 在孙中山生前身后国内陷入长期权力纷争之中，在军阀政府丧失民心之际，国民党此举对于解释政权合法性及争取民意起到指引作用。

相对湖北省及汉口市党部带有特定政治目的的孙中山逝世纪念仪式，武汉工商学界对孙中山的纪念更能代表普通大众的纪念与相关历史记忆。

武昌县教育协进会会长吴鸿斌3月19日致孙中山治丧处唁电：“昊天不吊，夺我元勋，噩耗传来，同声一哭。”称将于22日召集全体会员举行哀悼仪式。武昌师范大学全体学生在纪念挽联中称孙中山“只手创共和，功勋不让华盛顿；主义标民主，学理精通马克思”。武昌商科大学学生自治会挽联：“三民主义，五权宪法，建国方略，遗著满寰瀛，起废针言有良策；贫贱不移，富贵不淫，威武不屈，精诚贯宇宙，盖棺论定此完人。”国立武昌商科大学全体教职员挽联侧重三民主义，称孙中山“是一代伟人，天胡不吊；抱三民主义，公实长存”。商科大学预科全体学生挽联：“推翻专制，建造共和，当年备极艰辛，博得流芳百世；领袖群英，指导民众，今日遽传噩耗，料应退恨千秋。”湖北省立医科大学唁电：“中山先生为国效劳，遽尔星陨，噩耗传来，五内俱摧。”并开会追悼，以表哀忱。武昌大学群社挽联：“先生是古今伟人，纵壮志未伸，三民五权永垂不朽；我辈值国家多难，念后死有责，千钧一发徒痛奚为。”[④] 武昌大学湘籍学会、致忠中学等在挽联中称孙中山首创革命，缔造共和，为历史“伟人”，并多有称赞其开创民主共和之功绩。

武汉政商学各界挽联中多有“民主”“共和”“三民”“五权”等字

① 葛培林：《永留浩气在人间——1925年海内外悼念孙中山先生活动纪实》，《中山文史》第39辑，第237页。

② 《天津文史资料选辑》第126辑《孙中山挽联选编》，第437页。

③ 桑兵主编《各方致孙中山函电汇编》第10卷，第115页。

④ 《天津文史资料选辑》第126辑《孙中山挽联选编》，第436、434、435、438页。

眼。武昌总商会唁电称："惊悉中山先生遽尔崩殂，良用感悼。斗山安仰，徒伤太液，风清邦国，何堪顿失，普天春減。"义昌机器厂木样部同人称："三民留万古，鞠躬尽瘁，惊悉大星陨处，漫天风雨哭先生。"武汉各界人士追悼大会悬挂挽联两副。一副为："扫除五千年帝制淫威，为惨剧，为欢场，镇血是精神，革命成功高揖让；造得四百兆平民幸福，望和平，望奋斗，乾坤归掌握，临终遗言见精神。"另一副为："天为斯人，构一线机宜，死得其地，死得其时，一息千稔，举国服丧咸旷兴；心敬先生，如万家慈佛，形质虽亡，英灵不灭，五权三民，前途大事属吾徒。"① 孙中山领导的辛亥革命推翻帝制使其作为伟人形象存在于武汉民众心中。这一选择既出于对孙中山的尊崇，也暗含对军阀纷争不断、政局不稳的不满。

孙中山逝世后武汉各界举行大规模追悼纪念活动。参与追悼人数达数万人之多。在内忧外患的动荡时期，推翻专制、建立共和的孙中山无疑成为"跻世太平，与列强成均势"② 之寄托。

各界组织追悼活动既是政治纪念，亦是表达以孙中山及三民主义为旗帜，凝聚力量而探求救国救民之路。在政局变动的复杂背景下形成武汉城市关于孙中山的社会记忆。国民党与武汉各界在共同社会记忆之外也向社会输出基于各自现实需求的记忆内容，意图通过记忆建构影响社会个体的思想及行为。无论出于何种目的，都构成了武汉关于孙中山记忆中的一环，共同建构了武汉关于孙中山逝世后的集体记忆。

## 二　宁汉合流前后武汉城市中对孙中山纪念话语的争夺

1926年10月10日，国民革命军攻占武昌。随后国民政府及国民党中央党部人员分批迁往武汉。为不使中央机关和国民政府工作中断，徐谦、陈友仁、宋庆龄以及苏联顾问鲍罗廷等人召开会议，决定成立国民党中央执行委员暨国民政府委员临时联席会议执行党政最高职权。从武汉临时联席会议成立直至"七一五"政变期间，原本赞同迁移武汉的蒋介石出于争夺最高领导权的政治考量盘踞南昌，成立南昌中央政治会议。此后发动政变，建立南京国民政府，与武汉国民政府对峙。"孙中山去世后，国民党内部在胡汉民、汪精卫、蒋介石之间就党魁继承人问题，展开了异常激烈

① 《天津文史资料选辑》第126辑《孙中山挽联选编》，第439、436~437页。

② 桑兵主编《各方致孙中山函电汇编》第10卷，第96页。

的权力斗争。……国民党内部这种左、右派系之间的争斗，不仅在党的最高权力机关——党的全国代表大会上有反映，在更具象征意义的‘孙中山逝世周年纪念活动’主导权争夺上，亦有充分反映。”[①] 在此期间，孙中山及其主义作为国民党政权合法性的来源成为双方争夺的政治符号，因而1927 年前后武汉城市关于孙中山的记忆也是以国民党两派的政治博弈为主要内容。

四一二政变之前，汪精卫等与蒋介石的斗争以迁都为开端。时任国民革命军总司令的蒋介石电国民党中央代主席张静江及国民政府代主席谭延闿，提议中央党部迁往武昌，以谋党务之发展。但武汉临时联席会议正式办公后，蒋介石却“因政治与军事发展便利起见”，宣布中央党部及国民政府暂驻南昌。武汉方面对此决议持保留态度，但一再重申迁都对革命局势的影响。武汉各界团体如汉口特别市商民协会、武昌总商会、湖北省妇协等则纷纷致电蒋介石阐述武汉作为“先烈起义之区”的优越性，请求维持原议尽快迁都。[②]

政治形势与城市记忆塑造有着密切的关系，武汉作为国民党迁都问题的“当事人”，以“首义之地”的身份作为资本，重申与孙中山的密切关系，阐明迁都武汉的合理性。武汉各界对于“首义之地”这一符号的运用，也是“孙中山”在武汉城市记忆中不断重现的过程。面对武汉各界迁都请求，蒋介石囿于此时力量薄弱并未断然拒绝，而是采取折中之法，提出在“三月一日中央执行委员会全体开会公决中央党部及国民政府驻在地后，再行迁移”。[③] 此后屡次以“总理”信徒自居，反对武汉提出的各种主张。武汉方面渐认清蒋介石政治野心，在 1927 年 2 月开展了提高党权运动，武汉与南昌的权斗走上明面。

武汉党部与蒋介石权斗以提高党权为导火线，围绕反对军事独裁而展开。1927 年 2 月武汉党部发表党务宣传要点，暗指蒋介石受封建思想支配，有个人独裁之倾向。并且认为蒋盘踞南昌，脱离党的正式指导机关进行个人政治活动，“便可以有反革命的倾向”。针对蒋的军事独裁，国民党中央宣传委员会在《中央委员宣传要点》中提出“实现民主政治，扫除封建势力”，率先发难。

面对武汉国民政府方面的责难，蒋介石随即在南昌总部总理纪念周的纪念仪式上进行驳斥。他否认武汉联席会议的合法性，认为其没有根据，

① 徐涛：《上海城市记忆中的孙中山（1925~1949）》，《近代史研究》2018 年第 1 期。

② 武汉地方志编纂委员会办公室编《武汉国民政府史料》，武汉出版社，2005，第 78 页。

③ 《武汉国民政府史料》，第 77 页。

不照党章，不守纪律，与西山会议没有区别，指出要提高党权就必须取消武汉联席会议，否则就是“没有党，也没有政府”。[①] 蒋介石则顺理成章地将“个人独裁”的帽子扣在了武汉国民政府联席会议主席徐谦头上，并且以“总理信徒”为标榜，称“中正要是有独裁的倾向，成了独裁制的时候，那就是失了民主政治的精神，就是违背了我们党的纪律，中正就不算是总理的信徒，而是党的叛徒。既是本党的叛徒，任何人都可以惩办我的，任何人都可以枪毙我的”。[②] 对于自身掌控的军权来源，蒋介石同样以总理所授为由，并且还义正词严地谈道：“如果中正有一点违反命令的态度，中正便是总理的叛徒，随便哪一个党员都可以惩罚枪杀我的。”[③] 蒋介石将自己塑造为一个全心全意忠诚于总理的信徒，其所做的一切也都是总理委任，轻松化解了武汉党部的指控，还为其权力找到了合法来源。

孙中山在逝世后成为各方争夺的重要政治符号资源。各方也以这一政治符号进行建构与宣传。[④] “孙中山”符号特殊意义使蒋介石认识到谁占据这一符号的话语权谁就能在政治博弈中占据上风，所以除为自己辩护外，蒋介石还将“孙中山”符号的利用达到最大化。在 2 月的党务宣传要点中，武汉党部再次率先向蒋介石等人发难，称要肃清党内一切昏庸老朽的反动分子以及与之相勾结的官僚市侩，“用打倒西山会议派的精神对待一切党内的昏庸老朽的反动分子”。而在蒋介石这里，武汉党部抨击并意在打倒的这些“昏庸老朽的反动分子”，被塑造为“总理最诚实的信徒”，“总理所相信、所敬重的最忠实的同志”，所以武汉党部此举无异于分化国民党，使革命难以成功。蒋介石进而提出，“总理平生所最尊重的、最敬爱的同志，我们要同总理一样的尊重他、敬爱他”。[⑤] 武汉党部此举虽将斗争矛头转向党内“昏庸老朽的反动分子”，但其本意直指蒋介石。蒋介石深知对方意在何处，再次利用“孙中山”符号，同时将问题与国民革命挂钩，以显示自己心系大局、一心为国的胸襟，暗指武汉党部对这些“总理最诚实的信徒”的排斥，是要分化国民党，妨碍国民革命，是“本党的败类”。在双方权斗中，蒋介石对“孙中山”符号的利用更加主动。

四一二政变之前，武汉国民政府以据有首义之地作为政治资本。蒋介

① 《武汉国民政府史料》，第 78 页。

② 《武汉国民政府史料》，第 79 页。

③ 《武汉国民政府史料》，第 81 页。

④ 郭辉：《国家纪念日与抗战时期“孙中山”形象的塑造》，《湖北大学学报》（哲学社会科学版）2017 年第 2 期。

⑤ 《武汉国民政府史料》，第 79 页。

石以对“孙中山”符号的频繁利用为抵抗。以“总理”之名，为自己及同党辩护；以“总理信徒”自居，制造声势，煽动人心，为自己赢取政治资本。而在此期间武汉方面对“孙中山”符号的利用并不主动，仅以较为隐晦的政党性语言对蒋介石施压。蒋介石对“孙中山”符号极尽利用使其在此时政治博弈中隐隐占据上风。

尽管孙中山去世后国民党内部新旧、左右派系权斗不断，但 1927 年 3 月 12 日，为纪念孙中山逝世两周年，武汉罢工、罢市、罢课一日，农工各界列队游行，场面极壮观。上午 9 时举行纪念典礼，各机关各团体下半旗及停止游乐一日，各工厂停工一日，11 日、12 日两晚三镇提灯。[①] 武汉各界还举行纪念大会，武昌在阅马场、汉口在血花世界、汉阳在汉阳球场同时举行。新闻报道称：“当日虽下雨，但三镇参加群众不下百万，可谓盛矣。”武昌群众及各界代表莅会共计 30 余万人，以各工厂及各部队士兵参加者为最多。邓演达、恽代英等发表演说。汉口因狂风急雨，主席台倒塌，遂临时改至血花世界，到会群众约 70 万人。演讲台分三处：总理纪念堂、大剧场、三楼露场。中央委员何香凝、徐谦、孙科，国民政府高等顾问鲍罗廷及中国共产党代表均有演说。汉阳各团体各机关上午 9 时在汉阳球场集合举行总理逝世二周年纪念大会，约 6000 人到会。纪念大会通过决议继续拥护总理联俄、联共、扶助农工三大政策等十项通电。[②]

1927 年 4 月蒋介石发动反革命军事政变，武汉、南京方面对“孙中山”政治符号的争夺也达到顶峰。蒋介石深谙利用“孙中山”符号在党内外开展政治斗争的优势。其在发动政变次日即拟告国民党同志书，文首点明自己秉承总理遗训，文中也多次以“总理”名义为政变寻求合法性解释。之后赴国立东南大学召集黄埔同学会演讲，提出“共产主义却要来消灭三民主义”，而武汉党部却“投降共产党”，就不是“总理的信徒”，亦不愿“实行三民主义”。蒋介石为夺权转移斗争视线，以“总理”之名义将自己置于正义的一方，又以“保全总理的三民主义”“保全中国国民党”为名，号召“总理信徒”消灭“谋害国民党的共产党”，而与共产党一道的武汉党部既不是“总理信徒”，也不愿实行三民主义。其意在掩人耳目而争正统地位。蒋介石将武汉党部“总理信徒”身份摘去，既非“总理信徒”，就无资格继承“孙中山”符号。而蒋则自然成为国民党党内的合法

① 《武汉粤港纪念中山大会》，《申报》1927 年 3 月 14 日，第 4 版。

② 《武汉孙中山二周纪念》，《申报》1927 年 3 月 20 日，第 7 版。

继承人。[①]

涉及党内最高权力的争夺，武汉国民政府同样利用“孙中山”符号与蒋介石展开博弈。4 月 16 日汪精卫通电全国，谓蒋介石发动反革命政变，反抗中央，提出反共口号，是“博帝国主义、军阀及一切反革命者之同情”，蒋此举是毁坏“总理留遗之党及政策”。随后，国民党中执会宣布蒋介石十二条罪状，“违背本党总理遗训”被列在首位。此外，还有“曲解三民主义”“将总理艰难缔造之党军校毁灭无余”等。同时，国民党中央执行委员会委员等联名发表讨蒋宣言，称蒋介石为“总理之叛徒”、“本党之败类”及“民族之蟊贼”。[②]“总理叛徒”与“总理信徒”虽仅一字之差，但其政治意涵却完全相反。

在此期间武汉国民政府与蒋介石斗争的激烈程度与“孙中山”政治符号运用密切关联。孙中山的崇高地位是国民党政权合法性来源的基础，也是其整合国家力量、争取国家资源的有效资本。因而“孙中山”符号是武汉与南京方面都极力争夺的政治资源，也是争夺政权与争取民心的资本。二者极力占据“孙中山”符号解释权，将对方排斥在“孙中山”符号的合法继承者之外。这场激烈的政治风波不可避免地影响到武汉各界，各团体纷纷表明立场，加入武汉国民政府阵营。湖北各团体称蒋介石“完全违反我总理之三大政策，背叛本党之主义、政纲”。[③] 武昌中山大学学生会亦组织学生声讨蒋介石并通电全国，表明坚决支持武汉革命政府的中央执行委员会。[④]

1928 年，待及蒋介石的军政独裁统治稳固下来，他在武昌欢迎会场发表演说时亦完全以中山信徒自居，演说开场即称：“本党全体的同志遵照总理的遗嘱，本着总理革命的精神……我们第一步的工作就是要全国的同胞团结起来共同一致的拿我们总理的三民主义来做一个思想的中心。”“我们要打倒帝国主义建设革命的新中国，第一件要拿我们的思想统一起来，一定要拿三民主义统一我们中国人的思想。”演讲结束时称继承中山先生遗嘱，三民主义一定可以实现。[⑤] 国民党高层内部权争在武汉不断上演，并形成激烈的权力话语争夺。作为权斗中争夺工具的“孙中山”符号集中

① 《武汉国民政府史料》，第 346~350 页。

② 《武汉国民政府史料》，第 88~89 页。

③ 《武汉国民政府史料》，第 68 页。

④ 谢红星主编《武汉大学校史新编（1893~2013）》，武汉大学出版社，2013，第 50 页。

⑤ 《蒋总司令在武昌欢迎会场之演说》，《湖北省政府公报》第 6 期，1928 年，第 107~110 页。

体现在这一时期政治社会的多个层面上。这一时期，武汉对于孙中山记忆具有浓厚的政治权斗色彩，成为这一时期城市记忆的独有写照。

## 三 全面抗战爆发前武汉城市与孙中山纪念

国民党内部经过激烈的权力博弈，最终宁汉合流，蒋介石成为“孙中山”政治符号合法继承人。蒋介石执政后重新进行“孙中山”符号与记忆的建构，以消弭大众在此期间形成的符号与纪念的疏离感。他深知“孙中山”符号蕴含的政治资本，在获得统治权后即在全国推行“孙中山”符号常态化纪念。纪念日是集时间与空间于一体的密集传输渠道。国民党和国民政府制造出各种关于孙中山的纪念仪式，利用纪念日话语强调孙中山的特殊地位，描绘其经历、人格、精神等。①

为加深历史记忆，官方通过立法设立总理逝世纪念日、广州蒙难纪念日、总理诞辰纪念日来输出纪念，将“孙中山”符号渗透到大众生活的各个方面，使民众在国民党构建的孙中山崇拜的社会氛围中不自觉地形成对“孙中山”符号的认可及尊崇。武汉作为南京国民政府中央权力的强控制区，在此期间自然也成为“孙中山”符号常态化建设的重要区域。

宁汉合流之后，新桂系李宗仁等凭借掌握的兵权控制两湖地区。1929年初，蒋介石兵分三路进攻新桂系，经过蒋桂战争，同年4月蒋所控制的中央军进入湖北并迅速控制武汉。4月27日改武汉市为武汉特别市。刘文岛及继任市长吴国桢等人迈出了大规模建设的步伐。市政府总工程师张斐然撰写的《武汉特别市之设计方针》则基本依据孙中山的《建国方略》。因孙中山灵柩由北京碧云寺迁到南京钟山安葬，武汉各界在武昌首义公园举行奉安纪念典礼。武汉大学校务会议决定由时任文学院院长闻一多撰写祭文。祭文虽短，但内容丰富，从“神州陆沉，受制异族”到“光复故物，金瓯不亏”，由“大盗移国……祸延南北”至“催公北上，耆定坤乾”，囊括了孙中山一生的功业。②

仪式的常态化是仪式能够深入人心并形成深刻记忆的重要途径。③ 总理纪念周是国民党专门制定的日常纪念仪式，是“孙中山”符号常态化建构的重要一环。恭读总理遗嘱是纪念的重要方式，武汉各机关各团体在举

① 郭辉：《国家纪念日与抗战时期“孙中山”形象的塑造》，《湖北大学学报》（哲学社会科学版）2017年第4期。

② 唐达晖整理《闻一多全集·文艺评论·散文杂文》，湖北人民出版社，2004，第343页。

③ 陈蕴茜：《崇拜与记忆——孙中山符号的建构与传播》，第192页。

行集会时免不了这一流程，但“恭读总理遗嘱时往往不先读总理遗嘱四字即读本文，或将总理遗嘱四字任意更易”的情况也时有出现。[①] 湖北省及武汉市曾通令各级政府严格按照规范仪式举行。国民政府将总理纪念周固定化后，汉口军政各界通常在纪念周上进行若干主题的政治演讲。

1927 年 12 月 1 日在武昌第一次纪念周中，率兵西征击败唐生智的国民党中央政治会议武汉分会主席李宗仁对军官训话：“革命尚未成功，我武装同志切莫灰心。”呼吁要肃清国内反革命派，统一中华民国，然后才可以取消不平等条约。[②] 1928 年 8 月 1 日武汉政分会纪念周，秘书长翁敬棠报告：“废除不平等条约精神，未满期者尚应废止，日约到期当然失效。”[③] 1931 年 12 月 21 日各校教职员、学生代表举行扩大纪念周，何成濬报告学生爱国运动与民族生存，希望各学生受理智支配勿为感情冲动，巩固中枢，共纾国难。[④] 1935 年 3 月 4 日武昌行营举行首次纪念周活动，张学良致训词：“（一）同人间应和衷共济，相见以诚；（二）应避免无谓应酬，以惜财惜时；（三）发颁命令应顾及事实，切戒草率；（四）应努力自尊自爱，奉公守法。”[⑤]

在总理纪念周上武汉党政机关通常举行“剿匪”、抗日等演说。“纪念周正是从时间与仪式两个维度，将孙中山符号植入人们的生活与思想之中。纪念周因其制度时间严格规范的特质，对于人们对孙中山符号记忆的形成具有更加深刻的影响。”[⑥] 全面抗战前，据不完全统计，蒋介石曾三次在武汉党政机关总理纪念周上讲话。1934 年 10 月 8 日三省总部扩大纪念周活动，蒋介石出席，张学良等军政要人参加。蒋介石演讲：“盼继续努力，更望各军政长官注意农村建设，盖欲强教民死欲富教民劳，积广大之劳力，何事不成。如动辄需钱，徒见其不能作事也。”[⑦]

1935 年 2 月 25 日总部扩大纪念周仪式上，张学良以及武汉市长、武汉市公安局长署长和各校校长 200 余人恭聆训示。蒋介石重点谈论新生活运动，希望军政长官以身作则，负起改良风气的责任；亦望军政长官继续推行新生活运动，使武汉成为全国模范。[⑧] 1936 年 2 月 10 日，何成濬在汉

---

① 《国民政府训令：第三三号》（1930 年 1 月 25 日），《教育部公报》第 5 期，1930 年。

② 《李宗仁对七军军官训话》，《申报》1927 年 12 月 1 日，第 9 版。

③ 《汉口来电》，《申报》1928 年 8 月 1 日，第 9 版。

④ 《鄂省府扩大纪念周》，《申报》1931 年 12 月 22 日，第 8 版。

⑤ 《武昌行营首次纪念周》，《申报》1935 年 3 月 5 日，第 3 版。

⑥ 陈蕴茜：《崇拜与记忆——孙中山符号的建构与传播》，第 243 页。

⑦ 《三省总部扩大纪念周　蒋委长出席训话》，《申报》1934 年 10 月 9 日，第 3 版。

⑧ 《总部扩大纪念周　蒋述到武汉感想》，《申报》1935 年 2 月 26 日，第 3 版。

党部纪念周报告："际此国难严重，各界务须上下一致，以谋复兴中华民族。切勿以消极与放纵态度，更当举行四维八德来救中国。"[①]

孙中山逝世后的纪念日拥有巨大的社会动员力。上自国民党中央，下至各省市党部多举行隆重的祭奠仪式。1928 年 3 月，国民党中央经议决拟定此后"每岁三月十二日，全国各地一致举行植树典礼，以为全国造中山林之提倡，务期蔚成大观，昭布无极"。[②] 国民政府决定从 3 月 11 日起的一星期为造林宣传周，此后在逝世纪念日举行大规模植树活动成为重要仪式。湖北省及武汉市每年均举行规模不等的植树活动。每逢逝世纪念日，武汉各界会选择在汉阳龟山及武昌珞珈山、洪山等处植树。武汉市政商学各界亦举行孙中山逝世纪念仪式暨植树节活动。

1934 年孙中山逝世九周年，武汉市在洪山及中山公园分别举行植树活动，市长吴国桢在中山公园植树。[③] 1935 年湖北省清洁运动会于 3 月 15 日举办，张群出席，讲述总理知难行易学说。张学良派代表王化一致训词，希望将武汉打造成清洁模范区。当日张学良率钱大钧、甘乃光等在武昌郊外植树提倡造林。[④] 1935 年 3 月 12 日，武汉举行孙中山逝世十周年纪念仪式，武汉各机关团体代表 400 余人参加，主席单成仪做纪念报告。会场设在中山公园运动场内，事先由市政府派员布置，在公园门首石柱上均缀缠蓝白两色竹布，自大门到会场，沿路竖立"植树会场由此进"木牌数十个。场门两旁列桌，设有签到簿及植树木牌处，以便各界签名领取。主席台上悬揖总理遗像，党国旗分列两旁，供奉鲜花百余盆，极形严肃悲壮，台前装有播音机及广播无线电发音机各一架，播送开会情形。台下坪地，为各机关团体代表及各学校学生席。9 时后各机关团体代表及各学校学生相继而至，计有万余人，秩序井然，严肃静穆。刘亚平致词："'总理精神不死'，究竟总理精神如何不死，如何使他不死，其关键全系于我全党同志。盖吾人上倘能本总理伟大的革命精神与人格秉承总理遗志，继续奋斗，则总理精神永久不死，否则徒重仪式上的纪念，而不继承遗志，则'总理精神不死'终不过一句口号而已。"[⑤] 演说结束后武汉市政府及各界代表共同前往中山公园参加植树仪式。

武汉市政府相当重视以植树活动纪念孙中山活动。1935 年，张学良及

---

① 《在汉党部纪念周报告》，《申报》1936 年 2 月 11 日，第 9 版。

② 《中央提倡造中山林》，《申报》1928 年 3 月 3 日，第 4 版。

③ 《总理逝世九周纪念植树典礼》，《申报》1934 年 3 月 22 日，第 31 版。

④ 《鄂清洁运动会开幕》，《申报》1935 年 3 月 16 日，第 11 版。

⑤ 《省市各界昨日举行植树式纪念总理忌辰》，《大光报》1935 年 3 月 13 日，第 2 张第 5 版。

省政府主席出席孙中山逝世十周年纪念活动。除划定各界植树区域外，主席台上悬总理遗像、遗嘱及党国旗，布置极为整齐，招待地点设于宝通寺，各机关招待人员均经派定。① 会场中设演讲台，前面竖立“总理逝世十周年植树纪念”碑一座，划十一区为各界植树场。行营主任张学良在纪念仪式上演说：“今天我们来纪念总理，就要继承总理伟大的精神和渊博的遗教来培植我们总理所遗留下的这一颗大树——中华民国，务须使他一天一天的茂盛起来，这是我们今天来纪念总理的意义，我们每一个同志和每一个同胞，都要负起这个责任，我愿与各同志各同胞共勉之。”② 演说结束后省市各界代表参与植树活动，武汉各机关团体学校人员前往指定区域植树。

1935 年孙中山逝世十周年纪念，湖北省及武汉市各级政府对逢十纪念安排尤为隆重。纪念会召开前省市均发布大规模纪念公告，武汉全市商民一律下半旗，并停止娱乐宴会以志哀忱。省市各级机关学校银行遵照中央规定休假一日，各游艺场所均奉令停止娱乐一日。湖北省政府、武汉市政府及党部在 3 月 12 日上午 9 时分别召集各界在洪山公园及中山公园举行大规模纪念大会并启动植树仪式。由省区造林运动委员会派员赴洪山布置并划分各界植树区域。武汉各级党部、各机关长官、各级学校等参加纪念。湖北省政府专门发布《告民众书》呼吁民众参加植树造林计划，称“纪念总理来提倡植树是有永久的意义。造林可以实现总理物质建设的计划。造林是生产建设的先声，总理精神不死”。

1936 年，在武汉地方政府举行的纪念大会上还进行了造林宣传周演讲，武汉市党部胡国亭登台演讲。湖北省党部上午 9 时在省党部大礼堂举行各界纪念会，到各机关团体学校代表共约 500 人，由省党部设计委员马愚忱主席报告纪念意义，“首述总理生平之伟大事绩，及其逝世前后之国势与革命运动之演进……奉行总理遗教，发扬民族精神，充实国力，以完成革命大业，而慰总理在天之灵云云”。③

汉口各界因下雨改在 15 日上午 9 时举行植树活动。市政府职员及各机关代表并各校学生均于 9 时在中山公园总理铜像前集合签到，后到市府路指定地点植树，直至 12 时始行结束，市政府备树苗 5 万株。④ 汉口特别市党部召集各机关团体学校举行纪念大会，制定宣传标语张贴散发，同时市

① 《总理逝世纪念武汉悲壮举行》，《大光报》1935 年 3 月 12 日，第 2 张第 5 版。

② 《省市各界昨日举行植树式纪念总理忌辰》，《大光报》1935 年 3 月 13 日，第 2 张第 5 版。

③ 《武汉前日悲壮纪念总理忌辰举行植树》，《大光报》1936 年 3 月 14 日，第 2 张第 5 版。

④ 《汉各界补行植树》，《申报》1936 年 3 月 16 日，第 8 版。

政府还“分别函令各机关学校查照，又汉市民教馆举办之绘画宣传，则定于是日上午开幕，以期促进市民对造林之注意”。[①]

除了武汉市政府组织盛大的植树节纪念仪式外，在武汉的国民党各级党部也相继举行了纪念大会，如在武汉的平汉铁路党部、武株铁路党部、鄂绥靖公署相继举行纪念大会。平汉铁路特别党部于3月12日上午10时在江岸总理纪念堂举行纪念大会。到党部工会工作人员、路局员司暨江岸工友、扶轮学校师生共800余人，由党部委员张平主席报告纪念意义。工会理事刘光福、路局代表杨襄云等相继演说，工务第三总段史段长讲述本路与造林的关系。旋即齐赴江岸扶轮学校后坪植树。武株铁路党部12日上午10时在单位大礼堂举行纪念会，出席者包括路局学校等机关代表及该处职员共30余人。主席报告详述总理一生革命之历史及吾人今后应有之努力，散会后于路局左右空地植树。驻鄂绥靖公署在公署大礼堂举行纪念会，全体职员出席，由主席报告总理逝世纪念之意义，并指定秘书陈鹄人演讲造林问题。粤汉党部为推行造林运动及扩大纪念总理逝世起见，12日上午10时在该路体育场举行扩大纪念会及植树典礼，到该路路局全体员工、铁道炮队全体官长士兵、徐家棚沟口两扶轮小学教职员及学生代表共200余人。至11时散会后在徐家棚东园及车站一带植树。省会造林运动周规定自11日起至17日止。因下雨武汉市大规模的植树活动改期在15日再举行。植树典礼原拟在狮子山举行，因前晨大风雨，临时改在宝通寺内举行。湖北省政府杨永泰及武汉各级军政领导参加，会后由杨永泰带领自宝通寺出发赴狮子山植树。市广播站还进行了汉口市扩大造林宣传周广播讲演，由市党委周炜方讲“造林之意义与种树之常识”，在无线电台播出。

1937年孙中山逝世十二周年，湖北省及武汉市党政机关分别召开纪念大会，全市均下半旗、停止娱乐宴会志哀，各机关学校放假一日，各报社休刊。在洪山举行盛大的植树典礼，各机关团体学校人员全体参加，行营何主任、省府董主席等均亲往植树地点，在洪山民众公共射击场，距宝通寺约500米。汉口特别市党部遵照中央规定举行纪念会，下半旗，并停止娱乐宴会，同时放假一天。特定上午9时30分，召集各界代表，在大礼堂举行纪念会，并规定各机关团体各派代表3~5人，各学校各派教职员代表1~3人、学生代表5~10人，各区党部委职员全体参加，举行盛大纪念会。汉口海员特别党部上午9时召集党部职员及海员分会全体委员、工友举行

① 《武汉各界纪念总理逝世十一周年》，《大光报》1936年3月12日，第2张第5版。

纪念会。武汉各局一律放假一日。[①] 及至 1938 年武汉全面沦陷前，孙中山周年纪念仪式仍在照期举办。

除了逝世纪念日举行纪念仪式与植树礼之外，因武汉为辛亥革命首义之地，公共空间的修建与命名更有其政治纪念意义。1925 年 3 月 26 日国民党北京市党部在致各地同志的函中建议：在北京、汉口、上海、广州及各大城市建立中山公园及图书馆，人民自动集资，建立铜像，是所谓“心系民国，言系民国，行系民国，民国长存；山名中山，城名中山，园名中山，中山不朽”。[②] 国民政府建立后武汉相继开建大型公共娱乐场所。汉口中山公园则彰显了武汉城市对孙中山的纪念。

汉口中山公园原为晚清民初汉口著名商人刘歆生所建私人花园，后移交政府。1928 年，汉口市政府聘任建筑专家吴国柄具体负责公园改建事宜。汉口中山公园属于市政建设的重大项目。经测绘，地址选在西园和直鲁豫同乡会公地范围之内。建设中山公园需要大量苗木，对这一纪念性公园树木种植需求，农矿厅主政厅长方觉慧致电武昌林场、宝积庵农场积极予以配合，将剩余苗木尽数分让，以补中山公园之缺。在吴国柄直接操办下，动用部队等挖湖、堆山，经过初步建设，公园面积达到 125 公顷。还建有运动场、民众教育馆和总理纪念堂等。部分竣工后于 1929 年 6 月 10 日对外开放。

开园后每月 2000 元的管理费由时任武汉特别市市长审批。1929 年 10 月 10 日正式对外开放。公园原定名称为“汉口第一中山公园”，后正式命名为“汉口中山公园”，这一具有纪念意义的名称一直延续至今。公园正门根据英国巴肯汉姆皇宫设计，门两边的石墩子上刻有“中山公园”四个篆体字。在设计上力图将娱乐休闲功能同纪念教育的政治功能结合起来。1931 年武汉洪水泛滥，地处后湖的中山公园遭受灭顶之灾。地方财政收入有限，在此情形下市长吴国桢出面邀集社会贤达和大亨巨贾成立董事会，动员大家集资捐助，这才有了中山公园灾后的重生。[③] 公园面向公众开放，赢得“汉口名同无几家，植树栽花堪争夸。夏来官署浑天地，百姓纷向吃夜茶”的赞誉。许多具有重大历史意义的活动选择在公园内举行。1929 年在此举行总理逝世纪念植树典礼。1933 年蒋介石出席了在此举行的武汉童军总检阅仪式。1934 年 10 月张学良参加中山公园举办的“汉口市第五届

---

① 《武汉今日纪念总理逝世十二周年》，《大公报》1937 年 3 月 12 日，第 2 张第 5 版。

② 葛亮：《武汉中山公园故事》，长江出版社，2015，第 6 页。

③ 肖志华、严昌洪主编《武汉掌故》，武汉出版社，1994，第 55 页。

市民暨第一届中等学校联合运动会”并致开幕词。全面抗战前，汉口中山公园成为工商界、文化界公开宣传抗日的公共场所。后中山公园也发展成为武汉举办重大政治仪式与孙中山纪念活动的固定场所。

民国时期武汉修建了8座中山公园，除改建“第一中山公园”外，还有7座，分别为“就万松园原址建筑第二中山公园；又就德球场原址建筑第三中山公园；武昌亦建筑公园三所，一在黄土坡鄂园，二在大朝街湖上园，三在徐家棚琴园；汉阳就晴川阁、伯牙台各筑公园一所”。[①] 汉口市社会局还将公园内游玩小船名字定为：努力、奋斗、前进、自强、勇敢、胜利、平等、自由、鄂、和平和幸福。武汉报纸《碰报》曾夸赞道：“本市中山公园，为市民游息休憩之唯一公共场所。自非正式开幕以来，该园虽未全部竣工，但市民联袂往游者甚众。……市政当局可谓为市民造福不浅，从此吾人亦可不神往黄浦滩头，心羡半淞园与法国公园矣。”[②] 汉口中山公园的修建是民众生活与政府双重作用的结果，建成之后成为各界活动的场所。

在武昌首义公园内建造孙中山纪念碑亦凸显了武汉民众对孙中山的重要记忆与纪念。1928年参与辛亥首义同人为表达纪念，在武汉蛇山南麓修建了孙中山纪念碑。纪念碑坐北面南，占地100平方米。碑身为中国传统的建筑样式，高7米，碑顶为盒形，碑体用花岗岩石砌成。碑座四周的护柱上环以铁链。碑正面镌刻“总理孙中山先生纪念碑。中华民国十七年国庆日落成”。由辛亥首义公园的经理夏道南和首义伤兵代表何正方监造。以“辛亥首义同人”名义撰写的碑文刻于碑阴。碑座左右两面为花圈挽浮雕图案，庄重典雅。武汉总理纪念堂由建设厅工程师林和成绘制图样，定六个月完竣，内设纪念堂、游泳池、健身房、娱乐场九部，地址在武昌公共体育场内。[③]

“随着孙中山崇拜运动在全国推广，建造孙中山铜像也成国民党向大众进行意识形态宣传的重要手段……孙中山铜像或塑像遂成中山公园内最重要的象征景观。”[④] 1927年3月在武汉召开的国民党二届三中全会上，参会的宋庆龄、毛泽东等人提出作为首义之地的武汉有必要建造孙中山铜像。由刘文岛、吴国桢等人具体操办铜像的筹建。此后，湖北省及武汉市

---

① 葛亮：《武汉中山公园故事》，第7~8页。

② 葛亮：《武汉中山公园故事》，第10~11页。

③ 《总理纪念堂由建设厅工程师林和成计划绘制图样》，《湖北省政府公报》第93期，1930年，第94~96页。

④ 陈蕴茜：《崇拜与记忆——孙中山符号的建构与传播》，第341页。

积极推进孙中山铜像的建铸事宜。湖北省党部临时整理委员会还筹备组建了湖北建铸总理铜像筹备会并颁布了组建章程，会址暂设于湖北省党部内。内设主任一人，总管全会一切事宜。分设总务组、设计组、募捐组、交际组，各组设组长一人，组员若干人，由主任选派。总理铜像建铸费暂定为10万元，由各机关团体学校负责筹募，募集办法另订。[①] 行政院亦专门委派建筑师来汉进行相关建铸事宜的商议，湖北各界建铸总理铜像筹备委员会亦积极与建筑师商议，并迅速推进相关铜像铸造。[②] 湖北省总理纪念堂建筑委员会专门拟订《湖北建铸总理铜像筹备会组织简章》，称“武昌为首义之区，受总理感化最深，尤宜有大规模之建筑”。因此集议在武昌公共体育场修建总理纪念堂。经专家规划，修建三层楼房供陈总理遗像、遗教及纪念亭。[③]

1931年10月10日，位于武昌阅马场的孙中山铜像揭幕，武汉各界人士在此集会举行揭幕典礼。铜像立于湖北军政府旧址门前，由上海知名雕塑家江小鹣设计铸造。孙中山身着中国传统服装长袍马褂，庄严肃立。铜像占地20平方米，通高6.4米，像高2.4米。1933年6月1日，位于汉口三民路的孙中山铜像举行落成典礼。孙中山身着中山装，右手执杖，左腿向前，目光炯炯，正视前方，面向三民路和中山大道。铜像高2.15米，像座高4米，用湖南麻石砌筑，由营造商李万和施工建成。基座四周刻有吴国桢撰写的276字“像赞”。“铜像立于民族路、民权路和三民路交汇处的中心点，通过三民路与横贯市区的中山大道相连，背南面北，巍峨屹立，形成了独特的纪念环境，也是汉口最著名的标志性建筑之一。”[④]

汉口市政府本有在中山公园修建总理纪念堂等的计划。因地方财政经费紧张不能修筑大规模纪念堂，于是“将园中部前民生茶亭旧址略加改建，并于前面饰以美术性之粉刷雕刻，以供市民之敬仰”。亭长为10.5米，宽为10米，当面正门翻造白色洋灰美术门面，堂内筑小台一座，高1米。总理遗像则奉置台上，屋顶做成穹形，以增光线。基地前面及左右并

---

① 《湖北建铸总理铜像筹备会组织简章》，《湖北省政府公报》第83期，1930年，第64~65页。

② 《湖北各界建铸总理铜像筹备委员会日来积极进行建铸》，《湖北省政府公报》第99期，1930年，第95~96页。

③ 《湖北省总理纪念堂建筑委员会黄委员长呈省政府拟订简章呈请鉴核备案》，《湖北省政府公报》第93期，1930年，第49~51页。

④ 罗福惠、朱英主编《辛亥革命的百年记忆与诠释》第4卷，华中师范大学出版社，2011，第503页。

拟放阔2米，绕以栏杆。计所费在2000元以内。[①]

后来相继建成的有总理纪念堂、五权堂及中山图书馆。中山图书馆建为三层：第一层为演讲厅；第二层为图书馆及研究室，用于研究孙中山思想学说；第三层为藏书楼，收藏孙中山遗著、遗物。中山公园内的道路、湖、山等分别命名为五权路、大同湖、香山（借用孙中山灵柩暂放北京香山之名）；园内桥梁分别定名为民族桥、民权桥、民生桥、立法桥、司法桥、行政桥、考试桥、监察桥；园内主干道分别命名为平等路、博爱路、自由路。可谓处处有“中山”。[②] 据吴国柄回忆，“中山公园是汉口人呼吸新鲜空气的地方，公园虽未完成，报纸已大力鼓吹，来游的大众都同声称赞中山公园……中山公园开过一次运动会，茶馆生意好得很。接着照像馆也来了，公园里到处生气盎然”。[③] 中山公园作为推广孙中山崇拜的重要场所，在向社会尤其是普通民众传输三民主义基本概念方面起到了一定作用。它的空间性被化约为一种心灵的建构。国民党正是借由中山公园空间建构大众关于孙中山的社会记忆。[④] 汉口中山公园作为武汉标志性的孙中山纪念空间逐步生成。

除改建汉口中山公园、修建孙中山雕塑之外，为了纪念孙中山，武汉还将后城马路改名为“中山马路”。最早以“中山”命名的街道即是汉口中山大道。1929年后在中山大道南侧拆房屋、扩路基，修建了以孙中山“三民主义”命名的三条路，即民生路、民权路、民族路，以及与之相关的三民路、统一街。民生路南自沿江大道起，北自中山大道工艺大楼侧门止，横贯花楼街、黄陂街，全长约850米，宽19米。民生路是武汉第一条由中国人自己设计并施工的沥青马路，“时经数月，始克完成，今则宽宏大道，商务已盛”。民权路1930年施工，1931年大水前赶修完成。“民权路，乃由三民路起，沿清芬马路，郭家巷等处而至马王庙江边。”民族路在江汉桥修建前是沟通汉口与汉阳的要道。这几条马路建成后形成汉口租界外闹市中心纵横交错的道路网。抗日战争胜利后国民政府将上述三段路正式统一命名为中山大道，并举行了隆重的命名仪式，这一名称一直沿用

① 《中山公园之新工程计划与最近之工程》，《新汉口》第2卷第6期，1930年，第160~161页。

② 罗福惠、朱英主编《辛亥革命的百年记忆与诠释》第4卷，第505页。

③ 吴国柄：《我与汉口中山公园及市政建设》，武汉市政协文史资料研究委员会编印《武汉文史资料》总第31辑，1988，第83页。

④ 陈蕴茜：《空间重组与孙中山崇拜——以民国时期中山公园为中心的考察》，《史林》2006年第1期。

至今。[①] 民生、民权、民族三条马路拓宽建设年代早，路面宽阔，而且是高等级柏油马路，道路两旁商贾云集。

为了纪念孙中山，1926年11月湖北政务委员会决定将国立武昌大学、商科大学、湖北省立文科大学、法科大学、医科大学合并改名为国立武昌中山大学，“以研究高深学术、培养革命人才为宗旨”。[②] 1928年7月国立武昌中山大学改名为国立武汉大学。

国民党和国民政府通过国家纪念日尽可能地书写孙中山之伟大与其三民主义之高明。[③] 1928年汉口特别市党务指导委员会举行双十国庆纪念，发布宣言重点阐述了继承孙中山革命精神“应该要纪念总理及先烈之奋斗精神……不断地向前奋斗，那才不辜负总理对于我们的期望，那才对得今日以前为中华民国而牺牲，为国民革命而成功取义的先烈。……要拥护统一的国民政府实行三民主义的建设”。[④] 1928年国民党湖北省、汉口特别市党务训练所为纪念孙中山诞辰宣言称：“立下一个‘恪遵总理的三民主义，继承总理的伟大精神，遵照总理的遗教遗嘱，继续努力，务将总理的救国济世的伟业——国民革命——底于完成，俾三民主义的新中华民国和三民主义的大同世界，于最短期间，得以实现’的誓词。”[⑤] 汉口市党部提出了7条纪念要点，陈述了创立共和伟大功绩并称继续其未竟的革命事业，打倒军阀与帝国主义，“吾人今日庆祝总理诞辰当秉承总理遗志，努力于收回租界与废除不平等条约运动”。[⑥]

总理奉安大典亦是孙中山逝世后重要政治纪念仪式之一。1929年4月18日，武汉特别市政府训令总理奉安前后下半旗三天，禁止娱乐表演七日。武汉市市政委员会还通过戏剧审查委员会审查民乐园及各游戏场，规定在诞辰纪念日均须编演总理相关历史剧或革命历史剧，如不能做到其剧

---

① 王登福主编《江汉史话》，武汉出版社，2003，第392页。

② 武汉教育志编纂委员会主编《武汉教育百年大事记》，武汉工业大学出版社，1999，第39页。

③ 郭辉：《国家纪念日与抗战时期“孙中山”形象的塑造》，《湖北大学学报》（哲学社会科学版）2017年第4期。

④ 《汉口特别市党务指导委员会十七年国庆纪念宣言》，《湖北省政府公报》第19期，1928年，第96~100页。

⑤ 《中国国民党湖北省、汉口特别市党务训练所为纪念总理诞辰宣言》，《湖北党务指导月刊》第1卷第2期，1928年，第32~34页。

⑥ 《汉市党部宣传总理诞辰纪念要点》，《湖北省政府公报》第71期，1929年，第66~68页。

本亦应加以限制。[①] 曾有参与纪念仪式的人士发表感想：总理诞辰纪念日是全国人民最欢欣鼓舞的一天，全市一律休业以表庆祝。市政府在中山公园举行庆祝典礼，晚上提灯大会，参加的有各机关、民众团体、各学校人员共数万人。六大队由中山公园出发，一路乐声悠扬，好不热闹。外有汽车 70 余辆，扎满了灯丝，各界音乐队在车上，最新奇的有航空专用汽车扎成两架飞机，前面做了大风车，不停地转动，和真的无异。[②]

此外，1931 年汉口举行了各界纪念总理奉安暨庆祝约法公布大会。同年汉口各界还举行了追悼陆海空军讨逆阵亡将士大会及总理逝世六周年纪念大会。武汉市通过各种纪念将“孙中山”符号嵌入地方社会各种公共活动之中。[③] 如汉口《中山日报》专门组织编辑了《总理逝世四周年纪念特刊》，国民党高层人士孙科及武汉党政人士在纪念特刊上撰文表达纪念。孙科还撰文从经济建设、政治建设、军事建设三方面号召国民党分工合作以实现孙中山的政治遗愿。[④] 国民政府通过固定的纪念仪式向大众传输“孙中山”政治符号，并以此达到在日常生活中渗透的目的。在城市发展变迁中，常态化“孙中山”符号的输出潜移默化地加深了武汉城市中民众对孙中山的历史记忆。

## 结 语

记忆是立足于现在对过去事件的抽象重构。作为一种形式化的语言，纪念仪式对社会记忆的塑造极为重要。通过各种纪念仪式传递记忆，使社会个体在对仪式的操演中维持关于孙中山的社会记忆，并通过常态化、日常化的符号输出，使社会大众无时无刻不置身于孙中山崇拜的社会语境之中——举目望遗像，集会读遗嘱，以无处不在的符号输出使社会大众形成对孙中山的记忆。对推翻帝制创建共和的功勋政治人物孙中山的崇拜从其生前延至其身后。国民党出于政治考量在执政稳固后利用各种政治纪念仪式来建构和推广孙中山崇拜与记忆。各界以自身利益为出发点亦不同程度

---

① 《令民乐园于总理诞辰纪念日编演戏剧办法由》，《武汉市社会局局务汇刊》第 1 期，1929 年，第 273~274 页。

② 《校外同学通信栏（汉口通信）：看了庆祝总理诞辰提灯大会后的愉快和感想》，《石潭学生周报》第 4 卷第 36 期，1930 年，第 2 页。

③ 1927 年《武汉评论》（武昌）编辑了《总理逝世二周年纪念专号》，1930 年《汉口党务半月刊》编辑了《总理诞辰纪念专号》等纪念专刊。

④ 孙科：《三民主义的建设——为总理逝世四周年纪念作》，《交通大学日刊》第 14 期，1929 年，第 1~2 页。

地参与其中，各方目的虽不尽一致，但是共同建构了带有时代色彩的孙中山记忆。

记忆不仅是被政治、历史、文化等各种外部力量“形塑”的产物，也是记忆主体在自身能动作用下主动“建构”的结果。[①] 孙中山逝世后全国主要城市都以大规模的纪念活动及与之相关的系列建设构建了关于孙中山的社会记忆。但由于城市定位及发展轨迹不同，其对孙中山记忆带有明显的城市变迁的烙印。辛亥首义发生在武汉地区，使武汉在政治上取得了举足轻重的地位，也为三镇赢得了“首义之区”的光荣。[②] 武汉作为辛亥首义之地，亦为北伐后武汉国民政府迁都之处，与孙中山生前身后密切关联。武汉市内分布着诸多辛亥革命以及孙中山纪念的历史建筑遗迹。整体看虽没有南京庄严宏伟的中山陵，也没有广州数量众多的纪念遗迹，但是特殊的城市定位及发展轨迹造就了武汉对于孙中山的独有记忆。“南京国民政府统治的前十年，武汉三镇的市政建设有了很大发展，建设者也有意识地将城市建设与孙中山的纪念有机结合。”[③] 作为辛亥首义之地，武汉在中国革命进程中的特殊地位使其与孙中山的关系密切。武汉对孙中山逝世后历次隆重的纪念仪式体现出其作为首义之地的示范性，亦通过纪念仪式延续和承继对孙中山革命功绩的记忆与革命精神的诠释。

“孙中山”符号对国民党而言是政权合法性的来源，对武汉而言亦具有纪念辛亥首义的重要政治意义。北伐迁都武汉后，国民党内部派系权力之争使“孙中山”符号成为党内派系政治博弈的工具，形成武汉关于孙中山的特殊记忆。

整体观之，民国时期武汉城市关于孙中山记忆具有较鲜明的阶段性特征，与孙中山纪念相关的重要场景的塑造和武汉自身的历史定位及发展轨迹息息相关。在武汉城市展开的孙中山纪念活动中，又掺杂着政局变动及政治合法话语等各种因素。这些因素的多维融合最终形成了武汉色彩的孙中山记忆。

---

① 高萍：《社会记忆理论研究综述》，《西北民族大学学报》（哲学社会科学版）2011 年第 3 期。

② 陈蕴茜等：《辛亥革命的百年记忆与诠释》第 4 卷《纪念空间与辛亥革命百年记忆》，第 502 页。

③ 陈蕴茜等：《辛亥革命的百年记忆与诠释》第 4 卷《纪念空间与辛亥革命百年记忆》，第 503 页。

# 抗日战争胜利前后的国民营养

李俊杰*

**提　要**　抗战时期，残酷的战争环境导致国民经济严重衰退，加之粮食短缺、物价上涨、国民所得较低，民众生活苦不堪言。国民经济衰退影响到国民健康，国民营养状况每况愈下，无论是前方士兵还是后方学生，都遭受着营养不良的痛楚。为改变这一状况，国民政府行政院发起了营养改进运动，通过调整膳食结构、加强营养宣传来改善和补充战时国民营养。中央设计局制定了战后国民营养规划，希望通过发展生产提高国民营养水平。营养问题与粮农体系密切相关，抗战胜利前后国民政府参与联合国粮农组织的创建及相关会议，参与全球国民营养问题的交流。

**关键词**　国民营养水平　营养改进运动　粮农组织

19 世纪中期，西方现代营养学知识随着来华的西方传教士医生而传播到中国，20 世纪初一批中国留学生赴美留学，回国后在大学教授营养学知识。著名营养学家、营养学科创始人之一吴宪认为："民之强弱，视乎卫生。卫生之事，莫重于营养。"① 营养学家郑集亦言："建国之本，首在健民，健民之道多端，而改良国民营养实为至要。"② 近代国人将国民营养与民族强大紧紧联系在一起，这样的叙事逻辑在抗日战争时期得到进一步强化。正基于此认识，1941 年行政院推行营养改进运动，国家与科学家一道共同努力以提升战时国民营养水平。

目前关于近代国民营养问题的研究主要集中在人物和机构的梳理、营

---

* 李俊杰，清华大学历史系博士研究生。

① 吴宪：《营养概论》，商务印书馆，1929，"序"，第 1 页。

② 郑集编著《实用营养学》，正中书局，1947，"序"。

养学知识的传播与发展、国民营养与社会经济关系三个方面。[①] 总体而言，学界对于近代中国国民营养的研究偏重探索学理上的发展，较少涉及国民政府改善国民营养的政策措施，对于国民营养与国民党抗战建国以及现代国家构建的关系缺乏讨论。

其实，战时以及战后中国国民营养有着复杂的历史面相，国民经济的衰退是造成国民营养不良的重要原因，营养不良在军民中普遍存在；国民政府为此发起营养改进运动，多方面采取措施改善国民营养状况；中央设计局在制定战后规划中亦注意营养问题。饮食关乎营养，国民营养与粮农体系密切相关，国民政府在抗战胜利前参加国际粮食会议和联合国粮农组织会议，战后频繁参与营养问题的国际交流和合作。本文重点探究抗战时期国民经济衰退与国民营养状况，国民政府战时营养改进运动、战后规划和国际交流，说明国民政府开始将国民健康纳入国家义务当中。

## 一 七七事变后国民经济衰退与国民营养不良

1937年七七事变，日本发动全面侵华战争，中国军民开始了艰苦卓绝的抗日斗争。残酷的战争环境导致国民经济衰退严重，再加上粮食短缺、物价上涨、国民所得较低，民众生活苦不堪言。国民经济的衰退影响到国民健康，战时国民营养状况日益下降，无论是前方士兵还是后方学生，都遭受着营养不良的痛楚。

### （一）战时国民经济衰退

抗战军兴以后，全国军民同仇敌忾，集中人力、物力和财力抗击日本侵略者。但是，随着战争的持续，通货膨胀严重，国民经济陷入困境，如

① 在人物和机构研究方面，有曹育《中国现代生理学奠基人林可胜博士》，《中国科技史料》1998年第1期；蒋凌楠《“改良膳食乃复兴民族之一策”——近代中国生物化学家吴宪的营养科学救国论》，《福建师范大学学报》（哲学社会科学版）2012年第1期；王公、杨舰《沈同在抗战时期的营养学研究》，《中国科技史杂志》2016年第2期；王公《抗战时期营养保障体系的创建与中国营养学的建制化研究》，清华大学出版社，2020。在营养学知识传播研究方面，有顾景范《我国现代营养学早期发展史》，《营养学报》2006年第2期；王凤展、余新忠《牛奶的近代性：以营养和卫生为中心的思考》，常建华主编《中国社会历史评论》第16卷（下），天津古籍出版社，2015，第1~24页。在国民营养与社会经济的关系研究方面，有姚顺东、肖小勇《民国时期中国农民营养状况论析》，《求索》2016年第11期；姚顺东、肖小勇《膳食结构与营养状况：民国时期四川农民生活水平的量化分析》，《古今农业》2019年第3期。

粮食生产与供应紧张、人民收入锐减、购买力下降等，这些都影响了国民的生活水平，进而影响国民的营养状况。

抗战时期中国面临粮食短缺的困境。时任粮食部长徐堪说："粮食问题，是民生主义里最重大的一个问题，因为全民族的生存，要靠着粮食，尤其每个人的健康，要靠着营养。"1937～1938年并没有粮食问题，粮价比较稳定，没有跟其他物价一同高涨，军粮和民食的供应与平时没有两样。但是从1940年开始发生粮荒问题，并且日趋严重。①

由于耕地面积减少、农业劳动力不足、农业金融枯竭以及缺少灾荒救济等诸多因素，粮食短缺，影响民众生活。战区面积扩大，致使耕地面积逐渐缩小，1942年战区中因战事影响不能耕种而减少的耕地面积约占全国耕地面积的29.7%。② 另外，沦陷区虽然农业生产条件较好，但是总面积仅占国土面积的28%，稻米产量损失却达1/3，高粱1/4，小米1/5，玉米1/2，薯类2/5，小麦3/4，豆类1/3。上述粮食作物连同其他粮食损失，占到全面抗战前全国粮食生产总额的47%。战事的发展急需劳力的补充，而大量的壮丁进入军队，造成农业劳动力不足，影响农业生产。仅安徽一地，真正从事农业生产者不到50万人，尚不足全面抗战前农业生产者的2%。③

中国农民以佃农为主，据中央农业实验所对战时我国农户类型的统计调查，战时后方15省佃农占比达36%以上，加上半自耕农则合占62%，较之全面抗战前佃农人数上升。有学者指出，这一现象说明战时农民生活未见好转，土地兼并加剧，土地越来越多地集中在少数人手中，不利于粮食生产。④ 同时，因为高额地租、田赋、苛捐、杂税及高利贷等压迫，农民没有多余的资本进行再投资，无法通过改良农业增进粮食生产。时人在贵州桐梓看到的情形是："桐梓虽亦产米，而农民食用，则多以杂粮为主，如玉蜀黍等。因米多用以缴纳田赋，缴纳军粮，缴纳教员米及缴纳出征家属米，不能自己消费也。"⑤ 以全面抗战前数据为例，1933年中央农业实验所调查估计，全国负债的农民户数约占农家总户数的62%，约有3400万户，假定每户每年借贷30元，即有10.2亿元的巨额。战后因物价和工

---

① 徐堪：《粮食问题》，中央训练团党政训练班，1942，第1、7页。

② 饶荣春：《粮食增产问题》，商务印书馆，1942，第5页。

③ 郝银侠：《社会变动中的制度变迁：抗战时期国民政府粮政研究》，中国社会科学出版社，2013，第45～46、114页。

④ 郝银侠：《社会变动中的制度变迁：抗战时期国民政府粮政研究》，第116～117页。

⑤ 中国国民经济研究所：《黔省各地经济实况调查》，《西南实业通讯》第9卷第3期，1944年，第15页。

业品价格上涨，农民购买农具的能力进一步下降，农村金融紧缩日渐严重。

中国自然灾害频发，战时的灾害救济则更为困难，如西北数省的常年旱灾，西南诸省的瘟疫和小规模的水患皆因战争造成经济窘迫而未能迅速进行救济，[①] 这无疑会加重民众的贫困，影响国民营养状况。1941 年 4 月，中国农民银行在川北实地调查时看到，所经各县的农田灌溉大多依赖天然雨水，如遇干旱或雨水不调，则秧苗无法栽插，而要灌溉，所需资费甚大，“每车一架，每天连工资伙食费用在三十元以上，水车十架每天至少须用三百元，且每天仅可灌溉潮田六亩及干田三亩左右”，在此种情形之下，仅有少数地主及富农稍微能够负担，普通农家因为贫困均无力灌溉，只能听天由命。[②]

中国民众收入偏低，恩格尔系数偏高，营养状况受到影响。据全面抗战前的调查，中国每一男性农民每年的收入，按全面抗战前汇率计算，平均不过 42 美元，其用于购买食物的费用则达到 38 美元，只余 5 美元作为全年其他一切用度。而美国农民则每年尚余 602 美元用作食物以外的其他用品的开支。美国农民平均每人每年所食鱼与肉为 46 公斤，所食鸡蛋为 267 枚，而中国农民平均每人每年所食鱼和肉只有 4 公斤，所食鸡蛋只有 20 枚至 40 枚，甚至有终年不知肉味者，中国农民收入微薄、购买力弱、营养缺乏可见一斑。金陵大学教授卜凯 1922 年至 1925 年对中国农家经济进行调查，调查结果显示，我国农家每年收入只得 228 元，每一成人单位每年生活费用为 50.07 元，其中食物占比 58.9%。根据恩格尔系数，食物支出在总支出中所占比重超过 50%，则说明其生活水平较低，超过 59%则说明陷入贫困。丹麦、日本、美国食物费用在全部生活费用中所占比重分别是 33%、42.8%和 41.2%，相较之下，中国农家恩格尔系数偏高，时人认为这说明我国农民生活水平低，确系毫无疑义之事，故中国农民营养不良，生活水平低下。反言之，由生活水平之低，则可大致推断其食物营养之粗劣。[③]

战时通货膨胀严重，物价高涨不下，低收入和高物价造成购买力的低下。据中央农业实验所农业经济系的调查，以 1937 年农民之所得指数、所付指数及购买力为 100，则农民在 1938 年所得指数为 124，所付指数为

① 饶荣春：《粮食增产问题》，第 6 页。

② 潘鸿声：《川北当前农村问题之剖视》，《农业推广通讯》第 3 卷第 8 期，1941 年，第 62 页。

③ 翟克：《中国农民之营养与经济》，《中国建设》第 4 卷第 6 期，1947 年，第 18~21 页。

117，购买力为106，比全面抗战初期农民之购买力稍见增加。但转入1939年，则大不相同，其购买力指数降为83，此后各年，农民之购买力均有下降之势。[①] 这亦可证明我国民众购买力之下降与生活水平之低下。1942年，中国农民银行在川北调查时看到，“在此青黄不接之时，家无存粮可供食用，粮价高涨，尤觉购买困难之苦。过去米一升可换得二升小麦，今因一般改食杂粮，价格亦已猛涨，与米价相差不远，只有节食年内所收得之小春杂粮，以资维持最低限度生活。现今较好者多食面条或面团，贫苦者仅以胡豆、豌豆磨碎，调制成糊状充饥”，“平时油类菜蔬亦多无法顾及，肉食更属罕见，对于体力营养，实在谈不上”。[②]

不仅是农民，战时城市里工人和知识分子的收入和购买力也呈现下降的趋势。有学者研究指出，依靠工资生活的公教人员受通货膨胀影响较大，战时高校教授的工资一度按七成发放，后来公教人员的工资虽然有所增加，但远远赶不上物价上涨的速度，生活水平下降明显。即便是陈寅恪、朱自清、吴大猷、闻一多这样的著名教授也为生计发愁，有的不得不去兼职或者变卖家当。[③] 战时城市工人的名义工资增长十分迅速，但是实际工资却呈现负增长的趋势，工人整体生活水平下降。据统计，重庆工人的真实工资从1939年开始呈现逐年下降趋势，到1944年上半年，重庆产业工人的真实工资指数只相当于1937年工资指数的39.6%，而职业工人真实工资指数则相当于1937年的68.5%，由此可见，重庆工人的真实收入实际上是呈负增长。[④]

### （二）国民营养状况堪忧

战时国民经济的困境加剧了国民营养不良的状况，军民营养不良现象普遍。欲观中国国民营养整体状况，须先明白国民的膳食成分，这需要科学的调查研究。中国营养学家自20世纪初就开始进行膳食调查，并在报刊发表相关的报告。营养学家万昕等将十余份国民营养报告进行整理，得出表1。

---

① 翟克：《中国农民之营养与经济》，《中国建设》第4卷第6期，1947年，第18~21页。

② 潘鸿声：《川北当前农村问题之剖视》，《农业推广通讯》第3卷第8期，1941年，第63页。

③ 郑会欣：《战时后方高级知识分子的生活贫困化——以几位著名教授的日记为中心》，《抗日战争研究》2018年第1期。

④ 谭刚：《抗战时期重庆城市工人生活水平的量化分析》，《民国档案》2014年第3期。

**表 1 中国各界人士膳食之成分（1925~1944 年）**

| 类别 | 蛋白质（克） | 脂油（克） | 糖类（克） | 热量（卡） | 钙（克） | 磷（克） | 铁（克） | 食物总量（克） |
|---|---|---|---|---|---|---|---|---|
| 上等人 | 86.5 | 58.7 | 357 | 2378 | | | | 963 |
| 中等人 | 84.4 | 53.2 | 483 | 2793 | 0.544 | 1.439 | 0.0320 | 1449 |
| 工人 | 80.1 | 40.5 | 553 | 2946 | 0.522 | 1.047 | 0.0238 | 1023 |
| 农民 | 105.0 | 36.0 | 624 | 3335 | 0.372 | 1.458 | 0.0290 | 1385 |
| 贫民 | 76.0 | 30.0 | 505 | 2595 | | | | 999 |
| 军队 | 61.0 | 17.0 | 572 | 2867 | 0.440 | 2.444 | 0.0217 | 1204 |

资料来源：万昕、陈慎昭、陈尚球：《军队膳食与普通膳食之比较》，《陆军经理杂志》第 4 卷第 5 期，1942 年，第 29 页。

营养学家、浙江大学农学院教授罗登义据此认为国人营养存在四个问题："（一）总热量不足，不能维持正常生理上的需要；（二）蛋白质质量不佳，不能支持身体之新陈代谢；（三）脂油欠缺，不能供应正常代谢的需要；（四）烹调法不良，致使营养素损坏弃失。"① 而这一情况到了战时变得更加严重。

19 世纪以后，战争形态因火器的使用而发生根本性的改变，以往以个人角力来决定战局胜负的作战方式渐成陈迹。但是即便如此，战斗人员的体力依然对战局产生直接之影响，如抗战时期各地抗日武装组织起来的大刀队。因此，时人认为如果士兵体格孱弱、体力衰颓，必不能负起战斗任务而会使全军败北。所以说，战斗体力的重要性不亚于战斗精神，仅具旺盛的战斗精神而无坚实的战斗体力，必致心有余而力不足。② 可以说，体力与战斗力是成正比的，而士兵体力之强弱与其营养状况关系至密。

战时中国士兵的身体健康状况令人担忧。卫生署长金宝善以国民体格检查为例指出，"最近十余年来，二十三万余学生体格检查的结果，其中百分之九十都有缺点，不是牙病便是沙眼，诸如此类，归纳起来，至少都有一个缺点，这是很值得忧虑的事"，"抗战以来，几个省份对于壮丁体格检查的记录，合于甲等标准壮丁不到百分之八，合于乙等标准的也不过百分之三十，至于合格驾驶飞机的青年为数更少，只有百分之六"。③

因为国人健康状况之恶劣，国民政府的选兵标准一降再降，以甲等兵

① 罗登义：《如何改进我们的营养》，《新中华》复刊第 2 卷第 2 期，1944 年，第 113 页。

② 彭士雅：《论士兵营养》，《扫荡报》（桂林）1943 年 9 月 21 日，第 4 版。

③ 《总理纪念周报告记录》（1944 年 4 月 24 日），中国第二历史档案馆藏，中央设计局档案，档案号：171-565。

为例，其标准从 1936 年的身高 165 厘米以上、体重 55 公斤以上，降到 1939 年的身高 160 厘米、体重 55 公斤，1942 年则进一步下调到身高 150 厘米、体重 48 公斤即为合格。[①] 创建了中央卫生实验院的李廷安与中央大学医学院公共卫生科教师郭祖超合作完成的《我国士兵体格检查之报告》显示，士兵中有体格缺点者甚多，患干眼病和夜盲症的占比达 13.2%，可见膳食中缺乏维生素；血色素在 80%以下者占比 32.4%，可知患贫血者之多；而且士兵平均体重为 51.9 公斤，似过轻。两人认为这些足以证明士兵之营养不良，亟待改善营养。[②]

随着战争进入相持阶段，士兵的营养状况已经恶化到了严重地步。据一般观察，士兵的营养均觉不够，即便是普通的蔬菜也没有人种植，所以在前线想吃新鲜的蔬菜是一件不容易的事。士兵习苦已惯，天天以豆腐下饭。[③] 持续的营养不良造成许多后果，士兵体质日渐孱弱，患病率及病故率增长。营养状况的恶化影响颇多，士气日见消沉，精神萎靡，这些都会造成战斗力的退减，影响抗战前途。

彭士雅依照北平协和医学院制定的标准对长沙地区士兵每人每日维持体温、补充消耗所需之热量进行估计。他从士兵的膳食成分入手，计算士兵实际所获得的热量。该地士兵每人每日得糙米 24 市两，本可产生热量 2535 卡，考虑到军米多为陈米，且会因霉变、储藏不善或储藏过久而损失热量，若该损失计为 1/20，则军米仅能产生 2408.25 卡热量。士兵每人每日副食费 6 角至 8 角，公发食盐 3 钱，平时配购油类和青菜。以 1943 年 6 月底的长沙物价为标准，11 角可购油类 0.8 市两，热量为 242.5 卡；5 角可购得青菜 12 市两，热量 56.25 卡。主食和副食共产生热量 2707 卡。但热量并非完全能被人体吸收消化，若不吸收率以 6.4%计，则确实获得的热量仅 2533.75 卡，比照每日所需热量 2833.4 卡之标准，士兵每日还缺少热量 299.65 卡。若考虑到蛋白质和维生素，则情况更为恶劣。在无植物油的情况下，24 市两大米和 12 市两蔬菜中所含的蛋白质共仅 55.16 克，按照美国哥伦比亚大学著名食物化学和营养学权威谢尔曼（Henry C. Sherman）的标准，即一个成年劳动者每天需要 100 克蛋白质，士兵每人每日获得的蛋白质也仅达标准的一半多。至于维生素的供给，也是普遍不够，除了存在于糙米中最多的 B 族维生素和可以在日光中吸收的 D 族维生素以外，其他维生素含量微乎其微。体格孱弱造

① 王公：《抗战时期营养保障体系的创建与中国营养学的建制化研究》，第 50 页。
② 李廷安、郭祖超：《我国士兵体格检查之报告》，《国立中央大学医科研究所公共卫生学部研究报告》，1943 年，第 1、6 页。
③ 《赣北前线印象记》，《西京日报》1940 年 2 月 13 日，第 2 版。

成士兵患病率和死亡率惊人。有时人指出，以五年前士兵的患病率、病故率和 1943 年相比较，为 100∶130。[①]

士兵因营养不良而体格孱弱直接影响战事。1944 年衡阳保卫战中，国民党军队伤亡惨重，一位赴前线采访的战地记者直言士兵营养不足是造成此次战事失利的重要原因："此次湘省战事失利之原因，在战场上所表现者，一为士兵体力太弱。抗战初期，我军恒喜与敌人短兵相接，在肉搏战中取胜。现在前线士兵，则因营养不足，体力大不如前，敌人反能在肉搏战中，占得上风。"[②]

前线士兵营养亟待改善，后方学生的营养状况也不容乐观。在全面抗战爆发的前一年，中国大学生的营养不良问题已经凸显出来。1936 年，教育部检测了 41 所大学 12095 名学生的体格，其中营养佳良的 5754 人，次等的 4976 人，再次等的 1365 人，因此营养次等与再次等共 6341 人。换言之，全国大学生有 1/2 以上营养不良。[③] 亦有营养学学者指出，过去调查所得，小学校学童中，因缺乏维生素 A 而患夜盲者，约占 13%，其他因缺乏维生素 B 而患脚气病，因缺乏维生素 C 而患维生素 C 缺乏症者，比比皆是。又据临床方面报告，因缺乏蛋白质而患营养性水肿者甚多，其他如痉挛与肺结核等症，在学童中亦甚为普遍，其患病率有与日俱增之势。[④]

随着战事的进行，后方物价激增，农产品不足，因此饭菜的价格随之高涨，这无形中增加了后方学生的膳食负担，进而影响到其营养状况。时人对浙江丽水和广东曲江的中学生膳食的观察可资参考。

丽水的学校为了减轻学生的负担，不得不从膳费上设法节约，但结果是以牺牲学生的营养为代价。以碧湖某校为例，伙食一个月 6 元多，每天三餐的供应情况是：早餐是白菜煮的粥；中餐和晚餐是干饭，菜则是每人白菜一碗。米饭不仅粗糙，而且煮得硬而不匀；菜更是少得可怜，又无油料，食之又淡又冷。[⑤]

曲江的情况亦不容乐观。时人在《大公报》上撰文介绍了曲江某中学学生的膳食营养情形。该校学生每月膳费 65 元，除米钱（每人每月食米 30 市斤，可购公米 15 市斤，每市斤 1 元；其余在市面上购买，每斤 2 元）

---

① 彭士雅：《论士兵营养》，《扫荡报》（桂林）1943 年 9 月 21 日，第 4 版。

② 《湘战失利原因》，《建康日报》1944 年 10 月 6 日，第 3 版。

③ 胡长庚：《民族的营养问题》，《中央日报》1936 年 5 月 31 日，第 3 版。

④ 《国立湘雅医学院营养研究室计划书》（1941 年 10 月至 12 月），中国第二历史档案馆藏，教育部档案，档案号：五-2193。

⑤ 钟珦：《营养》，《新青年》第 4 卷第 10 期，1940 年，第 2~3 页。

外，每人每日仅有6角钱购买柴、盐、油及饭菜等，但柴钱就占去了3角。于是200人的膳团，除了米之外，每天只能买食盐1.5斤，油2斤，最便宜的菜100斤，肉或豆类尚无法购买。如此一来，对以上食物进行计算，可知每人每日所吸收热量不及1800卡；蛋白质只能于糙米中获取，质劣量少，实际可吸收者不及20克，至少须加20克始达最低需要；脂肪仅得15克，至少尚差15克，而总热量仅200~600卡。然按照标准中学生每人每日需2000~2400卡，相去甚远，食盐也尚不能达到生理需要量。[①]

中学生营养不足堪叹，大学生亦面临营养不良之困境。全面抗战时期浙江大学先后西迁至广西宜山和贵州湄潭等。罗登义于1939年、1941~1942年两次组织进行浙江大学学生膳食营养的调查，每次调查工作持续时间一个月至三个月不等，人数均在400人以上。根据罗登义的两次调查数据，可汇总得出表2。浙大学生大半是华中、华南人，年龄多在20~25岁，罗登义以53公斤作为平均体重，则按照谢尔曼之标准，每人每日所需热量应为2268卡，所需蛋白质为53克，所需钙为0.534克、磷1.04克、铁0.04克。对比表1可知，1939年浙大学生每人每日所得热量尚符标准，而到了1941~1942年则较标准差了267.5卡，更远不及全面抗战前热量3044卡。可吸收蛋白质的量只达全面抗战前（96克）的一半，而且植物性蛋白质占90%，动物性蛋白质只占10%，蛋白质“质”的方面实在不足，而全面抗战前肉蛋类供给蛋白质26%，豆品类供给10%，谷类供给62%，优劣一目了然。矿物质方面，1939年磷素尚有余，而到了1941~1942年则三者皆不充裕。

**表2 1939年、1941~1942年浙江大学学生每人每日所得营养比较**

单位：卡，克

| | 总热值 | 蛋白质 | 可吸收蛋白质 | 矿物质 | | |
|---|---|---|---|---|---|---|
| | | | | 钙 | 铁 | 磷 |
| 1939年 | 2338.0 | 74 | 49 | 0.4121 | 0.01221 | 1.2584 |
| 1941~1942年 | 2000.5 | 62 | 41 | 0.3577 | 0.0231 | 0.8842 |

注：蛋白质消化率按66%计算。

资料来源：罗登义《抗战时期大学生的营养》，《科学》第27卷第3期，1944年，第20~26页。按：第一次调查的地点是广西宜山标营浙大学生宿舍大厨房，调查时间是1939年11月1日至30日，调查人数为439人，学生每人每月膳费约8元；第二次调查的地点是贵州湄潭浙大学生宿舍大膳厅，调查时间是1941年11月11日至1942年2月25日，调查人数为440人，学生每人每月膳费约90元。

① 温健：《如何补救目前学生营养不足》，《大公报》（桂林）1942年7月28日，第3版。

总体而言，浙大学生的营养状况无论在质还是在量的方面都不能算及格，并且每况愈下。[①] 1944 年尚有浙大学生徐扶明投书《大公报》诉苦，他写信时已经身患肺病，并且介绍说浙大在宜山时 93%的学生有患肺病的趋势，1944 年身体检查时有 100 多人需要养病。然而因为学校经费紧张，学生的膳费尚不足，何谈医药费。[②]

浙大所在地方物价水平相对较低，然学生营养不良尚至如此程度，位于昆明、成都乃至重庆这些物价较高地方的大学学生营养水平可见一斑。1942 年，成都米价呈几何级数上涨，学生吃饭成为问题，位于成都的齐鲁大学学生中出现多名肺部不健全的患者，据医生言，“十分之七是由营养不良所致”。[③]国民党要员、报人潘公展在《中央日报》发文感叹：“目前学生切肤之痛，莫过于营养失调。”[④]

抗战时期国民营养状况日渐衰颓，热量、蛋白质、维生素、矿物质等重要的营养指标都面临缺乏的困境。前线士兵和青年学生的营养关乎国家的前途命运。时人清楚地认识到，军队素质在整个战争中占有重要地位，军队素质之构成，为具有健全体格之战斗兵员，兵员体格之健全，则系于日常饮食营养之充实。是故现代国家之言建军者，除致力于装备武器之革新外，对于士兵之饮食营养问题，莫不严切注意，深加研讨。[⑤] 当时学生的营养问题，不但影响到学生本身健康、学问、事业，更影响国家民族的前途。[⑥]

## 二 国民政府营养改进运动和战后营养规划

抗战时期国民营养如此缺乏，影响“抗战建国”之前途命运，引起了国民政府的重视，国民政府决定担负起改善国民营养的责任。1940 年底到 1941 年，行政院发起营养改进运动，以期通过调整膳食结构、加强营养宣传来改善和补救战时国民营养。抗战后期，中央设计局在制定战后国防及经济建设五年计划时，特别注意国民营养的战后规划。

---

① 罗登义：《抗战时期大学生的营养》，《科学》第 27 卷第 3 期，1944 年，第 20~26 页。

② 《读者投书：大学生诉苦》，《大公报》（重庆）1944 年 8 月 27 日，第 3 版。

③ 萧祖华：《齐鲁大学学生生活侧写》，《读书通讯》第 42 期，1942 年，第 16 页。

④ 潘公展：《学生的切肤之痛》，《中央日报》（重庆）1942 年 7 月 13 日，第 2 版。

⑤ 严宽：《增进士兵营养之重要性及其对策》，《陆军经理杂志》第 4 卷第 5 期，1942 年，第 13 页。

⑥ 影明：《学生的话：学生需要营养》，《大路》（泰和）第 4 卷第 5 期，1941 年，第 44 页。

### （一）行政院营养改进运动

1940年11月25日卫生署举行卫生技术会议，会期7天。参会者有福建、广东、广西、甘肃等省卫生处长及其他省市卫生机关高级人员及各省专门技术人员，共40余人，行政院副院长孔祥熙亲临会场讲话。[①] 会议重点讨论了战时国民营养问题，会议闭幕后，卫生署即着手起草营养意见书，对于营养原则、营养要素及各种食物需要量、我国国民之营养概况及其缺点、改良国民营养办法及拟议，均有论列。其中，卫生署就国民营养存在的一般缺点提出七点建议，分别是：

（1）多用豆类及杂粮，以补蛋白质之过于单纯（氨基酸之不完备），有害营养。

（2）竭力鼓励养鸡养鱼及牛羊畜牧事业，务使其价廉，为人人能享受之物，以改良吾人动物蛋白之缺乏。

（3）提倡糙米黑面，改良蒸饭方法及倾弃米汤等不良习惯，以免维生素、矿质之抛弃。

（4）多食蔬菜水果，煮菜以能杀菌及寄生虫为度，不应过久，致毁维生素。

（5）多利用日光，以补助维生素丁之不足。

（6）在经济可能范围之内，酌加油类脂肪，烹调食物，俾可增加食欲。

（7）鼓励冬耕，多植杂粮，以补战时米麦之不足，并利用废物，以作食料。

卫生署为应当时急切需要起见，并根据会议提案要求，向行政院建议，筹设国民营养研究所，研究国民膳食，从事分析实验，以订定战时民众营养标准；并为集思广益起见，请求由行政院组设营养问题研究委员会，聘请各机关、各学术机关营养学者及农业经济专家分任委员，从事研究。[②]

1940年12月13日和16日，行政院副院长孔祥熙先后两次主持召开食物营养问题讨论会，到会者包括各部长官以及陈济棠、谷正纲、吴忠信等，共百余人。孔祥熙致辞，说明食物营养提倡之意义："国民营养问题，

① 《卫生技术会议开幕》，《前线日报》1940年11月28日，第1版。

② 《卫生署拟定补充营养缺乏办法》，《大公报》（重庆）1940年12月14日，第3版。

关系民族健康极巨，亟应改进，因国家之强生，系于民族之健康，民族之健康，系于食物之营养。故复兴民族问题，即国民之食物营养问题。我国历届参加世界运动会而记录均无惊人成绩，目前训练空军，体格能合乎标准者颇少，在在足以证明我国亟宜注意人民之营养问题。我国科学虽较欧美落后，但地大物博，故抗战已逾三年，而国人事务与欧美从事战争不久之国家相比，已极见优裕。我国目前问题，在使食物营养之合理平均分配，用科学方法，俾国人能以经济之代价，获得最高之食物营养。”孔祥熙还分析了中国国民营养情况，“国人日食之热能，约为二千四百卡以上，据国民平均体重及日常劳作情形而言，所得热量似应无缺乏之虞。在脂肪方面，较之欧美人士所食量及标准食物料远甚，且国人多食猪油及菜油，不若奶油鱼肝油等之富于甲种及乙种维生素”。[①]

食物营养问题讨论会决定以营养改进运动为该会名义，设立主席团，敦请行政院两院长、教育部长、经济部长、农林部长、社会部长、卫生署长、国府主计长、重庆市长、重庆市临时参议会议长为主席团主席，以我国现有物资，用科学方法，使国人获得最高之食物营养为宗旨。工作的原则有三：一是工作要普遍，二是推行要迅速，三是食物费用要经济。[②] 该会组织宣传委员会及推进委员会，并将部分业务委托卫生署和中央农业实验所办理。卫生署主要负责营养咨询、营养知识训练和改良食品的示范与指导；中央农业实验所则搜集富于营养的食物种类及其种植方法、当前产量情形，设法宣传或编印成册，以供生产机关参考。[③]

1941年2月17日至25日，卫生署奉行政院之命，为研究各地民众营养现状及农产与营养之关系情形，以便实施改进国民营养，特邀集各地营养学专家、生物化学家及农业专门家，于卫生署举行第一次全国营养研究会议，出席人员包括中央大学教授郑集，军医学校教官万昕、陈慎昭，农林部秘书倪渭卿，中央农业实验所副所长沈宗瀚，卫生署长金宝善及副署长沈克非等。各方提案共40余件，分三组讨论：第一组为一般营养、军队营养及营养病等问题，第二组关于营养宣传教育等问题，第三组关于农产物各项问题。[④] 营养研究会议制定了国民营养救济方法、营养教育和营养

---

① 《食物营养问题讨论会第二次会议记录》（1940年12月16日），中国第二历史档案馆藏，经济部档案，档案号：四-15049。

② 《孔副院长开始发动营养改进运动　设主席团为推行机构》，《扫荡报》（桂林）1940年12月17日，第2版。

③ 《食物营养问题讨论会第二次会议记录》（1940年12月16日），中国第二历史档案馆藏，经济部档案，档案号：四-15049。

④ 《营养研究会议　卫生署昨日召开》，《大公报》（重庆）1941年2月18日，第3版。

研究三个方案，决定重点开展以下研究：第一，国民膳食营养之调查及营养标准之修订，使其更适用于战时状况并普遍推行；第二，国产食物之分析与食物营养成分之研究；第三，推广营养农作物之种植及家畜之饲养，以增加营养食物数量；第四，普及营养常识宣传，训练相关人才，以提高营养知识水平；第五，健全研究机构，普遍设置营养示范食堂以及营养食品制造厂，以利推行。①

在金宝善看来，营养改进运动的要旨有三：一是改善国民营养，二是调节战时粮价，三是发展食品工业。② 金宝善根据各方调查报告，认为中国人战时膳食营养普遍缺乏的，首先是热量、蛋白质和乙种维生素，其次是丙种维生素、无机盐等。而造成此种情形的原因除了物价高涨、经济增长乏力以外，还有支配失调，因此需要建立经济合理的食谱，供全国一致采用。

新的食谱的核心是恰当选择食物的替代品：一是多食用豆类以补充肉类之不足，以免蛋白质供给之缺乏；二是多吃有色蔬菜，获得足够的维生素；三是鸡、鸭、猪、牛的血中铁质丰富，可代肝类；四是植物油是优良的脂肪质，且含有丰富的脂肪酸，可代猪油等。国人以米、面为主食，因此米、麦价格高涨会严重影响国民生计。从粮食食用的方面来看，金宝善提倡吃糙米、粗面和杂粮，他认为白米、白面虽然价格高，但它们的营养价值尚不如糙米、粗面、大豆、红薯、高粱、小米、玉蜀黍、杂粮，食用糙米、粗面和杂粮可使粮食来源增加，从而达到调节战时粮价之效用。③

金宝善提出可以仿照孙中山的设想。孙中山在其《实业计划》中特论及食物问题，他认为以黄豆代肉类是中国人之发明，他设想在中国设立黄豆制品的新式工场，以代手工生产之古法，可使黄豆制品价值较廉，出品较佳。④ 因此，金宝善提出全面抗战时期可以先行组织小规模的场坊，为以后发展食品工业做准备。⑤

战时国人的营养知识相对匮乏，营养观念陈旧。在卫生署举办的营养

① 王公：《抗战时期营养保障体系的创建与中国营养学的建制化研究》，第 164 页。

② 金宝善：《营养改进运动之基础理论》，《训练月刊》第 3 卷第 1 期，1941 年，第 11～12 页。

③ 金宝善：《营养改进运动的要旨》，《中央训练团团刊》第 97 期，1941 年，第 774～776 页。

④ 中山大学历史系孙中山研究室等编《孙中山全集》第 6 卷，中华书局，1985，第 382 页。

⑤ 金宝善：《营养改进运动的要旨》，《中央训练团团刊》第 97 期，1941 年，第 774～776 页。

卫生展览会上，就有人质疑糙米营养价值比白米高的说法："我不信，糙米怎么会比白米养分多呢？既是这样，有钱人为什么要吃白米呢？"还有人不知道"蛋白质""维生素"为何物。[①] 由此可见国民营养知识急需普及和更新。在营养改进运动中，劝导民众以糙米代替白米是关键一步。金陵大学的郭俊鉌就曾在《大公报》上撰文，比较白米、糙米之营养价值。他意识到，国人对白米的偏爱缘于白米颜色洁白美观，口感绵软。但是，将全糙米磨成全白米，单重量就会损失约10%，郭俊鉌认为在军事紧张、物力贫乏的抗战之际，禁用白米而提倡糙米尤为必要，因为此举不但可以减少粮食之浪费，而且可以改善国民营养。[②]

郭俊鉌基于科学研究，试图说明全糙米磨成全白米过程中营养价值也损失严重。他展示了白米与细糠的各化学成分之差别，想要以此说明，除碳水化合物外，细糠的各营养素之含量均比白米高，故除碳水化合物外，各营养素在磨白过程中之损失甚大。他在日本帝国营养研究所的研究基础上，进一步说明米之碾白程度会影响其营养成分，除碳水化合物和蛋白质两项白米较糙米为高外，其他各营养素均以白米为低，差异尤其体现在脂肪及钙、磷、铁三种矿物质的含量上，如以全糙米营养价值为100，则全白米的脂肪含量为23.1，钙为50，磷为35，铁为25（见表3）。根据战时国民营养存在的缺点，郭俊鉌以为在我国比较食物之营养价值时，应当以蛋白质、脂肪、钙及维生素含量的富足与否为准绳，而糙米的上述指标都优于白米，足以证明糙米营养价值高于白米。基于此，郭俊鉌建议政府应规定主要发售三分糙米或五分糙米。[③]

为宣传、推进营养改进运动，行政院成立了营养改进运动宣传推进委员会。该委员会由卫生署、农林部农产促进委员会、经济部、社会部、教育部、新生活运动促进总会、新生活运动促进总会妇女指导委员会、重庆市社会局等多个部会联合组成，卫生署以其专业优势在其中起到主导作用。该委员会在粮食与营养联系、举行营养演讲、举办营养训练班、印发营养宣传品、设立营养食堂等方面提出许多建议。

在粮食与营养联系方面，该委员会建议行政院饬粮食管理及购销机关在可能范围内尽量购运杂粮，并向民众发布公告，在采购粮食时，应搭购

① 谷韫玉、杨芷菁编著《吃的问题》，行政院营养改进运动，1941，第2、9、15页。

② 郭俊鉌：《白米糙米营养价值之比较》，《大公报》（重庆）1940年10月6日，第3版。

③ 郭俊鉌：《白米糙米营养价值之比较》（续），《大公报》（重庆）1940年10月7日，第3版。

表3 糙米、白米之营养价值比较（1940年）

| | 全糙米 | 五分糙米 | 三分糙米 | 全白米 |
|---|---|---|---|---|
| 碳水化合物 | 100 | 104 | 106 | 109 |
| 脂肪 | 100 | 77 | 50.5 | 23.1 |
| 蛋白质 | 100 | 106 | 105 | 106 |
| 钙 | 100 | 50 | 50 | 50 |
| 磷 | 100 | 72 | 46 | 35 |
| 铁 | 100 | 62.5 | 50 | 25 |
| 乙种维生素 | 100 | 55 | 43 | 25 |

注：表中以全糙米实际利用量为100。

资料来源：郭俊鉌《白米糙米营养价值之比较》（续），《大公报》（重庆）1940年10月7日，第3版。

一两成杂粮。除豆类外，玉麦、高粱等应尽量磨成粉面出售。并建议拨一两成豆类、玉麦或高粱等给公米机构，做成馒头、糕饼等食物，在公务员及其家眷，以及学校、工厂等机关推广，以收营养改进之效。卫生署试图通过禁止或限制酿酒来减少杂粮的消耗，卫生署与农业机关合作办理营养食物示范种植场。

在举办营养演讲方面，卫生署提议，由教育部通知各学校演讲团体，规定一定时期内（每星期或一个月一次）邀请营养专家，做国民营养问题的学术演讲；各大学、中学及小学集会时，应请卫生机关派员讲解营养改进要点；应召集各机关学校总务及主管伙食之人员予以特别演讲及示范；尽量利用三民主义青年团团员、学校学生及卫生机关人员等组织演讲队、劝导队、化装游行等活动，其中各机关应在重庆市及其附近组织巡回演讲团，定期分批派往各地演讲及示范；应在营养训练班或学校增加营养常识课目或特别演讲，由各卫生机关、农业机关派员担任之；中央广播电台应预定日期时间，邀请各部会署长官及专家轮流演讲，各地方广播电台可请省市长官或专家定期广播有关营养问题之常识。

在举办营养训练班方面，卫生署提议，新生活运动促进总会及新生活运动促进总会妇女指导委员会分别组织营养训练班，并在中央及地方各项训练班中加入营养改进的课时；由新生活运动促进总会与卫生署会同组织研究班，召集各机关、团体、学校管理伙食人员，选择半天或一天时间进行营养改善办法之演讲及示范。

在印发营养宣传品方面，卫生署建议印发营养手册、挂图、标语和传单等，制作营养食物模型和缺乏营养的病体模型，并分发各省市以利宣传；商请重庆市报馆定期刊行《营养专刊》，由营养改进运动宣传委员会主稿，以收广泛宣传之效。此外，卫生署提议推动各省市设立公共营养食堂，为民众示范；设立营养卫生咨询处，依托社会部的社会服务处，解答民众有关营养及卫生之问题。

营养改进运动宣传、推进委员会的建议确有发生实效的。比如，中央广播电台规定每星期二下午 6：30 至 6：45 为该委员会经常广播时间，孔祥熙曾于 2 月 25 日赴电台广播，卫生署还排定日程分别邀请各部会长官进行演讲。① 行政院也通令各省市政府积极推进营养改进运动。

浙江省制定了该省的营养问题研究办法，研究工作由卫生处负责召集，参与研究的单位包括省动员委员会、省粮食管理局、省农业改进所，省卫生处以及省卫生处卫生试验所。研究的主要内容有四项：（1）浙江省出产食物之出产数量价格及营养价值之研究；（2）浙江省民众饮食习惯之分析与其缺点之改善；（3）浙江省可能推广价格低廉而富有营养之动物饲养与植物种植及其方法；（4）本省民众之最低限度食物配备标准之商定。②

营养改进运动发行十余种刊物，发动卫生署卫生实验处、中央农业实验所、中央卫生实验院、农产促进委员会同人撰文，刊物涵盖谷物种植，如《杂粮浅说》《五谷浅说》《马铃薯栽培浅说》《番茄栽培浅说》；动物养殖，如《养鸡浅说》；营养改进和营养食谱，如《改良民众营养概说》《战时军民营养缺陷之补救方法》《战时民众膳食》《新食谱》。

为唤起民众对于营养问题之注意，并灌输营养知识，卫生署决定采用运动式推进手段，提议举办第一次营养改进运动宣传周。宣传周的主要内容包括十项：

1. 营养食物烹制之示范。

2. 拟函请重庆市党部动员全市壁报，于本周内发布营养特刊。

3. 拟请党国先进及营养专家，在本周内广播演讲，并在通衢要道或广场设播音机，广播演讲。

4. 拟与各报馆接洽登载有关营养之研究新闻或发明。

5. 拟制木或布标语牌，树立各交通路口。

6. 拟编制营养歌曲或灌制留声片。

---

① 《营养改进运动宣传、推进委员会第一次会议记录》《营养改进运动宣传、推进委员会第二次会议记录》，《西康省政府公报》第 70 期，1941 年，第 5~12 页。

② 《浙江省营养问题研究办法》，《浙卫通报》第 1 期，1941 年，第 25 页。

7. 拟举行营养图画比赛及其他工作比赛，优良者给予奖品。

8. 拟用日常用品宣传，如陶器之关系，及火柴盒上以一面作营养图，以引起国人注意。

9. 拟举行营养展览会，包括农业及卫生两方面，以及有关营养品等。

10. 拟请中央摄影场，制造营养电影及营养周新闻片。①

1941 年 5 月 5 日至 11 日，营养改进运动宣传周在重庆举行，由卫生署即中央卫生实验院主持。开幕式当天有 5000 名市民拥入展览处参观。会场发售营养图书、图表及营养饼等，定价低廉，被抢购一空。会场还举行各专科及小学校营养图画比赛，评委为国民党党政高级人员，如张道藩、王星周等，获奖者由孔祥熙颁奖，甚为隆重。②

在众多的营养改进活动中，营养卫生展览会颇受瞩目，在扩大营养宣传、传播营养知识、更新民众营养观念方面贡献颇多。1941 年 1 月 31 日，卫生署在重庆市都邮街社会服务处举行营养卫生展览会，内容有营养食物大模型、科学化的食物成分表、营养卫生图、营养不良病症图、五谷类及其制品、豆类及其制品、经济饭菜、实物陈列以及生理卫生模型挂图等。③

据参观者描述，进门第一眼先看见“多吃杂粮”四个大字。大门的左边立有一个五尺高的大“米”字，上面写着“糙米质比白米好”，还立有同水牛一样大的一棵白菜和一块豆腐，并写有“白菜豆腐，滋养丰富”两句话。展览结束处有一面镜子，镜子旁写有一些问答，参观者对照这些问答和镜子里的自己，可以通过皮肤、脸色、嘴舌、眼睛、牙床、骨骼、甲状腺的情况初步判定自己的营养状况。

挂图具有简洁、清晰且形象的特点，易被普通民众所记忆，营养卫生展览会上就有很多挂图，同时营养改进运动也通过绘制营养挂图来宣传营养知识。通过这些挂图，可以看到国民政府对营养知识的接受与对战时国民营养状况的设定。为使民众了解热量之概念，营养卫生展览会的一张挂图展示了人体日常活动每小时所需热量值，其中睡眠所需热量为 65 卡、行走需 200 卡、跑步需 570 卡、上楼梯需 1100 卡。④ 对于每人每日所需总热

---

① 《营养改进运动宣传、推进委员会第二次会议记录》，《西康省政府公报》第 70 期，1941 年，第 11 页。

② 《陪都举行营养改进运动　成绩甚佳》，《西南医学杂志》第 1 卷第 5 期，1941 年，第 53 页。

③ 《营养卫生展览会今日开幕》，《大公报》（重庆）1941 年 1 月 31 日，第 3 版。

④ 谷韫玉、杨芷蒨编著《吃的问题》，第 7 页。

量几何，一张名为《热量之需要》的挂图给出了答案："每个人身上所需要热量的多少，并不完全相同，要按年龄的大小，劳力的轻重，地方的冷热来定，不过一般的成年人（男女一样）有一个需要热量的基本数目，每天如果能得到二四〇〇卡，就可以够了。"同时，它按照劳动强度划定每小时热量增加部分："轻量工作，每小时加至七五大卡；中量工作，每小时加至七五至一五〇大卡；剧烈工作，每小时加至一五〇至三〇〇大卡；极剧烈工作，每小时加至三〇〇大卡以上。"①

营养改进运动指出怀孕和哺乳期的女性需要的热量不同，需要蛋白质量也不同。小孩子热量和蛋白质需要量与性别、年龄以及运动量有关。营养改进运动制作了多种挂图来展示孕妇和小孩子对热量和蛋白质的需求情况，其中怀孕时期的妇女每日需要热量 2400 卡，哺乳期则需要 3000 卡；怀孕不足 3 个月则每公斤体重需要蛋白质 1.5 克，怀孕 3~9 个月需要蛋白质 2 克，哺乳期则需要 2.5 克。不同年龄段儿童每人每日需要热量也不同，其中 1~2 岁所需热量不足 1000 卡，2~11 岁所需热量在 1000~2000 卡，11 岁以上则需要 2000 多卡。② 营养改进运动还指出正在发育的健康儿童，因为喜欢运动，所需的热量应增加。5 岁至 11 岁的儿童，无论男女，他们的运动强度都很低，可以按轻量工作计算；11 岁到 15 岁的男孩，运动起来比同岁的女孩吃力，所以男孩可依中量工作计算，女孩就可以归到轻量工作里。③

对于人体所需矿物质与维生素的情况，营养改进运动亦以图表进行展示，图表介绍了保护性食物的概念，说明了矿物质和维生素对于人体的作用，并且指导人们如何改进食物加工之方法。所谓保护性食物就是指富有矿物质和维生素的食物，营养改进运动在图表中详细列举了主要保护性食物及其所含的矿物质和维生素，保护性食物如乳类、蛋类、腺组织（肝等）、鱼类、青菜类、马铃薯、水果和豆类（黄豆等）。营养改进运动用图片说明矿物质的种类以及它们的作用。为对民众营养膳食起到直接之影响，营养改进运动列举了几十种常见蔬菜、水果、肉类所含维生素的情况，见表 4，以"+"之多少表明其含量之丰富程度，此处仅展示维生素含量较高，即"+++"的食物。

① 谷韫玉、杨芷莆编著《吃的问题》，第 4 页。

② 《行政院营养改进运动图表》，中国第二历史档案馆藏，教育部档案，档案号：五-1930。

③ 谷韫玉、杨芷莆编著《吃的问题》，第 5 页。

**表 4 维生素 A、B、C、D、E 含量较高之食物（1941 年）**

| | 维生素 A | 维生素 B | 维生素 C | 维生素 D | 维生素 E |
|---|---|---|---|---|---|
| 食物 | 青苋菜、紫菜、红苋菜、小红萝卜、胡萝卜、菠菜、鲜牛乳、牛肝、猪肝、羊肝 | 细糠、白豇豆荚（鲜）、青皮甜瓜、苦瓜、芒果、青苋菜、莴笋 | 柚子、青苋菜、芥菜叶（鲜）、红柿形辣椒、荠菜、白豇豆荚（鲜）、鲜豌豆 | 豌豆苗、生菜 | 牛皮菜、鲜牛乳、芒果 |

资料来源：谷韫玉、杨芷萧编著《吃的问题》，第 16~19 页。

针对食物处理与膳食结构改善，营养改进运动建议：（1）怀孕和哺乳期的女性、儿童应多食保护性食物；（2）人体需要此类物质数量多少尚有一部分未确定，但至少 25%的热量应当取自富有矿物质与维生素的食物；（3）食物中最易缺乏钙、磷、铁、碘等矿物质以及“维生素甲、乙、丙、丁、庚”之一种或数种，因此应当改进膳食，以免缺漏；（4）国人主要食物为稻与麦，凡未经磨净的谷类，其内皮含有保护性营养素极多，故应尽力提倡吃糙米、粗面和杂粮；（5）米不但不应磨净，并且应当吃焖饭，如不得已，吃蒸饭时应喝米汤；（6）青菜中含有保护性营养素极多，在吃不到牛乳、水果时绝不可缺少青菜；（7）多晒太阳可补充食物中丁种维生素之不足。①

1941 年 1 月卫生署印发的关于我国国民营养如何补救的意见里亦有关于膳食的部分：

1. 多吃杂粮以救米荒，多吃黄豆及其制品以济蛋白质之不足。

2. 提倡糙米、黑麦，并改良蒸饭方法，及须弃米汤、菜汤等不良习惯。

3. 多食蔬菜水果，煮菜时间之长短以能杀菌与寄生虫为度，不应过久，不加碱质，以免毁灭维生素。

4. 多晒日光，以补助维生素丁之不足。

5. 在鹅颈症（甲状腺肿）流行区域，食盐内应加碘化钾。

6. 鼓励种植杂粮以补米麦之不足，并利用废料（如牛血、豆渣等）以作食物。

7. 多养家禽、鱼类，提倡牛羊畜牧，务使其价廉，成为人人能享受之食品。

① 《行政院营养改进运动图表》，中国第二历史档案馆藏，教育部档案，档案号：五-1930。

8. 在经济可能范围内，酌加调味品与脂肪，庶几价廉之食品亦能适口而增加食欲。[①]

除了卫生署在重庆举办营养卫生展览会，其他省市也举行了类似的活动。1941 年 2 月 2 日，桂林市借广西省立医学院之地举办了桂林卫生展览会，其中有涉及营养的部分。广西家畜保育所把它们的产物搬到会场中展览，向民众说明鸡蛋等的营养成分。展览会现场对儿童营养品有详细的介绍，连初生期的婴孩的食物也分成一个个碟子盛着，在每个碟子上加注了简单的话，说明哪些富含铁质，哪些含维生素 A 最多。记者观此情景不禁感叹道："积弱的中国的儿童，将由这次的展览会而强健起来。"[②]《大公报》也认为行政院所主持之营养改进运动"推进甚力"。[③]

## （二）中央设计局战后国民营养规划

抗战胜利后，《中央日报》就曾发文指出全国有 2/3 的人营养不充足，呼吁政府重视国民营养问题。文章认为，要建立起国防与民生的工业基础，促起国家的现代化，实在有注意国民体魄的必要。因此该文呼吁："我们希望当局对国民营养加以普遍注意，改进有关营养原料的食物的蕃殖培养，注意人民营养健康，强国必先强种，建国先健人，八年来人力上原气的亏损，必求有以培养复苏之举。"[④] 实际上，中央设计局（以下简称"设计局"）在抗日战争后期制定战后国家建设计划时就曾注意到国民营养问题，并且制定了相应的计划。

1940 年 10 月 1 日，设计局正式成立，负责全国政治、经济建设的设计工作。[⑤] 设计局最重要的工作是制定战后五年国防及经济建设计划，并且于 1945 年编拟了《第一期国家经济建设总方案物资建设五年计划草案（提要）》，明确提出要实现的目标之一就是"提高人民健康及知识水

① 《我国国民营养如何补救》，中国第二历史档案馆藏，经济部档案，档案号：四-30617。

② 庆燕：《桂林卫生展览会速写》，《大公报》（香港）1942 年 2 月 14 日，第 5 版。

③ 《营养卫生展览会今日开幕》，《大公报》（重庆）1941 年 1 月 31 日，第 3 版。

④ 《今后国民营养问题》，《中央日报》（昆明）1945 年 9 月 26 日，第 2 版。

⑤ 中国第二历史档案馆、海峡两岸出版交流中心：《中国国民党历次全国代表大会暨中央全会文献汇编》第 17 册，九州出版社，2012，第 318 页。关于中央设计局的具体情况，参见李俊杰《全面抗战时期的中央设计局——对设计制度、国防建设和工业建设的考察》，《抗日战争研究》2021 年第 4 期；李俊杰《国民党中央设计局与设计制度的初创》，《重庆大学学报》（社会科学版）2023 年第 2 期。

准”,[①] 足见国民健康在战后国家规划中的重要地位。

设计局战后规划有关卫生的部分将中国的高死亡率一部分归于国民营养不良。据专家估计，我国普通死亡率约为30‰，世界各强国之死亡率鲜有在15‰以上者，新西兰及澳大利亚等地甚至低至千分之八九。据生命统计专家之意见，死亡率在12‰左右为可能达到的合理水准，而我国普通死亡率超出一倍，殊为堪忧。[②] 设计局认为中国如此高的死亡率和患病率是国人营养不良，重量不重质，以致儿童发育不良，抵抗力薄弱。[③] 在设计局的规划中，国民营养改良工作范围广泛，包括食品分析、食品营养价值测定、各地各年龄人民食谱之拟定、食物烹调之方法、改良各种营养素缺乏、疾病之预防与治疗等内容。[④] 其中，设计局在战后国民营养标准制定、发展与营养有关之事业、农业生产适应营养需要等方面制定了详细的计划。

设计局比较了中美两国成年男子每日食物热量来源的分配情形，从中可以看到，相较于美国，中国人的热量主要来源于谷物，蛋白质主要来源于植物食料，取自动物产品者占比太低，仅占全部热量的2.3%，而美国则达到39.2%。因此设计局主张，民众营养的改良不在量而在质，必须提高动物产品之消费。[⑤] 另外，设计局以为，儿童营养不良“诚为后代之隐患”，所以新的国民营养标准制定的目的是促进儿童与青年发育，提高成年人工作效能。表5即是设计局制定的战后五年内儿童、青年、成人应达到的国民营养最低标准。

设计局意识到，要提高动物性营养和发展乳制品，战后中国需要发展畜牧业，就此提出了如下措施：（1）鼓励农家饲养牲畜；（2）限制蛋类出口，以补牛乳及乳类制品之缺点；（3）工业都市近郊发展乳牛、乳羊饲养业；（4）发展西北畜牧事业，以乳制品供应工业都市；（5）奖助牛乳生产事业，对乳牛饲养业和牛乳厂商予以经济上之扶植及奖励，利用贷款方式奖

① 周开庆主编《近代中国经济丛编》之二，《物资建设五年计划草案（全）》，“总论”，台北，华文书局，1967，第1页。

② 《国家五年建设计划卫生部门草案提要》（1945年12月30日），中国第二历史档案馆藏，中央设计局档案，档案号：171（2）-140。

③ 《国家五年建设计划卫生部门草案》，中国第二历史档案馆藏，中央设计局档案，档案号：171-4656。

④ 《国家五年建设计划卫生部门草案提要》（1945年12月30日），中国第二历史档案馆藏，中央设计局档案，档案号：171（2）-140。

⑤ 《战后五年国防经济建设计划卫生部门计划》（1942年10月~1942年11月），中国第二历史档案馆藏，经济部档案，档案号：四-30953。

**表 5　战后五年内中国儿童、青年、成人应达到的国民营养最低标准**

单位：克

| | 婴儿（6 个月至 2 岁） | 幼童（2~5 岁） | 学龄儿童（6~12 岁） | 青年（12~20 岁） | 成人 |
|---|---|---|---|---|---|
| 谷类面粉（包括米麦及杂粮） | 60 | 125 | 250 | 500 | 500 |
| 青菜 | 100 | 125 | 250 | 600 | 500 |
| 水果 | 200 | 20 | 200 | 200 | |
| 肉或肝 | 30 | 60 | | | |
| 肉或鱼 | | | 90 | 90 | 60 |
| 蛋 | 40 | 40 | 40 | 40 | |
| 奶粉 | 50 | 50 | | | |
| 豆浆或牛乳 | 50 | | | | |
| 豆腐或牛乳 | | 50 | | | |
| 脂肪（动物及植物油类） | 10 | 10 | 30 | 30 | |
| 马铃薯 | | | 100 | 200 | |
| 豆类 | | | 100 | 900 | 60 |
| 花生 | | | 30 | 30 | |

资料来源：《国家五年建设计划卫生部门草案》，中国第二历史档案馆藏，中央设计局档案，档案号：171-4656。

助牛乳生产并推广饮用。此外，设计局还计划成立与国民营养相关的研究机构，如设置国民营养研究所、营养食品供应处，倡设公共食堂，计划战后五年内于各省市设置公共食堂 1000 所等。①

在设计局看来，我国生产落后，人民生活水平过低，大半国民处于半饥饿状态，是国民营养不良的重要原因。因此，农业生产应当适应国民营养之需要，农业生产当力谋粮食产量之增加。② 设计局设计委员、经济学家方显廷认为原则上农业生产应以营养要求为设计之依据，提议设计局卫生组草拟之国民营养食谱中国民所需食品种类与数量应当与农业组农业生

① 《战后五年国防经济建设计划卫生部门计划》（1942 年 10 月 ~1942 年 11 月），中国第二历史档案馆藏，经济部档案，档案号：四-30953。

② 《国家五年建设计划卫生部门草案提要》（1945 年 12 月 30 日），中国第二历史档案馆藏，中央设计局档案，档案号：171（2）-140。

产计划相配合。[①] 因此，战后食物生产的目标不仅在使全国人民免于饥馑，而且在提高国人营养水平，尤重动物产品消费比重之增加。设计局希望战后第五年时杂粮、豆类、鱼肉蛋奶、蔬菜等消费量都有明显的增加。[②] 设计局在战后五年农林部分计划中提到，战后粮食生产要改善粮食品质，推广、改良稻、麦、杂粮种子，期于第一个五年计划完成时，换种稻田面积占全国稻田面积的 1/4，约 7500 万市亩，麦田 1/4，约 1 亿市亩，杂粮 1000 万市亩；在增产方面，实现优良稻谷增产 45000 万市担，优良小麦增产 12000 万市担，杂粮增产 44.5 万市担。[③]

全面抗日战争时期，国民营养状况每况愈下。行政院发起营养改进运动，主要通过宣传新的营养知识来刷新国人营养观念。在粮食困难的情况下，寻找白米、白面和肉类的替代品，提倡食用杂粮、豆类和有机蔬菜，改变"以芋薯杂粮为贱而弃之不食，以食青叶蔬菜为贫而饲犬豕"的现象，[④] 在有限的条件下提高国民营养水平。利用广播演讲、举办展览会、印发宣传品等方式，国民政府在普及营养知识、影响国民膳食方面取得了一定的成绩。但是节流之后终需开源，抗战后期设计局的战后国民营养规划重视粮食、畜牧生产与国民营养之间的关系，体现了其试图以努力促进生产来提高国民营养水平的政策思路。

## 三　抗战胜利前后国民政府参与营养问题国际交流

营养问题与粮农问题关系至密，两者相辅相成。时人已经揭示出这层关系："就长期粮食政策言，改进人民营养，最为重要"，"足食不过是解决粮食问题的初步，终极在提高民食的成分与素养"。[⑤]

抗日战争胜利前后，中国深度参与联合国粮农组织（FAO）的创建及其举办的各种会议，在粮农组织体系下参与营养问题的国际交流，其中包括 1943 年中国参加在美国举行的世界粮食紧急会议和 1948 年粮农组织在

① 《战后五年国防经济建设计划卫生部门计划》（1942 年 10 月 ~ 1942 年 11 月），中国第二历史档案馆藏，经济部档案，档案号：四 - 30953。

② 《战后五年建设计划民生方面需要与可能之初步估计报告》（1944 年 6 月 30 日），中国第二历史档案馆藏，中央设计局档案，档案号：171（2）- 128。

③ 《战后五年国防及经济建设计划农林部份初步方案》，台北"国史馆"藏，"蒋中正总统文物档案"，档案号：014 - 070100 - 0001。

④ 《营养意见书》（1940 年 12 月 ~ 1941 年 4 月），中国第二历史档案馆藏，经济部档案，档案号：四 - 30617。

⑤ 《国际粮农组织的会议在菲开幕》，《大公报》（天津）1948 年 3 月 11 日，第 2 版。

菲律宾碧瑶举行的包括热带及亚洲营养问题专家委员会会议在内的四种会议。世界粮食紧急会议提出要在战后建立粮农组织，也确定了保障人民的营养健康是国家的责任这一理念。中国受邀参加在碧瑶举行的四种会议，表明中国在远东粮食与营养议题上具有重要地位。

美国倡议设立粮农组织，固然有解决其战后农产品过剩问题和重建战后国际政治经济秩序的企图，但是亦不能忽视营养学在其中发挥的作用。程朝云就指出，运用营养学知识调节粮食生产与消费是20世纪30年代西方世界面对大萧条所提倡的，如美国农业部在20年代就主张增加国内消费，在改善国民营养、增进社会福利的同时，减少农产品囤积。① 不过从积极角度而言，30年代西方的改革者亦注意到营养与健康的关系："人们由于没有吃足够的正确食物而造成的不良影响是多方面的：首先，营养不良导致元气大伤，活力降低，无法充分发挥积极、有益的公民作用。其次，事实上，在所有年龄组中，婴儿、幼儿、育龄妇女的总体发病率和死亡率，营养不良的人总是高于营养良好的人群。当饮食有缺陷时，疾病的恢复时间会更长。饮食最好的国家死亡率最低，预期寿命最高。第三，各种常见疾病，如肺结核等，与营养不良导致抵抗力下降直接相关。最后，还有一些食物缺乏病，即直接由于饮食中缺乏特定营养素而引起的疾病，在世界各地普遍存在，并导致许多不必要的痛苦，因为它们是可以预防但不能预防的……从积极的方面来看，有很多证据表明通过改善饮食可以普遍改善健康和体质，也有通过适当措施成功预防缺乏症的引人注目的例子。母婴死亡率可以并且已经通过饮食方式减少了。"由此，当时的一些地方政府制定了实验性计划，如学校牛奶、学校午餐、食品券计划、对失业人员的特别分配、营养宣传以及消费者教育等，但这些都是应急之策，而非长期的健康计划，并且随着战争来临就停顿了。② 不过这些观念在创建粮农组织的过程中得以重新提及。

1943年2月，美国总统罗斯福提议召开国际粮食会议，中国应邀参加。该会议于5月18日在华盛顿开幕，6月3日闭幕，出席国家共44个，通过议案30余项。③

---

① 程朝云：《国民政府与联合国粮农组织的创建及早期活动》，《近代史研究》2020年第4期。

② P. Lamartine Yates, "Food and Agriculture Organization of the United Nations," *Journal of Farm Economics*, Vol. 28, No. 1, 1946, pp. 57-58.

③《中国出席国际粮食会议代表团首席代表邹秉文呈行政院长蒋中正有关国际粮食会议代表团报告书》（1944年1月23日），台北"国史馆"藏，国民政府档案，档案号：001-060200-00002-013。

这次会议的一大贡献，就是将保障人民的营养健康固定为国家的责任，并使之成为国际共识。会议上，各国代表报告了世界各主要地区的食品和营养状况。他们认为，全世界虽日趋工业化，但直到1943年，全世界仍有2/3以上的人民在从事农业，有同样比重的人口缺乏适当的食物和营养，即便是号称世界最富庶的美国及西欧各国，仍有20%~30%的人口缺乏适当的食物和营养，这一比重在中国和印度则超过75%，而两国人口加起来超过8亿人。食物缺乏和营养不良的影响是广泛的，会导致各种严重的疾病，同时造成死亡率上升，其中儿童死亡率上升尤为明显，这一现象亦普遍存在于非洲、中东各国以及中美、南美各国。因此各国代表一致承认，全世界大多数人民因缺乏食物和营养致疾病增加且死亡率上升。[①]

与会代表将造成这一现象的原因最终归于国家的不作为。他们将这种悲惨的现象称为世界病态，以为在科学昌明的现代社会是不应该发生的，"此非因人类之愚昧无知，更非由自然界之难于克服"。[②] 在他们看来，全世界人民缺乏食物和营养，根本原因是"人力之未尽"，即人类没有在这方面充分发展和努力，如果世界各国健全其农业组织、充实其人事，就可以增加农业产量。因此，他们主张各国政府应该负起责任，"各国政府须联合宣言，以后应各对其本国人民负责，务使每一国民有适当之食物、营养，并须各国政府彼此互相合作，务使全世界人类不论何处，不论何人，每一人民均有适当之食物营养，以解决大西洋宪章四大自由之一，即'免于匮乏'之自由"。[③] 如此，保障人民营养和健康就被纳入国家的义务中。

国际粮食会议在宣言中要求战后各国在供给食物和维持适当营养方面倾心倾力。宣言预测了战后食物缺乏的可能性，"联合国之首要任务，自在谋取战事之早日胜利，拯救数千百万人民脱离暴力及饥饿之压迫，当战争告终之初，食物缺乏势必甚前"。宣言呼吁，要想使人民摆脱饥饿，使一切人民均有充分购买力并能维持其适当之营养标准，各国需要迅速合作，积极筹划，使人民全部就业，增加工业生产，消除榨取，调整国内及

① 《中国出席国际粮食会议代表团首席代表邹秉文呈国民政府主席蒋中正联合国农业与粮食会议工作报告及农业粮食临时委员会工作报告》（1944年4月3日），台北"国史馆"藏，国民政府档案，档案号：001-060200-00002-015。

② 《中国出席国际粮食会议代表团首席代表邹秉文呈行政院长蒋中正有关国际粮食会议代表团报告书》（1944年1月23日），台北"国史馆"藏，国民政府档案，档案号：001-060200-00002-013。

③ 《中国出席国际粮食会议代表团首席代表邹秉文呈国民政府主席蒋中正联合国农业与粮食会议工作报告及农业粮食临时委员会工作报告》（1944年4月3日），台北"国史馆"藏，国民政府档案，档案号：001-060200-00002-015。

国际投资与货币，实现国内及国际之经济平衡，使世界上所产之粮食供全世界人民共享。宣言再一次明确，使人民能充分获得生存及健康所需之粮食是每一个国家的基本责任。①

在这次会议上，英国和美国提议组织国际粮食机构，以提高粮食品质，改善人民营养，推进征收产运销，调整粮食分配，② 这得到中国代表团和国民政府的大力支持。最终，会议决定成立临时委员会，以便日后设立永久性国际粮农组织，这次会议为此后联合国粮农组织的成立奠定了基础。临时委员会的任务之一是拟具正式的宣言或协定，同时使参加国家认明责任，其中第一项责任就是“提高其本国人民之营养及生活水准”。而永久性国际组织的职权之一是对参加国政府及当局提出关于粮农相关问题的建议，其中就包括营养改进问题。③

1945 年 10 月 16 日，在抗日战争结束一个多月后，粮农组织成立大会暨第一届年会在加拿大魁北克召开，中国亦派代表参加。依据粮农组织之规章，该组织将个别或集体协助各国解决粮食问题，其主要任务之一就是协助各国改善营养状况，提高人民生活水平。它将致力于拟定政策以增加世界粮食产量，完善世界营养标准，并解决全世界粮食短缺问题。时人表达了借粮农组织来消除饥饿，发展世界经济的愿景。④ 参加会议的中方代表邹秉文于会议期间发表声明，他提及中国每人每年之平均收入仅 53 美元，美国人则有 600 美元，他表达了一种希望，即借粮农组织之助，增加和改良中国食粮，使中国人民的生活水平能与美国相接近。⑤ 可见，国人对粮农组织期待甚殷，希望依托粮农组织体系，在粮农组织框架下提高国民营养水平。

魁北克会议也回应了人们对营养问题的关切。会议建议每个国家都建立一个国家营养组织，这些组织将由卫生、营养、经济和农业等部门与行

---

① 《中国出席国际粮食会议代表团首席代表邹秉文呈行政院长蒋中正有关国际粮食会议代表团报告书》（1944 年 1 月 23 日），台北“国史馆”藏，国民政府档案，档案号：001-060200-00002-013。

② 《孔祥熙函蒋中正有关英美提议组织国际粮食机构以增进粮食质量及中国表示赞助》（1943 年 5 月 23 日），台北“国史馆”藏，国民政府档案，档案号：001-060200-00002-007。

③ 《中国出席国际粮食会议代表团首席代表邹秉文电行政院长蒋中正副院长孔祥熙有关联合国粮食会议宣言及决议要案美罗斯福总统招待各国代表情形》（1943 年 6 月 7 日），台北“国史馆”藏，国民政府档案，档案号：001-060200-00002-009。

④ 《联合国粮食机构昨举行首次会议》，《前线日报》1945 年 10 月 17 日，第 1 版。

⑤ 《粮食会议重要目标 提高人民营养水准》，《大公报》（重庆）1945 年 10 月 23 日，第 3 版。

政人员、消费者代表等共同组成，并应为他们有效开展工作提供足够的设施。国家营养组织定期向粮农组织报告营养领域的进展并向政府提出建议。这些组织的报告将阐明解决问题的方法，并为成员国提供指导和激励。魁北克会议指出，许多国家营养工作进展缓慢，是由于行政人员、卫生人员、农业专家、社会工作者等缺乏相关知识，而专业营养工作者的数量不足。粮农组织可以与国家营养组织合作，鼓励国家机构开展适当的营养教学和培训业务。①

1948 年初，粮农组织决定在菲律宾碧瑶召开热带及亚洲营养问题专家委员会会议（以下简称“营养会议”）、创设海洋研究理事会政府代表区域会议（以下简称“渔业会议”）、食米会议以及粮农组织东南亚区域办事处筹备会议四种会议，邀请中国参加。国民政府派出以谢澄平为团长的五人代表团，谢澄平是农林部次长兼粮农组织中国联络委员会主席，其他代表还有农林部渔业司长刘发煊、卫生部中央实验院研究院兼营养研究所代所长侯祥川、中央农业实验所稻作系主任柯象寅，代表团秘书是农林部秘书何怀德。②

参加营养会议的国家和组织有中、缅、法、荷、菲、英、葡，及国际红十字会、盟军驻日总部、朝鲜南部军政府、联合国教科文组织、世界卫生组织和粮农组织。会上讨论了六项内容。(1) 关于热带及亚洲食米种类与制作改良之研究。会上比较了净米、半熟米、洗米、炊米、碎米的营养价值，并对米中维生素含量进行了估计，要求注意稻米生长过程中营养价值的差异。此外，提出寻找米的替代品，如谷类、豆类、鱼类、牛乳肉类及蛋、根茎及其他浆汁食物、舂米、发酵的食物、椰子，以及在植物油中添加维生素 A 或胡萝卜素。(2) 营养缺乏之补救。这部分营养贫乏的民众主要包括 5 岁以下儿童、婴幼儿至学龄前之间的儿童、婴幼儿以及孕妇和哺乳期妇女。(3) 营养教育之促进。与会者建议以三种方式开展营养教育：一种是先进的课程，旨在培训营养专家；一种课程适合那些在其他领域工作但想获得营养学知识的人员；一种是形式简单的课程，是对一般学生和民众教授营养知识。(4) 热带食物营养价值之分析。会议要求扩大食物分析研究的范围，特别强调对食物的正确识别、描述和分类，要注意食

① Bureau of Labor Statistics, U. S. Department of Labor, “First Conference of United Nations Organization on Food and Agriculture Source,” *Monthly Labor Review*, Vol. 61, No. 6, 1945, p. 1093.

② 《行政院长张群呈国民政府主席蒋中正为粮食部等呈请派员出席远东营养委员会等四种会议案请令派》(1948 年 2 月 13 日)，台北“国史馆”藏，国民政府档案，档案号：001-032137-00024-047。

物生长的条件，如土壤、习性和其他情况，而不仅仅是物种、品种以及进化的细节。（5）各国营养研究机构之设立与充实。会议建议各国从速成立营养研究所，以推动实际工作，已设有该研究机构的国家应完善其功能与设备；各国之营养研究所通过各国粮农组织联络会与粮农组织区域机构取得联系。（6）远东区之营养研究动态。

该会议决定东南亚营养专家每年召集一次会议，议程由粮农组织区域机构筹备，其活动范围包括：（1）就共同关心的营养问题进行讨论，通过地区合作整合信息；（2）检讨本区域内各国营养计划之推行以及与粮农组织区域机构所订之方案；（3）通过粮农组织区域机构对本区域国家的营养问题给出建议。

这次会议对粮农组织区域机构有关营养部分的工作内容做出规定。会议要求粮农组织区域机构首先要关注稻米问题的研究，应当注意如下事宜：

> （1）节省稻米自生产至消费过程中之消费与消耗。
>
> （2）改良米谷（含营养价值甚高）之磨粉工作中对营养品质之消耗。
>
> （3）推动人民食用粗米增加营养。
>
> （4）从公共卫生立场上保持稻米维生及营养素之增加。
>
> （5）从事简单办法调查估计稻米中“则亚民”营养素之营养价值。
>
> （6）从种植稻米选择米种改良耕作环境中改进稻米之营养价值。
>
> （7）改进及补充食米食品，采择会中建议在各国力加推行之。①

此外，还要注意食品成分之分析、化验并编制分析表格，调查食米人口之消化能力与舂米办法，改进各国营养研究办法等。

不只是营养会议的代表关注营养问题，渔业会议的代表也希望发展渔业补充人民的营养。渔业会议代表认为，水产动植物已经成为人类主要食物之一，而其与营养学关系重大；另外，代表们对水产品增殖是否较一般农作物增产于营养更有利这一问题感兴趣。为此，渔业会议和营养会议的

① 《农林部有关联合国粮农组织必要稻米渔业营养等会议材料（内有英文）》（1948 年 3 月 ~ 1948 年 4 月），中国第二历史档案馆藏，农林部档案，档案号：二三-2613；谢澄平：《参加碧瑶粮农会议经过：四月三日本会第一次农业讲演会记录之一》，《中华农学会报》第 187 期，1948 年，第 50 页。

代表举行了一次联席会议。联席会议的主要议题是研究鱼类营养价值与补充食米之关系。与会代表比较了动物性产品中肉类和鱼类在增产上的经济性。他们认为肉类增产不太经济，虽然肉类蛋白质的营养价值较植物性产品为高，但是肉类增产的前提是大量消耗植物，而以增产时所消耗的卡路里计算，欲得 1 卡热量的动物食料，必先消耗 7 卡热量的植物作为食料。但是，印度洋—太平洋区域所生产的植物性食料勉强只够食用，没有多余的用于动物的增产。相对来说，鱼类的增产就经济得多。首先，鱼类的营养价值高；其次，其增产比较方便，因为鱼类繁殖于河、湖、海洋，其食料来自大自然，不用消耗太多的植物食料就能达到增产的预期目的，在补充食米之功能上效果最为显著。

基于此，联席会议建议各会员国除尽力推广养殖事业外，还应当加深对渔产加工的研究，研究如何避免因加工之处理而丧失鱼类的营养成分，尤其应当注意各国的土法，协助其改进并推广应用，使一般贫民均能效法。联席会议还提议研究浮游生物是否可以作为食物，以便将来发展为人类饮食的新来源。①

中国代表、伦敦大学动物学博士刘发煊借此场合推介中国水生物种，他正是从营养学的角度来阐释的。他在渔业会议上说："基于食物短缺导致世界上大部分地区人民营养不良的观察，我提出一个与各成员国密切相关的建议：增加更多水生食物的消费。我们认为在提高现有消费食物的质量之外，有必要增加食物种类。"他还介绍了中国许多具有营养价值而尚未被其他国家人民消费的水生物种，如扇贝、蛏子、海参、鱿鱼（乌贼）、海蜇（水母）、海藻等，"它们被我国国民认为是非常有营养的。这些制品中的一些已经在中国经过检验，结果可以在分发下去的油印纸上看到"。他建议继续研究这些水产动植物的营养价值，"这项工作只属于准备性质，建议营养的分类应该建立在生物化学家和生理学家在可食用水生动植物营养价值的研究上，把它们作为人类的食物进行介绍。这样的工作可以帮助中国和很多国家解决食物短缺问题"。②

20 世纪是全球化迅速发展的时代，中国的政治社会与经济发展深受国际形势变化之影响，国民营养事业也不例外。魁北克会议指出，"世界上

① 刘发煊讲述，何文举笔录《联合国碧瑶粮食会议之渔业会议经过》，《水产月刊》（复刊）第 3 卷第 5 期，1948 年，第 5 页。

② 《农林部有关联合国粮农组织必要稻米渔业营养等会议材料（内有英文）》（1948 年 3 月～1948 年 4 月），中国第二历史档案馆藏，农林部档案，档案号：二三-2613；《国际食米会议今在碧瑶开幕》，《大公报》（天津）1948 年 3 月 1 日，第 3 版。

很大一部分人口营养不足和营养不良，他们对更多食物和更好食物的需求巨大，但与此同时，这些消费者却无法为他们需要的食物买单"，"在消费者无法获得大量食物或生产者被要求限制产量的情况下，感叹营养不良的严重程度是虚伪的"，所以，良好的粮农体制和国际合作在一定程度上可以保障全球粮食的充足和价格的公平，继而提高人们的营养水平。同时，政府有责任和义务保障国民营养和健康，因此，魁北克会议主席强调，"政府今天知道……即使在最不利的国家，他们也可以做很多事情来提高营养水平"。①

粮农组织的创立与相关会议也促进了营养学知识在全球范围内的流通，中国深度参与粮农组织的活动，在国民营养问题上寻求国际层面的合作与信息共享，这也反映了抗日战争胜利前后中国国际地位的提升，以及国与国之间寻求合作，摒弃对立冲突，深化彼此依赖的努力。

## 结　语

七七事变后，尤其是太平洋战争爆发以后，中国与国际社会联系的渠道被切断，国民政府的工业生产受到严重影响，进出口贸易严重萎缩，再加上财政收入锐减、财政支出猛增，收支严重不平衡，通货膨胀居高不下，粮食生产同样受到影响，民众实际收入和购买力下滑严重，这些都直接或间接地造成国民营养不良状况恶化。为此，国民政府与它支持的营养机构和营养学家一道，对国民营养状况进行调查，发现军民营养不良问题严重，总体而言呈现热量不足，蛋白质数量少、品质低，脂肪过少，维生素缺乏的状况。

以美食学研究闻名于世的法国政治家布里亚-萨瓦兰（Jean-Anthelme Brillat-Savarin）指出，"一个民族的命运取决于它怎么吃饭"；《权力的餐桌》的作者让-马克·阿尔贝也指出，"食物有着浓厚的政治含义"。② 全面抗日战争时期，食物的选择、饮食习惯的建构与国民政府的粮政有密切关系，饮食已经成为战时生活里重要的政治品，国民政府发起营养改进运动，以营养学知识作为统治工具，指导人们以糙米代替白米、杂粮取代白面、豆类替代肉类，多吃有机蔬菜、改进烹饪方法等。

---

① F. M. W., "Government Reports and Public Documents," *Social Service Review*, Vol. 21, No. 1, 1947, p. 154.

② 让-马克·阿尔贝：《权力的餐桌：从古希腊宴会到爱丽舍宫》，刘可有、刘惠杰译，生活·读书·新知三联书店，2012，第 6~7 页。

营养学知识产生于近代科学实验，科学话语在新文化运动之后的中国占据绝对真理的地位，由营养学建构起来的所谓合理膳食在战时有其特殊的价值，那就是契合了战时粮食不足、肉类缺乏的状况，在这一点上，知识权力与国家权力实现了合谋，达成了一致。营养改进运动举行展览会、举行营养演讲、开办营养训练班等，借助公共空间实现了营养学知识的渗透，也成为国民政府试图将中国人塑造为具有现代营养观念的现代国家公民的工具。

燕京大学家政系主任何静安认为，“体躯之强弱，一视营养之充适与否。我国人民之积弱，为举世所公认，东亚病夫之名由来久矣。以此民族，而图竞存于今日之世界，所至感受困难，终为强权所鱼肉者，必然之势也。健康之脑，寄于健康之体……营养为健康因素之一”。[①] 罗登义直言，“民族前途已遭显著的挫折了！时至今日，众口同声，咸认吾国民众的体力变坏，中华民族的健康转弱。征之一般民众，身体孱弱，精神颓废，死亡率高，寿命短促，事实铁证，无可讳言。追究其中原因……营养状态太劣，确系主要的一个因子”，“民众营养的改进运动，是强种建国的根本方策”。[②] 全面抗日战争时期，国民营养不是单纯的科学问题，而是与民族的强大紧密联系在一起。一部分民族主义者将复兴国家的希望寄托于国民营养的改进上，借助改善国民营养来凝聚国族认同，将物质性的身体强大与想象性的民族强大视为相辅相成的两面。

福柯认为，人口治理的目标“是人口的利益：改进其状况并增加财富，延长生命，并提高健康水平”，[③] 这也是现代国家的特征之一。国际粮食会议确立了国家保障人民营养和健康的责任，国民政府在参加粮农组织的创建及相关活动中不断强化这种责任意识，并且将营养问题与广泛的粮食生产、渔业生产等联系在一起，希望能够在国际合作中共享提升国民营养的知识水平，完善国民营养机制，向着现代国家的方向转型。但是，国民营养的改造根本上依赖国民经济的改善和民众生活水平的提高，这些在战时碍难实现，战后也因持续的通货膨胀和国共内战而无法根本解决。

---

① 何静安：《营养学》，商务印书馆，1937，“序”，第 1 页。

② 罗登义：《如何改进我们的营养》，《新中华》复刊第 2 卷第 2 期，1944 年，第 110 页。

③ 米歇尔·福柯：《安全、领土与人口》，钱翰、陈晓径译，上海人民出版社，2018，第 136 页。

# 从日常生活视角开展华北根据地史研究*

邓宏琴　马维强**

**提　要**　农民的日常生活是中国共产党决策的动力来源之一，对农民日常生活的改造是根据地时期革命实践的重要路径。从日常生活视角开展根据地史研究具有重要的理论意义，在纵向和横向层面都有可深入的具体研究进路，在研究内容上体现为革命信息要素在乡村日常生活中的流动传播，实质是革命理论和逻辑对乡村日常生活的规范和教化。由此，日常生活视角下的革命生态也呈现出更为丰富的样貌。

**关键词**　日常生活　华北　根据地史

根据地时期是中国共产党政权在地方实践的开始，也是近代乡村社会发生巨大变革的起点。新中国成立后的国家政治、经济体制和政策措施无不来源于中国共产党在根据地的实践经验，共和国正是从根据地走出来的。在诸多根据地中，华北根据地的地位和意义较为突出，颇具代表性，独特的自然地理和人文环境不仅使其在抗战时期对中国政局和军事格局发挥着重要作用，而且对新中国成立后的秩序重建有历史、传承和借鉴意义，正是华北区的组织、机构、人员配置、政策实施等体制、机制整合而成新中国中央人民政府的雏形——华北人民政府。战争年代形成的太行精神（吕梁精神）、西柏坡精神至今仍是一笔宝贵的伟大建党精神遗产。深入华北根据地的研究，对理解华北乡村社会由传统向现代的转型有很重要的参考价值。

---

*　本文是国家哲学社会科学基金项目“二十世纪四十年代中共华北社会调查资料的搜集、整理与研究”（项目编号：21BDJ016）的阶段性成果。

**　邓宏琴，山西大学政治与公共管理学院副教授，硕士生导师；马维强，山西大学中国社会史研究中心教授，博士生导师。

学界关于华北根据地的研究成果较为丰硕，党史研究着重从历史人物、组织、制度、政策演变和根据地建设过程的角度入手，近年来社会史视角大大丰富了根据地基层与微观研究的历史面相，但仍然较少就根据地民众的日常生活进行专题讨论，较少关注战争环境下农民的人生经历和生命体验，对普通人及其日常生活方面的探讨有待加强。民众的日常生活是根据地时期的革命实践和社会变革的重要层面，蕴含在根据地的基层社会结构中，体现了中共革命的深层意义。普通民众既是经历和改变历史的主体，也是受结构制约的客体，但在现有研究中只能看到其作为客体的被动的一面，较少能看到这些鲜活的生命及其日常生活对革命进程的影响。展现民众的日常生活及文化，在新的视点下看到更复杂真实，也更丰富多元的历史图像成为新的研究趋向。

## 一 日常生活视角的理论意义

从研究的视角和理论来看，学界对根据地的研究一方面侧重自上而下，着重于上层、结构、组织、制度的研究视角；另一方面侧重自下而上，着重于下层、主体经历、体验和多元主体、关系互动过程的研究视角。实现自上而下视角与自下而上视角的结合成为目前学界推进研究的可取路径和学术旨趣所在，但如何实现这种结合仍然是个难题。这与哲学社会科学研究中存在社会本体论与个体主义方法论的矛盾和内在张力如出一辙。社会本体论认为“人们在制度与结构的背景下追求目标”，“传统与规范是最基本的社会因素，强有力的传统动机制约调整着个体行为”，而且人们的行动会产生连锁影响。个体主义方法论“重视个体决策者做出的理性自利”，注重个体选择的实践理性。[①] 可见，社会本体论与个体主义方法论是两种截然不同的研究进路，也衍生出不同的研究旨趣和问题意识。

无论是自上而下还是自下而上，是社会本体还是个体主义，都具有丰富而强大的阐释力，但也都有一定的局限性，需要进行融会综合。如何突破这种二元对立的困境？日常生活研究也许在一定程度上能予以解答。尽管作为西方哲学社会科学原发理论的日常生活研究本身也存在主客体二元论的困境，不过有学者从“情境”概念出发，融合时空二元对立的困扰，提出时空总体性，“以一种时空性的共在视角来超越现象学的主体主义和

---

① 不过，社会本体论与个体主义方法论的原则是一致的，因为它从个体主体性方面支持社会因果关系以及社会结构和社会制度。参见李丹《理解农民中国：社会科学哲学的案例研究》，张天虹、张洪云、张胜波译，江苏人民出版社，2009，第15~26页。

结构主义的客体主义对日常生活的二元争论”。[①] 从历史学的研究本位来看，日常生活未尝不是实现自上而下与自下而上视角、社会本体论与个体主义方法论结合的有效路径。那么，这里的日常生活到底是何种意义上的日常生活?

日常生活实践构成了社会生活的基本要件，日常生活的实践及其意义对于人类的社会生活具有基础性的作用。日常生活为社会变迁提供了最原始的动力，为那些超越日常生活的活动提供了动机激发的条件。变革现实的可能性正是来源于日常生活。人们所经历的日常生活是一种社会历史性的人类实践的产物，它始终向社会历史的变革敞开。[②] 很显然，中共革命的决策及其实践远远不是仅存于既有的革命理念中，更蕴含在农民的日常生活中，农民的日常生活是中共决策的动力来源之一，日常生活层面所存在和产生的问题为中共革命提供了合理合法性，也为中共的变革提供了社会基础。中共革命的实践体现为革命植根于农民的日常生活中，中共对农民日常生活的改造即是革命实践的重要路径。

由此，日常生活史就不失为一种颇具创新意义的研究进路，具有不同于以往物质生活史研究的范式意义和方法论价值。以此反观目前的根据地史研究，其不足不仅体现在研究内容上，更体现在研究的理论方法和视角上。将“日常生活史”引入根据地研究，就是要重视个体行动者的感受和行为选择，及战争、革命对个体与群体行为的推动，与以往研究中社会结构决定人的行为的研究路径不同，将客观的社会结构与主观的行动者进行有机结合，解读中共革命中日常生活这一历史进程的“潜在因素”与趋向，探讨根据地生活秩序与文化的变革与延续。

## 二　日常生活视角下的研究进路

“中国的共产主义革命说到底是一场地方革命。”[③] 中国革命道路的最初成形始于根据地时期。由于通信的落后，各根据地除中共中央一般性的指示外，更多的是基于各地复杂多变的环境和社会基础的具体实践，具有高度的独立性和自治性，所以具有“地方”的独特性。这种独特性组合形成中共“多样性的地方革命”，因此展现地方革命的历史和日常场景，探

① 郑震:《论日常生活》,《社会学研究》2013 年第 1 期，第 84 页。

② 郑震:《论日常生活》,《社会学研究》2013 年第 1 期，第 71、79、84 页。

③ Tony Saich, “Introduction: The Chinese Communist Party and the Anti-Japanese War Base Areas,” *The China Quarterly*, Vol. 140, Dec. 1994, p. 1006.

寻革命的社会来源、内在动力及社会变迁的地方化趋势和特征就成为研究的重要方向。

那么，从日常生活的视角研究中共革命，该如何来展开，又会有怎样的研究思路和问题意识？在纵向的层面上，日常生活史研究可从三个路径来展开。一是从日常生活来探究根据地社会变迁，观察战争与革命在乡村实践的具体过程和细节，剖析日常生活的革命化改造对于农民的意义，揭示战争带给他们的苦楚和革命引发的困惑与激情，探讨普通人怎样经历战争与革命的大历史，大历史如何对他们产生影响，这些影响如何使根据地由封闭走向开放、由传统走向现代，又怎样改变了大历史，以此深化对乡村变迁及中共革命的认识。二是从日常生活来探究革命本身，即以革命为主体，探寻革命因子发挥作用的机制。革命的思维方式、实施路径是革命的遗产，也促成了革命的延续，所以应该关注日常生活中革命发生、发展的机制，分析、抽离出革命过程中发挥作用和影响的变量因素及其组合方式，揭示中共改造乡村民众日常生活的革命特质。三是注重日常生活的本体意义及功能。日常生活史研究带来的不仅是更多元的历史过程和体验，更是观察和理解历史的方法。通过探究“日常实践的社会历史生成”，总结华北根据地民众日常生活变迁及其影响因素，从理论上对日常生活史的范式意义进行思考。三个路径的内容其实是相互交织的，但落脚点、问题意识的归属点不同。在此意义上，“日常生活”从“人”及其生存状态出发，并指向时代特征和社会变迁，由此跨越到对整体结构史的探讨，可谓一种融合宏观与微观、上层与下层、结构和主体的视角与理论探索。

另外，“日常生活总是在具体的可能性和关系性的总体中展开其存在。……因此问题的关键就在于阐明日常生活实践的关系性和可能性的基本特征，……它意味着我们可能以何种关系生活，意味着我们在与他人和他物的关系中可能如何行动。……日常生活正是社会变革乃至社会革命的直接或间接的可能性和关系性的来源”。① 在根据地的日常生活中，这种关系及可能性即体现为作为领导革命的中共与作为被改造的下层民众之间的关系及民众的日常生活实现改造的可能性。由此，在横向的层面上，一是注重中共自上而下的领导与组织动员，考察中共对于民众日常生活的改造机制，其中凸显的是中共以乡土资源从制度层面对日常生活进行改造；二是从民众对战争和革命的体验和认知出发，从生命个体或群体的

① 郑震：《论日常生活》，《社会学研究》2013 年第 1 期，第 67~69、81 页。

视角考察他们对于日常生活的体验，从乡村社会的内在理路勾勒其经历战争和革命洗礼的生存图景，着重展现战争和革命背景下的民众日常生活及其变革。

从日常生活视角开展华北根据地史研究，具体而言要以地方文献、基层档案尤其是村庄的历史资料为基础，从日常生活的逻辑入手，探讨民众的日常生活与革命的关联，即革命作为外在因素融入乡村日常生活的机制、路径及所产生的影响。中共革命对乡村日常生活的改造具有一定的组织性，其中最为核心的是发展党员、建立基层党组织和群众组织，通过教育培训干部、组织动员群众来激发他们参与革命的热情，以此建立扎实的组织和社会基础，实现对民众日常生活长效而有深度的改造。这是革命对民众日常生活本体的改造，也是对乡村社会组织、机制、制度的重构，更有民众思想观念由传统向现代的嬗递。这三个层面并非各自独立，而是相生相伴、相互依赖和影响的，其中最关键，也是从一而终贯穿革命实践的，是中共对民众的教育引导以及民众思想观念的自我改变。这既使中共的革命理念得到传播与强化，也使民众日常生活的内容、空间、节奏、方式发生转变，民众的思想观念和文化习俗也在习焉不察的日常生活中发生点点滴滴的变化。

## 三　日常生活视角下的内容呈现

20世纪三四十年代，民众的日常生活发生巨大变化，展现出不同于传统时期的风貌。在华北土地贫瘠、资源稀缺而独特的自然环境生态结构背景下，在战争造成损害，经济萧条、发展停滞，社会矛盾冲突加剧，社会生态失衡的政治经济条件下，中共各项制度的实践构成强有力的政治领导，也引发了根据地乡村社会的变革。中共动员各阶层民众组成抵抗日军侵略的力量，应对因经济封锁而面临的诸多困难，并在与国民党政治竞争中获得民众的支持，形塑了中共中央、地方基层党员干部与民众之间的关系，也重构了根据地日常生活的样貌。

无论是中共的教育引导还是民众的自我转变，其间所依赖的组织、制度和各种机制的运作，其实质可在某种程度上看作革命信息要素在乡村日常生活中的流动传播。革命信息的流播形态丰富，在内容上涉及中共革命理念的传播和民众翻身当家做主的意识启蒙；在方式上既包括作为领导者的中共意志自上而下的上情下达，也包括基层社会自下而上的信息反馈；在功能和价值意义上，其并不仅仅是信息的传递，更是对“有秩序、有意义、能够用来支配和容纳人类行为的文化世界”的建构和维系。[①]

这种信息的流动是中共革命理论和逻辑对于乡村日常生活的规范和教化，其虽是“形而上”的理论指引，抽象性的特点似乎也难以契合乡村本土的实践和生活逻辑，但生活化语言和表达逻辑的转换，不仅使中共的政策得到了相对广泛的流传，也有助于提高民众的理解能力与接受度，激发民众响应参与革命的积极主动性，形成反抗封建剥削压迫、人民当家做主的知识体系和革命话语的再生产，拉近上层革命理念与民众日常生活和思想意识及行为方式之间的距离，解构传统的以地缘、血缘为纽带的乡村社会，引导其向新的社会关系、社会结构转型过渡。日常生活的革命性实践和本体性改造建构了革命在基层的实践空间，也强化了中共的政权权威与合法性。

从革命对乡村日常生活的改造来看，其中最重要的内容是乡村的日常政治，以党支部和党员干部的活动为中心，体现为乡村党员干部队伍的逐步形成、党政组织的建立巩固及其对民众的组织动员。乡村干部是中共在基层推行各种政策的宣传者、执行者和组织领导者，承担着学习认识党的政策、实践党的革命理念和动员组织群众生产、支前及稳定乡村秩序的责任，也被赋予相应的权力，在基层日常生活中居于主导地位。中共通过自上而下的方式在农村扎根，即领导根据地农民参与反贪污、反对不合理负担的斗争，从中挖掘入党积极分子，在此过程中农民的主体性逐渐被激发，一些人参与到政治生活中，成为党组织或政权体制中的一员。但是，农民党员干部的政治素养、思维方式和行为习惯与中共革命的要求存在一定的差距，其性别、年龄、文化程度、个人历史的构成体现出干部的整体水平，尤其是男女干部的比例失衡和文化水平不高等，对干部在基层的实践构成客观的结构性制约。同时，狭隘意识、保守观念的局限性也使党员干部群体的思想动机和行为实践呈现混乱、趋利的现象，对群众的管理方式不够灵活。

为此，中共对党员干部的管理，既有为提高其思想觉悟和文化水平，使其明确政治形势发展方向的“柔性”重塑机制，即召开党员干部培训班，扩大和加强对党员干部的时事政治、党章党纲、社会发展等的教育；也有为规范党内生活秩序、建立巩固乡村政权、实践人民民主的“刚性”规训制度，包括党日制度、学习制度、工作制度、民主制度等各项制度的

① 詹姆斯·W. 凯瑞：《作为文化的传播：“媒介与社会”论文集》，丁未译，华夏出版社，2005，第7页。

建立。这既是加强党组织建设，也是完善村庄日常管理的重要体现。这一过程使乡村政治精英实现了由传统乡绅向中共乡村干部的转变，以及以伦理为核心的传统士绅社会向以公共关系为准则的现代社会的演进，有助于乡村突破原有社会关系和交往方式的束缚，由此实现对主导乡村日常生活的政治组织、日常管理制度的改造。

中共的理念、政策的实现既需要乡村党员干部的领导和动员，也需要群众的理解与配合。革命塑造民众，民众的力量亦可推进革命。从民众日常生活的视角来审视，战争、革命期间中共整合资源与重构乡村秩序、扭转民众生存逻辑的过程也是改造民众的过程。在根据地民众的日常生活中，无论是参与土改、投身生产，还是做好个人卫生、破除封建迷信思想、应对灾害，均贯穿中共对于民众细致的教育引导。因此，除了破除传统陋习外，中共还对乡村民众原有的思想观念、行为方式和传统文化习俗进行深层次的变革，从而更好地使革命在底层社会落地生根。随着革命的逐步深入，底层民众对于中共的政策由怀疑、观望到理解、支持，其中展现的是民众参与意识的觉醒与价值观念的转变。

## 四　日常生活视角下的革命生态

在华北根据地，群众的反抗意识主要缘于日军的侵略，同时也受严重的社会危机的激发。农民经受的苦难，农民的压抑、不满、屈辱与愤恨除了因乡村固有的租佃、高利贷等的剥削，还由于国家税收的繁重以及自然灾害带来的饥荒。封建压迫剥削是革命发生的结构性因素之一，是革命的潜在诱因，转化为现实的革命动力需要诸多的要素，如需要能够动员大众并为获取政治权力而展开竞争的领导者和积极参与革命的响应者，还需领导者构建和传播革命意识形态，引导建立一定的组织，制定政策，设置相应的制度安排和革命目标。

广泛的社会革命、社会改造与政治经济制度的转型是中共革命在华北展开的具体路径依赖。顽强与坚韧、果决与无私，使华北军民在面对艰难困苦时能够不断克服客观条件的不足及发展障碍，独创各种灵活的战术与应对困难的方式，以此扭转中共军队装备与物资供应不足的局面，这些都是中共与根据地民众在严酷的环境和资源贫瘠条件下的创造与回应。无论是在党员干部还是在普通大众中，艰苦朴素、享有权利、团结平等、反抗侵略、无私奉献等都是实质性的精神内涵，蕴含在华北根据地的政治体制和经济发展中。这既离不开中共的组织动员，也离不开大众智慧的发挥和积极主动的参与及合作。在中共对乡村日常政治与民众生活的改造中，党的动员性领导、大众参与的特点突出，在一定程度上有利于克服官僚主义，实质上也是权力的分化和再分配，体现出一定的政治民主色彩。建立相对开放的、沟通的、民主的政治秩序是中共坚定不移的目标，也符合农民的愿望和利益要求。

为何群众会参与中共革命、支持中共政权，除了一般所讨论的社会经济纲领带给农民实惠的利益外，民众在精神上的需求获得满足同样不可忽视。中共组织动员农民、发动革命运动，在给农民带来陌生感，使农民茫然的同时，也呼应了民众的反抗意识，满足了民众的精神需求，这是其卷入革命的心理动机所在。从这一层面来讲，革命也是民众面对压迫剥削的恶性循环及陷入无望的失衡所必然会产生的应对方式和抗争。

中共对民众日常生活的改造与民众的愿望一致，这是中共能够获得民众的认同与配合的基础和核心。中共尊重农民的愿望和诉求，利用并改造农民的习俗，这样就使民众的日常生活融入了革命的内涵，这是传统与革命不断地磨合与相互交融的体现。中共将农民的日常生活看作政治和文化实践的对象及形塑政权认同的场域，希望农民摆脱愚昧落后的观念，改变懒散的生活方式和态度，将其纳入组织纪律性较强的群体生活中，并营造现代化日常生活方式和文化。正是在对农民日常生活及意义世界的改造中，中共将革命理念及历史社会观融入农民观念意识和行为选择中。

从农民日常生活的逻辑出发，当农民的传统观念与中共革命理念发生抵牾时，农民会以自己的方式理解消化中共的政策。作为行为主体，民众对中共思想和革命理念的理解、认可和接受并非一蹴而就，而是需要一定的时间。农民的传统观念和行为方式以矛盾而复杂的方式影响着革命的进程，因为他们有发挥主体能动性的力量，在极力获取自身发展所需要的资源的同时，也努力逃避、抵制和弱化不利于自身需求的规制。中共基于革命的发展会融合农民的意愿，发生倾向于农民传统观念的扭转，于此，农民的政治理念和价值观念在一定程度上有机地融入中共的政治经济政策和革命实践，有的传统观念借助革命的外在形式得到延续和嬗变，体现出革命文化深入农村地区的一面。

## 结　语

井冈山—陕甘宁—太行—西柏坡的革命道路是中共从初创到成熟的完整历史过程和有机顺序发展，华北作为革命试验场，在此序列中不可或缺。如果说井冈山体现了中共革命初期的原初形态，那么陕甘宁则体现了从早期的土地革命、游击运动向统一战线再向阶级斗争的形态转化，太行因为经历更多的日军军事侵略和战争的残酷而体现出更为艰难的政权建设和社会改造，而西柏坡则体现出中共从战争走向和平、从革命转向建设的演进发展。可以看出，中共的革命道路是基于现实社会环境和政治生态对自身发展道路的探索，是对中国政治、经济、文化的结构性问题和整体性危机的积极回应。

总之，根据地时期的战争和革命给乡村带来了政治权力和经济结构的变革，也使民众日常生活的方式与习惯、思想意识与价值观念、生存伦理及秩序等“慢变量”发生变化。这些慢变量似乎更能凸显革命对乡村的改造及农民一定程度的主体性和能动建构。在中共的领导下，虽然经历了彷徨与曲折，但民众对原有的生活方式和态度发生改变，其中有继承也有创新。改变使民众的政权认同得以形成和深化，继承和创新使农民的一些传统观念和生活方式得到延续并发生流变，这既是中共改造的结果，也是民众自我选择的结果。

【教育与文化】

# 从“革旧”到“怀旧”：清季民国学校膏火制度评价转变探析*

宗　尧**

**提　要**　膏火制度是清代学校中设立的一项奖助学制度，发挥着保障寒士就学的作用。清季以废书院、兴学堂为目标的全国性教育改革开始后，出于聚拢资金以推广学堂的需要，此项制度被施政者刻意贬低并革除。民国时期，在普通民众因困于财力无法入学和教育中贫富差距明显增大的情况下，膏火制度又重新受到社会各界的关注和好评，并促使私人、社会团体及官方通过多种手段以提高贫寒子弟的入学率和保障教育公平。膏火制度在清季民国评价的转变，是中国近代教育由机构普及到受众普及之阶段特征与时代特色的反映。

**关键词**　膏火制度　清季民国　教育普及

膏火，本指士子夜间读书照明所用的膏油灯火，明清时期被普遍用作官府、学校发放给学生的定期津贴或考试奖赏的代称。清代雍正后期，出于辅助教学、管控寒士的目的，膏火制度在中央国子监和各省会书院中先后设立，之后成为包括各级地方官学、书院、义学以及满族官学在内的清代学校的一项固定制度，及至晚清，又被新兴的学堂引入其中。

清代中期以后，书院成为实际履行学校教育职能的主要机构，其与科

---

* 本文系国家社科基金重大项目“中国历代书院文学活动编年史”（项目号：21&ZD253）阶段性研究成果。

** 宗尧，河南大学历史文化学院暨中国近现代社会转型研究中心校聘副教授、河南大学中国史博士后流动站博士后。

举制度相配套，具体负责儒学教育的实施，而于晚清同治年间开始建设的新式学堂，则主要承担培养西学人才的重任。因此，在光绪二十七年（1901）全国性的教育改革开始之前，书院、学堂与膏火制度的关联最为紧密，膏火支出在其经费中占有较大比重。[①]

清末新政开始后，三级学堂体制逐渐取代传统学校体制，在国家困窘的财政形势下，出于整合、挪用膏火资金以遍设学堂的需要，此项制度被指为败坏学风、阻碍教育进步的根源，继而被废除。民国时期，在民众因限于财力，中、小学入学率偏低和教育中贫富差距问题日益凸显的情况下，膏火制度又被认为具有保障寒门子弟就学和促进教育公平等诸多益处。膏火制度在清末和民国时期评价的变化，反映了中国近代教育由机构普及到受众普及的阶段特征和时代特色。

---

① 现今学界对学校膏火制度的研究，主要集中在对清代书院膏火制度的运行、管理、作用、影响及相关概念的界定方面。早在民国时期，陈东原、刘伯骥等就对此问题进行了探讨。陈东原认为学校膏火制度源于国家的养士政策，但制度的形成始自学校考课制度的设立。膏火制度发挥着鼓励寒士深造，防止其走入歧途的作用，但也容易养成学子的谋利之心。参见陈东原《中国教育史》下册，福建教育出版社，2009，第398页。刘伯骥则对清代广东各地书院膏火的来源、钱数和发放规定等进行了梳理。参见刘伯骥《广东书院制度沿革》，商务印书馆，1939，第317~324页。20世纪90年代以后，陈谷嘉、邓洪波、马镛、刘琪、张劲松、徐梓和笔者等亦在不同层面推进了这一研究的发展。陈谷嘉、邓洪波对"膏火"的概念进行了界定，提出膏火指书院、官学等发放给生徒的生活费用，是宋元以来养士费最通用的称呼。参见陈谷嘉、邓洪波主编《中国书院制度研究》，浙江教育出版社，1997，第334~335页。与之相比，徐梓等对膏火的定义更为宽泛，他们认为广义的书院膏火，除了发放给生徒用以维持生活的津贴和奖赏外，还包括提供给生徒参加乡试、会试用的宾兴费。参见徐梓、黄漫远《传统书院的现代价值》，《厦门大学学报》（哲学社会科学版）2018年第4期。马镛主要阐述了清代书院中膏火发放与考试成绩的关系，认为这是书院把养士与学业相联系，从而提高考试成绩的重要措施。参见马镛《中国教育制度通史》第5卷，山东教育出版社，2000，第241页。刘琪认为科举制度下"养士"观念的强化，是清代膏火奖赏制度确立的根本原因。在此观点下，他对膏火制度在实施中对提高科举成功率的作用及其"以地域为中心的教育福利色彩"进行了探讨。参见刘琪《清代书院的膏火奖赏——以助贫养士为中心》，《教育评论》2006年第2期。张劲松认为清代书院膏火在发放标准上有一个变化的过程，嘉庆朝以前，一般按照生徒名额，以统一标准平均发放，之后则主要以考试成绩为依据，按照不同等级进行发放。参见张劲松《论清代书院的助学制度》，《大学教育科学》2016年第1期。宗尧主要对晚清书院、学堂膏火制度革废的原因和历程做了论述，他认为膏火制度的革废，表面上看是因其不适应晚清社会形势的变化而产生了诸多弊端，根本原因则是在近代社会新旧转型的过程中，国家对教育的定位由"端士习"转变为"开民智"。参见宗尧《教养分离：晚清学校膏火制度革废的历史考察》，《现代大学教育》2021年第6期。截至目前，在清季民国学校膏火制度评价转变及其与近代教育普及之关系方面，尚无相关研究成果问世。

## 一 “旧制”：膏火在传统教育中的作用

士作为传统社会的四民之首，其言行在民众中具有示范引领作用。故确保士人群体在思想观念和行动上与官方保持一致，对稳定社会秩序、稳固统治有着莫大的作用。清廷入主中原，深知在思想上控制广大知识分子对王朝长久发展的重要性。早在康熙九年（1670），清廷便明确了学校教育的定位，那便是“隆学校以端士习”。①

要实现对士人言行的规范和控制，前提是要对其进行有效的笼络。通过科举制度颁授功名，给予士子入仕做官、参与王朝治理的机会，无疑能够充分调动士子接受官方教化的积极性。但传统社会对科举人才的吸纳仅集中于入仕一途，承载能力极为有限。

清代自康熙中叶国内政治局势趋于稳定后，人口即呈现快速增长态势，到乾隆四十一年（1776），中国的人口已超过2亿6800万，及至道光三十年（1850），这一数字又上升至近4亿3000万。② 人口的增长也相应使读书人的规模有所扩大，嘉庆、道光之际，已出现“一县之士……则多至千人”的情况。③ 而按照清代的官制设计，全国大约只能提供2万个文官职位，④ 这注定了大部分读书人或必须经过漫长的岁月方能出仕，或终其一生也无法取得做官的资格。

基于“人才多则俗化茂”的考虑，⑤ 清廷既有意维持一个与人口数量呈正相关的庞大士人群体，也必须为屡试不第的众多寒门子弟提供一个维持求学生活所需的奖、助学体制，以寓管控于激励之中。而按照士子考试成绩发放钱粮补贴、奖赏的学校膏火制度，正能发挥此方面的作用。对此，乾隆时学者袁枚有言：

> 民之秀者，已升之学矣；民之尤秀者，又升之书院。升之学者，岁有饩；升之书院者，月有饩。此育才者甚盛意也。然士贫者多，富

① 周振鹤：《圣谕广训：集解与研究》，上海书店出版社，2006，第507页。

② 何炳棣：《明初以降人口及其相关问题1368～1953》，中华书局，2017，第331～333页。

③ 管同：《说士下》，李国钧主编《清代前期教育论著选》下册，人民教育出版社，1990，第446页。

④ 费正清编《剑桥中国晚清史1800～1911年》上卷，中国社会科学院历史研究所编译室译，中国社会科学出版社，1985，第13页。

⑤ 素尔讷等纂修，霍有明、郭海文校注《钦定学政全书校注》，武汉大学出版社，2009，第18页。

> 者少，于是求名赊而谋食殷。上之人探其然也，则又挟区区之禀假以震动黜陟之，而自谓能教士。[①]

虽然从统治者的角度讲，清廷是把学校膏火制度作为管控未及第士子，“以约其情性而不致入于邪趋，囿其心思而不至悖乎正矩”，[②] 从而进行社会治理的一种工具。但从客观上看，此项制度也为有志读书的寒门子弟提供了接受教育和完成学业的机会，这一点也得到了当时社会的普遍认可：“盖其膏奖甚优，锦标任夺，苟家徒四壁，而笔有千言，竟可借备米薪，不至辍业”；[③]“为士者读书明道，义在轻财，而膏火无资，分光映雪者，究有几人，此外有废业者矣”。[④]

在朝廷的支持、社会的认可下，清代官僚、士绅普遍热衷于为学校捐献膏火资金以助推此项制度建设，其表现突出者不但能获得社会的赞誉，也能得到朝廷的嘉奖。光绪八年（1882），平遥县绅士李五玉之母王氏为当地书院捐助膏火银3000两，山西巡抚张之洞认为此乃“嘉惠士林，……心存利济”之举，[⑤] 奏请为李母建立牌坊，以示旌奖，得到朝廷批准。光绪十八年（1892），抚宁县附生曾昭心因该县云从书院经费短缺，以致人多奖少，不足以鼓舞求学者，乃为书院捐银1000两，作为生童膏火之需。当地举人鲍俊卿等联名呈请官府给予奖励，直隶总督李鸿章认为曾昭心的行为“洵足振兴文教，表式乡闾”，[⑥] 便向朝廷申请为其建立牌坊，亦获允准。光绪二十五年（1899），沅陵县绅士、广东道监察御史冯锡仁与其弟冯锡义将价值白银1000两的房屋一所，捐献充作当地虎溪书院膏火经费。护理湖南巡抚锡良称赞此举“洵属深明大义，好善可风”，[⑦] 为表彰善行以资观感，也请求通过建坊的方式加以奖励，也获朝廷批准。

晚清时期，随着读书人规模持续不断扩大，各地膏火资金在施惠寒士方面的压力越来越大，这增加了膏火竞争的激烈程度，从而使冒名顶替、交结考官等种种舞弊现象在学校考试中频频出现，对士风、学风造成了一

---

① 《书院议》，王英志主编《袁枚全集》（2），江苏古籍出版社，1993，第370页。

② 《甄别改期》，《申报》1890年3月6日，第2版。

③ 《书院复立》，《申报》1881年8月10日，第2版。

④ 《接财神说》，《申报》1885年2月20日，第2版。

⑤ 《光绪八年十一月三十日京报全录》，《申报》1883年1月26日，第9版。

⑥ 《光绪十八年四月廿四日京报全录》，《申报》1892年5月28日，第12版。

⑦ 锡良：《奏冯锡仁等捐充虎峪书膏火请旌片》，虞和平主编《近代史所藏清代名人稿本抄本》第3辑第105册，大象出版社，2017，第341~342页。

定程度的损害。庚子国难后，清廷在巨大的民族危机和统治危机面前，开始图谋国家振兴之策。在教育领域，由于以张之洞、袁世凯等为首的政府要员认为“必改用西法，……学校乃有人才”，[①] 故从光绪二十七年八月书院改学堂诏令下达始，中国迈开了近代全国性教育改革的步伐。在“经费支绌，中国通患”的社会背景下，[②] 因受限于财力，中国学堂的建设和推广异常艰难。为了加速学堂建设，一方面新式学校必须摆脱在膏火支出上的负担，另一方面也必须挪用原有膏火资金为己所用。这样，在清末教育改革中，膏火制度在庇养寒士方面的作用开始被有意忽视，在损害学风方面的弊端则被无限放大，这最终导致了学校膏火制度的废除。

## 二　“革旧”：清末教育改革中对膏火的否定

清末教育改革，旨在通过全面引进西方教育体系来广开民智，从而为振兴国运培养众多的实用救世人才。由于这场教育改革是本着舍中从西的思路，所以当务之急是要把西方教育的架构在中国迅速建立起来，其核心是大、中、小三级学堂体制在全国的推广，这势必需要投入大量的建设资金。

清末教育改革前，因新式学堂的数量并不多，故书院是承担学校教育职能的主体机构。书院规制相对简单，主要人员设置为主持教学的山长一名及负责院中杂务的监院一名。由于晚清书院的主要教学形式为考课，所以书院经费支出主要为山长、监院的薪酬和考生的膏火奖赏，经费数额并不算大。少者如县级书院，一年经费支出只有数百两；多者如省会书院，全年也基本维持在几千两。

与书院相比，学堂在建筑房舍、聘请教员、配备图书及教具等方面的花费都远远超过前者，又因事当初创，所费自然更大。以当时的山西、江苏两省为例。光绪二十四年（1898），据山西巡抚胡聘之奏报，全省共有书院 109 所，“岁用束脩、膏火及杂支等项经费共银三万九千余两，钱二万六千余串”。[③] 而光绪二十八年，时任巡抚岑春煊向朝廷禀陈，山西仅建

---

① 张之洞：《致西安鹿尚书》，苑书义、孙华峰、李秉新主编《张之洞全集》第 10 册，河北人民出版社，1998，第 8527 页。

② 《答孙慕韩》，《吴汝纶全集》第 3 册，黄山书社，2002，第 127 页。

③ 胡聘之：《奏为遵旨查明晋省书院经费数目并拟筹办各府州县学堂情形折》，《申报》1898 年 10 月 30 日，第 14 版。

一所大学堂，在竭力减省的情况下，“至少亦需银四万余两”，[①] 这还不包括建堂、购书、置器等费。光绪二十八年，江苏巡抚聂缉槼向朝廷奏称，省城紫阳、正谊、平江三所书院，每年共支经费不过七八千两，其中紫阳、正谊还是等级最高的省会书院。而在省城建设一所苏州府中学堂，每年就需银约一万两，另外大学堂的建设还需要白银数万两。[②]

彼时，国内在屡次战争耗费及巨额赔款的重压下，根本没有充足的资金用来推进学堂建设。故光绪二十七年五月，湖广总督张之洞、两江总督刘坤一在上书朝廷请求变法自强时，即明言：“学堂固宜速设矣，然而非多设不足以济用。欲多设则有二难：经费巨，一也；教习少，二也。”[③] 张、刘二人的忧虑在之后推广学堂的过程中应验，光绪二十九年(1903) 十一月，管学大臣张百熙、荣庆、张之洞联名向朝廷反映：“窃维奉旨兴办学堂已及两年有余，而至今各省学堂仍未能多设者，经费难筹累之也。”[④]

在清末教育改革起步之时，国内民众的生活水平较之前并无改观，占读书人大多数的寒门子弟依然需要依靠学校提供的膏火来维持学业、生计。但学堂建设既苦于经费难筹，膏火经费自然在其摒弃之列，对此，时人有言：“自变法而后，书院悉改学堂，于是办学堂者，今日曰费不足何若？则议去膏火。明日又曰费再不足何若？则议裁奖赏。”[⑤]

但要废除一项在中国实行长达数百年且在社会上尚有良好口碑的制度，也并非没有压力，针对为建设学堂而停废膏火之举，时人即撰文提出异议：

> 夫以曩者书院经费、科举经费，罄其所有，悉数为学堂囊括而席卷之，天下已蹙蹙靡骋，隐忍无可言，……自今以往，虽有聪明才智、好学深思之士，困于经济，父兄长上束手咨嗟，筹措俱穷，因是裹足却步，挹挹不得遂其志者，何可胜数！[⑥]

---

① 岑春煊：《奏为遵旨设立晋省大学堂谨拟暂行试办章程折》，《申报》1902年8月27日，第2版。

② 聂缉槼：《奏为遵旨改设学堂折》，《申报》1902年1月24日，第2版。

③ 张之洞、刘坤一：《变通政治人才为先遵旨筹议折》，《张之洞全集》第2册，第1405页。

④ 张百熙、荣庆、张之洞：《管学大臣等奏请试办递减科举注重学堂折》，《东方杂志》第1卷第1期，1904年。

⑤ 《论学堂贴费》，《申报》1906年11月3日，第2版。

⑥ 《论学堂贴费》(二续)，《申报》1906年11月5日，第2版。

但在主持学堂推广事务的各级官僚看来，国家的前途命运显然要大过体恤寒士的舆情，所以他们必须通过将膏火制度弊病无限放大的方式，从而看似合理地将其废除。这个被找到的理由便是膏火制度使士子的逐利之心滋长，不利于其端正求学态度。光绪二十七年八月，山东巡抚袁世凯在就试办山东大学堂相关事宜向朝廷的条陈中即言明：

> 学堂如发给学生廪膳银两，寒畯之士，或多希冀廪膳，纷至沓来，不但无以坚向学之诚，反足启喻利之渐，非所以重士也。兹拟定所有考选学生入堂肄业，应令自备饭资，不给廪膳，庶来者皆系实心向学之人，不至半途而废。①

光绪二十八年，奉命赴日本考察教育的武昌江楚编译局帮办罗振玉，则以日本学校教育作比，阐述了停发膏火的缘由：

> 学生入学，必具束脩等费，惟寻常小学为国家义务教育，不收束脩。及高等师范、师范生亦以国费、公费助之，所以广教育也。从无与学生以膏火赏金者，至考试赏誉，亦仅以言语名次奖励，无以财币者，此所以崇品行，不欲导学生向利之心也。②

最耐人寻味的当数四川总督锡良，六年前在湖南巡抚任上还在奏请朝廷表彰捐献膏火义举的他，却在光绪三十一年（1905）督促下属赶办学堂的批示中，对膏火制度大加贬斥：

> 西儒斯密·亚丹（即亚当·斯密——引者注）论幼民学费，以官资膏火为学风不竞之由。各属绅民具有爱惜子弟之心，希望方长，不应蹈此陋俗。③

平心而论，膏火制度确实在一定程度上引发了士子借学校考试牟利及考试中舞弊现象的频繁出现，但制度本身并不是导致这些问题出现的原因。其根源是“晚清政府在旧的社会结构下，不能为士子宽筹出路，只能

---

① 袁世凯：《奏办山东大学堂折》，璩鑫圭、唐良炎编《中国近代教育史资料汇编·学制演变》，上海教育出版社，2007，第49页。

② 罗振玉：《日本教育大旨》，《经济丛编》第5期，1902年。

③ 锡良：《总督部堂通饬各属酌征学费札》，《四川学报》第18期，1905年。

通过一味强调养与教的协同关系，来勉强维持早已不合时宜的传统教育体制”。[①] 在晚清读书人大量增加的情况下，得到膏火的难度也成倍增加，出于维持生计的考虑，考生不得不用更多的手段以确保膏火的获取。即使膏火制度在客观上引发了考试舞弊现象的出现，也不能将其在保障寒士就学方面的作用一概抹杀。

在主事官员持续不断的抨击下，大量学堂纷纷停止了膏火的发放，光绪三十一年八月，清廷诏令停废科举后，膏火制度也在学校中被彻底废除。

清末官员之所以在学校中废除膏火，是想要节省此项资金以助推学堂建设。由于清末各地学堂大多是在旧有书院的基础上改设，而书院原用于支付学生膏火的资金数额与学堂建设资金相比并不庞大，所以学堂即使挪用此项经费投入自身建设，也不过是杯水车薪。在巨大的资金缺口下，参照西方学校制度，收费教育也开始取代中国传统的免费教育，光绪二十九年十一月，清廷在《学务纲要》中规定：

> 各学堂应令学生贴补学费。各省公款皆甚支绌，除初等小学堂及优级初级师范学堂均不收学费外，此外各项学堂，若不令学生贴补学费，则学堂经费似难筹措，断无多设之望，是本欲优待而转致阻碍兴学矣。[②]

在此纲领的指导下，清末除五年制的初等小学堂及四年制的初级师范学堂外，其他各类较高层级的学堂，都要向学生征收学费。

废除膏火、征收学费是为了新式学堂的推广，但由于当时中国民众仍普遍处于贫困状态，学堂的推广并没有带来教育受众的增加。而在不充分考虑本国现实的情况下，过度采用西方的学校制度而摒弃本国的教育传统，也招致时人的非议：

> 今建议者曰，东西各国学校，无不纳费，故教育普及，无人不学。吾国欲扩充学校，而仅恃此有限之公款，其涸可立待，是说诚然矣。然天下事彼此相维相系，不能问甲不问乙，见彼不见此。现今吾国工商界、实业界之发达，民情物力之丰富，能如东西各国否？教授

① 宗尧、邓洪波：《教养分离：晚清学校膏火制度革废的历史考察》，《现代大学教育》2021 年第 6 期。

② 《新定学务纲要》（续第三期），《东方杂志》第 1 卷第 4 期，1904 年。

之合法，学科之完全，能如东西各国否？若犹有未及，惟援贴费一端，抑徒强人所难，而未免操切也。[①]

中国近代的教育改革是在西方列强的不断痛击下，基于通过变更中国旧法以从西法的方式向西方看齐，从而快速实现国家自强的目的展开的。这不是对本土教育制度简单的整顿改良，而是要重新建立起一套几乎与本土教育完全不同的教育架构和内容。这决定了此次教育改革不可能一蹴而就，必须分步进行，首先是要把新的教育机构普遍设立起来，其次才是把新式教育的对象引进来，尤其在近代国家财力的限制下，更须遵循这种策略。对此，清末一些学者也看得比较真切。光绪二十八年，梁启超撰文称：

既以造就国民为目的，则不可不举全国之子弟而悉教之。……然国家学制未定，使民何所适从？故必用此法，先使学校普及，然后教育可以普及。[②]

光绪三十二年，张元济也表达了类似的看法：

征收学费，务从廉俭，无非欲教育普及。然欲教育普及，必先多设学堂。学费轻，则学堂之负担重，负担重则学堂之建设难。……窃谓减轻学费，宜于学堂完备、生徒入学艰阻之时，而不宜于学堂缺乏、生徒入学踊跃之时。今之学堂不可谓不缺乏也。[③]

故在时人眼中，新式教育机构和受众都要普及，只不过迫于形势，只能分步先后进行。在革除膏火制度与开征学费等举措下，清末在学堂建设方面也着实取得了可观的成就。至宣统元年（1909），各级官府在全国共建成大学堂 3 所、高等学堂 24 所、专门学堂 127 所、[④] 中学堂 460 所、[⑤] 小学堂 50265 所，[⑥] 初步完成了新式学堂在全国的推广工作。

其实清廷在致力于推广学堂的同时，也并非完全忽视教育的普及。光

① 《论学堂贴费》（二续），《申报》1906 年 11 月 5 日，第 2 版。

② 梁启超：《教育政策私议》，《饮冰室文集全编》第 3 册，上海新民书局，1932，第 16 页。

③ 《关于学费标准致学部堂官书》，《张元济全集》第 5 卷《诗文》，商务印书馆，2008，第 43 页。

④ 朱宗顺、刘平：《中国近代高等教育论纲》，《大学教育科学》2003 年第 1 期。

⑤ 《光绪三十三年、三十四年、宣统元年各省中学及学生统计表》，李桂林、戚名琇、钱曼倩编《中国近代教育史资料汇编·普通教育》，上海教育出版社，2007，第 316 页。

⑥ 左松涛：《近代中国的私塾与学堂之争》，生活·读书·新知三联书店，2017，第 255 页。

绪三十二年，学部订立的教育宗旨即为“今中国振兴国务，固宜注重普通之学，令全国之民无人不学”。[①] 清末颁布的《奏定学堂章程》规定初等小学阶段的五年为不缴纳学费的义务教育阶段，但底层子弟由于生计维艰，又没有膏火的补贴，所以其中大多数人连初等小学教育也无法获得，“各省设立学堂，能入学者多系富家子弟，其贫家子弟急待谋生者，大半难得入学”。[②] 宣统元年，江苏教育总会也向学部反映：

> 各省奉行此章程适五年矣，主持学务者提倡于上，热心教育者鼓吹于下，……以江南号称财富之区，凡小学生徒能毕初等五年之业而不为家族之生计所迫以致中辍者，尚寥寥焉，其他贫瘠之省，更复何望？[③]

此时距清王朝灭亡只剩两年，历史没有给清廷实现教育普及的机会，这个任务便自然顺延到民国时期。

## 三 “怀旧”：民国教育普及中膏火评价的好转

进入民国时期后，新式学校的推广工作仍在继续进行。1912 年，教育部通令各类学堂一律改称学校。至 1922 年，全国共设有初等小学校 167076 所、高等小学校 10236 所、中学校 547 所、大学专门校 125 所，[④] 相比晚清时期，在学校建设数量上又有大幅增长。至此，近代教育机构普及的历史任务基本完成。但与学堂数量迅猛增加极不协调的是，发端于晚清教育改革中的入学率低及教育中的贫富两极分化问题，反而越来越严重。

民国政府成立后，依然规定初等小学教育为义务教育，学生不用缴纳学费，只不过学制由先前的五年减为四年。1921 年，教育家袁希涛参考西方各国义务教育普及率，对当时中国应接受义务教育的人数做了估算。他

---

① 学部：《奏陈教育宗旨折》，璩鑫圭、唐良炎编《中国近代教育史资料汇编·学制演变》，第 543 页。

② 刘学谦：《奏设半日学堂片》，璩鑫圭、唐良炎编《中国近代教育史资料汇编·学制演变》，第 579 页。

③ 张謇：《江苏教育总会呈学部文（为请变通初小学堂章程）》，《教育杂志》第 5 期，1909 年。

④ 《民国十一年度之几种全国教育统计表》，《教育杂志》第 10 期，1923 年。

认为，按各国“五人中得学童一人”的比重，[①] 以低于当时全国实际人口数量的4亿人来计算，中国接受义务教育的人数应为8000万左右，因我国所定的四年义务教育期限大约只占西方所定义务教育时间的一半，需要在人数上打个对折，那也应该有4000万人。而据当时的统计，1922年初等小学校的在校生只有5814375人，不到既定人数的15%。与之相应，高等小学校的在校人数为582479人，占初等小学校在校人数的10%；中学校在校人数为103385人，占高等小学校在校人数的18%；大学专门校在校人数为34880人，占中学校在校人数的34%。[②] 也就是说在接受义务教育人数极低的情况下，还有90%的初小学生无法升入高等小学，82%的高小学生不能升入中学，66%的中学生不能升入大学。而这种现象主要是由大量贫寒子弟困于财力，无法入学导致的。能够入各级学校就读者大多非富即贵，也导致了受教育机会的严重不公平。

1924年，著名学者、上海南方大学校长江亢虎在应邀为镇江润州中学做演讲时即提到：“我国日言教育普及，而结果适得其反。因我国今日教育已渐成‘贵胄式之教育’，学膳书籍等费、均太繁重。”[③] 1930年，国民政府主席蒋介石亦坦言：“自中国之现状言之，教育尚未普及。入校求学，原非尽人而能。……中人之家，犹不易令其子弟肄业于中等学校。”[④] 1932年，著名教育家陶行知也撰文批评了学校教育的不公平现象：

> 时至今日，小学每年费数十金，中学费一二百金，而大学则达五六百金。金筑之校门，事实上惟豪富之子弟乃能跨过，而占绝大多数之劳苦大众子弟，则惟有仰望龙门而长叹，事之不平，孰甚于此。[⑤]

由于传统学校膏火制度可为生徒提供衣食补贴，从而能够保证寒门子弟在获取秀才、举人、进士等各级功名的科举考试中与官宦子弟一决雌雄。在受教育机会因贫富差距而愈发不公平的时候，已废除多年的膏火制度又开始被社会各界怀念并广受好评。

1923年，前北洋政府国务总理、北京香山慈幼院院长熊希龄在反思清末民初教育发展历程时，即肯定了膏火制度在保障寒门子弟入学方面的作用：

---

① 袁希涛编《义务教育之商榷》，商务印书馆，1921，第1~2页。

② 《民国十一年度之几种全国教育统计表》，《教育杂志》第10期，1923年。

③ 《镇江润州中学请江博士演讲》，《申报》1924年6月28日，第11版。

④ 蒋介石：《蒋主席告诫全国学生》，《申报》1930年12月12日，第6版。

⑤ 陶行知：《再论中国教育之出路》，《申报》1932年7月9日，第3版。

因思吾国从前旧式教育，虽不适宜于世界潮流，然每一书院，均有膏火、奖金等项，足以津贴寒生，使孤贫无告之优秀者，得以与富贵儿童同享平等之教育。①

1932 年，陶行知先生在倡议全国各级学校必须实行免费教育时，也对膏火制度做了正面评价："在满清时代学生入学，不仅不纳学费，且有膏火可得。其科举制度，虽不可为训，但此种免费制度，要尚有可取者。"②

在教育界以外，社会上对传统膏火制度的评价更高。1941 年，《申报》发文盛赞膏火制度：

古来以补助寒士膏火为莫大的美德，使他们在断齑划粥的境遇下发愤苦干，如有所成就，便给授者、受者添上光辉的佳话，这是优良的封建传统道德。③

到 1943 年，《申报》又发表社论，认为中国历史上的学术发展与人才辈出都与学校膏火制度有着莫大的关联：

中国学术的发展，以宋与明为最著。而考究宋之二程、朱、陆，明之王文成公辈，所以能造成一时的国士风气者，实由于国有太学、国子监之设，地方则广置学校，供给师生膏火，以为培养人才之用。④

上述各界对膏火制度的重新关注与好评，显示了当时社会对寒门子弟难以入学导致的教育普及率低及受教育机会不均等两方面问题的重视，这也促使私人、社会团体和官方努力尝试各种手段以改变现状。

就私人而言，1923 年，北京香山慈幼院院长熊希龄在院中高小生完成学业后，又延聘良师，为毕业生提供免费中学教育。共设学额 80 名，除 60 名学额给予本院学生外，另 20 名学额则留给各省慈善机构中高等小学毕业且具有学习天赋的儿童。⑤ 1930 年，著名会计学家、上海立信会计师事务所所长潘序伦等成立以"资助贫寒优秀之青年完成学业"为宗旨的思源助学基金会，基金会每年共为贫寒学生提供助学基金 1200 元，大学生的

---

① 熊希龄：《北京香山慈幼院长熊希龄来函》，《申报》1923 年 9 月 27 日，第 10 版。

② 陶行知：《再论中国教育之出路》，《申报》1932 年 7 月 9 日，第 3 版。

③ 《展开〈申报〉"读者助学金"运动》，《申报》1941 年 7 月 16 日，第 11 版。

④ 《植树与植人》，《申报》1943 年 3 月 12 日，第 2 版。

⑤ 熊希龄：《北京香山慈幼院长熊希龄来函》，《申报》1923 年 9 月 27 日，第 10 版。

资助标准为每人每年 200 元，中等职业学校学生每人每年 100 元。[①]

社会团体方面，申报社从 1941 年秋季开始，至 1949 年春季为止，共组织了十二届“读者助学金运动”，号召广大社会人士向贫寒学生伸出援助之手。近九年间，通过所募得的资金，共资助各级各类学生 26146 名，在帮助家境困难学生入学方面发挥了极大作用。[②] 同在 1941 年，镇江旅沪同乡会设立助学金委员会，于当年筹得助学金 6000 元后，开始向家境清寒、品学兼优的旅沪镇江籍子弟提供援助，标准为“小学每人每学期助金二十元、初中六十元、高中八十元”。[③]

除私人、社会团体外，各地政府则纷纷通过设立助学贷金制度，以向学生提供低息或无息贷款的方式来帮助其完成学业。1931 年，河南省教育厅发布助学贷金章程并开始施行。章程规定，教育厅每年划拨经费两万元，向家产价值 2000 元以下及家庭年收入在 400 元以下的国立、省立各大学优秀学生提供助学贷金。其数目为每人每年最多 200 元，年息 5 厘，学生毕业后每年至少需偿还贷金本息总额的 1/4。[④] 1934 年，安徽省教育厅也设置固定基金 30 万元，开始为学行优良、家境清寒的专科以上学校学生提供助学贷金。标准为每名每年最多不超过 260 元，贷金不收取利息，学生可在毕业后一次性偿还或于六年内分期偿还。[⑤] 1938 年，四川省要求下属各县为无力升入中学的成绩优异学生设立助学贷金。规定，富裕县份需设立至少 3 万元的助学贷金基金，贫困县也不得少于 1 万元，并且每县必须保证每年至少划拨教育经费的 5%用于助学事务。至于发放标准，则为初级中等学校学生每名每年 40～80 元不等，高级中等学校学生每名每年 60～120 元不等，具体审批数额由各县贷金委员会视学生家庭状况而定。贷金为无息贷款，受助学生需于就业后六年内偿清。[⑥]

在官、私各方的努力下，之前教育领域中出现的两大问题得到了一定程度的改善。但由于自 20 世纪 30 年代后期开始，国内即陷入持续不断的战事之中，动荡的局势阻碍了中国教育普及的进程。

① 潘序伦、王志华：《思源助学基金简章》，《国立浙江大学校刊》第 21 期，1930 年。

② 周松青：《整合主义的挑战：上海地方自治研究（1927～1949）》，上海交通大学出版社，2011，第 258 页。

③ 《镇江同乡会助学金开始申请登记》，《申报》1941 年 8 月 18 日，第 8 版。

④ 《河南教厅施行助学贷金办法》，《浙江教育行政周刊》第 36 期，1931 年。

⑤ 《安徽省专科以上学校清寒优秀学生助学贷金章程》，《北平交大周刊》第 44 期，1934 年。

⑥ 《四川省各县中等学校学生助学贷金章程》，《新教育旬刊》第 5、6 期合刊，1939 年。

# 结 语

清季民国时期对传统学校膏火制度的不同评价，是在中国近代特定的政治、经济环境下，基于各所处时段教育发展的不同任务做出的。清末，在困窘的财政形势下，学校膏火经费的存在不利于学堂的推广，为了实现新式教育机构的普及，必须将膏火制度贬低并废弃；民国时期，全国新式学校体系基本建立，面对较低的入学率和教育中明显的贫富差距，重新肯定膏火制度有利于唤起社会对贫寒失学子弟的关注，从而促进教育普及和教育公平。

作为中国本土学校中一项特有的制度，膏火制度一直发挥着助养寒士的作用，而此项制度在近代新旧嬗替时代环境中的被贬弃与受青睐，则是清末以后时人对中国教育传统由刻意否定到理性矫枉的缩影。同时，我们还可以看到，清末教育改革主要由官方主导，官员的否定直接导致了膏火制度的废除，而民国时期对教育普及的关注则兴起于民间，社会上对膏火制度的关注与好评，促使官方助学贷金制度的设立。这也反映了近代传统社会向现代社会发展过程中，教育话语权由政界独揽到逐渐向学界及民众开放的趋势。

# 女性·儿童·国家：民国时期的托儿所研究（1927~1949）*

朱文广　侯　杰**

**提　要**　南京国民政府建立之后，受现代化潮流的推动，中国公立、私立托儿所逐渐增多，1927~1949 年出现了三次办所高潮。在时人的观念中，兴办托儿所有助于解放妇女从而促进经济、发展儿童身心、培养国家未来主人，是关系国家命运的事业，十分重要。托儿所基本以看护为主，教育为辅，虽非慈善机构但具有慈善性质，收取的费用较为低廉。托儿所大致可分为劳工托儿所、工厂托儿所、职业妇女托儿所、农村托儿所等几种类型。它们服务不同的女性，帮助她们解决育儿问题。但是，在国家贫弱、时局动荡、政府不积极作为等因素的影响下，托儿所存在经费不足、设施简陋、管理水平低下等诸多问题，最终造成了托儿所虽有发展但在质量与数量上远远不能满足社会需要的结果。

**关键词**　近代　学前儿童教育　南京国民政府　托儿所

关于近代学前儿童群体的记录与研究，目前已经有相当丰富的成果。《百年中国儿童》一书对近代中国学龄前儿童的人口、卫生与保健、校外活动、儿童组织、家庭教育、学前教育等方面进行了系统描述。在学术层面，侯杰、常春波对近代儿童的研究值得关注。此外，还有学者对幼稚园、儿童教育思想、教育体制等进行了专门探讨。需要注意的是，学者研究近代学前儿童教育机构时，主要集中在幼稚园上。实际上，当时中国还

---

* 本文系 2018 年教育部人文社会科学重点研究基地重大项目“传统向现代的转型：中国近现代日常生活研究”（18JJD770001）的阶段性成果。

** 朱文广，长治学院历史与旅游管理系副教授；侯杰，南开大学历史学院暨中国社会史研究中心教授。

存在另外一种相似却又不同的机构，即托儿所，同样对中国学前儿童的综合发展起到了重要作用，而关于它的研究目前尚不充分。故而，本文拟借助相关资料，对近代中国托儿所的情况进行梳理，以丰富相关研究。[①]

## 一 托儿所的演变

托儿所，顾名思义，是委托安置幼儿的场所，实际上是由国家、社会承担学龄前儿童养育任务的公共机构。早期英文名为 Day Nursey，直译为“日间育儿院”。[②] 它不是农业文明的产物，而是近代工业革命的伴随物，“产生的历史很短”。传统社会以农业与家庭手工业为主要生产模式，以家庭、家族为主要生产单位，男耕女织是基本生产方式。男子主要在田地中劳作，女性则负担各种家务劳动，如煮饭、洗刷、养育子女、饲养家畜、织布、赡养老人等。除了协助农事外，她们多在家里照顾儿童。就城镇手工业者来说，一家之内，夫妇、子女、婆媳形成工作联合体，照顾幼儿的摇篮可以放在工作场地内。母亲可以一边工作，一边哺育子女、料理家务。至于商贾、官员家庭，由于男方长时间在外，女性同样以相夫教子为主，也无须将幼儿置于家庭之外的场所。所以，在相当长的时间内，中西方都没有“托儿所”的概念。

---

① 中国青少年研究中心主编《百年中国儿童》（新世纪出版社，2000）涉及中华人民共和国成立前托儿所的情况。一是“革命根据地第一部学前教育法规——《托儿所组织条例》”条，指出 1934 年苏区中央人民内务委员会颁发的《托儿所组织条例》是中共革命根据地第一部学前教育法规；二是“洛杉矶托儿所”条，指出 1940 年在延安开办的洛杉矶托儿所是抗日民主根据地的一所学前教育机构；三是“中国福利托儿所”条，记载了 1949 年 7 月上海解放后，宋庆龄等建立中国福利托儿所的情况。不过，这些材料只是简单记录而并未深入系统地分析研究。侯杰、常春波发表了一系列论文，主要包括侯杰、常春波《日常生活的咏叹：近代儿童性别意识启蒙——以 20 世纪初儿歌为中心》，《南开学报》（哲学社会科学版）2018 年第 4 期；侯杰、常春波《近代家庭教育与儿童性别认同探析》，《天津大学学报》（社会科学版）2018 年第 3 期。此外，他们的《近代儿童日常生活》（山西教育出版社，2019）一书呈现了近代儿童的生活状况和内心世界。该书着力探讨了家庭、学校、社会对儿童的规训和引导，尤其是近代中国人的性别意识在童年阶段是如何建构起来的，处在从传统到现代过渡之中的社会性别制度与观念对儿童的成长产生的影响。不过，他们的研究成果对托儿所涉及不多。除此之外，朱季康《民国妇女与学龄前子女教育矛盾研究——基于民国学者视野的观察（1912~1949）》（《北京社会科学》2015 年第 12 期）提到托儿所的开设可提高社会生产率；朱波《民国时期福建幼儿教育事业的嬗变》（《教育史研究》2019 年第 2 期）提及抗日战争期间，福建设立了一些托儿所。遗憾的是，二者对托儿所的论述尚不够深入与全面。总体来看，目前学术界尚未有完整系统阐述近代中国托儿所演变过程的论著出现。

② 费哲民：《日本托儿所视察记》，《妇女杂志》（上海）第 9 卷第 4 期，1923 年，第 76 页。

工业革命后，女工工资较低，且从事一些行业工作时更具性别优势，故而在某种程度上更为工厂主所喜。于是，招聘女工从事生产劳动的工厂大量出现。如此，大量女性就需要到离家较远的场所去工作。“旧生活秩序的破坏，生活的艰难，既逼使妇女不能不加入生产战线，赚钱养家，而幼小的子女又不能没有母亲哺育看管。”因此，越来越多的女工陷入两难境地。与此同时，女性主义思潮也不断兴起。“妇女的人的地位渐被认识，渐被确立。”越来越多的人认为，“妇女不该再做丈夫的奴隶，子女的奶娘，终生被束缚在家庭中，把生命精力消磨在厨房和育婴室里，她也要到更广大些的社会里工作，生活，和男子一样的享受做人的权利，尽做人的义务”。①

总体来看，托儿所的产生是由于工业革命以来，“一切事业，都趋向社会化，所以育婴问题，便由家庭两亲养育，渐次转变到社会养育”。父母无法照顾幼儿，故而产生了将儿童委托于社会保育机构的需求。由此，社会上也就出现了满足这种需求的机构。世界上最早的托儿所出现在德国。1779 年，新教牧师奥伯林为减轻社会下层父母负担，在阿尔萨斯州的一个农村建立了一间房屋，以收容 3~6 岁的幼儿，“不仅防身体上及风化的危害，且教之以历史上的故事，简易的唱歌，或与共同游戏，力尽保育的职责”。② 1871 年，奥伯林协会成立后，托儿所更加发达。由此可见，最早的托儿所为教会所办，带有慈善性质。此后，非教会的托儿所日渐增多。1912 年前后，德国有托儿所 2000 多个。英国最早的托儿所则由空想社会主义者欧文创办。1800 年，欧文在纽拉克纺织工场内招收工人子女进行监护。1819 年，在国会议员博鲁姆罗姆的倡导下，伦敦的托儿所开始建立。至 1825 年，伦敦幼儿学校已达 100 多个，招收儿童 20000 余人。到 1923 年，伦敦托儿所有 70 多个，全英则达 200 多个。法国最早的托儿所产生于 18 世纪末，至 1922 年，已有托儿所 445 个。美国最早的托儿所于 1854 年在纽约设立，到 1927 年时已有 112 个，招收儿童 15000 人；全国托儿所 700 余个，招收幼儿 30000 人。日本托儿所出现于 1892 年，至 1933 年全国托儿所已达 6000 余个，其中常设者约 550 个。苏俄的托儿所自十月革命后开始出现。由于社会制度的原因，托儿所全部由国家经营，与欧美国家由教会或私人办理有所不同。③

随着来华人员的增多，至晚到一战期间，中国的租界内也开始有了外

① 茂梓：《普设托儿所的重要性》，《福建妇女月刊》第 1 卷第 3 期，1943 年，第 10 页。
② 杨琛如：《托儿所的组织法》，《实验研究月刊》第 11 卷第 10 期，1937 年，第 23 页。
③ 杨琛如：《托儿所的组织法》，《实验研究月刊》第 11 卷第 10 期，1937 年，第 23 页。

国人办的托儿所。同时，因各种原因在国外停留的中国人也注意到了各国托儿所的情况。1928 年前后，随着南京国民政府民众教育运动的展开，中国出现托儿所。1928 年 8 月初，广州市政府成立市立托儿所，收取三个月以上幼儿，经费由收费与教育局拨款共同组成。有两名以上幼儿而“收入甚少”的家庭，第二名幼儿可核减“膳费百分之五十”。[①] 1929 年，上海吴县民众教育馆工读处为解决入馆学习女性的子女看护问题，成立了托儿所。1929 年，中央大学区立农民教育馆建立普通、农忙、临时三类托儿所。1931 年 3 月，乌江推广实验区建立托儿所。除了政府推动，高等教育机构也开始设立托儿所。1931 年 8 月，上海幼稚师范学校开办上海婴儿园，内有日夜托儿所，由陈济成、江问、刘湛恩、陈鹤琴、乐玛琍等人筹设，收 2~4 岁儿童，并配以适用于该年龄段的教学课程。几乎与此同时，基督教会、妇女解放组织、工厂等社会力量也参与了托儿所的建设。

抗日战争全面爆发以前，中国托儿所仍处于“初苗的时期”，数量较少，“没有引起一般人多大的注意”。[②] 中国托儿所获得较大发展是在抗日战争全面爆发以后，家庭关系“因战争多少有了不同的变更”。大量家庭“被炮火打毁了，流落到后方来，夫妇都不得不就职业谋生”。那些已经有了职业的妇女，因战时机关迁徙不定，工作日益紧张。“职务上要求着她们以全付精力来对付工作”，没有多余的精力看护子女。[③] 需要注意的是，这一时期的托儿所在西部特别是西南地区发展更快。原因如下。第一，随着国民政府迁都重庆，西部尤其是西南地区成为中国抗战大后方，人口骤增，儿童数量也急剧增加。第二，具备保育知识的人员拥入西南地区，为建立托儿所提供了先决条件。第三，由于大批男子走上前线，妇女的工作压力骤增。为了生活，大量妇女成为职业妇女，也成为抗战的重要力量，这使她们无法在家看护幼儿。托儿所设立之后，妇女便可以更好地“为社会服务”。[④] 在这种情况下，后方托儿所数量有了新的增加，最集中的城市是重庆。全面抗战时期，重庆先后成立了胜利托儿所、新生托儿所、陪都妇女福利托儿所、北碚儿童福利实验区托儿所、妇女指导委员会托儿所、三民主义青年团中央团部托儿所、卫生托儿所、十八集团军驻沧办事处托儿所、新华托儿所、裕华托儿所、盐务总局南岸员工托儿所、中央卫生实

---

① 《广州市市立托儿所章程草案》，《广州市市政公报》第 301 期，1928 年，第 16 页。

② 叶治钧：《普遍推行幼儿教育与托儿所》，《江苏省小学教师半月刊》第 4 卷第 8 期，1937 年，第 26 页。

③ 茂梓：《普设托儿所的重要性》，《福建妇女》第 1 卷第 3 期，1943 年，第 11 页。

④ 丁玉宝：《一年来办理托儿所之概述》，《电工通讯》第 28 期，1943 年，第 5 页。

验院实验托儿所、财政部印刷所托儿所、女工托儿所、职业妇女托儿所等15个托儿所。[①] 此外，成都开办了10余个托儿所。西北地区如甘肃、陕西等地的托儿所也开始出现。

除国统区外，中共也在根据地积极筹办托儿所。1934年2月，江西瑞金中共中央人民政府决定建立托儿所，以使女性更便利地参加生产及苏维埃各方面的工作。后来，延安时期及中共力量发展较早的东北地区都建立了一些托儿所。托儿所的另一个发展时期是解放战争时期。随着解放区的不断扩大，在中共女性解放思想的推动下，解放区的托儿所较快发展起来。上海在解放前，各类托儿所总数不过50个，普通的托儿所有23个。1949年上海解放后不到两个月，中国福利基金会第一托儿所即于7月24日成立。邓颖超特意发表演说，指出“托儿事业，不但为下一代谋幸福，而且是妇女解放的第一步”。[②] 在相关政策的引导下，六个月内，上海托儿所就增加到了100多个。[③]

## 二 托儿所的主要功能

中国本来也有一些养护婴幼儿的机构，如育婴院、孤儿院、恤孤院、妇孺收养所。这些组织“在任何通都大邑中”，都能找到几处。但是，“对于普通的儿童，给予教养机会的场所，可说是极无仅有。”[④] 长期以来，面向正常家庭幼儿的养护机构一直处于空白状态。托儿所与这些机构的不同之处在于，后者全是慈善机构，“收容贫穷人家无力养育或不愿养育的小婴儿，它只管抚养而不管教育”。托儿所却“不是一个慈善机关，虽然她也是那么慈善的为妇女们服务”。[⑤] 托儿所还具有教育的功能，“合抚养教育于一炉”。[⑥] 这种功能又与当时已经广为流行的幼稚园相似，其实二者区别还是十分明显的，具体如下：

第一，场所属性不同。从场所看，前者多租用房舍，后者多有独立建筑。

第二，儿童年龄不同。前者接收8岁以下乳幼儿，后者则有下限，一

① 程维巧：《重庆市的托儿所》，《中央日报》（重庆）1944年9月23日，第4版。

② 《中国福利基金会第一托儿所成立》，《大公报》（上海）1949年7月25日，第3版。

③ 陈善明：《上海解放后托儿所增加到一百多个》，《大公报》（上海）1949年11月28日，第5版。

④ 陈大白：《托儿所之理论的探究》，《教育与民众》第3卷第2期，1931年，第300页。

⑤ 罗峻：《职业妇女托儿所（参观记）》，《中学生活》第4卷第1期，1941年，第13页。

⑥ 茂梓：《普设托儿所的重要性》，《福建妇女月刊》第1卷第3期，1943年，第9页。

般是4岁以上才接收，不收乳儿。

第三，管理内容不同。前者主要是“身体的养护，优良习惯的养成”，后者则是“身体的养护，知情意的磨练”。也就是说，托儿所重在照顾，虽然也教授一些文化课程，但以看护为主。幼稚园则虽也有照顾的内容，但以教育为主。南京国民政府有专门的幼稚园课程规范，将其纳入国民教育体系，托儿所则没有固定的课程，全由负责人制订活动内容。①

第四，服务对象不同。前者主要为中产以下的“多忙的阶级”，后者主要为“中产以上的阶级”。② 换言之，托儿所针对的是无财力雇用保姆的家庭，幼稚园的主要顾客则是社会上层人士。一个幼儿进幼稚园，“在乎个人的兴趣，但进托儿所者做父母的却有不得已的苦衷”。③

有识之士认为，设立托儿所刻不容缓，关系到国家、民族的兴亡、未来，作用巨大，具体如下：

第一，解放女性，发展经济。民国时期，虽然中国社会的现代化趋势出现，但传统的生活方式及思想观念仍然较为牢固。“无论在乡下在城里，都可以看见这种现象：男的必得出卖他的劳力去换饭吃，女的呢，只要她不自量力的生了一个或者一群儿女，那她也就只有为她的儿女服务，整日价弄来弄去，也不外打这个一巴掌制止他哭，洗那个的屎片预备为他更换。”“无论你什么大学中学毕业，手里抱着小孩，也只有坐在家里。”④ 如果有了托儿所，“妇女们可因之减除家庭的负担而从事解放运动，以求得政治上经济上的平等”。⑤

当时参加工作的中国女性主要有三个群体。一是城市劳工。“各种工作都有妇女去参加。家境困难的妇女，若有机会，无不愿到工厂里去做工。有的地方因女工工资较低，所以人数反比男工为多。”在工厂林立的地区设置托儿所，无疑是刻不容缓的事情。二是“智识阶级的妇女”。这一群体从事的工作具有较强的专业性、技术性，需要较高的智力。她们同样因为“从事职业生活而不能兼顾育儿的职务”。民国时期，“各机关各学校都有女子的足迹”。时人由此发出诘问：“按选拔才能的宗旨，能不能因其有子女之累，而取消其公务员、教员或其他职员的资格？”按照优生优

① 杨琛如：《托儿所的组织法》，《实验研究月刊》第11卷第10期，1937年，第23页。

② 杨琛如：《托儿所的组织法》，《实验研究月刊》第11卷第10期，1937年，第23页。

③ 叶冶钧：《普遍推行幼儿教育与托儿所》，《江苏省小学教师半月刊》第4卷第8期，1937年，第26页。

④ 张雄图：《托儿所是什么东西》，《现代父母》第1卷第2期，1933年，第16页。

⑤ 吾君：《托儿所的意义》，《现代父母》第1卷第2期，1933年，第16页。

育的理论，她们的子女优秀率会更高。“这些智识阶级的妇女，正应奖励其多生子女。但是多子之累，使有志于社会服务或学术研究的女子，望之而却退。在人种方面，在事业方面，这是国家莫大的损失。”如果能多设托儿所，“以代人母的职务”，则可解决这一问题，使“在学术上及事业上有贡献的女子，不至于因儿女之累而牺牲其前程了”。三是农村女性。她们“朝夕在田间操作，无暇保育其子女”，“故社会国家对于农民之幼儿，必须有以保育之。此非慈善家之赐予，实农民应享之权利”。[①]

当时的社会舆论认为，只有广设托儿所才能解放女性，促进国民经济发展。母亲因为“生计所迫，不得不忍情割爱而工作去”，又怎能不挂念子女？如果将子女带在身边照顾，又“时相羁扰，劳心妇女焉能安心从事工作，工作效率焉能不减低呢？”[②]“一面服务社会，一面又要负担家事的妇女，再加上儿女的累赘，真是‘吃不消’！多少人就这样无可奈何地退回家庭里去了。”[③]如果广设托儿所，更多的母亲就可以从家庭中脱离出来参加劳动，国民经济就会得到进一步发展。

第二，发育儿童身心，使儿童养成独立人格。20世纪国际儿童幸福运动兴起后，“余波所及，中国儿童就渐有重见天日的曙光，于儿童教育在社会教育中就占有相当的地位了”。[④]儿童不能得到有效的护理，就会发生悲剧。有的母亲“不知教养方法”。她们不知儿童生长发育规律，不知如何预防疾病。“他们怕子女饿死尽量给他们吃，却不问能否消化，他们怕子女冻死，拼命包裹他们，却不管能否适体，至子女患病，更是任情妄为，因之儿童被其糟踏而死者不知几千万。”例如，当子女有病时，她们“不知延医诊治，只求神保佑，或者不理，听其自然”。[⑤]1934年，杭州太平门一名7岁儿童时常患病。其母不懂科学养护知识，让其“专吃庙中香灰”治病，结果因吃香灰过多而夭折。时人以为女性应该有一种“为儿童谋幸福的觉悟，千万勿使这一大群的新生命，永远在黑暗的地狱中，过着非人的生活”。[⑥]

不仅如此，有些母亲还简单、粗暴地采用种种不人道、不科学的方法

① 叶冶钧：《普遍推行幼儿教育与托儿所》，《江苏省小学教师半月刊》第4卷第8期，1937年，第26页。

② 陈大白：《托儿所之理论的探究》，《教育与民众》第3卷第2期，1931年，第294页。

③ 白雪：《已婚职业妇女的福音》，《妇女界》第1卷第2期，1940年，第21页。

④ 陈大白：《托儿所之理论的探究》，《教育与民众》第3卷第2期，1931年，第287页。

⑤ 陈大白：《托儿所之理论的探究》，《教育与民众》第3卷第2期，1931年，第298、289~290页。

⑥ 吕同璧：《怎样组织农忙时的托儿所》，《现代父母》第2卷第8期，1934年，第3页。

束缚子女以免其干扰自己工作：

（1）捆缚禁闭。用绳子将幼儿缚住，给他们玩具，然后自己出去工作；将幼儿缚在工作场所的柱子上，以工厂女工为多；将幼儿缚于船上，然后工作，以船上女工为多；将幼儿捆缚在木板上。

（2）诱骗分身。哄骗子女与邻家儿童一同去玩耍，自己悄悄去工作；将幼儿曝晒于日光下，使其困倦，“俟其睡眠，然后工作”；“用好言唤儿童前往；用食物诱幼儿走开；与以玩具，使其游戏”。

（3）交人管理。主要是将幼儿交给同居之人、邻居、翁姑、外婆、丈夫、较大的小孩照看。

（4）设法安放。将幼儿放在竹筐内、摇篮中、座椅上、栏凳内、雨伞下、树枝组成的围栏中（农业女工常用此法）、田垄之上的箩筐中（田野女工常用此法）。

（5）自己携带。将幼儿缚在背上工作（船女工、挑担女工、纺织女工、农女等常用此法）；抱着幼儿工作（舂米女工常用此法）；将幼儿放在脚下工作；将幼儿放在膝盖上工作；将幼儿抱在怀里工作；一手抱幼儿，一手工作；让幼儿骑在肩上工作。

（6）随身照护。将幼儿置于摇篮内，“以足摇之”，一边工作；将幼儿置于孩儿之椅中，一面看护，一面工作（城市女工多用此法）；将幼儿放进篮子里，用线拴住篮子，不时摇动，使其入睡；将幼儿放在身旁地上；将幼儿放在篮筐里，一面挑，一面走；把玩具交给幼儿，“使在身边自己弄玩”；让幼儿坐在自己面前，给他食物。

（7）置之不理。将幼儿放在地上，“任其自滚”；将幼儿放在草地上坐着，然后工作；“置其子女于棚内，任其乱爬”；还有的将子女置于树下、田边、床上、席上，任其随意活动。

母亲忍心这样做，并非不疼爱子女，而是出于无奈。这些做法会影响到幼儿身心健康，阻遏儿童的活动、模仿、好奇天性。其中，又以“捆缚禁闭”最为粗暴，“置之不理”最为危险。[①] 在这种情况下，“幼儿得不到适当的保育而疾病死亡的，虽无统计可考，其数必大有可观”。[②] 母亲们如此的看护方式，虽难以令人接受，但也无法否认这是现实逼迫下的无奈选择。

由于缺乏必要的育儿知识，有的母亲容易冲动，会采取过激的惩罚方

① 白雪：《已婚职业妇女的福音》，《妇女界》第 1 卷第 2 期，1940 年，第 21 页。

② 叶治钧：《普遍推行幼儿教育与托儿所》，《江苏省小学教师半月刊》第 4 卷第 8 期，1937 年，第 26 页。

式对待幼儿。她们会因为子女在读书、做事、为善等事情上违拗自己意志，做了错事而惩罚幼儿。这些方式简单粗暴：或单纯地威吓却不加劝诫、诱导；或用污言秽语责骂子女；或殴打，而且多用手直接击打头部。如果子女哭闹，她们就会讲述有关鬼神、动物、死亡、危险的故事进行欺骗、恐吓，以达到制止的目的。至于具体教养幼儿的方法则非常欠缺。由于知识和道德水平有限，她们最会教给子女的是骂人、打架、说谎、偷窃、赌博、说脏话等。她们还会不辨是非地溺爱子女：子女喜欢什么东西，就直接给买，而不管是否适合子女；子女有说谎、追打鸡狗、与其他幼儿打架、偷窃东西回家等行为时，不但不给予正确教育，反而给予表扬。子女不爱学习，又常会任其嬉戏度日，每日在泥水中打架吵闹。有的母亲缺乏科学知识，会将迷信观念灌输给幼儿。[①] 这不但会损害儿童的身体与智力，还会影响到儿童的道德观、世界观与人生观，遗毒无穷，而这些问题只有在儿童进入托儿所，接受了正确的教育之后才有望得到解决。

第三，培育国家未来主人。时人以为，在社会发展中，儿童不能再是富裕家庭中拿来做点缀、做消遣的玩物，也不能再是穷苦家庭的负担与被捶打、被谩骂的对象。儿童应该被视为国家的“小国民”“小主人”。因为“不论一个国家，一个民族，他的所谓强盛衰弱完全建立在造成这国家这民族的各个国民身上，而儿童是国民的苗芽，国家民族未来的主人，他们秉有天真的性灵，具有创造的思想，他们没有因袭的意识。他们有的是纯洁的头脑，自由的意志；同时因为他们没有因袭的意识，就容易吸收新知”。中国要谋自救，就要“培植儿童”“保护儿童”。他们应该享有自己的权利，从狭小的家庭中“走到一个更科学更合理”的空间。[②]

民国时期的中国内外交困，社会危机严重。“中国民众一部分仍留滞在农村间，在苛捐杂税和万层压迫之下过着困迫的生活，辛苦耕种，仅足以维持生活。还有一部分因产业发达的缘故，到城市里去做工银劳动者，过着机械的劳动生活，肉体上的劳瘁，较农业劳动者尤过之。”这些人的生活“大都在水平线以下”。他们住的是“破屋颓梁，风雨不避”，吃的是杂粮蔬菜，“三月而不知肉味者”极多。也有很多人为了节约粮食，“食粥以代饭”，而且常吃腐败食物，“清洁卫生甚不讲究”。在这种情况下，“一般儿童怎样得着正当的生长？儿童的教养怎能得着均衡的发展”。[③] 此时的

① 陈大白：《托儿所之理论的探究》，《教育与民众》第3卷第2期，1931年，第292~293页。

② 张志坚：《我们为什么要办托儿所》，《卫生月刊》第6卷第7期，1936年，第339页。

③ 陈大白：《托儿所之理论的探究》，《教育与民众》第3卷第2期，1931年，第291页。

中国儿童，除了富贵人家子弟外，大部分因为家庭贫困，“在田亩间嚼着泥土，在布机旁吸着纱尘。还有不幸的，父母因为生活所迫无力教养，而忍心加以杀害遗弃。他们未来的国民就此填沟壑做浪流儿了”。如果再加上天灾人祸，儿童的生活就更加悲惨不堪。1936 年，全国多地出现水旱灾害。“天富之国的四川在易子女相食；西北的山西、陕西，正在拍卖一元一斤的儿童而无人承买。”[①] 在有识之士眼中，托儿所成为培养健全的“民族幼苗”的“诺亚方舟”。“今日的儿童，就是明日社会上的中坚份子。今日是刚出生或尚在襁褓之中的婴孩，二三十年后，他们便要肩负起国家社会的大任。”在他们看来，“事必慎其始”：“假如我们希望明日的中国是一个富强的国家，我们便不能不留心培育这些今日尚在襁褓之中，明日要负起富强中国重责的儿童。”抗日战争全面爆发后，在长年的战争与混乱中，中国“因炮火流徙，生活困苦，丧失了许多人口”。如果补偿人口损失，“不但要奖励生育，而且更应该对已经生育的婴孩加意保育，使他们一个个健康地成长起来”。[②] 从这个角度讲，开办托儿所已经不仅仅与家庭、母亲有关，更与国家、民族兴亡紧密联系在一起。

## 三 托儿所的分类与管理

托儿所按不同标准可以分成不同的种类。按经营场所，可分为市区托儿所、乡村托儿所、其他特殊机关的托儿所；按招收时间，可分为常设的托儿所、季节性的托儿所；按开办主体，可分为公立托儿所和私立托儿所。公立的主要由民众教育馆、农村改进会、政府机关开办，私立的则由社会慈善组织、工厂及某些个人建立。下文重点分析的托儿所则是按服务对象进行分类的，概因这种分类最能展现托儿所对女性、家庭、社会的作用：

第一，劳工托儿所。服务对象是小商小贩、工人、三轮车夫等家庭的孩子，“而维持各所之必需经费，皆由所方负责募集”。[③] 这些托儿所多设在较贫苦的地区。1933 年，中华基督教会抚育工儿院婴儿部设立日夜托儿所，位于上海榆树路近胜路。1934 年，陶行知等人在上海劳勃生路创办劳

---

① 张志坚：《我们为什么要办托儿所》，《卫生月刊》第 6 卷第 7 期，1936 年，第 339～340 页。

② 茂梓：《普设托儿所的重要性》，《福建妇女月刊》第 1 卷第 3 期，1943 年，第 12 页。

③ 陈先华、贺荣贞：《上海市托儿所调查》，《家》第 39 期，1949 年，第 76 页。

工托儿所。1936 年，江苏无锡纱厂与江苏省立教育学院合办丽新托儿所。[①]它们都是劳工托儿所的典型。由于入托者家庭都很困难，所以收费极低廉。各所设施比较简陋，基本没有足够的玩具和较大的游戏场所，但这已经明显好于儿童一个人被关在家中。

第二，工厂托儿所。南京国民政府时期，中国工厂和女工数量增长很快，这催生了工厂托儿所。从严格意义上讲，它们也是劳工托儿所。不过，这些托儿所的主办方为女工所在工厂，主要目的为便利女工，解除其后顾之忧。

1933 年 8 月，南京兄弟烟草公司在上海东熙华路创办的工厂托儿所是其中代表。1936 年，国民政府正式发布《工厂设置哺乳室及托儿所办法大纲》，鼓励并要求工厂开办托儿所与哺乳室。具体规定如下：工厂平时雇佣已婚女工达 100 人以上者，设哺乳室；未满 100 人者得联合附近工厂设置。

工厂平时雇佣已婚女工达 300 人以上者，除设哺乳室外，还应同时设置托儿所；不满 300 人者得联合附近工厂设置。

女工亲生子女年龄在 6 星期以上、18 个月以下者，可以寄托于哺乳室；大于 18 个月却小于 6 岁者，得寄托于托儿所。

工人如请求哺乳室或托儿所代办供给其子女衣食时，工厂得按实际情况收取费用。

请求寄托于哺乳室或托儿所的儿童应接受体格检查，并接种牛痘。在体格检查中，如果发现有传染病、精神病、吃音病及残废情况，则哺乳室或托儿所不得收容。

哺乳室或托儿所应空气清洁，温度适宜，光线柔和，在可能范围内种植草木，还要酌情留出空地供儿童游戏运动。

工厂要根据自身经济能力为哺乳室配置相关设备和用品，主要包括：供儿童使用的卧床、被褥、枕席、浴盆、便具、座椅、摇篮；供乳母使用的座椅、衣橱、盥洗用品；供办公使用的桌椅、文具、登记簿、寒暑表、体重身高测量器具、医药用品；等等。[②]

这一政策的用意在于让有子女的女员工安心工作，“甚至于子女众多及家庭中有偶发事件者，（如母亲分娩，或父母亲生病等之短期寄托）亦

① 赵宪卿：《中国托儿所事业一瞥》，《察哈尔教育》第 2 卷第 3 期，1936 年，第 65~69 页。

② 《训令奉发工厂设置哺乳室及托儿所大纲一份遵饬遵照潮阳县政府训令》，《潮阳县政公报》第 1 期，1936 年，第 66~67 页。

可寄托有所”。要求工厂设立哺乳室，进一步方便了女工“把家里的小孩带至厂中喂乳”。①

第三，职业妇女托儿所。服务对象为职业妇女，所收多为中等收入家庭的子女。为便于家庭接送小孩，多设在市区之内。由于入托者的家庭普遍相对富裕，托儿所的收费也比较高，日常开支也多靠收费维持。较典型的是1934年3月上海儿童幸福委员会开办的第一托儿所，及1935年5月南京妇女文化促进会在大树根开设的托儿所。②

第四，农村托儿所。农村托儿所多为季节性托儿所。“农忙的时候，田家妇女忙个不了，小孩子跟前跟后，真是麻烦。哥哥姊姊也要帮忙操作，无暇陪伴弟妹玩耍，所以农忙一到，乡村小孩子就要缺乏照料。”农村托儿所“给这些小孩子一种相当的教育，并能给农民一种最切要的帮助”。③ 故而，这类托儿所会在农忙时设立，“农忙过后，再交付给儿童的父母自己保育”。④ 这些托儿所为民众教育馆、农村改进会、幼儿专科学校和幼儿师范学校的学生开办，基本不收费，带有慈善性质。季节性的托儿所还可细分为春耕期、秋获期、养蚕上簇期、制茶期、园艺繁忙期、山渔繁忙期托儿所。山渔繁忙期托儿所还可以细分为渔业期、加工期、林业期托儿所。⑤

托儿所的种类虽有区别，但管理方式大致相同。管理人员基本由所长、保姆、医生、护士、事务员组成。托儿所管理以顺应儿童天性为原则。因为儿童活泼好动，不能多加约束管理，所以每天7小时正式学习、活动过程中，除一部分时间为吃点心、睡眠及学习外，“余多注重团体自由活动”。现以广西某厂所设托儿所为例了解幼儿一天的完整活动流程：

幼童

上午

6：45~7：30　陆续入所；

7：30~8：00　健康及清洁检查；

8：00~9：00　自由活动；

9：00~10：30　早点；

① 丁玉宝：《一年来办理托儿所之概述》，《电工通讯》第28期，1943年，第6页。

② 《第一托儿所宣告停办》，《玲珑》第4卷第35期，1934年，第2233页。

③ 戴自俺、金恒瑁：《一个农忙托儿所的创办》，《教育短波》第71期，1936年，第6页。

④ 茂梓：《普设托儿所的重要性》，《福建妇女》第1卷第3期，1943年，第10页。

⑤ 杨琛如：《托儿所的组织法》，《实验研究月刊》第11卷第10期，1937年，第26页。

10：00~10：30 自由活动；
10：30~11：00 学习；
11：00~11：45 陆续回家。

下午
12：15~12：45 陆续入所；
12：45~3：00 午睡；
3：00~4：00 午点；
4：00~4：45 草地游戏；
4：45~5：15 陆续回家。

乳儿
上午
6：45~7：30 陆续入所；
7：30~8：00 健康及清洁检查；
8：00~9：00 睡眠；
9：00~10：00 哺乳；
10：00~11：45 睡眠或坐车。

下午
12：15~12：45 陆续入所；
12：45~2：30 睡眠；
2：30~3：30 哺乳；
3：30~5：15 睡眠或坐车。

乳儿每小时换尿布一次，上下午各喂开水一次。①

幼童每天活动时间为2小时15分钟，学习时间仅为30分钟，活动时间远多于学习时间。乳儿与幼童的区别主要在于增加了哺乳时间，减少了活动时间，但增加了保育人员看护下的坐车时间。

为了照顾、看护好乳幼儿，托儿所除了准备桌椅、黑板、书架等学习用具外，还有一些特别需要的东西，主要有以下几类：

第一，保育用具。包括午睡用毛毡、幼儿睡床、乳儿睡床、毛毡及垫褥、蚊帐、襁褓箱、乳儿用品放置架、乳母车、摇篮、温水袋、折叠车、

① 丁玉宝：《一年来办理托儿所之概述》，《电工通讯》第28期，1943年，第5~6页。

蹊跷椅、乳儿玩具、授乳器、便器、热水瓶等。

第二，固定游戏用具。包括滑台、秋千、活动圆木、回转蹊跷板、回转椅子、波动轮转塔、木马、游泳池等。

第三，自由活动玩具。又包括两类：一是适合 1 岁至 3 岁幼儿的玩具。包括感统训练用的毛人形玩具、器械体操人形玩具、碾米车、拾米鸡、浮金鱼、鸟笛、橡皮大动物等；帮助幼儿运动用的玩具，如机械活动玩具、不倒翁、人形玩具、喇叭、乐器等。二是适合 3 岁至 7 岁幼儿的玩具。包括培养想象力用的积木、组合人形玩具、嵌画、智慧环等；满足其模仿能力用的玩具，如食盒箱，厨房用具、木工用具、裁缝用具、电车等；帮助幼儿活动用的玩具，如火车、轮船、气球、球、风车、独乐、弹丸、动物玩具、掷珠、汽车、三轮车、木马等；开发智力的玩具，如竹蜻蜓等。

第四，诊疗用具。包括身长计、体重计、卷尺、温水袋、压舌器、洗眼器、调乳器、耐热用反射镜、耳镜、脱脂棉、绷带、纱布、橡皮膏、安全计、药品秤、剪及夹剪、诊疗用床、诊疗用夹等。此外，还有用于急救的药品，如人丹、百里多油膏、石灰酸水、阿司匹林、硼酸软膏、汞软膏等。

第五，事务用具。包括国旗、时计、消防器、扫除用具、洗濯用具等。①

一般托儿所晚上会由家长领回幼儿，但也有一些可以夜间寄托。此外，一些托儿所不但教育儿童，还教育家长。1931 年，俞塘托儿所除了要提高儿童生活质量、培养儿童品德外，还对家长进行教育，如指导保育方法、普及产科知识、指导妇女职业、指导管理家政等。②

## 四 托儿所面临的问题

虽然开办托儿所的必要性和重要性得到了社会各界人士的普遍认同，但还存在诸多问题，主要包括以下几方面。

第一，经费不足。1934 年，张宗麟撰文指出，由于经费不充裕，中国并没有能力大规模建立托儿所。③ 在各类托儿所中，农村托儿所的经费最少，有的工作人员没有任何报酬，仅由农户轮流供给饭食。④ 至于其他托

① 杨琛如：《托儿所的组织法》，《实验研究月刊》第 11 卷第 10 期，1937 年，第 23 页。

② 《俞塘托儿所计划大纲》，《俞塘》第 1 卷创刊号，1931 年，第 17 页。

③ 张宗麟：《托儿所》，《生活教育》第 1 卷第 8 期，1934 年，第 172 页。

④ 陈先华、贺荣贞：《上海市托儿所调查》，《家》第 39 期，1949 年，第 36~37 页。

儿所，经费充裕的也是极少数，绝大部分都存在经费不足的问题，再加上通货膨胀，情况愈加糟糕。1948年3月20日，上海儿童福利促进会联合各托儿所成立了托儿所联合会，以求推动混乱局势下托儿所的发展。[①] 6月，联合会成员因为物价飞涨、经费困难去社会局晋见局长吴开先，请求“美国救济物资来华后，能拨发部分于该会，以辅助本市托儿事业”。[②]

经费不足直接影响了托儿所的儿童生活，尤以食物短缺最为严重，由此导致许多托儿所不得不停办。太平洋战争爆发后，日军侵占上海租界，“整个社会，受到了极大的损害”，托儿所也不例外。“最成问题的是粮食一项，全市米被统制，黑市米价，节节上升。”儿童只能吃配给粮，而且数量远远不足。托儿所只好再掺杂部分微糙米、麦粉、杂粮来勉强维持供给，可是儿童消化力弱，这一做法又使许多儿童患上了消化系统疾病。由于经济困难，女青年会不得不将开办的两个托儿所合并为一个，人数也减至80人。留下来的全都是极端贫困者。“十足能纳费的只二十人。再加年龄小的（两岁左右）约占半数，处处需人维护。保姆又不能减少。经费更感缺乏，于是不得不节衣缩食，营养自然较差。”[③] 1940年，广东妇女工作委员会成立了托儿所，原定预算每月为法币500元，收80名儿童。膳食费每月280元，办公、教育、医药及活动费85元，工资每月130元，每月每名儿童膳食费只三元五角而已。“当时以百物腾贵，不能维持膳食”，所以在1940年8月又“呈请追加儿童膳费增至六元，以六元膳费，亦只堪半饱”。按1941年度预算，儿童膳费增至8元，办公、医药费亦略有增加，总经费达每月957元，但物价“比去年贵了数倍，虽月中得军米之接济，亦仅得两碗饭充饥而已”，真是苦不堪言。[④]

1949年，益友社创办的托儿所也遭遇了巨大的困难。由于国民党军队在战场上节节败退，国统区经济崩溃。一方面，物价飞涨，“家长们的困难增加了”，虽然托儿所“收费很低，每月所里要津贴很多，但各位家长在高物价的生活下，还是不胜负担，这笔数目，很多儿童因经济原因不来了”。另一方面，托儿所购买物品的开支大增，“最后更因米荒所中寄放在米店里的米拿不出来，买黑市太贵”，托儿所无法维持。员工只好与儿童

① 《托儿所联合会今天开会成立》，《大公报》（上海）1948年2月20日，第5版。

② 《托儿所事业代表请拨救济物资　昨赴社局晋见吴开先》，《益世报》（上海）1948年6月8日，第4版。

③ 沈德钧：《关于托儿所》，《现代妇女》第5卷第4期，1945年，第32页。

④ 陈仪冠：《一年来的托儿所》，《广东妇女》（曲江）第2卷第11~12期，1941年，第44页。

“在沉重的心情下黯然无言中分别”。[①]

第二，设施简陋。经费不足也直接影响到了托儿所的基础设施，这主要反映在场地与设备上。与幼稚园相比，城市中的大部分托儿所限于经费，所用房屋更多为租赁，也无力租购更多场地，存在游戏场地不够的困难，甚至有些没有室外的游戏场。上海第一托儿所虽有一大块草场可供儿童户外活动用，但因草场产权不在托儿所，所以不能在上面放置各种活动用具。为解决场地不足问题，托儿所就借用附近大型场地。许多托儿所距离公园较近，便借公园中草地弥补所内空地之不足。农村托儿所虽不存在户外活动的场地问题，可以“尽量利用自然界。田旁，土丘，树林”作为“农村幼童的教育场所”，但室内场地却明显不足。[②] 由于农村托儿所多为临时性的，故而很难固定场所与设施。1948年，陈鹤琴鼓励幼儿专科学校的学生在上海附近的大场开设农村托儿所时，就遇到了这种问题。他们没有场地，最后借用了农户的客堂。没有椅子，“孩子们自己带了来。长凳代替了桌子。几张桌子却做了婴儿的摇篮”。[③] 此外，还有一些托儿所被迫经常更换位置，成为流动的托儿所。

第三，管理水平低。经费不足、设施简陋又影响到了工作人员的待遇，进而影响到了托儿所的管理水平。“保姆及女佣等，只图不受饥饿，拿最低的薪给，吃最苦的杂粮。”如果在战争期间，遇到空袭，她们还要保护孩子，“一闻警报，立即冒着流弹奔驰回所，去帮助管理……这和在前线冲锋浴血的壮士们相差也不远啊”。[④] 在这样的情况下，许多工作人员的事业心受挫。非常专业的保姆难得一遇。由于设施简陋，保育质量自然难以保证，更可怕的是卫生状况堪忧，时常发生“孩子送进去不到一月就病了出来的事实”。[⑤] 时人对此也有较为明确的看法：“我们希望这一运动真正能够解决职业妇女的育儿问题，但在实行方面，自然会有许多的困难，如保姆问题，收费问题，托儿所的地址问题等。”[⑥]

经费问题、设施问题、管理问题，都是表象，都受制于国家与社会发展的实际状况。民国时期，中国经济虽有所发展，但国民平均经济实力仍然较弱，家庭无力负担较高的托儿费用，这使所方不能提高收费来改善经

① 《托儿所第二年》，《益友汇报》第十二届征募运动特刊，1949年，第5页。

② 颜树美：《托儿所之在农村》，《民众先锋》第1卷第2~3期，1935年，第12页。

③ 骁：《中国第一个农村托儿所》，《大公报》（上海）1948年4月21日，第8版。

④ 沈德钧：《关于托儿所》，《现代妇女》第5卷第4期，1945年，第32页。

⑤ 程维巧：《重庆市的托儿所》，《中央日报》（重庆）1944年9月23日，第4版。

⑥ 萨飞：《职业妇女和托儿所》，《中央日报》（扫荡报联合版）1943年3月2日，第6版。

营状况。同时，公立托儿所的经费也得不到保障。全面抗战爆发后，重庆新建了11个机关专用托儿所。理论上，这些公立托儿所经费应该相对充足，但令人诧异的是，其经费也时常被克扣、挪用，托儿所的建设并未得到重视。总体来看，由于受到种种条件的限制，符合家长预期的托儿所数量严重不足。1939年，祁阳的华商工厂托儿所只招收了六七十名儿童，根本不能满足几千名工厂员工的需要。[①] 全面抗战期间，“国军西撤，生活磨折着多数的家，孩子的妈在生活及母亲的天职中彷徨”。为此，女青年会成立了两个托儿所。一度容纳幼儿总数125人，即使如此，还有1000多名幼儿长期等待着空额。[②] 再如，即使将1948年上海所有的托儿所算上，也不过50家，而1948年前后的上海人口有450万人。这些托儿所只招收了2000名，最多不过3000名的幼儿，“实在太不够了”。[③] 国民政府也做出了一些努力，以改变这种情况。1941年，内政部专门发布政令，要求各省广设托儿所。因此，赣南提出了三年计划，第一年计划每县设1个，第二年各区设1个，第三年各乡设1个。各省也纷纷制订计划，但效果明显欠佳，“就全社会的需求看起来，真可以像凤毛麟角一样的稀罕”。[④] “几年来多少母亲都在切盼着政府普设托儿所，但至今，母亲们仍在失望之中。”[⑤]

## 结 语

中国保育儿童的机构自古就有，但具有现代特质的机构则形成较晚。19世纪80年代，西方传教士在中国开办教会小孩察物学堂。维新变法期间，康有为等首次发出创办学前教育的呼吁。1903年，湖北省创办了第一所官办幼稚园——湖北武昌幼稚园。1904年，清政府开始实行癸卯学制，颁布针对学龄前儿童教育的《奏定蒙养院章程及家庭教育法章程》。同一时期，教会学校也创办了一系列幼稚师范学校。1916年，国立北京女高师开设保姆讲习科，研究如何进行学前教育。此后，随着中外交流日渐频繁，近代学前教育进一步受到关注。

自20世纪20年代末30年代初开始，在现代化潮流推动下，中国公私力量，包括中共根据地与解放区开始创办另一种儿童学前保育机构——托

① 《战地服务组的工作：成立了托儿所》，《妇女新运》第3期，1939年，第60页。
② 《职业妇女的烦恼》，《新闻报》1948年11月29日，第4版。
③ 王友竹：《托儿所数量实在不够》，《大公报》（上海）1948年1月11日，第5版。
④ 茂梓：《普设托儿所的重要性》，《福建妇女月刊》第1卷第3期，1943年，第10页。
⑤ 程维巧：《重庆市的托儿所》，《中央日报》（重庆）1944年9月23日，第4版。

儿所。托儿所与育婴堂等机构只抚养孤儿、弃儿不同，也与幼稚园服务于收入较高的群体，以教育为主的方式不同，它具有慈善性质但并非慈善机构，需要收取一定费用。不过，由于中国民众收入普遍较低，故其费用多数较为低廉。它虽然兼有养与育两种职能，但是以看护为主、教育为辅，教育内容没有被纳入国家教育章程。

民国时期出现了托儿所发展的三次高潮，分别是民众教育运动时期、全面抗日战争时期、解放战争时期。当时的社会舆论对托儿所十分推崇，认为它在解放女性、发展经济、发育儿童身心、培养国家未来主人方面作用重大，关系着国家、民族命运。然而，受到国家贫弱、时局动荡、政府不作为等的制约，托儿所面临经费不足、设施简陋、管理水平低下等种种问题，其中，政府的支持、指导不足成为托儿所步履维艰的关键因素。就中国情况而言，在国家经济尚不够发达的情况下，政府的强力介入与扶持无疑能使托儿所的管理体制、现实处境有所改善，甚至获得必要的发展空间。相对于私立托儿所，国家和政府能为公立托儿所提供较宽敞的场地、较高而稳定的薪资、较规范的管理、较好的师资等。仅靠私人、社会团体和组织的力量，托儿所的发展难免会出现投入杯水车薪、管理水平低下的问题。这也给今天的幼儿管理与教育问题提供了一些借鉴。总之，民国时期，托儿所虽有发展但在质量上不够优良，在数量上更远远不足，出现了严重的供需矛盾。托儿所的发展既代表了中国儿童教育的现代化趋势，又反映了这一进程的艰难。

# 辞源如海笔如椽：汤增璧诗词初识

汤飞絮　汤隆皓*

**内容提要**　汤增璧是近代中国民主革命的先驱，是辛亥革命时期有重要影响的革命思想家和活动家。但他更多是一名民主革命的理论家、宣传家和教育家的形象，笔杆子是他革命的武器。作为文人，汤增璧流传下来的诗词虽然不多，但颇具时代特征和个人风格。所谓时代风格就是强烈的反清的政治倾向，战斗性很强；个人风格即遣词铺丽，语意怆楚，有唐人之风。

**关键词**　近代　汤增璧诗词　革命先驱

汤增璧是中国民主革命的先驱，是辛亥革命时期产生过重要影响的革命思想家和活动家。他早年留学日本，追随孙中山、黄兴加入同盟会，积极参加反对清朝专制统治的斗争。曾任《民报》副主编，并创办《江西》杂志，撰述文字，鼓吹革命。辛亥革命时回国，参加武昌起义。之后，曾在湖南长沙第一师范学校任教，担任毛泽东同志所在班的国文教员。南京国民政府成立后，出任国府秘书、侨务委员会秘书长，后为国民党党史史料编纂委员会秘书兼编纂，主纂《总理年谱长编》，1948 年去世。①

虽然汤增璧是一位民主革命的战士，参加过辛亥革命、武昌起义等各种反清斗争和武装起义，但他更多是作为民主革命的理论家、宣传家和教育家的形象出现，笔杆子是他革命的武器。作为一介文人，汤增璧“抨击时政，臧否人物，文笔犀利，为一时冠”。② 薛笃弼在给汤增璧作的挽词中

---

*　汤飞絮，南京师范大学；汤隆皓，南京大学。二人均为汤增璧后人：汤飞絮为重孙女，汤隆皓为重孙。

①　参见江西省萍乡市政协编《中国民主革命的先驱——汤增璧》，甘肃人民出版社，2011。

②　居正：《汤公介先生事略》，《中国民主革命的先驱——汤增璧》，第 119 页。

写道："蜚声文坛，班马是竞。煌煌史笔，千秋钦敬。"[①]汤增璧写作喜用典故，引譬连类，遣词古奥，文采炳焕，气势宏邈。章太炎认为，"汤氏的文章，其风格潜心于藻饰……文章较胜于刘光汉（刘师培）……又以汤氏比之于孔文举，黄氏季刚比之于杨祖德，又谓汪氏（东）似俄国，黄氏似日本，而汤氏似中国"。[②]

汤增璧早年留日期间与鲁迅也过从甚密，因为都围绕章太炎，或为弟子，或为麾下，其文亦受鲁迅青睐。鲁迅在日期间，收集刊于《河南》《民报》《浙江潮》《天义报》四个刊物的诗文 60 篇，编排装订成册。文章目录写作"目次一"和"目次二"两页。在"目次一"中，第一篇《人世之悲观》，第二篇《崇侠篇》，都是汤增璧刊登在《民报》上的著作；"目次二"时评 18 则，其中《陆军学生之无告》《亚洲和亲之希望》《哀政闻社员》三篇，也是汤氏的文章。该文集涉及作者 12 人，其中章太炎的诗文最多，共 25 篇，周作人 12 篇，鲁迅自己的文章 6 篇，接着就是汤增璧的文章 5 篇，其余是刘师培、陶成章、黄侃等人的作品。[③]

汤增璧生前虽然笔耕甚勤，著作宏富，"惟随手散置，不自珍视。二十八年方编辑手存诗文誊稿，及半，遽遭五月三日敌机轰炸重庆，全毁于火，仅遗《秋丹阁诗钞》百余首，文存一卷，《党史拾遗》若干篇，尚待整理。至其散简残篇流落人间者当复不少，此则所望先生故旧有以致力搜存也"。[④] 事实上居正所说的"《秋丹阁诗钞》百余首，文存一卷，《党史拾遗》若干篇"现在也亡佚不存，周年昌主编的《中国民主革命的先驱——汤增璧》一书也仅仅搜集汤增璧的不到 20 篇文章和 5 首诗词（包括两副对联）。留存下来的汤增璧文字虽然不多，但其间所反映的反清"排满"的革命精神和侠义担当的社会意识，鲜明而突出，极富个性；其诗遣词缠绵铺丽，措辞卓荦磅礴，正如居正所评价的，"为文骈散皆工，诗则典丽矞皇，雅近盛唐风格。"[⑤]我们以《中国民主革命的先驱——汤增璧》和《鸿迹帖》所收集的诗词为对象，来进行笺注、分析与讨论。

---

① 《中国民主革命的先驱——汤增璧》。

② 汤增璧：《同盟会民报始末记》，转引自周年昌《汤增璧先生传略与研究》，《中国民主革命的先驱——汤增璧》，第 9 页。

③ 叶淑穗、杨燕丽编《鲁迅编排的文集》，中国人民大学出版社，1999，转引自《中国民主革命的先驱——汤增璧》，第 9 页。

④ 居正：《汤公介先生事略》，《中国民主革命的先驱——汤增璧》，第 120 页。

⑤ 居正：《汤公介先生事略》，《中国民主革命的先驱——汤增璧》，第 120 页。

## 一　《中国民主革命的先驱——汤增璧》所收诗词

这里我们首先要谈的是1907年孙中山《挽刘道一》诗：

> 半壁东南三楚雄，刘郎死去霸图空。
> 尚余遗孽艰难甚，谁与斯人慷慨同。
> 塞上秋风悲战马，神州落日泣哀鸿。
> 何时痛饮黄龙酒，横揽江流一奠公。[①]

这里的“霸图”即指1906年在湘、鄂、赣交界处爆发的萍浏醴起义，是同盟会成立后的首次发难，其声势浩大，清廷震惊，急调湘、鄂、赣诸省5万兵丁会剿。刘道一受黄兴委任为萍浏醴起义领导人，但由于活动频繁，被清廷注意跟梢，在从衡山返长沙途中被清军逮捕。他在狱中屡遭酷刑，威武不屈，大义凛然，面对严刑拷打，他怒斥道：“士可杀，不可辱，死即死耳！”1906年12月31日他在长沙浏阳门外从容就义，年仅22岁。起义最终也以失败告终。因为是代总理挽刘道一，自然是心存魏阙，气象伟然，称颂先贤，以风来者，不仅声情婉转，气韵生动，且意境宏阔，意志坚定，其中尤以“塞上秋风悲战马，神州落日泣哀鸿”句，一时传诵士林。

第二首是1913年新春代黄兴为汉口《民国日报》题诗：

> 万家箫鼓又喧春，妇孺欢腾楚水滨。
> 伏腊敢忘周正朔，舆尸犹念旧军人。
> 飘雪江海千波谲，检点湖山一磊新。
> 试取群言阅兴废，相期牖觉副天明。

古代帝王易姓受命，必改正朔，故夏、殷、周、秦及汉初的正朔各不相同。从汉朝开始逐渐以汉族代替了诸夏、华夏等旧称。“华夏”一词最早见于周朝《尚书·周书·武成》，“华夏蛮貊，罔不率俾”。中国有礼仪之大故称夏，有服章之美谓之华，近人章太炎以为古代汉族称夏或华乃由夏水华山而来，所以清季反清“排满”的檄文都是奉周正朔，自称“黄汉”或“皇汉”。牖觉，牖通“诱”，即诱觉，启发民智。这也是辛亥革

---

① 《中国民主革命的先驱——汤增璧》，第115页。

命时期革命者喜欢使用的一个词，如《辛亥革命·立宪纪闻》："士夫于立宪之事，亦知详加研究，以牖启国民。"① 该诗作既为回顾总结，又有新春志喜之意，同时，也有对未来的展望。虽为追往抚今的应景之作，但从宋人楼钥《挈从子涤归乌戍外家》中"点检湖山固无恙"一语化出的"检点湖山一磊新"看，民国初立，奉周正朔，黜昏启圣，寄寓着河清海晏的期待。汤增璧在其《同盟感旧录》中曾有一段记述，可为其脚注："民国元年，先生任南京留守，余旅寓长沙，以文字自给。先生（黄兴）贻书，犹谓检点作天子，果属何人？意指黎元洪。……汉上《国民日报》，请先生题辞，用祝新年元旦。余为之代笔，中有句云：'飘零瀛海千波谲，检点湖山一磊新'之句。先生曰：是矣，不图我真作检点也！相视莞然。"②

1916 年中国近代民主革命家、同盟会元老，也是汤增璧好友陈其美在日本人山田纯三郎寓所遭暗杀身亡。汤增璧撰书挽联曰："高卧百尺楼，独有元龙，湖海声中许国士；横胸十万剑，相随渔父，钱塘江上涌悲潮。"《三国志·魏书·陈登传》："（刘）备曰：'……而君（许汜）求田问舍，言无可采，是元龙所讳也，何缘当与君语？如小人，欲卧百尺楼上，卧君于地，何但上下床之间邪？'"③ "百尺楼"后借指抒发壮怀的登临处。宋陆游《秋思》诗云："欲舒老眼无高处，安得元龙百尺楼。"④"横胸十万剑"，犹言胸中甲兵。宋杨万里《送广帅秩满之官丹阳》诗云："北门卧护要耆英，小试胸中十万兵。"⑤这里的"渔父"指的是宋教仁，他别号渔父，也是中国近代民主革命家、同盟会元老，于 1913 年 3 月 20 日在上海火车站遇刺身亡。而三年之后，陈其美也遭暗杀，所以说"相随渔父"。该诗的语境、措辞、意象以及气势与"何时痛饮黄龙酒，横揽江流一奠公"异曲同工、风格如一。

1927 年 4 月，北洋军阀孙传芳率数万之众，在南京东面的栖霞山、龙潭一带偷渡长江，准备进攻南京。此时李烈钧坐镇南京，担负着指挥联络的重任，指挥部队击败孙军。汤增璧不仅参加了这次战役，而且于 1928 年代李烈钧为此战中牺牲的将士作挽联曰："江东士气吞河朔，万古雄风掩六朝。"居正为汤增璧撰写的行状中曾提到这段经历："十六年，任国民政

① 中国史学会主编《中国近代史资料丛刊·辛亥革命》（4），上海人民出版社、上海书店出版社，2000，第 13 页。

② 伯夔（汤增璧）：《同盟感旧录》，《中国民主革命的先驱——汤增璧》，第 89 页。

③ 陈寿：《三国志·魏书·陈登传》，中华书局，1959，第 230 页。

④ 陆游：《陆放翁全集》，中国书店，1986，第 691 页。

⑤ 辛更儒笺校《杨万里集笺校》，中华书局，2007，第 842 页。

府秘书，举凡中枢机要文书，多出自先生手撰。龙潭之役，京沪震荡，人心惶急，先生随府委李协和（烈钧）居京，佐理要公。”①

20 世纪 20 年代之前，汤增璧尚积极投身于民主革命的各种活动中，他斗志昂扬，意气风发，即便是艰难时刻，也有着高尚的格调：

困轮肝胆郁生平，北骑南航历历更。
畅绝天伦腾笑日，万花飞舞耀神京。②

30 年代以后，随着旧民主主义革命失败，汤增璧这一辈弄潮儿也退出了历史舞台，境遇窘迫，意气消沉，诗句之中，颇多自嘲：

二十年来计已差，芒鞋破钵走天崖。
不如归卧绿荫下，午梦新回自煮茶。③

笔者在一本 1934 年的《文社月刊》中意外发现汤增璧的名字及其创作的半首诗。虽然是半首小诗，但对于诗词散佚殆尽的汤增璧来说，却是重要文字，因为其间还反映出作者的行迹与境况。从这首诗的内容来看，汤增璧烈士暮年，壮心不已，仍有“横胸十万剑”的豪气。

文社是 20 世纪 30 年代创立于南京的文艺团体，以研究诗文、金石、书画、小说及其他文艺，发扬国光为宗旨。1933 年 5 月结社并创办《文社月刊》，1934 年 6 月终刊，共出版了四期。文社的总部和发行之地就在南京的青石街。虽然仅办了四期，但这四期在出版界也颇有影响。这四期的刊名分别由于右任、吴敬恒、蔡元培、戴传贤题写，而且其中文章也都是名家撰写，如章炳麟、蔡元培、谢无量、黄宾虹等，都是中国近代史上的重要人物。汤增璧作为文社社员，在《文社月刊》第 1 期与徐忍茹合作，发表七绝一首：

**失题**

好酒最宜寒夜饮，清歌且向雪中听。（徐忍茹句）
明朝杀贼辽阳道，看取江山当美人。（汤增璧句）

该诗虽名“失题”，但更可能是“无题”。这显然是某夜几位同道好友相聚，一时酒酣的乘兴之作。徐忍茹写前两句，汤增璧续后两句，两位留

① 居正：《汤公介先生事略》，《中国民主革命的先驱——汤增璧》，第 119 页。
② 《中国民主革命的先驱——汤增璧》，第 116 页。
③ 《中国民主革命的先驱——汤增璧》，第 115 页。

日学者合力完成了一首七绝诗。这显然不是专门写的诗，而更可能是一种接龙类酒令游戏之作。同盟会原是一个反清组织，虽然20世纪40年代时同盟会的这个历史使命早已完成，鞑虏已经驱除，孙文已逝，章太炎先生也意气消沉在江南的鱼米之乡，但是结盟时的同仇敌忾之性情和意气都会在每次与同道的聚会和酒酣时重新凝聚和焕发，此时正处抗战时期，民族情感便在酒精中催化出“明朝杀贼辽阳道”的诗句。这与他早年的诗风非常相似，沉郁顿挫，气势如虹。《挽刘道一》一诗气势恢宏，而《失题》一诗最后一句同样不失豪迈之感。“明朝杀贼辽阳道，看取江山当美人”，位卑未敢忘忧国，仍有一种匹夫有志的元龙壮怀！

## 二 《鸿迹帖》所收诗词

早稻田大学历史馆所藏的《鸿迹帖》七册，是晚清留学该校的中国学生的毕业留言册，第一篇是当时清朝驻日大使杨枢题序，论述了此帖之由来：“早稻田大学特设清国留学生部以收容吾国学生，其教法既极整齐，其学科尤为完备，此东京留学界所公认也。学监高田早苗君、清国留学生部主事青柳笃恒君见吾国学生肄业该大学者日众，卒业者亦益多，特制一册，凡归国之学生必赋一诗或作一画，存于册中，以为纪念，而名此册曰稻泥鸿爪。”[①]《鸿迹帖》第4册收有汤增璧留学早稻田大学期间留言诗三首，为以前所未见，兹录于后，并作笺注。

其一：

眼前所见皆余子，四海苍茫到此身，满地风潮侬独立，五千年史弍凝神。（中华赣人汤增璧）

“余子”即碌碌无为、平庸之谓，语见《后汉书·祢衡传》，原文为：“常称曰：‘大儿孔文举，小儿杨德祖。余子碌碌，莫足数也。’”[②]“四海苍茫到此身”化自金元好问诗《壬辰十二月车驾东狩后即事》的“秋风不用吹华发，沧海横流要此身”句。[③]元好问诗句中的“沧海横流”比喻社会动荡不安，说自己虽双鬓染霜，但国家处在危难时刻，还是要去尽心挽救。汤增璧之诗不仅句式沿袭元好问诗，亦取其意：全都是些碌碌平庸之

① 早稻田大学历史馆藏《鸿迹帖》七册。

② 范晔：《后汉书·祢衡传》，中华书局，1965，第2653页。

③ 顾嗣立编《元诗选》，中华书局，1985，第65页。

辈，而于这社会动荡之际仍卓立不群者，唯我有着五千年历史的中华民族和中华文化，具有前后一致和始终专一的精神内核。所谓“弌凝神”意即孔子告诫弟子的“用志不分，乃凝于神”。[①]《鸿迹帖》中的这三首诗都没有日期，但都应该作于汤增璧留学早稻田大学开始阶段。据其 1906 年、1907 年等有年款的题跋推测，汤增璧收录于《鸿迹帖》中的三首诗应该创作于 1906~1907 年。这时正值同盟会刚刚成立，通过“驱除鞑虏”的政治口号表达了民族抗争反清“排满”的愿望。

其二：

> 青烟白浪长空境，黑水黄泮递换程，故国河山留脑界，满船风景付诗筒，看潮厌触腥膻气，截发新除奴隶根。为念沧桑多转徙，大千世界我微尘。（壁再）

“诗筒”，即日常吟咏唱和书于诗笺后，可供插放的用具。多以竹制成，南方人常以竹筒贮物，亦用竹筒装书，如白居易《醉封诗筒寄微之》：“为向两州邮吏道，莫辞来去递诗筒。”[②]“奴隶根”即指辫子，民国时期，辛亥革命推翻清政府后，临时政府明令“剪去胡尾，铲除奴根”。实际上这首诗是上一首的延续，用韵相同，诗意延展。前一首写完之后，汤增璧在这首诗里通过“厌触腥膻气”和“新除奴隶根”强调反清“排满”的政治目的和民族意识。此时汤增璧应该刚到日本，尚踌躇满志，意气风发，与五六年之后“去国离家”的忧思和“遽遭闵凶”的哀恸不可同日而语：“呜乎！去国五载，魂梦绕家山赣水，而海潮乡信，遽遭闵凶。余既膺罔极之悲，复失友于之谊……西望故国，天末暮云，余不能归也……有家破国亡，不孝不弟，血泪糜堕，痛彻心髓！”[③]

其三：

> 自小轻剽学项王，读书不就却昂藏。短剑未曾离左右，狂歌跳走少年场。少年场中春不老，春风白马蹴芳草。翻腾角鹰逐云端，黄犬狺狺死鹿獐。手挽强弓腰键羽，出入丛莽叱风雨。邻家有子未弱冠，夭矫不群携作伴，朝起竞走走花阴，夕擘鸾笺斗韵吟。渠友一代风骚在，我亦横空多硬语。能文未必废武事，将军下马作露布。黄汉于今四千三百九十有七年，年华不再嗟逝川。虎候燕颌类侯相，非复少时

① 郭庆藩：《庄子集释·达生》，王孝鱼点校，中华书局，2016，第 643 页。
② 《白居易全集》，丁如明、聂世美校点，上海古籍出版社，1999，第 782 页。
③ 参见《中国民主革命的先驱——汤增璧》，第 93 页。

游侠行。中原戎马援天骄，白昼诞牙肆号跳。英雄时势两相逼，不斩楼兰不罢刀。天地生成种族界，种族血潮咽海潮。吁嗟夫！好男儿身手健，还我祖国魂，誓血先人恨。携手从军行复行，少壮之交共死生，要学西乡南洲老，铜像巍巍耸云表。要学法皇拿破仑，总揽全洲牛耳盟。茫茫大陆风云起，……会世纪，其时与共，地将为万流之尾闾，万矢之目的。从今不敢事毛锥，好为铁血作准备。

“自小轻剽学项王，读书不就却昂藏。短剑未曾离左右，狂歌跳走少年场。”“轻剽”，即指轻捷强悍之人。《后汉书·王涣传》载：“涣少好侠，尚气力，数通剽轻少年。”① 《史记·项羽本纪》说：“项籍少时，学书不成，去学剑，又不成。……学万人敌。”② 汤增璧一介书生，却有一颗武侠心。在武侠小说中叫“仗剑走天涯”，而对于传统文化来说，却是“狂歌跳走少年场”。“结客少年场行”，在魏晋时成为乐府杂曲的歌题，辞多咏少年轻身重义、任侠游乐之精神。唐代李白、卢照邻、虞世南等人都写有以“结客少年场行”为题的诗作，宋代亦然，如陆游的《朝中措·梅》：“幽姿不入少年场，无语只凄凉。”③

“少年场中春不老，春风白马蹴芳草。翻腾角鹰逐云端，黄犬狺狺死鹿獐。手挽强弓腰键羽，出入丛莽叱风雨。”第一句有颔联的味道，但又不是严格意义上的律诗，“少年场中”和“春风白马”呼应，“春不老”和“蹴芳草”对仗。一个“蹴”字，充满少年得志和青春飞扬的味道。杜甫《遣兴五首》：“骍弓金爪镝，白马蹴微雪。”④ “角鹰”“白马”“黄犬”都是轻狂少年的标配，“少年猎得平原兔，马后横捎意气归”，让人不由想起苏东坡“老夫聊发少年狂，左牵黄，右擎苍，锦帽貂裘，千骑卷平冈”的名句。⑤

“邻家有子未弱冠，夭矫不群携作伴，朝起竞走走花阴，夕擘鸾笺斗韵吟。”封建社会富家子弟如司马迁《史记·袁盎晁错列传》里所说的那样，“与闾里浮沉，相随行，斗鸡走狗”。⑥ 晚清亦然，如《红楼梦》第九回所描述的：“仍是斗鸡走狗，赏花阅柳为事。”⑦ 千年一脉，到了汤增璧时还是一样，竞走花阴，擘笺斗韵。“斗韵”，谓联句或赋诗填词时以险韵

① 范晔：《后汉书·王涣传》，第2468页。
② 司马迁：《史记·项羽本纪》，中华书局，1959，第295页。
③ 王双启编著《陆游词新释辑评》，中国书店，2001，第243页。
④ 陈贻焮主编《增订注释全唐诗》卷207，文化艺术出版社，1997，第48页。
⑤ 苏轼著，朱孝臧校注、龙榆生校笺《东坡乐府诗笺》，人民文学出版社，2018，第77页。
⑥ 司马迁：《史记·袁盎晁错列传》，第2744页。
⑦ 曹雪芹：《红楼梦》，首都师范大学出版社，2016，第86页。

竞胜。苏轼《次韵曾子开从驾再和》之一："衰年壮观空惊目，险韵清诗苦斗新。"[①]"鸾笺"即信札，《幼学琼林》卷4《文事》："雁帛鸾笺，通称简札。"[②]"擘笺"，谓裁纸，陆游《阆中作》诗中有"擘笺授管相逢晚，理鬓薰衣一笑哗"。[③]

"渠友一代风骚在，我亦横空多硬语。能文未必废武事，将军下马作露布。黄汉于今四千三百九十有七年，年华不再嗟逝川。"尽管是"斗鸡走狗"的少年行，但仍是文武之道，张弛有度。国家需要时，他们一样文能安邦，武以定国；中华民族几千年都是这样管理与统治的，国运鸿祚，其命如新，不必像孔子那样慨叹"逝者如斯夫！""横空多硬语"，形容文章气势雄伟，铿锵有力。韩愈《荐士》诗："横空盘硬语，妥帖力排奡。"[④]"皇汉"最早指汉朝，但清末民初在反清"排满"的历史背景下，"黄汉"或"皇汉"便成了"驱除鞑虏，恢复中华"思想体系的专用词。邹容在《革命军》中称："昔之《禹贡》九州，今日之十八省，是非我皇汉民族嫡亲同胞，生于斯，长于斯，聚国族于斯之地乎？"[⑤]

"虎候燕颔类候相，非复少时游侠行。中原戎马援天骄，白昼涎牙肆号跳。英雄时势两相逼，不斩楼兰不罢刀。天地生成种族界，种族血潮咽海潮。吁嗟夫！好男儿身手健，还我祖国魂，誓血先人恨。""燕颔虎颈"，形容王侯的贵相或武将的威武，《后汉书·班超传》载："燕颔虎颈，飞而食肉，此万里侯相也。"[⑥]既然生就万里侯相之貌，当应戍守边关，收复失地，驱除鞑虏，而不再像少年行那样终日"斗鸡走狗，赏花阅柳"。这是一种自励，以家国仇恨来激励自己，自己虽只身在外求学读书，但已不是"少年行"，有"种族血潮"在身，大义担当，"还我祖国魂，誓血先人恨"。最后几句虽然近乎白话口号，但还是能够看出汤增璧诗从唐朝的风格，可以看到其诗句从杜甫《登舟将适汉阳》"中原戎马盛，远道素书稀"[⑦]和王昌龄《从军行七首》"黄沙百战穿金甲，不破楼兰终不还"[⑧]等诗中变化而来的痕迹。

---

① 北京大学古文献研究所编《全宋诗》第14册，北京大学出版社，1993，第9389页。
② 梁知注评《幼学琼林》，暨南大学出版社，2003，第174页。
③ 吴之振等选《宋诗钞》第2册，中华书局，1986，第1831页。
④ 陈贻焮主编《增订注释全唐诗》卷326，第1358页。
⑤ 邹容著，冯小琴评注《革命军》，华夏出版社，2002，第44页。
⑥ 范晔：《后汉书·班超传》，第1571页。
⑦ 洪业等编纂《杜诗引得》，上海古籍出版社，1985，第247页。
⑧ 陈贻焮主编《增订注释全唐诗》卷132，第1074页。

携手从军行复行，少壮之交共死生，要学西乡南洲老，铜像巍巍耸云表。要学法皇拿破仑，总揽全洲牛耳盟。茫茫大陆风云起，大平洋，会世纪，其时与共，地将为万流之尾闾，万矢之目的。从今不敢事毛锥，好为铁血作准备。

最后一段如同学生期末的学习总结、表态和展望，“少年行”已经结束，现在要“少壮之交共死生”了，要学习日本明治维新三杰之一西乡隆盛，要学拿破仑，改革维新，使中国立于世界之巅，成为“万流之尾闾，万矢之目的”。而对于自己来说，要投笔从戎，做“铁血”的准备。这与汤增璧“箫声呜咽，剑气摩空”的“崇侠”思想是一致的。汤增璧在《革命之心理》一文中提出“激扬侠风”，提倡“剽悍越荦、轻于生死”且“坚忍卓特”的精神，[①] 于是“激扬侠风”便成为部分革命党人通过唤醒侠客精神以鼓吹革命的代名词。汤增璧于辛亥革命前回国，旋即参加武昌起义，不过这是后话。

这是一篇亦诗亦散的作品，全篇一气呵成，情感一贯，语气一致，遣词造句信手拈来，不受格律甚至音律的束缚。从文体上来讲，这篇长诗写到最后，既不诗，也不骈，近乎散，但又诗亦骈且散，如是更能强调心意，抒发情感，同时也更有感染力。

广州起义失败后，湖南新化人谭人凤受黄兴委派，与宋教仁等在上海成立同盟会中部总会，在长江流域发动革命，1911年10月10日武昌起义爆发。正在香港养伤的黄兴闻讯后，立即绕道上海赶往武汉，被推为革命军战时总司令。行前他写成一诗《致谭人凤》：

怀锥不遇粤途穷，露布飞传蜀道通。吴楚英雄戈指日，江湖侠气剑如虹。

能争汉上为先着，此复神州第一功。愧我年年频败北，马前趋拜敢称雄。

此诗表达了黄兴在广州起义失败之后，得武昌起义捷报飞传的喜悦之情，及对谭人凤等人的敬佩之心。该诗的风格、气势和用典与上面谈及的第三首诗非常相似，尤其是“怀锥”“露布”，与汤诗中“从今不敢事毛锥”“将军下马作露布”句相比，似出自一人之手。考虑到汤增璧正是应

① 汤增璧：《革命之心理》，《民报》第24号，1908年。

黄兴之召唤，于 1911 年 10 月前从日本回国，[①] 与黄兴一起参与了武昌起义，以及汤增璧也曾为黄兴代笔写诗等原因，我们认为黄兴的这首《致谭人凤》应该也是由汤增璧代笔。

## 结 语

汤增璧流传下来的诗词虽然不多，但颇具时代特征和个人风格。所谓时代特征就是强烈的反清“排满”的政治倾向，战斗性很强；个人风格即遣词铺丽，语意怆楚，声情婉转，有唐人之风。汤增璧曾为《滇粹》一书作序，虽不是诗，但个人风格非常典型：“印泉顷复以遗诗二集，属为校阅。陈翼叔、刘毅奄两先生手泽，余视翼叔先生奇绝，而毅奄先生哀艳，要皆出自肺腑。杜少陵、李义山而后，此其嗣音矣。又深万籁俱寂，一老枭号霜月下，余时读之，泪盈臆，声不能扬！……两先生乎知二百数十年后，有家破国亡，不孝不弟，血泪糜堕，痛彻心髓如余者读其诗耶？”[②]

居正评价其诗“雅近盛唐风格”，汤增璧诗法李白、杜甫等人的盛唐之风自不待言，而以韩愈为代表的中唐诗人崇尚声律拗峭、奇字险韵、硬语盘空、以文为诗的风格，在其文章中也很常见。因为“惟言者心之声，而声音之道与政通。盛则为《雅》《颂》，衰则为变《雅》变《风》”。[③] 汤增璧时代稍晚，显然不属于同光体，但他的诗风正如陈衍《小草堂诗集叙》所说的：“诗至晚清，同、光以来……言情感事，往往以突兀凌厉之笔，抒哀痛逼切之辞。甚且嬉笑怒骂，无所于恤。矫之者则为钩章棘句，僻涩聱牙，以至于志微噍杀，使读者悄然而不怡。”[④]

“诗言志”，歌咏情性，“感讽引谕、长言嗟叹”，用诗歌讽喻现实，感慨时事，汤增璧就是通过诗词“传递着近代社会大变化之际诗人贤士的人生命运与精神苦痛，折射出传统诗学在转型时代的危机体验与淑世情怀”。[⑤] 黄兴曾亲笔书写两副楹联给汤增璧，其一为“秋水为神玉为骨，词源如海笔如椽”，其二为“立节可为千载道，成文自足一家言”。两联都是对汤增璧文辞的夸饰，虽为夸饰，但设譬恰当，评价客观，代表了当时社会对汤增璧文章和诗词的认可。

① 《中国民主革命的先驱——汤增璧》，第 12 页。

② 参见《中国民主革命的先驱——汤增璧》，第 93~94 页。

③ 钱仲联编校《陈衍诗论合集》，福建人民出版社，1999，第 1090 页。

④ 钱仲联编校《陈衍诗论合集》，第 1074 页。

⑤ 周薇：《“三元”说之宗宋及其诗学价值指向》，《西南大学学报》（社会科学版）2007 年第 4 期。

# 科学、致用与救国：民国时期的土地利用调查与研究*

张 博**

**提 要** 土地利用调查与研究是国家经济建设的基础性工作，亦是近代地理学、农业经济学、土地经济学等学科的研究重点。民国时期土地利用的调查与研究，在经济发展、全面抗战及战后恢复等不同时期，其研究目的、范围、理论、方法以及作用等方面都有不同，突出体现了其科学性、实用性与民族性的研究特点。其中，科学性多来自西方的影响，实用性源于传统，而民族性则直接促使中国土地利用调查与研究发生了质的变化，从而为之后相关研究奠定了基础。

**关键词** 土地利用 知识救国 地理学史

20世纪20年代后，土地利用的调查与研究逐渐在中国兴起。这一舶来的研究理论方法不仅与当时国家的经济建设契合，更与中国这一农业大国重视土地问题的传统相符，因而迅速在地理学、农业经济学、土地经济学等领域得到响应，迅速发展起来。目前，学界关于民国时期土地利用的调查与研究多集中于其所反映的经济信息，并利用其对当时农业发展及农村社会经济等进行深入研究，而对土地利用调查活动本身则关注较少，①

---

* 本文系教育部人文社会科学重点研究基地重大项目“数字时代的中国西部环境变化中人的作用研究”（22JJD770020）的阶段性成果。

** 张博，西北大学历史学院讲师。

① 目前已有的代表性研究有：江伟涛《南京国民政府时期的地籍测量及评估——兼论民国各项调查资料中的“土地数字”》，《中国历史地理论丛》2013年第2期；杜泽江《民国时期四川土地资源调查概述》，《资源与人居环境》2015年第10期；梁敬明、赵茜《近代浙江土地调查述论》，《浙江大学学报》（人文社会科学版）2018年第5期；王玉《地政学派土地思想研究（1933～1949）》，上海财经大学出版社，2023；张力《民国时期的荒地调查与全国荒地数字的来源》，《社会史研究》第7辑，社会科学文献出版社，2020；杨学新《卜凯与20世纪中国农业变革》，人民出版社，2018；等等。

对民国时期中国土地利用研究的特性及发展趋势的揭示也相对不足。因此，本文以民国时期土地利用的调查与研究为对象，以当时地理学、农业经济学等领域学者撰写的相关文章及专著为主要材料，结合大的历史背景与学术背景，展现民国经济发展时期、全面抗战时期、战后恢复时期，中国土地利用调查与研究在目标、理论、范围、方法等方面的发展变化，并对其背后所反映的民国时期中国土地利用研究的科学性、实用性、民族性等特性与发展趋势进行揭示。

## 一　经济建设时期土地利用调查与研究的初步发展

土地利用的调查与研究，对于民国时期大部分官民来说，是一个舶来概念，[①] 但它却是当时西方地理学、农业经济学等领域的研究热点，并成为诸如泛太平洋会议等国际会议上的重要议题。[②] 20世纪二三十年代，中国广大农村地区破产现象严重，进而影响到整个社会的秩序与发展，其中“土地利用之不臧”[③]、“地利未尽”[④] 更是成为学界公认的导致农村经济陷入困境的重要症结。所以，土地利用调查和研究在西方学界的兴起与发展，无疑为当时对科学性、实用性怀揣科学追求的中国地理学、农业经济学、土地经济学等领域的学人提供了一个既可服务国家建设，又可树立新的学科研究范式的重要研究议题，因而得到了学界的普遍重视。如地理学家黄国璋提出：“研究本国土地的状况及其现在的利用方式，这就是我们学习本国地理的一个重大目的。”[⑤] 农业经济学者孙文郁亦指出：“土地利用与人口及粮食等问题，本有密切的连带关系。盖欲澈底了解土地利用之现状，与该土地将来利用之趋势，及其可能限度，则对于人口及食粮诸问

① “土地利用的地理分析可追溯到J. H. Von屠能19世纪前期对德国南部地区的研究，他提出了土地利用的模式。20世纪早期，W. D. 琼斯和C. O. 索尔关于野外调查的文章中强调土地利用概念。经济发达国家对土地利用的研究，早在20世纪30年代已相当普遍地开展，大多是配合农业生产的需要而进行土地分类，评价土地质量，编制土地利用图。”参见中国大百科全书总编辑委员会编《中国大百科全书·地理学》，中国大百科全书出版社，2002，第411~412页。

② 参见《汎太平洋会议之议案》，《申报》1929年9月18日，第7版；《第四届泛太平洋会议》，《申报》1930年10月19日，第4版。

③ 许修直：《地政会议之使命》，《申报》1935年9月12日，第14版。

④ 《太平洋国际学会资助本校作全国土地利用调查》（1932），《南大百年实录》编辑组编《南大百年实录》（中卷）《金陵大学史料选》，南京大学出版社，2002，第270页。

⑤ 黄国璋：《我们为什么要学外国地理》，《申报》1936年3月10日，第8版。

题，不得不有相当之精密研究。"[①] 由农业经济、土地经济等多学科领域学者组成的地政学会，更是在1934年将土地利用问题列为中国土地两大重要问题之一。[②]

土地利用调查和研究在这一时期的兴起不仅有社会实际需求的原因，更是受到新学科、新思想的推动。其中，新地理学、农业经济学、土地经济学发挥着重要的作用。在地理学方面，这一时期的地理学思想及研究方法受西方影响，在研究理念、研究方法、研究材料等方面已经与传统时期大不相同，时人称之为"新地理学"。如在研究视角上，"以前旧地理学的方法，是注重描写方面的，现在新地理学的研究，除掉描写叙述之外，尤注意于解释其因果关系"，[③] 并且加大了对自然地理的关注度，在一定程度上形成了"旧者偏人文，新者重自然"的特点，[④] 并且承认"人文可以改变地文，人工亦可巧夺天工"。[⑤] 在研究方法和研究材料上，新地理学摆脱了传统的文字描述，积极利用新的测绘、实验仪器，以及其他相关学科的研究成果，对地理事物进行深入和动态的分析。[⑥] 新地理学不仅在科学性上有所推进，更为重要的是开始注重和担负起其对于社会经济发展乃至民族主义建设的责任。如张其昀指出："纯粹科学研究与夫经世之业切于实用者，地学家之心胸，废一不可。"[⑦] 白眉初亦认为地理学术要具备"建设事业与爱国心灵"。[⑧] 张雨峰更是称："所谓中国学派地理学者，其惟民族主义地理学乎。"[⑨] 在此新地理学思潮下，科学研究与国家建设兼备的土地利用调查与研究工作，逐渐受到地理学者的重视。

不同于地理学的历史悠久，农业经济学与土地经济学是中国新兴的研究领域。农业经济学是农学的重要分支，是"阐明农业与天然的经济的法则之关系，并应用此等法则于农业经营，讲究如何方能永久继续多获纯收

① 孙文郁：《中国土地利用调查之经过及进行概况》，《地政月刊》第1卷第3期，1933年，第306页。

② 《地政学会年会今日起在镇江举行》，《申报》1934年1月14日，第9版。

③ 余鸿发：《谈谈关于新地理学的问题》，《培正中学图书馆馆刊》第1卷第2期，1934年，第55~56页。

④ 胡焕庸：《新地理学之真谛》，《中等教育季刊》第1卷第1期，1940年，第28页。

⑤ 张其昀：《新地学序》，《地理杂志》第6卷第7期，1933年，第19页。

⑥ 参见张其昀《新地学序》，《地理杂志》第6卷第7期，1933年；胡焕庸《新地理学之真谛》，《中等教育季刊》第1卷第1期，1940年；陈正祥《谈谈新地理学》，《今日青年》第8期，1940年。

⑦ 张其昀：《地理学之新精神》，《史地学报》第2卷第7期，1923年，第3页。

⑧ 白眉初：《论国本系奠于地理学术之上》，《师大月刊》第7期，1933年，第15页。

⑨ 张雨峰：《地理学与民族精神》，《浙江青年》（杭州）第2卷第11期，1936年，第1页。

益之科学也”。[①] 而“土地经济学原属于国民经济学或农业经济学，向少独立之研究”。[②] 因此，农业经济学与土地经济学在研究领域、研究方法，乃至研究队伍上具有一定重合，故本文将二者放在一起进行讨论。不同于地理学对于自然环境的关注，农业经济学和土地经济学在关注人与地的关系的同时，更注重“人与人的生产关系”，[③] 因而诸如土地利用中的生产关系、管理制度、地租、地价等是其关注的重点。但与新地理学相同，农业经济学与土地经济学亦注重实用性，“讲究如何方能永久继续多获纯收益”，[④] 促进国家经济发展，提升国家实力。

新地理学、农业经济学、土地经济学对科学性、实用性乃至民族性的重视，使其对土地利用的调查及研究问题都十分关注。地理学者从自然环境的角度，农业经济学与土地经济学者则从社会环境的角度，开始共同投入对土地利用问题的研究中。

土地利用研究的基础是全面、准确、细致的调查资料，而近代中国在此方面的积累薄弱，且资金、人才、经验等亦极为缺乏，故由西方学界传入的理论与方法，在这一时期中国土地利用调查与研究中发挥着相当重要的作用。最为著名的是美国农业经济学家卜凯（John Lossing Buck）所领导的中国土地利用调查，这一项目不仅资金主要来源于太平洋国际学会、洛氏基金团等国外团体，且其中有诸如华伦（Stanley W. Warren）、路易士（Ardron B. Lewis）、梭颇（James Thorp）、贾普荫（R. Burryne Chapman）等国外学者参与撰述。故孙文郁称：“中国土地利用调查，原经太平洋国际学会中国分会之介绍及赞助，始克实现。”[⑤] 卜凯所领导的这次调查，不仅为农业问题的“探本追源，寻求症结”提供了研究数据和研究样本，更训练了一批调查人员，传输了部分土地利用调查和研究的理论与方法。[⑥] 卜凯的土地利用调查与研究方法，也一时被奉为典范。1931~1935年，英国土地利用调查引起世界瞩目，罗士培（Percy Maude Roxby）称，“土地利用调查之完成，为近年英国地理学者最大贡献”；[⑦] 任美锷亦认为，“英

① 童玉民：《农业经济学》，上海新学会社，1931，第6页。

② 张丕介：《土地经济学导论》，中华书局，1947，“自序”。

③ 粟寄沧：《农业经济学的对象及任务》，《思想月刊》第1卷第4期，1937年，第62页。

④ 童玉民：《农业经济学》，第6页。

⑤ 孙文郁：《中国土地利用调查之经过及进行概况》，《地政月刊》第1卷第3期，1933年，第307页。

⑥ 《金陵大学研究土地利用问题：大规模调查业已三年，明年春天可完成报告》，《国立北平图书馆读书月刊》第2卷第6期，1933年，第26页。

⑦ 《我国地理学长足进步，研究项目趋向实用》，《西京日报》1947年3月11日，第2版。

国土地利用调查工作，在世界最称完美”。[①] 因而英国土地利用调查的经验很快便被介绍到我国，如1935年，李旭旦在《地理学报》上对《英国精测土地利用图》的功用、测制工作、基图选用、分类标准、图目等进行了详细的介绍，并指出“此种实地工作之结果，一方可与过去情形相比较，观其演进之经过，一方复可作他日土地改进之查考与根据”，[②] 而对于其土地利用图的绘制更是予以称赞。此外，其他国家土地利用的研究著述也被大量翻译引入，如格蕾（L. C. Gray）的《美国之土地利用问题》、提摩圣戈（Vladimir P. Timoshenko）的《苏联土地利用及扩充作物面积之前瞻》、河田嗣郎的《土地经济论》等。[③]“参考外国利用土地的方式，以改良本国土地的利用”亦成为这一时期的研究理念。[④]

与此同时，中国学者亦积极自主展开土地利用相关问题的思考与研究，如翁文灏通过对人口分布与土地利用的研究指出：“中国人向来好以地大物博自豪。大多数的人往往默认一切土地皆可同等利用，只要有人去开发。其实地的好坏大有分别，好的地方一方里养一千人绰有余裕，坏的地方一方里养五十人还甚困难。这种分别在中国尤其是格外明显，格局重大，这是讲开发土地的人所必须亲切认识的。”[⑤] 深刻揭示了中国“地大物博”之下土地利用率低的现实，这一理论也一度引起学术界的热议。[⑥] 黄国璋则认为，“地球之上，没有两处自然环境组合完全相同的地方，但是在不同之中，却有大同之处，因此在土地利用方面也很多类似”，[⑦] 并建议从环境及生产方式相似的国家获取土地利用的经验。潘楚基通过研究建议，“北方放牧之地，及南方丛林之间的放牧，都为增进生产最良的方法，农民肯注意畜牧，则生产上也有极大的补救，土地的利用程度，也大大的

---

① 任美锷：《从英国的土地利用调查看中国》，《时兆月报》第43卷第1期，1948年，第14页。

② 李旭旦：《书报介绍》，《地理学报》第2卷第3期，1935年，第133页。

③ 参见格蕾《美国之土地利用问题》，仇元译，《地政月刊》第3卷第8期，1935年；提摩圣戈《苏联土地利用及扩充作物面积之前瞻》，汤一南译，《地政月刊》第3卷第8期，1935年；河田嗣郎《土地经济论》，李达、陈家瓒译，商务印书馆，1930。

④ 黄国璋：《我们为什么要学外国地理》，《申报》1936年3月10日，第8版。

⑤ 翁文灏：《中国人口分布与土地利用》（续第3期），《独立评论》第4期，1932年，第13页。

⑥ 参见陈长蘅《我国土地与人口问题之初步比较研究及国民经济建设之政策商榷》，《地理学报》第2卷第4期，1935年；萧铮《中国的土地与人口问题——兼请益于翁文灏陈长蘅二位先生》，《地政月刊》第4卷第4~5期，1936年。

⑦ 黄国璋：《我们为什么要学外国地理》，《申报》1936年3月10日，第8版。

增加”。[①] 此外，汤惠荪从农业经营的角度论述了不同类型的土地利用形态，并对西南各省农业发展中的土地利用问题进行了分析；[②] 孙本文对土地利用与人口问题之间的关系进行了思考；[③] 董汝舟则对西北地区的土地利用问题进行了分析；[④] 等等。这些均展现了土地利用研究在国家建设中的实用性。同时，如江苏、江西、安徽、山东、浙江、河南等亦开始尝试进行本省土地调查。[⑤] 1934 年，涉及全国 22 省的土地调查亦开始进行。[⑥] 此类土地调查，涉及边界、户口、土地分配、租佃制度、地价等内容，而土地利用亦为其中的重要内容之一。这些成果均为我国土地利用研究的深入，以及经济发展政策的调整提供了重要依据。

值得注意的是，虽然这一时期土地利用的调查和研究取得了一定进展，但由于处于起步期，故在研究理论和方法上多依赖西方，研究的地域范围也极为有限。而且在当时动荡的社会背景下，对土地利用的基础性调查也十分困难，如 20 世纪 30 年代初，潘鸿声在湘鄂赣三省进行土地利用调查时，总结出诸如交通困难、军队留难、乡民畏惧等 18 种困难情形。特别是“此种调查，到处均不受欢迎，调查时农人每有恶语相向，恶语谩骂者，协助调查者，每多敷衍塞责，如置之不理，则工作失效，实情难得，且易互相效尤，被人轻视，至此调查工作，非停止不可”，[⑦] 可见，相当一部分民众对于土地利用调查与研究的重要性并不了解。甚至卜凯所领导的中国土地利用调查在开始三年后，对于“该系研究此问题之一缘起，与其已得之成绩，外界鲜有知者”。[⑧]

① 潘楚基：《中国土地政策》，黎明书局，1930，第 46 页。

② 参见汤惠荪《农业经营与土地利用形态》，《地政月刊》第 2 卷第 5 期，1934 年；汤惠荪《西南各省之土地利用与农业问题》，《地政月刊》第 4 卷第 4~5 期，1936 年。

③ 参见孙本文《人口论 ABC》，世界书局，1929。

④ 参见董汝舟《西北土地利用问题》，《新亚细亚》第 11 卷第 2 期，1936 年。

⑤ 参见浙江省土地局月刊编辑处《浙江省土地局年刊》，浙江省土地局，1930；江苏省政府土地整理委员会编印《江苏省政府土地整理委员会年刊》，1930；安徽省土地整理筹备处编印《安徽试办土地清丈特刊》，1933；导淮委员会编印《高宝湖区土地经济调查报告》，1933；江西省地政局编印《江西省土地行政报告书》（自民国二十五年一月起至同年十二月止），1936；河南省政府秘书处编印《河南省政府民国二十五年度行政计划》，1936；等等。

⑥ 参见陈立夫《举行全国土地调查之经过及其所得结果》，《地政月刊》第 4 卷第 7 期，1936 年；土地委员会编《全国土地调查报告纲要》，《中国农村》第 3 卷第 4 期，1937 年。

⑦ 潘鸿声：《湘鄂赣三省土地利用及人口调查亲历困难情形》，《农报》第 1 卷第 20 期，1934 年，第 501 页。

⑧ 《金陵大学研究土地利用问题：大规模调查业已三年，明年春天可完成报告》，《国立北平图书馆读书月刊》第 2 卷第 6 期，1933 年，第 25 页。

## 二 全面抗战时期土地利用调查与研究的快速发展

1937 年，日军发动全面侵华战争，民族危机空前加深，土地利用的调查与研究也由服务国家经济建设，变为支援抗战救国。全面抗战时期，对于各种物资，特别是粮食等农业物资的迫切需求，“这一片老大的土地，还能应付我们愈来愈重的要求么?”成为人们普遍担忧的问题，[①] 有限的资源和战时巨大的需求之间的矛盾，极大地推动了土地利用调查与研究工作的深入，并使其在研究作用、研究地区、关注类型、理论方法等方面均有所变化。

全面抗战爆发后，国家“经济建设以军事为中心”，[②] 土地利用的调查与研究亦在“国防为先”的目标下通盘筹划。[③] 其中，增加农业生产是“抗战建国任务中一个急切的要图”。[④] 王捷指出：“战争的胜负是决定在广大普遍的农村。广大普遍的农村到底用什么来决定战争？维有增加农产品之质量，增加农产品之质量，则全视土地之利用若何而定。土地利用之于今日，不能谓不重要矣。”[⑤]《抗战建国纲领》亦明确提出“全力发展农村经济，奖励合作，调节粮食，并开垦荒地、疏通水利”，[⑥] 从而增加战时农业生产，保障前线抗战和民生之需。

战时粮食和农业问题的日益突出，使土地利用研究的重要性也得以凸显。孙兆乾指出，“粮食生产问题，亦即土地利用问题，土地利用问题果获解决，则粮食生产问题，自可迎刃而解”。[⑦] 杨铭崇亦提出，“兹欲解决人民之生计，挽救国家之衰亡，必须谋土地之是否能善于利用为断，此所以土地利用实为改良农业生产之根本问题也”，[⑧] 将土地利用问题视为改善民生与挽救国家的重要因素。任美锷先生更是将土地利用问题视为“立国的基础问题”，以及农业建设的首要问题。[⑨] 这些观点与认识也逐渐得到了

① 费孝通：《增加生产与土地利用》，《当代评论》第 1 卷第 13 期，1941 年，第 382 页。

② 《抗战建国纲领》，《抗战建国旬刊》第 2 期，1938 年，第 31 页。

③ 参见丁骕《地理学国防地理及地理设计》，《世界学生》第 1 卷第 6 期，1942 年。

④ 戴基成：《论增加农业生产》，《新疆日报》1943 年 8 月 13 日，第 2 版。

⑤ 王捷：《关中土地利用》，《秦农》第 1 卷第 2 期，1943 年，第 33 页。

⑥ 《抗战建国纲领》，《抗战建国旬刊》第 2 期，1938 年，第 31 页。

⑦ 孙兆乾：《战时粮食生产与土地利用》，《新粤》第 2 卷第 7 期，1938 年，第 59 页。

⑧ 杨铭崇：《四川省七县土地利用之研究》，《现代读物》第 2 卷第 29~30 期，1937 年，第 82 页。

⑨ 任美锷：《举办全国土地利用调查刍议》，《新经济》第 9 卷第 9 期，1943 年，第 171 页；任美锷：《经济地理学的理论与应用》，《中山文化季刊》第 1 卷第 1 期，1943 年。

广大民众的认同。土地利用调查与研究工作，在抗战背景下，一跃成为挽救国家、保障民生的关注点之一。

土地利用调查与研究的重点主要集中于东部、南部农业区，而对广大西南、西北等边地的关注则相对较少，这些地区的调查与研究往往由外国地理学者越俎代庖，故一度出现了“国人居今日而研究中国地理，更不能不参考外人已成之作”的局面。[①] 故王成组曾提出“地理的调查，既然同国家经济有密切关系，断不能依赖外人”，[②] 秀敏亦呼吁“要把我们的特别义务担负起来多下点苦功，深入边区，从实地去收集材料、建设新中国地理！”[③] 直到在抗战的特殊环境下，相关学者对西南、西北地区的土地利用调查与研究才得到了大规模的落实。

一方面，国民党军队在东部的失利，迫使国民政府开始将重心迁往西南、西北地区。曾经属于边地的西南地区成了“国防根据地的重心所在”，[④] 特别是四川，被视为“复兴民族的根据地”，[⑤] 西北地区亦被称为“抗战建国的最后根据地”。[⑥] 甚至西康地区亦被视为“与四川并肩为抗战之支撑点，建国之根据地”。[⑦] 在此情况下，西南和西北的建设得到了重视和一定的发展。这均促进了这些地区的土地利用调查与研究。另一方面，大量产粮区沦陷，粮食危机加重。吴传钧先生指出：“黄河下游，江淮平原本为米麦丰产之区，今已先后沦入敌手，战区人民又纷纷迁移后方，农业劳工渐感缺乏而内地消费人口反形激增，战时粮食问题乃逐渐步入恐慌之途，有识之士于是高呼‘粮食恐慌’，以期唤起国人之注意而为筹谋焉。”[⑧] 邓植仪亦指出：“溯自七七抗战以还，迄今将满五载，我国原有耕地之沦为敌区或受敌威胁者，奚止半数，沦陷区之义民与港澳南阳侨胞之移归后方者，其数以千百万计，壮丁之离去田间而服役前方者，亦有数百万。以一素之储粮之中国，而临此空前未有之危难，其严重情形，自可想见。”[⑨] 此外，“多数人民从事抗战工作，农业劳动感觉不足，致使需供不

---

① 王庸：《〈中国地学论文索引〉序》，赵中亚选编《王庸文存》，江苏人民出版社，2013，第 369 页。

② 王成组：《地理学的旨趣和需用》，《清华周刊》第 30 卷第 2 期，1928 年，第 105 页。

③ 秀敏：《纪念“九一八”我们地理学界应有的认识和努力》，《京报》1934 年 9 月 18 日，第 10 版。

④ 张凤岐：《国防地理学的新趋势与中国国防》，《承华》创刊号，1942 年，第 32 页。

⑤ 李贤堃：《四川之土地利用》，《建设周讯》第 2 卷第 3 期，1937 年，第 17 页。

⑥ 《弁言》，《西北研究》（西安）第 2 卷第 3~4 期，1940 年。

⑦ 吴叔盦：《西康土地利用发凡》，《新西康》第 3 卷第 6~8 期，1945 年，第 78 页。

⑧ 吴传钧编《中国粮食地理》，商务印书馆，1946，第 2 页。

⑨ 邓植仪：《湘粤桂垦荒之土地利用问题》，《中山学报》第 1 卷第 8 期，1943 年，第 10 页。

能正常平衡”,[①] 这均迫使政府设法大力提升西南、西北边地土地的利用效率以支援抗战的物资需求，因而西南、西北地区的土地利用调查与研究逐渐兴盛起来（见表 1、表 2）。

**表 1 抗战期间各地理科研单位调查区域**

| 科研机构 | 调查区域 |
| --- | --- |
| 中央研究院、地理研究所 | 新疆等西北诸省 |
| 中央大学 | 四川中部 |
| 金陵女子文理学院 | 四川西北理番一带 |
| 浙江大学 | 贵州中北部 |
| 清华大学 | 云南中部、西部 |
| 中山大学 | 广东北部 |

资料来源：佚名《我国地理学长足进步，研究项目趋向实用》，《西京日报》1947 年 3 月 11 日，第 2 版。

**表 2 抗战期间西南、西北地区部分土地利用调查与研究成果**

| 作者 | 文章或专著 | 发表/出版年份 |
| --- | --- | --- |
| 杨铭崇 | 《四川省七县土地利用之研究》 | 1937 |
| 李贤堃 | 《四川之土地利用》 | 1937 |
| 张树植 | 《自流井土地利用之调查》 | 1938 |
| 吴平 | 《四川之土地利用》 | 1939 |
| 曾济宽 | 《西北土地利用问题》 | 1939 |
| 陈鹏飞 | 《宜宾土地利用之研究》 | 1939 |
| 袁初群 | 《犍为土地利用之研究》 | 1939 |
| 范守荣 | 《綦江水利工程与土地利用之关系》 | 1939 |
| 刘世超 | 《西北经济建设与土地利用问题》 | 1941 |
| 李旭旦 | 《陇南之地理环境与土地利用》 | 1942 |
| 刘恩兰 | 《川省西北土地利用之地理条件》 | 1943 |
| 王捷 | 《关中土地利用》 | 1943 |
| 任美锷 | 《贵州遵义附近之土地利用》 | 1944 |
| 徐孝恢 | 《宁属土地利用问题之商榷》 | 1944 |

① 聂常庆：《战时中国土地利用问题》，《人与地》第 3 卷第 2~3 期，1943 年，第 19 页。

续表

| 作者 | 文章或专著 | 发表/出版年份 |
|---|---|---|
| 贺明缨 | 《贵州土地利用概论》 | 1944 |
| 钟功甫、刘培桐 | 《北碚土地利用志》 | 1945 |
| 吴传钧 | 《威远山区土地利用研究》 | 1945 |
| 吴叔盦 | 《西康土地利用发凡》 | 1945 |

中国土地利用的调查与研究多以农业为主，甚至有观点认为“土地利用虽不限于一种，而谓为耕地之利用，事实上并不过分”，[①] 但在抗战的特殊背景下，大量主要产粮区沦陷，国民政府被迫向内陆撤退，而在诸如西南、西北边地，牧业、林业的重要性逐渐增强，甚至超过农业。因此要提高土地利用效率，增加战时生产，就不得不重视牧业、林业的发展。在此情况下，土地利用调查与研究的关注点开始多元。如李旭旦在对陇南土地利用的研究中指出，“普通一般人，只知重农业，以为土地利用就是指耕种而言，这是一个大错误。畜牧森林的利益，非特不亚于农业，有时且超过农业”，[②] 他进一步提出“陇南土地利用的未来希望在乎林牧的发展，推之整个西北的土地利用前途，恐也不外乎此”。[③] 安希伋亦指出：“过去我们所注意的农业问题，当只限于农作一方面，对于林牧的重要，始终缺乏充分的认识。其实广义的农业，不只要供应五谷棉麻、乳肉皮毛和木材及其产品，也同具有极大的经济价值。”[④] 他建议，“战后土地利用的实际问题，似宜斟酌当时的国情，发挥我们的优点，在可能的范围内，一反面推行集约经营的事业，同时开发未经充分利用的林牧区域和特种产品”。[⑤] 此外，刘世超提出要注重畜产品在战时经济中的重要性，科学管理和利用牧区资源；[⑥] 张之毅更是建议保护牧民畜牧生产地，限制农业过度扩张，并

① 伍连炎：《广东土地利用及其改革》，《广东省银行季刊》第 1 卷第 4 期，1941 年，第 231 页。

② 李旭旦：《陇南之地理环境与土地利用》，《新西北》第 6 卷第 1～3 期，1942 年，第 59 页。

③ 李旭旦：《陇南之地理环境与土地利用》，《新西北》第 6 卷第 1～3 期，1942 年，第 59 页。

④ 安希伋：《中国土地利用的远瞻与近瞩》，《经济建设季刊》第 3 卷第 1 期，1944 年，第 157 页。

⑤ 安希伋：《中国土地利用的远瞻与近瞩》，《经济建设季刊》第 3 卷第 1 期，1944 年，第 159 页。

⑥ 参见刘世超《西北经济建设与土地利用问题》，《西北经济通讯》第 1 卷第 1 期，1941 年。

鼓励农牧结合式生产；[①] 等等。对于牧业、林业土地利用调查和研究的重视，不仅有利于高效利用西北、西南地区广大的非种植业土地，增加战时生产，更为之后这一地区牧业、林业的进一步开发奠定了基础。

抗战时期土地利用调查与研究快速发展，研究实例和经验的积累也使相关学者开始对土地利用规律、理论及方法等进行总结与提升。在理论总结方面，学者开始打破对外国理论方法的迷信，开始在我国调查实验的基础上，对适宜我国土地利用调查与研究的理论方法进行总结。如1943年吴传钧发表的《土地利用之理论与研究方法》一文，对土地利用的定义、着眼点、方法、作用等进行了全面的阐述与总结，可谓这一时期土地利用理论的代表作。他在文中强调："土地利用之设计为国家经济设计（planning）之重要部门，其需要参考之事实极为广泛，其需研究之方面殊为复杂，要能分析综合而后论断，此种设计又非学识经验丰富之地理学家所克胜任也"，[②] 而且"研究土地利用之未来趋势，为研究本问题之主要目的所在。根据自然条件推测一地利用之范围是否可以扩大，利用之程度是否可以加强。根据人文条件，研究一地之利用当如何求其能与环境谐和调整，乃至求其适应改良。研究之结论贡献地政当局以为实施之参考"。[③] 直接指明了地理学人在土地利用问题研究中的重要责任。同年，任美锷发表《经济地理学的理论与应用》一文，对土地利用研究的范围、材料、注意点、作用及意义等进行了总结，并提出"土地利用的调查应顾到许多自然因素和人文因素，是一项综合的和比较的研究，所以也属于经济地理学的范围，必须由经济地理学家来主持工作，才能获其全豹"。[④]

在研究方法的探索和总结方面，随着研究的深入，学者开始对一度被奉为经典的卜凯的选样调查法及其得出的相关结论产生怀疑。如任美锷指出：卜凯调查数据所依据的"各地农业报告员之报告，多采自一区中较肥之平原，常不足以显示自然环境之差异，换言之，即不能代表土地利用之实况"。[⑤] 此外，"研究农业与土地利用，而不测制土地利用图，则其所得，必难期完全，其所观察，亦无法普遍，可以断言"。[⑥] 传统调查方法之不

① 参见张之毅《改进中国土地利用之新途径》，《浙大农业经济学报》第3期，1942年。

② 吴传钧：《土地利用之理论与研究方法》，《地理》第3卷第1~2期，1943年，第17页。

③ 吴传钧：《土地利用之理论与研究方法》，《地理》第3卷第1~2期，1943年，第11页。

④ 任美锷：《经济地理学的理论与应用》，《中山文化集刊》第1卷第1期，1943年，第117页。

⑤ 任美锷：《贵州遵义附近之土地利用》，《真理杂志》第1卷第1期，1944年，第127页。

⑥ 任美锷：《贵州遵义附近之土地利用》，《真理杂志》第1卷第1期，1944年，第127页。

足，使相关学者开始根据情况，自主探索适宜的调查方法，特别是对于实地调查与绘制土地利用图予以重视。1942 年，任美锷领导，陈彭述、赵松乔、施雅风、杨利普等人参与，完成了对遵义地区土地利用图的绘制。张其昀先生称赞："此种土地利用图之绘制，在我国尚属首次，倘能普遍推行于各地，裨益建国大业，当非浅鲜。"[①] 任美锷进一步指出："土地利用是一个地理的问题，要明了真正的内情，必须根据详确调查，注意其与自然环境间的关系，许多问题才能豁然贯通。过去的土地利用调查，虽然详细却忽略了与地理环境的关系，换言之，即没有严格注意到地域性，把土地利用的详细情形绘在地图上，制成土地利用图。"[②] 因此，他提议进行全国土地利用调查，并绘制土地利用图。同年，刘培桐发表《土地利用图示法举例》一文，对土地利用图的作用及绘制方法进行了介绍，[③] 并在 1945 年北碚土地利用的实地调查中尝试使用此法，虽由于底图比例尺过小，"区内地势复杂，微细之变化，仍不能填诸图内为憾。图中量得之面积，亦难求得绝对正确之数字"，[④] 但此种方法尝试已实属有益。

现实的土地利用调查与研究，也促使部分学者尝试对中国历史时期土地利用的变迁规律及相关方法、经验进行总结。如农业经济学家魏重庆从水利设施和农业用地的数量与分布入手，对中国自上古到民国时期的土地利用情况进行了分析，提出"中国土地利用的转变与中国民族的发展有密切的关系……中国土地的开发与利用，亦随民族的发展与迁徙由北而南"。[⑤] 又如土地经济学家张丕介总结出了土地利用发展的四个趋势，即扩张化趋势、集约化趋势、复杂化趋势、社会化趋势。并提出，通过这些总结的规律性趋势，"可比较研究各国土地利用之当否，并借以考察我国土地政策应采之方针与途径"。[⑥] 值得注意的是，张丕介对于土地利用发展趋势的揭示，直接打破了传统所谓采集时期、农业时期、牧业时期等机械的时期分类，揭示了不同土地利用类型并存，且越先进的社会，土地利用类型越复杂的事实。这在一定程度上也打破了人们对于农业优于牧业、林业的片面认识，有助于多元土地利用方式共同发展。此外，农业学家万国鼎

① 张其昀：《遵义新志引言》，《申报》1948 年 6 月 15 日，第 7 版。
② 任美锷：《举办全国土地利用调查刍议》，《新经济》第 9 卷第 9 期，1943 年，第 171 页。
③ 参见刘培桐《土地利用图示法举例》，《地理》第 3 卷第 3~4 期，1943 年。
④ 钟功甫、刘培桐：《北碚土地利用志》，《地理》第 5 卷第 3~4 期，1945 年，第 1 页。
⑤ 魏重庆：《中国土地利用的变迁》，《政治经济学报》第 1 期，1943 年，第 53 页。
⑥ 张丕介：《土地利用趋势论》，《文风杂志》第 1 卷第 4~5 期，1944 年，第 4 页。

利用历史文献，对我国历代土地利用及管理制度经验进行了总结。[①] 邹枋则对明人侯朝宗的土地利用思想进行了总结。[②]

抗战时期，我国土地利用调查与研究的科学性、实用性与民族性得到了进一步发展。如土地利用调查与研究的重要性显著提升，其目标也由服务国家经济建设，转为支援抗战救国。在研究区域上向战略后方的西北、西南地区转移，关注的土地利用类型也更为多元，在注重农业土地利用的同时，开始关注牧业、林业的土地利用。在现实的迫切需求下，学者的研究和认识能力也得到进一步锻炼和提升，他们开始打破对西方土地利用调查与研究理论的迷信，尝试在实地调查的基础上，总结适宜我国土地利用调查与研究的理论、方法。此外，在进行现实土地利用调查，以及规划未来土地利用方式的过程中，相关学者，特别是农业领域的学者，开始积极利用历史文献资料，对我国历史时期的土地利用规律及好的理论方法进行梳理总结，从而实现古为今用。

## 三 战后恢复时期土地利用调查与研究的发展

抗战胜利后，社会发展的重点从抗战救国逐步转到战后经济恢复发展上来，“欲确立一地区或一国家未来经济发展的动向，先须明了该地区或国家土地利用的现状；欲使一个都市一个区域或一个国家作有计划的经济发展，亦须先明了其土地利用的现状”，[③] 成为恢复建设过程中被广泛认可的共识，因而土地利用调查与研究仍然受到社会的重视。值得注意的是，受战争及社会动乱的影响，土地利用调查与研究事业在这一时期严重受挫，发展速度远不如前，但在相关学者的努力下，仍然取得了一定程度的推进。

抗战胜利后，为尽快恢复生产建设，相关学者针对城市建设、乡村发展、地域开发等问题对不同地区进行了土地利用调查，如赵松乔、陈吉余等人对杭州市土地利用的调查，[④] 陕西省农改所对长安县土地利用的调

---

① 参见万国鼎《汉以前人口及土地利用之一斑》，《金陵学报》第 1 卷第 1 期，1931 年；万国鼎《中国田制史》，南京书店，1933。

② 参见邹枋《侯朝宗土地利用论纲领》，《经济学季刊》第 2 卷第 4 期，1931 年。

③ 楼同茂：《论土地利用的调查》，《地理》第 6 卷第 1 期，1948 年，第 19 页。

④ 参见赵松乔、陈吉余、李治孝、邱宝剑《杭州市之土地利用》，《浙江学报》第 2 卷第 2 期，1948 年。

查，[①] 杨利普、施雅风等人对岷江峡谷、成都平原土地利用的调查，[②] 以及程潞、宋铭奎等人对云南滇池区域土地利用的调查，[③] 等等。此外，抗战期间对西南、西北地区土地利用的关注，在这一时期也得到一定的延续。如张之毅对新疆的土地利用问题进行了深入分析，提出要改进传统的移民垦边政策，保护牧区牧业发展。[④] 又如陈正祥对山区这一特殊地形区土地利用进行分析，指出牧业用地在这一地区发展中的重要作用。[⑤] 此外，还有梁蕲善对于贵州土地利用问题的研究，[⑥] 纪经明对于兰州土地利用问题的研究，[⑦] 等等。这些针对省区、地形区，或城市、乡村的各类论著，将土地利用调查与研究的区域进行了扩展，在一定程度上为中华人民共和国成立后全国土地利用调查奠定了数据、材料和方法基础。

部分研究在调查方法上也有总结和发展，除数据搜集与野外调查结合、自然环境考察与社会环境调查结合等方法在各地土地利用调查与研究中的频繁利用外，土地利用图的绘制与利用亦被部分学者实践，如赵松乔等人对杭州土地利用进行调查时，“绘画土地利用地图：市区以陆地测量局比例尺五万分之一地形图为地图，城厢则用五千分之一地形图为底图”，[⑧] 成为其研究的重要基础性工作。又如土地利用调查本部在对南京市的土地利用调查中亦“根据国防部陆地测量局所绘制之一万分之一底图，作野外实地调查，以填绘土地利用图”，[⑨] 并以此展开相关研究。虽然张其昀、吴传钧等人早已指出土地利用图在土地利用调查与研究中的重要性，但由于统计、绘制等方面的困难，土地利用图的绘制与利用并不普遍。但在这一时期，诸如赵松乔等学者仍然积极进行土地利用图绘制的实践，为

---

① 参见陕西省农业改进所统计室《长安土地调查——陕西土地利用之初步研究》(上)，《西京日报》1946 年 4 月 11 日，第 4 版。

② 参见杨利普、施雅风、黄秉成、毛汉礼《岷江峡谷之土地利用》，《地理学报》第 12 卷，1946 年；杨利普、施雅风、黄秉成、毛汉礼《成都平原之土地利用》，《地理学报》第 14 卷第 1 期，1947 年。

③ 参见程潞、宋铭奎、陈述彭、黄秉成《云南滇池区域之土地利用》，《地理学报》第 14 卷第 2 期，1947 年。

④ 参见张之毅《新疆土地利用问题》，《中美周报》第 248 期，1947 年。

⑤ 参见陈正祥《山区之气候与土地利用》，《中农月刊》第 7 卷第 4 期，1946 年。

⑥ 参见梁蕲善《贵州的土地利用》，《贵州经济建设月刊》第 2 卷第 3~4 期，1947 年。

⑦ 参见纪经明《论兰州土地的利用》(上)，《华北日报》1948 年 10 月 13 日，第 6 版；纪经明《论兰州土地的利用》(下)，《华北日报》1948 年 10 月 20 日，第 6 版。

⑧ 赵松乔、陈吉余、李治孝、邱宝剑：《杭州市之土地利用》，《浙江学报》第 2 卷第 2 期，1948 年，第 57 页。

⑨ 《土地利用调查本部在南京附近举办》，《地政通讯》第 3 卷第 5 期，1948 年，第 27 页。

之后中国土地利用图的绘制积累了宝贵经验。

各地区土地利用调查的进行，为全国土地利用调查及土地利用图的绘制提供了条件。1948 年，任美锷在《从英国的土地利用调查看中国》一文中指出："我国以农立国，土地利用调查之需要，远过于英国，而我国疆域广阔，几乎五十倍于英国，且交通较难，地图测量亦未尽备，土地利用调查工作自倍加艰巨，一时难求完成。惟土地利用检查之价值与对国家建设之功用，既已有英国显示于前，我国自应急起努力，以完成此项基本工作。"[①] 他号召"全国似宜有土地利用调查局之设立，由农林部，地政署，及国防部测量局合作办理，聘请专家，合力推进，俾全国土地利用调查可于较短期间内完成，此亦建国中之不朽大业也"。[②] 次年，林超翻译的英国土地利用调查领导者史丹普（L. Dudley Stamp）的著作《英国土地及其利用》出版，为中国土地利用调查提供了参考。但由于当时社会动荡，以及资金、人才等方面的不足，这一工作并没有立刻得到有效展开，直至 1989 年，我国第一套详细、系统、全面的土地利用图才告完成。[③]

这一时期"土地利用调查与经济建设关系至为密切"，[④] 实用性显著提升，如赵松乔等人对杭州土地利用的调查，其目的在于"对杭州市之土地利用状况，先作一番客观的研究，再从地理学之观点，探讨其区域特色及其与地理环境相互之关系，进而对改良方法，有所阐述"。[⑤] 又如钟功甫对川东鄂西地区土地利用的调查，是为了评估"扬子江三峡筑坝计划"实施后的损失，并为坝基高度提供参考，[⑥] 极富实用性。此外，楼同茂则突出强调："土地利用的调查和研究，还可以矫正过去土地不合理的或错误的利用；此在水土保持方面，尤其值得注意。"[⑦] 许多艺则再次指出："今后我国土地利用，应改弦更张，策划远大，发展林牧，以与农艺相配合，使经营科学化，以达农林牧合理配合之目的。"[⑧] 由此可见，这一时期地理学

---

① 任美锷：《从英国的土地利用调查看中国》，《时兆月报》第 43 卷第 1 期，1948 年，第 16 页。

② 任美锷：《从英国的土地利用调查看中国》，《时兆月报》第 43 卷第 1 期，1948 年，第 16 页。

③ 参见吴传钧《中国百万分之一土地利用图》，《中国科学基金》1989 年第 2 期。

④ 《我国地理学长足进步，研究项目趋向实用》，《西京日报》1947 年 3 月 11 日，第 2 版。

⑤ 赵松乔、陈吉余、李治孝、邱宝剑：《杭州市之土地利用》，《浙江学报》第 2 卷第 2 期，1948 年，第 57 页。

⑥ 参见钟功甫《川东鄂西土地利用调查简报》，《地理》第 6 卷第 2~4 期，1949 年。

⑦ 楼同茂：《论土地利用的调查》，《地理》第 6 卷第 1 期，1948 年，第 19 页。

⑧ 许多艺：《中国土地利用之新途径：农林牧之配合问题》，《建设汇报》第 1 卷第 10 期，1947 年，第 3 页。

界土地利用调查与研究的实用性得到进一步发展，积极服务于社会经济建设。

从抗战胜利到中华人民共和国成立前的这段时期，虽然在部分学者的努力下，土地利用调查与研究工作在研究范围、研究方法上有所改善，以及与社会经济建设紧密结合，但由于战争与社会动荡等，其发展明显受挫，部分大规模的土地调查与研究工作直至新中国成立后才真正得到落实，中国土地利用调查与研究也进入了新的发展时期。

## 结　语

土地利用调查与研究是国家经济建设的基础性工作，亦是近代经济地理学、农业经济学等学科的重要研究领域。通过对其在经济建设、全面抗战以及战后恢复三个不同时期中研究目标、方法、成果、作用等方面的分析可以发现，民国时期，中国土地利用调查与研究以近代地理学、农业经济学等科学理论与方法为依托，在承平时期服务于国家建设，在战争时期支援了抗战救国，突出地展现了科学性、实用性与民族性三个特性。并在不断地学习外来经验和自主实践总结中，逐渐形成了一套适合中国国情的理论与方法，为之后中国土地利用调查与研究提供了指导。

值得注意的是，土地利用调查与研究，其科学性固然在相当程度上来自西方，但其对于实用性的追求则是我国内生的，相关学者对于土地利用问题的关注不仅是为了学术，更是为了国家社会经济建设。地理学者主要从自然环境角度，农业经济学和土地经济学学者主要从社会环境角度，共同推动了土地利用的调查与研究工作。学者多将土地利用这个外来词理解和解释为“地尽其利”，这个形象的比喻亦突出展现了土地利用的研究，是延续古人“遵天时，尽地利，达人和”之理念。外来科学性增强，以及传统实用性意识的复苏，使全面抗战前的土地利用调查与研究在相当程度上支援了国家的建设。

真正促使土地利用调查与研究实现质的突破的是其民族性特质。民国时期大量的土地利用调查与研究，在一定程度上是对当时学术救国、科学救国的响应。[①] 特别是七七事变爆发后，民族危机空前加深，抗战救国成为土地利用研究的重要目标。对于扩大战时生产，支援抗战救国的迫切需

① 参见黄敏兰《学术救国——知识分子历史观与中国政治》，河南人民出版社，1995；朱华《近代科学救国思潮研究》，博士学位论文，北京师范大学，2006。

求，使土地利用调查与研究工作进一步推进，并深入西南、西北广大地区，关注面也拓展到了农、牧、林等多元土地利用类型。现实的大规模调查与研究，也在一定程度上推动了相关学者对土地利用规律、理论与方法的总结与提升，从而使我国自主的土地利用调查与研究更上一个台阶，为之后进一步的调查和研究工作奠定了基础。

【研究与会议综述】

# 全球史视野下的民国长江江防研究*

马建凯**

**提　要**　长江流域，既是南京国民政府政治、经济中心之所在，也是近代以来列强军事、经济侵略的重点区域。长江江防之于国民政府国防建设至关重要。同样，围绕长江的武力扩张之于列强所谓的护侨及保护对华贸易也至关重要。对于南京国民政府时期长江江防的研究，在国民政府方面，学界虽已取得开创性的成果，但整体上，系统的研究较为缺乏；从战略战术、谍报信息到巡航舰队，前人对此时期日本在长江军事扩张的探讨已有丰富的成果，但租界武装层面的研究仍较薄弱；长江流域是近代以来英国极其看重的势力范围，但对此时期英国长江战备的研究却相当匮乏。

**关键词**　南京国民政府　英国　日本　长江江防

通俗来讲，长江江防指的是长江流域的军事防御。依据德国军事学家克劳塞维茨的说法，长江流域拥有众多中国“国土的锁钥”。[①] 而依照《孙子兵法》，长江流域多有“争地”，亦多有“圮地”。[②] 各方军队在长江进行军事活动，“不知山林、险阻、沮泽之形者，不能行军”。[③] 由是观之，依靠长江流域的地理情况进行军事防卫，是江防内涵的核心。前人对各朝

---

* 本文系江苏省研究生科研创新项目“北洋政府与英、美政府的联合‘反赤’（1917~1927）”（KYCX220058）与国家社会科学基金青年项目“费吴生与20世纪共济会在华活动研究”（19CGJ038）阶段性成果。

** 马建凯，南京大学历史学院博士研究生。

① 克劳塞维茨：《战争论》，中国人民解放军军事科学院译，商务印书馆，1978，第636页。

② 骈宇骞等译注《孙子兵法·孙膑兵法》，中华书局，2006，第78页。

③ 骈宇骞等译注《孙子兵法·孙膑兵法》，第88页。

代长江江防的研究，多将研究对象限定为，依托于长江流域自然地理条件的军事防卫体制及相关战略战术、作战工事，用于守卫长江据点的军事部队及其作战工具等。①

1938 年广州、武汉沦陷后，南京国民政府的要员基本迁入重庆，是狭义上以南京为政治中心所在地的国民政府的暂时终结。与此同时，抗日战争进入相持阶段，江防建设在之前的抗战中得到了全方位的应用。从此之后，江防建设再未得到如此大规模的实战检验。1938 年亦是民国以后长江流域大规模武装冲突的巅峰时期。因此，本文拟考察前人对于狭义上的南京国民政府时期②长江江防史的研究，以微知著，试呈现民国长江江防史研究的成就、不足及未来。

20 世纪上半叶，列强在中国长江流域具有一定规模的军事力量和军事影响力。英国是西方列强的代表，其始终视长江流域为自己的势力范围。此时期，西方列强中英国在长江流域的经济利益最多。大革命前，英国在长江流域的租界有四个之多，为列强之最。日本侵华野心早已有之，在此不再赘述，长江流域亦是日本重点掠夺经济资源的地区。南京国民政府成立后，日本在长江流域亦占有四个租界，是此时的列强之最。由此，本文对南京国民政府时期长江江防史研究的回顾，拟借鉴全球史的视野，在主要爬梳南京国民政府时期长江江防史研究成果的同时，也兼论学界对于英国、日本在长江流域军事扩张的探讨。而无论对于前者还是后者，都鲜有学者进行系统的学术史省思。

## 一　中国的研究状况

### （一）大陆的相关研究

长江江防，是一个较为古老的话题。早在中国古代王朝时期，文人墨客就已对长江江防进行了深入的探讨。如明末清初时，姜宸英所写的《江防总论》，③ 清人张鹏翮所写的《江防述略》。④ 民国时期，也有时人对长

① 可参见林为楷《明代的江防体制——长江水域防卫的建构与备御》，明史研究小组，2006，第 5 页；陈长河《清末民初江苏境内各江防要塞》，《军事历史研究》1997 年第 2 期；黄纯艳《南宋江防体系的构成及职能》，《河北大学学报》（哲学社会科学版）2016 年第 5 期。

② 即 1927～1938 年。

③ 《姜宸英文集》，浙江大学出版社，2015，第 115 页。

④ （清）张鹏翮：《江防述略》，《学海类编》，上海涵芬楼，1920 年影印本。

江江防进行研究。许卓山的《中国抗战地理》根据抗战的形势，分析了当时的江防大势，认为国民政府应该据守马当要塞，以掌控战局；[①] 方挹清、朱起凤的《东亚地理》介绍了中国长江、珠江等的江防形势；[②] 孟锦华的《浙江国防地理史话》，论述了舟山对于江防、海防的重要意义，并结合抗战形势，认为动员附近渔民是收复舟山的一大捷径。[③] 这些成果大多属于学者对当时长江江防的观察和记录，具有一定的史料价值，为后人的研究奠定了基础。

关于长江江防的研究并不多见，内容上多以反帝反封建为叙事逻辑。如聂宝璋的《川江航权是怎样丧失的?》一文，从批判帝国主义的立场出发，梳理了列强入侵长江上游地区的经过。[④] 从 20 世纪 90 年代起，中国大陆地区关于此方面的研究蓬勃发展起来。21 世纪以来，一方面，全球化使人类联系越发紧密，全球史视角在中、外史学界越来越热，从不同国家主体出发，对长江军事战备进行研究的成果越来越多；另一方面，大陆方面的抗日战争研究持续升温，长江流域作为抗战的主要地域，其涉及的军事史成为学者热议的话题。时至今日，学界在此方面已取得了不小的突破。

就整体性的研究著作而言，遗憾的是，至今未见有以南京国民政府时期长江江防为主题的作品。部分著作对此方面的内容略有探讨。对于南京国民政府的长江江防，《中国历代军事工程》一书对中国历代的长江军事工程进行了细致的梳理和军事学视角的解读，一定程度上肯定了南京国民政府江防筑城的进步性。可惜该书未标明史料出处，仅是对军事工程的罗列式介绍，写作目的偏重于科普。[⑤] 同样，《中国军事史》编写组的《中国历代军事思想》（解放军出版社，2006）、《中国历代军事制度》（解放军出版社，2006）、《中国历代军事战略》（解放军出版社，2002）、《中国历代军事装备》（解放军出版社，2006）等从军事思想、制度、战略、装备等角度对南京国民政府的江防建设进行了不同程度的论述。

较为突出的是，个别抗日战争研究的通史性著作对南京国民政府的长江江防史进行了评价和总结，其学术观点代表了大陆学界的主流看法。张宪文主编的《中国抗日战争史（1931～1945）》从蒋介石命令参谋本部进

① 许卓山：《中国抗战地理》，光明书局，1938，第 45 页。
② 方挹清、朱起凤：《东亚地理》，青年书店，1940，第 190～194 页。
③ 孟锦华：《浙江国防地理史话》，中国史地学社，1943，第 44 页。
④ 聂宝璋：《川江航权是怎样丧失的?》，《历史研究》1962 年第 5 期。
⑤ 《中国军事史》编写组：《中国历代军事工程》，解放军出版社，2005，第 456～499 页。

行江防、海防建设写起，梳理了南京国民政府的对日国防建设，指出“攘外必先安内”的政策大大消耗了国民政府国防建设的时间和精力，各项国防工事的应战实效不佳；[①] 人民出版社 2011 年出版的《中国抗日战争史》，提出国民政府对长江中下游国防要塞进行了重点整顿，但西安事变前，国民政府片面强调“剿共”，所进行的国防建设不多，成效不大。[②]

对于列强在长江流域的军事防卫，李育民的《近代中国的条约制度》从条约制度的层面，阐释了鸦片战争以后列强长江驻军及其他特权的由来；[③] 许金生的《近代日本对华军事谍报体系研究（1868～1937）》，对日军在长江流域的军事谍报工作进行了爬梳，如汉口派遣队的谍报工作、上海陆战队与上海海军特务机关的谍报工作等。[④] 两者具有一定的代表性，均对列强在长江流域的军事扩张稍有论述。由上述可知，无论以南京国民政府为主体，抑或以列强为主体，以此时期的长江江防为主题的整体性研究著作尚付之阙如。且前人对南京国民政府长江江防的研究，多简单将之归纳为因专事“剿共”而建设不足，应战实效不佳。这种结论并未建立在对此时期江防史的细致梳理之上，值得商榷。

与此时期长江江防整体性研究著作较为缺乏相对应的是，对中国政府的长江江防和列强的长江军事防卫分别进行探讨的专题研究或个案研究异常丰富。其一，对于中国古代王朝长江江防的研究，学界取得了十分丰富的成果。王波的《明朝江防制度探讨》一文从江防职官、分派部队等层面阐述了明王朝的江防制度；[⑤] 赵小勇的《东吴长江防线兵要地理初探》一文认为东吴长江防线是三国政治形势、长江地理条件和东吴国力水平的综合产物；[⑥] 熊燕军的《南宋抗金之江防机构考》一文介绍了南宋王朝的江防机构，即沿江措置司、沿江制置司和沿江安抚司，认为南宋王朝并没有大力进行江防建设。[⑦] 此三文作为明、三国、宋断代江防史的研究，为将民国作为一个断代，对此时期的江防进行研究提供了思路上的借鉴，即以

① 张宪文主编《中国抗日战争史（1931～1945）》，南京大学出版社，2001，第 200～204 页。

② 《中国抗日战争史》编写组：《中国抗日战争史》，人民出版社，2011，第 121～123 页。

③ 李育民：《近代中国的条约制度》，湖南师范大学出版社，1995，第 233～260、356～367 页。

④ 许金生：《近代日本对华军事谍报体系研究（1868～1937）》，复旦大学出版社，2015，第 223～228、242～244 页。

⑤ 王波：《明朝江防制度探讨》，《江海学刊》1996 年第 3 期。

⑥ 赵小勇：《东吴长江防线兵要地理初探》，《中国历史地理论丛》2006 年第 2 期。

⑦ 熊燕军：《南宋抗金之江防机构考》，《江汉学术》2013 年第 1 期。

相关制度、主管机构、主管人事、驻防军队、工事建设、兵要地理情况为切入口，阐述国民政府的长江江防体系。

其二，对于国民政府长江江防的研究，学界已取得开创性成果，但相关后续研究还是较为缺乏的。陈长河在《清末民初江苏境内各江防要塞》一文中将江苏省内的江防工事分为宁路要塞、镇路要塞、澄路要塞、淞路要塞，并进行了简要介绍；① 柳鹏利用重庆市档案馆的档案，对抗战时期南京国民政府长江流域江防军进行了较为全面的研究，认为江防军在整个抗战期间为中国军队抗击日军做出了突出的贡献，不足的是，柳鹏的文章未能参考中国第二历史档案馆的原始档案；② 谭玉龙在《抗日战争时期宜昌以西的江防计划概述》一文中，从交通建设、船舶运输、阵地构筑、兵力配置及宜昌附近作战计划几个方面，阐释了国民政府在宜昌至巫山间的江防体系构建。③ 除了以上三部作品，笔者未见以国民政府江防建设为主体的成果。长江流域作为民国时期的政治、经济中心所在地，具有重要的战略价值，亦是抗日战争中中日激战的主要地带。这种研究现状与长江流域在民国时期的军事地位是不相称的。

从相反的角度观察，对日战备是南京国民政府长江江防的主要组成部分。前人对国民政府对日国防建设的研究，多集中于军队建设④、动员体制⑤、主要人物的努力⑥等领域。专以国防工事为对象，从物质的角度阐述国民政府对日战备史的著作屈指可数。⑦ 然而，如长江江防工事类的物质战备，在大规模中日战役中的作用是可以忽略的吗？答案是否定的。肖如平在《南京国民政府与一·二八淞沪抗战研究》一书中指出，渡江战略与渡江工具的缺失导致了中国军队增援前线不力；⑧ 孙宅巍在《南京保卫战

① 陈长河：《清末民初江苏境内各江防要塞》，《军事历史研究》1997 年第 2 期。

② 柳鹏：《抗战时期国民党长江流域江防军研究》，硕士学位论文，辽宁师范大学，2015。

③ 谭玉龙：《抗日战争时期宜昌以西的江防计划概述》，《黑龙江史志》2015 年第 9 期。

④ 如陈默《全面抗战前（1928~1937）国民党军队的编制演变》，《军事历史研究》2011 年第 3 期；黄天华《“整军即所以抗日”：蒋介石与 1937 年川康整军会议》，《社会科学研究》2016 年第 5 期。

⑤ 如黄延敏《对南京国民政府抗战精神动员的历史考察（1928~1937）》，《华南师范大学学报》（社会科学版）2008 年第 4 期；张燕萍《抗战时期国民政府经济动员研究》，福建人民出版社，2008。

⑥ 如贾钦涵、皇甫秋实《抗战全面爆发前蒋介石的经济备战政策》，《上海交通大学学报》（哲学社会科学版）2017 年第 5 期；刘俊红《1935~1938 年蒋介石抗战观研究》，硕士学位论文，西北大学，2003。

⑦ 如常国栋、张生《全面抗战前国民政府构筑国防工事的权衡与实践——以巩洛区国防工事为例（1935~1937）》，《史学月刊》2019 年第 10 期。

⑧ 肖如平：《南京国民政府与一·二八淞沪抗战研究》，浙江大学出版社，2016，第 225 页。

史》中指出，长江附近军事交通的崩溃影响到了南京保卫战末期中国军队的战略撤退，致使大量军官、平民无法突围，是南京大屠杀规模扩大的重要客观因素。[①] 综上，人虽然在战争中起决定性作用，但军事装备、工事等物质性战备的运用亦会对战争走向产生重要影响。前人对江防的研究主要立足于江防要塞，要塞即是诸多军事物质的集合体。那么，对南京国民政府长江江防进行研究，对于从物质层面弥补国民政府对日战备史及作战史，具有十分重要的价值。

其三，对于南京国民政府时期日本在长江流域的军事扩张，学界已进行了相当深入的研究。徐勇从战略战术规划入手，阐述了日本的长江流域军事扩张计划，认为日军发动全面侵华战争，沿江西击武汉，运用了其近代以来的各类长江战争规划及经验；[②] 许金生从军事谍报活动出发，认为至20世纪20年代末，日本海军已经详细掌握了长江流域的各种兵要地理知识，为其全面侵略长江流域打下了信息基础。[③] 特别值得注意的是，李少军对七七事变前日军在长江流域军事扩张的研究，取得了十分突出的成就。他的研究多以日军在长江流域的巡航舰队为对象。其《民国初期在汉口之日本陆军派遣队述略》一文以日本陆军派遣队为视点，探讨了1912~1922年日本在长江流域的军事力量，认为日本陆军派遣队的为所欲为是英国支持下的结果；[④]《论八一三事变前在长江流域的日本海军陆战队》一文梳理了八一三事变前日本海军陆战队在长江的基本史实，指出一·二八事变是英、美与日本在长江流域军事协同关系走向对立的转折。[⑤]

从战略战术、谍报信息到巡航舰队，前人对日本在长江军事扩张的探讨已有系统性的成果。众所周知，租界是日本侵华的重要据点，但是，对租界军事战备的研究是相对匮乏的，有的仅是宏观的介绍，如黄欣的《汉口日本租界研究》一文大体上论述了日本在汉口租界的军事行动。[⑥] 具体到租界军事力量的各个方面，如军事装备、战术规章等，都缺乏深入探讨。同样，各巡航舰队的物质性军事装备亦是前人研究的盲点。列强利用“船坚炮利”迫使近代中国政府屈服，那么，日本如何船坚炮利，从军事物质层面呈现日本长江武装力量的战力，有待继续探讨。

---

① 孙宅巍：《南京保卫战史》，南京出版社，2014，第210~226页。

② 徐勇：《近代日本之扬子江扩张及其战争规划再研究》，《军事历史研究》2015年第1期。

③ 许金生：《近代日本对长江航道军事谍报活动概述》，《民国档案》2013年第1期。

④ 李少军：《民国初期在汉口之日本陆军派遣队述略》，《近代史研究》2013年第2期。

⑤ 李少军：《论八一三事变前在长江流域的日本海军陆战队》，《近代史研究》2014年第5期。

⑥ 黄欣：《汉口日本租界研究》，硕士学位论文，湖北大学，2012。

其四，对于南京国民政府时期英国在长江流域的军事扩张，整体上的研究成果较少。但对于此时期长江流域所发生的与英国利益明显相关的大事，学界已有十分充分的研究。如王玉洁在《对武汉沦陷时期在汉英人状况的考察》一文中对武汉沦陷后英国长江战略演变进行了梳理；[①]郭钦逸在《“瓢虫”号事件研究》一文中对“瓢虫”号事件爆发前后英国长江武力政策进行了探讨；[②]王敏在《上海何去何从？——论南京国民政府初期英美的“上海问题”政策》一文中论述了大革命后英美在上海公共租界问题上采取的一系列对策；等等。[③]以上多是从外交史、政治史层面进行分析的成果。

对于英国对华外交政策，主要从军事史层面出发的研究，学界虽未见有专题成果，但存在大量涉及此方面内容的著作。如陈志刚的《1926～1941年美国在华武力护侨政策研究》，在梳理美国在华武力护侨政策的同时，也较多涉及了南京国民政府时期英国在华的武力护侨政策，其中提到长江流域便是英美武力护侨的重点区域；[④]杨海清的《1937～1940年英国调整与撤退在华驻军述评》与《1937～1940年英国撤退在华驻军初探》论述了在日军的一步步紧逼下，英国军事力量逐步撤出长江流域的经过；[⑤]徐蓝的《英国与中日战争（1931～1941）》一书亦涉及在中日全面冲突下，英国在华战略的转折及其在长江流域的表现。[⑥]

长江流域是近代以来英国极其看重的势力范围，对于该地区英国军事力量的研究匮乏，与英国视域下长江流域的重要地位显然是不相匹配的。或许这种矛盾的存在是因为1927年后，英国势力大幅度撤出长江流域。但是，如李少军所指出的那样，英国在1927年后依旧在长江流域保持着强大的影响力，日军在长江流域的军事扩张便是英国纵容下的结果。[⑦]如1927年后英国在长江流域的军事侦察活动，对中日冲突的预见与准备，武力护侨的战略、战术，都是待研究的话题。从英国势力着手是研究此时期长江流域武备不可缺失的一环。

---

① 王玉洁：《对武汉沦陷时期在汉英人状况的考察》，硕士学位论文，华中师范大学，2011。

② 郭钦逸：《“瓢虫”号事件研究》，硕士学位论文，南京大学，2014。

③ 王敏：《上海何去何从？——论南京国民政府初期英美的“上海问题”政策》，《近代史研究》2014年第5期。

④ 陈志刚：《1926～1941年美国在华武力护侨政策研究》，博士学位论文，南京大学，2014。

⑤ 杨海清：《1937～1940年英国调整与撤退在华驻军述评》，《珞珈史苑》2017年；《1937～1940年英国撤退在华驻军初探》，硕士学位论文，武汉大学，2018。

⑥ 徐蓝：《英国与中日战争（1931～1941）》，北京师范学院出版社，1991。

⑦ 李少军：《民国初期在汉口之日本陆军派遣队述略》，《近代史研究》2013年第2期。

通过回顾相关学术史可以发现，大陆学界对于长江江防的研究由来已久，在对1927~1938年南京国民政府长江江防和日本、英国的长江流域军事战备研究方面，已取得了不同程度的开拓性成就。而这种成就集中体现在20世纪90年代后的学术研究之中。直至今日，从全球史观出发，研究南京国民政府时期的长江军事问题方兴未艾。在取得一定成就的同时，大陆学界的相关研究也暴露了一些缺陷和不足：此时期长江江防的整体性研究亟待补充，缺乏从物质性战备出发还原国民政府长江江防史与日军长江流域军事扩张史的作品，1927年后英国在长江流域的军事防卫战略与实践还有待探讨等。

### （二）台湾地区的相关研究

笔者就台湾地区与本主题存在一定关联的学术成果总结、分析如次。

整体上，台湾地区学者关于中国政府长江江防建设的研究成果，要远远多于其关于列强在长江流域军事扩张的研究成果；在论述南京国民政府江防建设时，台湾学者多以肯定其抗战功绩为叙事逻辑。但是，台湾学界尚未有以南京国民政府时期长江江防为主题的研究成果。台湾学者对南京国民政府江防建设的高度肯定，亦未能建立在以江防建设为对象的系统研究之上。

在“解严”之前，台湾学界相关成果总体数量较少，研究视角以单纯地肯定南京国民政府江防建设为主。“解严”之后，相关成果数量增多，且视角丰富。但是，对南京国民政府长江江防建设进行肯定，是一以贯之的主流叙事。对于台湾学界的成果，总体上，可以从中国古代王朝、南京国民政府、列强三个角度进行归纳、分析。

第一，对于中国古代王朝长江江防的研究，台湾学界取得了十分突出的成就。在此方面，尤以林为楷对明王朝长江江防的研究具有代表性。林为楷的《明代的江防体制——长江水域防卫的建构与备御》指出明代长江江防较前朝形成了完备的体系，一是因为朱元璋崛起于江淮之间，定都南京，即使永乐帝迁都后，南京政治地位依旧显赫，所以明朝始终重视长江江防；二是因为江南为明朝的经济中心，建设江防可以护卫此中心；三是抵御东南倭寇的需要。他认为明代长江江防虽未经大规模战役的检验，但对明王朝长期以来的稳定具有不可磨灭的作用。林为楷在该书中着重说明了人在江防体制兴衰中所起到的决定性作用，为后来学者的写作提供了视角上的借鉴。①

---

① 林为楷：《明代的江防体制——长江水域防卫的建构与备御》，“前言”。

在对明代长江江防体制研究的基础之上，林为楷又写作了《明代的江海联防——长江江海交会水域防卫的建构与备御》一书。为了护卫南北运输，南直隶的江海联防受到了明王朝的重视，该书充分肯定了江海联防体制的作用，将其间江海联防分为积极布防与消极布防，前者是在平时，后者是在战乱时期，认为该体制成功保护了明王朝的经济命脉。[①] 林氏对长江江防及相关江防、海防的持续研究，为探讨各个时代长江流域军事防卫提供了范例。

第二，对于南京国民政府长江江防的研究，台湾地区也集中在抗日战争时期，特别是南京国民政府前十年。“解严”前到“解严”后的几部抗日战争通史，可以展现台湾学界此方面研究的视野转向。“解严”前的研究梳理了南京国民政府长江江防建设的基本史实，充分肯定了江防工事的抗战贡献。如吴相湘编著的《第二次中日战争史》，梳理了南京国民政府在长江中下游构筑国防工事的大致情况，指出此种工事都是依据德、俄最新教范构建，具有一定的现代意义；[②] 蒋纬国编著的《国民革命战史》以要塞为主要研究对象，指出长江下游是全面抗战爆发前国民政府江海防要塞整理的重点，肯定了国民政府的国防备战工作。[③]

“解严”后，随着社会风气的转变，台湾学者在对南京国民政府长江江防的研究上，视角更加多元。如郑浪平的《中华民族抗日战争史（1931～1945）》将长江中下游的国防工事建设归纳为德国顾问战壕防线作战战略的实践，认为这种做法罔顾中国的实际军事情况，浪费了大量的战备资源，并进一步指出绝大多数长江中下游的国防工事没有在应战中真正发挥作用。[④]

同时，对南京国民政府江防建设的肯定依旧是叙事逻辑中的主流。如吕伟俊的《中国海军长江抗战初探》一文从整体上肯定了中国海军长江抗战对阻击日军的巨大贡献，也指出了海军作战时的缺陷，如没有空军、陆军的协同配合；[⑤] 沈振宇的《从淞沪会战评估德国军事顾问在华工作之成效》一文，从德国顾问的角度，阐述了淞沪会战对于国民政府

① 林为楷：《明代的江海联防——长江江海交会水域防卫的建构与备御》，明史研究小组，2006，第477～490页。

② 吴相湘编著《第二次中日战争史》（上），台北，综合月刊社，1973，第326～327页。

③ 蒋纬国总编著《国民革命战史》第3部《抗日御侮》第1卷，台北，黎明文化事业公司，1978，第131～132页。

④ 郑浪平：《中华民族抗日战争史（1931～1945）》，台北，时英出版社，2005，第285页。

⑤ 吕伟俊：《中国海军长江抗战初探》，《抗战胜利五十周年国际研讨会论文集》，台北“国史馆”，1997，第256～257页。

国防建设成果的检验，认为德国顾问的努力推动了中国国防的现代化，但未能及时完成。[①] 另外，孙挺信的《中日长江大作战》一书追述了自七七事变后中日在长江流域展开的一系列战斗，不过该书为科普读物。[②]

需要注意的是，台湾学者对于全面抗战初期长江诸战役的研究，说明了物质性战备对战局的巨大影响。如李君山对淞沪会战的研究，指出了长江附近交通战备在战场上的重要性，但未进行深入探讨。其著作《为政略殉——论抗战时期京沪地区作战》，对中国军队在淞沪撤退时的情形有诸多细节上的还原，认为先行撤退的部队尚不是特别拥挤，由于长江附近水网密而军事交通工具少，之后撤退的官兵大多沿着长江，饱受路况的折磨，有相当一部分人甚至在撤退时被淹死。[③]

第三，对于此时期英国、日本等列强在长江流域的军事扩张，台湾地区的相关成果十分罕见，有的仅是对重大事件的零星探讨。如对于大革命时期收回汉口、九江租界事件，李恩涵以陈友仁为线索，探讨了收回汉口、九江租界后，国民政府与英、美、日的外交交涉，以及英、美的军事行动；[④] 对于同时期英国增兵上海事件，吕芳上在《北伐时期英国增兵上海与对华外交的演变》一文中指出，1927年英国“上海防卫军”的派遣，表面上是英国国力在衰退，想要实行对华友好的政策，但其武力解决对华问题的思维惯性依旧存在。[⑤]

## 二 国外的研究状况

### （一）欧美地区的相关研究

西方学界虽不存在对民国时期长江流域军事防卫的专题研究，但涉及此方面的成果还是较为丰富的。不仅如此，欧美学者的成果虽然在史料运用方面整体不如东亚本土的作品，但多重视理论框架的建构与解析，为我

① 沈振宇：《从淞沪会战评估德国军事顾问在华工作之成效》，硕士学位论文，辅仁大学，2012。

② 孙挺信：《中日长江大作战》，台北，风云时代出版股份有限公司，1993。

③ 李君山：《为政略殉——论抗战时期京沪地区作战》，台大出版委员会，1992，第98~100页。

④ 李恩涵：《北伐前后的“革命外交”（1925~1931）》，台北，“中研院”近代史研究所，1993，第75~83页。

⑤ 吕芳上：《北伐时期英国增兵上海与对华外交的演变》，《中央研究院近代史研究所集刊》第27期，1997年。

们理解此时期的历史，提供了不同的视角。兹从列强在长江的军事扩张与国民政府在长江的军事防卫两个角度，汇析如下：

首先，二战结束后的五六十年代，阐释近代中国问题的“冲击—回应”范式在西方学界大行其道，加之较晚兴起的“帝国主义”范式的推动，很早便有西方学者研究列强在中国的军事扩张，以及其对中国社会的影响。20 世纪 90 年代至今，西方学界全球史的研究趋向越来越热，又再次推进了从全球化角度对列强在中国军事扩张的诠释。因此，在西方学界，研究列强在中国的军事扩张史，既是一个古老的话题，又是一个当下的热门选题。

此方面具有代表性的早期成果有，保罗·哈格（Paul Haggie）的《大英帝国对日本的防御（1931~1941）》一书，阐述了在大英帝国衰落的同时，英国政府如何寻求在远东对抗日本以保卫自身既有利益的军事策略。但该书仅涉及对东亚范围内英国军事防卫策略的研究，如对英政府准备在新加坡建设海军基地的讨论，没有对长江流域进行专门探讨。[①] 在费正清主编的《剑桥中华民国史》中，时任芝加哥大学历史学教授的入江昭论述了全面侵华前日本在中国军事问题上与英、美的交涉，成为西方学界研究此问题的典范。[②]

在全球史兴起之后，从自下而上的视角研究这方面问题的成果更加丰硕。具有代表性的有：周丹（Donald A. Jordan）的《一九三二年淞沪战争中的日本平民》一文，还原了日本民兵在“一·二八”事变时支援日军作战的行为及相关暴行；[③] 安妮·莱因哈特（Anne Reinhardt）的《帝国主义在中国的航行：蒸汽船、半殖民地及国家（1860~1937）》一文，运用了中、英双方的档案，认为蒸汽船是条约体系的一部分，更是长江流域日常生活的组成部分，重点研究了蒸汽船在长江流域半殖民地社会空间中的作用。[④]

其次，对于此时期国民政府长江江防的研究，西方学者亦注重探讨抗战时期国民政府的对日国防建设，且其成果明显体现了所用研究范式的影

---

① Paul Haggie, *Britannia at Bay the Defence of the British Empire Against Japan, 1931-1941*, Oxford: Clarendon Press, 1981, p. 114.

② 费正清主编《剑桥中华民国史》，中国社会科学出版社，1994，第 582~592 页。英文版著作出版于 1983 年。

③ 周丹：《一九三二年淞沪战争中的日本平民》，杨恒生译，蒋永敬等编《近百年中日关系论文集》，“中华民国史料研究中心”，1992，第 333~340 页。

④ Anne Reinhardt, “Navigating Imperialism in China: Steamship, Semicolony, and Nation, 1860-1937,” Ph. D. diss., Princeton: Princeton University, 2002.

响。20世纪五六十年代，西方盛行的是“冲击—回应”范式与“传统—近代”范式。之后，60年代与两者密切相关的“帝国主义”范式作为对“冲击—回应”范式的修正而兴起。这三个范式都带有浓厚的西方中心论色彩。两次世界大战期间，进攻作战成为欧美军事学家鼓吹的有效战略，而防守作战被视为落后、消极、无能的表现。在这些理论的引导下，由于国民政府以防卫日军入侵的防守战略为主，西方学者对国民党军队对日战备方面的研究，往往认为国民党军队对日备战不积极，作战能力差，腐败无能。如易劳逸（Lloyd Eastman）认为，由于政治原因，国民党军队战略战术往往不能切合作战实际，长江沿线的国防工事在从淞沪到南京的战斗中没有得到很好的运用。①

在20世纪六七十年代，西方社会经受了越战的冲击，西方学术界转而对西方中心论进行检讨。80年代后，立足于反对西方中心论范式的中国中心观被广泛提倡。时至今日，中国中心观与90年代兴起的全球史思潮，一直是欧美学者研究近代中国问题所借鉴的主要理论。

在从中国中心观出发的著作方面，方德万（Hans J. van de Ven）的研究颇具代表性，他在《中国的民族主义和战争（1925~1945）》一书中指出，不能像研究二战时欧洲战场一样对中日战争进行现代化作战的分析，而应将视角转移至中国的民族主义者如何动员民众，武装一个落后的农业国来与工业国日本进行对抗。由此，他进一步肯定了南京国民政府对日长江江防的功绩，但其对国民党抗战的肯定，主要是认为国民党一定程度动员了中国人民反抗日本的侵略。中国军队军事装备、工事等物质方面的发展，并不在方德万探讨的范围内。② 麦金农（Stephen R. MacKinnon）的《武汉，1938——战争、难民与现代中国的形成》以蒋百里的战略思想为线索，认为当时中国政府有与日军进行持久战的方略，于是中国政府在长江两岸建设了永久性国防工事。该书对此予以充分肯定。③ 翁凯文（Weng Kevin Kaiwen）的《塑造利维坦的牙齿：民国时期的国家建设和军事战略（1937~1949）》，认为后勤是制约国民政府对抗日军现代化作战的关键因素，而非对军队的政治武装。④

① 费正清主编《剑桥中华民国史》，第629页。

② 方德万：《中国的民族主义和战争（1925~1945）》，胡允桓译，生活·读书·新知三联书店，2007，第22、232、426~427页。

③ 麦金农：《武汉，1938——战争、难民与现代中国的形成》，李卫东、罗翠芳译，武汉出版社，2008，第24~27页。

④ Weng Kevin Kaiwen, Shaping Leviathan's Teeth: State-Building and Military Strategy in Republican China, 1937-1949, Ph. D. diss., Chicago: The University of Chicago, 2018.

欧美学者比较关注20世纪30年代德国军事顾问对南京国民政府国防建设的指导。这是全球史视野下西方学者研究南京国民政府长江江防颇具代表性的话题。与中国台湾地区相关研究结论不同的是，罗宾·罗德里格斯（Robyn L. Rodriguez）的《东之旅：德国顾问在中国（1927～1938）》，认为德国军事顾问并未将欧洲战争经验强加在中国，而是适应了中国的国情；[①] 佛朗哥·大卫（Franco David Macri）的《中国南方的战争：同盟国代理人与日本（1935～1941）》，从国际化的视角研究了国民政府的备战行动，认为德国顾问在1931～1937年国民政府的备战工程中起到重要的作用。[②]

## （二）日本的相关研究

作为侵略战争的发动者，日本很早就开始对长江流域的兵要地理进行研究。步入近代后，出于日本对外扩张的需要，对长江流域军事价值进行研究的学者更是不断增多。日本人文地理学创始人小川琢治便是其中之一。[③] 但小川琢治生前并未能完成对长江流域兵要地理的研究。之后，米仓二郎继承了小川琢治，对包括长江流域在内的中国军事地理进行了全方位的研究。[④]

至今，对于南京国民政府时期长江江防的研究，日本学界在日本的长江流域军事扩张与南京国民政府的长江江防方面，形成了较多的成果。

其一，在日本长江流域军事扩张方面，日本学界已有一定程度的探讨。其中，对此时期日军长江军事情报调查与日本海军在长江流域军事扩张的研究相对较多，对此时期日本长江租界武装和日本与西方列强长江战略冲突的研究相对较少。

具体来讲，第一，对于此时期日军长江军事情报调查的研究，具有代表性的有：本庄比佐子等编的『興亜院と戦時中国調査』，梳理了中日战争时期兴亚院在中国的军事调查，其研究的调查内容包括兴亚院对长江流域战略资源的调查，如武汉周围的国防资源；[⑤] 牛越国昭的『对外軍用秘

① Robyn L. Rodriguez, Journey to the East: The German Military Mission in China, 1927-1938, Ph. D. diss., Columbus: The Ohio State University, 2011.

② Franco David Macri, *Clash of Emprise in South China: The Allied Nations' Proxy War with Japan, 1935-1941*, Kansas: University Press of Kansas, 2012.

③ 如小川琢治『戰爭地理學研究』（古今書院、1939），虽然主要是研究华北的战略地理，但对长江流域也有些许提及。

④ 岡田俊裕「十五年戦争期の米倉二郎」『地理科学』53巻2号、1998年。

⑤ 本庄比佐子・内山雅生・久保亨編『興亜院と戦時中国調査』岩波書店、2002、162-166頁。

密地図のための潜入盗測：外邦測量・村上手帳の研究』第 2 编探讨了日军对南京、上海等长江流域重要城市军事地图的测绘。[①]

第二，对于日本海军在长江流域的军事扩张方面，日本防卫厅防卫研修所战史室编的『中国方面海軍作戦（1）』大致梳理了 1938 年前日本海军在长江流域的军事扩张；[②] 樋口秀实的『日中関係と日本海軍——一九三三—一九三七年』，与日本方面大多数中日关系史研究注重日本陆军与外务省的对华策略不同，该文虽未专门研究日本海军在长江流域的军事扩张，但从整体上考察了日本海军在日本对华政策制定中的作用。[③]

第三，对于日本对长江流域租界的经营方面，相关学者比较重视租界的社会经济史，如富井正宪的『漢口日本租界の都市空間史』、孙安石的『漢口の都市発展と日本租界』、大里浩秋的『杭州日本租界のたどった道』。[④] 对于租界的武装力量，日本学界鲜有研究。

第四，对于日本与西方列强的长江战略冲突方面，后藤春美的『上海をめぐる日英関係：1925-1932 年：日英同盟後の協調と対抗』，以上海为视点，呈现了 1925~1932 年英、日在长江流域的战略冲突；[⑤]『中国ナショナリズムへの英国の対応：1925-31 年の上海を中心に』，以上海为中心，探讨了英国在应对中国的民族主义诉求时，与日本的合作及分歧。[⑥]

其二，对于南京国民政府的长江江防，日本学界对 20 世纪 30 年代国民政府长江沿线国防建设研究较多。如家近亮子的《蒋介石与南京国民政府》，梳理了 1927~1937 年南京国民政府的国防建设成就，并予以了肯定。[⑦] 诸如此类的著作还有：野尺丰、田中正俊编的《中国近现代史》第 6 卷《抗日战争》（东京大学出版会，1978），姬田光义主编的《中国近现代史》（东京大学出版会，1982）。但上述著作仅停留在梳理国民政府国防

① 牛越国昭『対外軍用秘密地図のための潜入盗測：外邦測量・村上手帳の研究』第 2 編、同時代社、2011、148-164 頁。

② 防衛庁防衛研修所戦史室編『中国方面海軍作戦（1）』朝雲新聞社、1974。

③ 樋口秀実「日中関係と日本海軍——一九三三~一九三七年」『史学雑誌』108 巻 4 号、1999 年。

④ 参见大里浩秋・孫安石編著『中国における日本租界：重慶・漢口・杭州・上海』御茶水書房、2006。

⑤ 後藤春美『上海をめぐる日英関係：1925-1932 年：日英同盟後の協調と対抗』東京大学出版会、2006。

⑥ 後藤春美「中国ナショナリズムへの英国の対応：1925-31 年の上海を中心に」『千葉大学留学生センター紀要』第 3 巻、1997。

⑦ 家近亮子：《蒋介石与南京国民政府》，王士花译，社会科学文献出版社，2005，第 149 页。

建设的一般过程层面。

另外，关于此时期江防的应战实况，日本学者的研究集中于对淞沪会战、南京保卫战的讨论。如笠原十九司的『国民政府军の構造と作戦——上海、南京戦を事例に』，认为中国军队在淞沪会战撤退时出现交通工具不足、秩序崩溃的情况，是日军在杭州湾登陆的结果；[①] 菊池一隆的《中国抗日军事史（1937~1945）》，分析了京沪保卫战中中国军队与日军之间的军事实力差距，认为中国军队依靠民众和游击战抗衡日军，包括动员群众统制长江两岸的道路交通，延缓了日军进军。[②]

## 三 对于相关研究的展望

通过对中外学术史及相关研究范式的回顾，笔者发现，对于南京国民政府时期长江江防的研究，学界已取得了较为丰硕的成果。但是，笔者认为，一方面，在累累硕果之外，相关史实还原层面仍存在不足和误区；另一方面，相关学术创新还可以建立在对前人理论、视角的突破上。

整体上，现有学术成果中并没有以南京国民政府时期长江江防为主题的研究。以南京国民政府及英国、日本在长江两岸的战备为研究对象的著作仍付之阙如。具体来讲，前人对于1927~1938年南京国民政府、日本长江两岸战备情况的研究较多，对于此时期英国在长江流域的军事状况研究较少。可见，对于南京国民政府长江江防史的研究仍有探索空间。

第一，对于此时期南京国民政府长江战备的研究，首先，总体上，仅有柳鹏的《抗战时期国民党长江流域江防军研究》以此时期国民政府的江防军为研究对象进行了相关史实的梳理，这与长江流域之于国民政府的重要性是不相称的。长江流域是南京国民政府政治中心、经济中心的所在，南京国民政府在长江流域的战备史是亟待系统梳理的。断代史方面，相关著作对宋、明王朝的长江江防进行了细致的研究，民国时期国民政府的长江江防却无一专题研究，这种现状也是亟待改变的。

其次，从宏观处着眼，长江江防是国民政府国防的重要组成部分，对于南京国民政府长江江防的研究直接涉及对于南京国民政府国防建设的研究。对南京国民政府长江江防的研究有助于呈现国民政府国防建设更为真

① 笠原十九司「国民政府军の構造と作戦——上海、南京戦を事例に」中央大学人文科学研究所編『民国後期中国国民党政権の研究』中央大学出版部、2005、280頁。

② 菊池一隆：《中国抗日军事史（1937~1945）》，袁广泉译，社会科学文献出版社，2011，第9~40页。

实的总体状况，更有助于呈现国民政府国防建设的复杂面相。

最后，从具体研究的侧重点着眼，前人对于此时期长江两岸军事工事的研究，多强调要塞之中用于直接攻击的装备的建设，后勤属性的装备往往是被忽略的，如军用运输相关装备、军用通信相关装备、士兵生活装备等。当然，用于直接攻击的装备对战役的走向影响巨大，是后勤类装备所无法比拟的。但就对士兵生存和附近民众生活的影响程度而言，后勤类装备即使不能称为比直接作战类装备影响力大，亦可算是十分重要。

第二，对于此时期英国在长江军事战备的研究，整体性成果较少，仅有的也是主要从外交史、政治史层面，英国对 1927 年南京事件、1932 年“一・二八”事变、1937 年淞沪会战等的相关对策进行研究。这种研究现状与近代以来英国将长江流域视为自己势力范围的史实是不相称的。

第三，对于此时期日本长江军事战备的研究，前人已取得了十分丰富的成果。其中，李少军对日本长江巡航舰队的研究和许金生对日本在长江军事谍报的研究较为突出。就前人所疏方面具体言之，既往研究对七七事变前日军在长江流域的军事扩张探讨较多，较少有人从军事史层面探讨这些战备在七七事变后日军长江作战中的运用；李少军对日军长江巡航舰队的相关历史进行了细致的梳理，但是其没有对巡航舰队的战力进行军事史层面的考察，特别是巡航舰队的军事装备及其作战能力；除了可移动的巡航舰队，对日本在长江流域租界的军事战备和战略规划的研究，是比较少见的。

值得庆幸的是，相关档案史料的开发与开放，为继续推进相关研究提供了必要的支撑。对于南京国民政府长江战备，中国第二历史档案馆开放的“国防部史政局和战史编纂委员会”“国民政府参谋本部”“军事委员会”“军政部兵工署”等档案，藏有大量关于平时及战时江防建设的文书，也有大量两次淞沪抗战及南京、武汉保卫战期间有关长江两岸情况的战时函电，以及炮兵、工兵等兵种有关江防情况的反思呈文；台北“国史馆”开放的“蒋中正总统文物”档案，包含大量平时与战时蒋介石关于修筑江防要塞的函电。相关地方档案馆方面，如江苏省档案馆所藏“江苏省公路总局”“江苏省政府秘书处”等档案有平时与战时江苏省政府配合中央命令进行长江附近军用路修建的文书，“戚墅堰电厂”档案有战时国民政府向该厂征用江防工事原料的文书；南京市档案馆所藏“南京市政府秘书处”“南京市工务局”档案有南京市政府平时、战时配合修筑南京附近沿江工事的文书；上海市档案馆所藏“上海市政府”“淞沪警备司令部”档案有关于修筑上海附近长江国防工事的文书，“上海市各界抗敌后援会交通委员会”档案有关于 1937 年战时长江附近交通状况的文件。

对于日本、英国在长江的军事防卫，日本防卫省防卫研究所、国立公文书馆、外务省外交史料馆藏有大量与本主题相关的档案文书，均可在亚洲历史资料中心官网免费检索、阅览；与中国相关的英国外交部档案（Foreign Office Files for China）、英国海外政策文件（Documents on British Policy Overseas）、英国内阁档案（Cabinet Papers）、殖民部档案（Colonial Office Papers）中都有许多与本主题相关的档案史料，构成了探讨此时期英国在长江军事武装的核心史料。其中，前两者的数据库资源国内部分大学的图书馆已经购买，可以全文检索使用；后两者的数据库资源英国国家档案馆官网已部分开放，可下载阅览。

# 国民党军队政治工作史研究之回顾与前瞻[*]

郭　洋[**]

军队政治工作一般通过建构具体制度而实现。近代以来，国情不同、政治体制各异的国家采取了不同的措施来开展军队政治工作，如苏俄在军队中普遍设立政治委员，使之成为党在军中的代言人；美国在军中设有专职随军牧师及军事新闻官，以加强对军人的精神教育；等等。①

苏俄式的军队政工，对日后国共两党的军队政治工作影响极大并持续至今。② 国共两党的军队政工可谓师出同门，但随着第一次国共合作的破裂，两党分道扬镳，各自开拓出了道路迥异的军队政工制度。国民党军队政治工作史，是一个较为特殊的领域，在国民党政治史、军事史研究中有

* 本文系江苏省社会科学基金青年项目“国民党军队政治工作档案史料整理与研究 1924～1949”（22LSC002）的阶段性成果。

** 郭洋，南京理工大学马克思主义学院讲师，江苏省习近平新时代中国特色社会主义思想研究中心南京理工大学基地特聘研究员。

① 相关研究参见刘刚等《外军政治工作概论》，海洋出版社，1988；哈里特·法斯特·斯考特、威廉·法·斯考特《苏联的武装部队》，王学源译，中国社会科学出版社，1984；张煜、李书吾《美军随军牧师制度研究》，解放军出版社，2007；李丛禾主编《外军政治性工作文献专题导读》，世界图书出版公司，2015；等等。

② 中国共产党将军队政治工作视作解放军的“生命线”，从红军时期开始，中共始终坚持军队政治工作，并于20世纪80年代以降，形成了专门研究解放军军队政治工作的军队政治工作学。近年的著作有姜思毅主编《军队政治工作学》，军事科学出版社，2005；李兵主编《军队政治工作研究》，国防大学出版社，2014；王忠主编《军队政治工作学进展》，解放军出版社，2016；军队政治工作学编写组编《军队政治工作学》，人民出版社，2016；等等。军队政治工作学目前在中国学界属于军事学门类下的一级学科，相关专著与编著至今已经有数十种之多。相关期刊有《军队政工理论研究》《基层政治工作》《军队党的生活》《政工导刊》《政工学刊》等。时至今日，台湾当局依然保持着“国防部政治作战局”领导下的军队政治作战制度，这是1949年之前的军队政治工作的延续。

一席之地。1924~1949年，国民党军队政治工作先后经历了四个发展阶段，[①] 均值得深入研究。学界已经取得了较为丰硕的相关研究成果，但还未有学者进行专门的学术史梳理。本文拟对1949年以来海内外与国民党军队政工研究相关的学术成果做一较全面的回顾，梳理发展脉络，总结成绩与不足。

## 一 相关研究之起步与近况

以笔者目力所及，海内外学界的国民党军队政工史研究成果数量不算多，这应该与相关史料过于分散，原始档案不易寻觅有关。尽管如此，仍有一些学者克服困难，做出了有益尝试。

### （一）中国学界的研究

1. 大陆学界的研究

在1949年以前，从事军队政工的一线人员已经开始对该工作的发展历程进行经验总结，着手资料编纂工作。[②] 值得一提的是，张明于1942年编纂的《国军政工史稿案》一书，[③] 是笔者所知最早的国民党军队政工史研究著作，史料价值非凡。[④]

1949年以来的相当长一段时间，大陆学界对国民党军队政工未给予太多关注，一些文史资料中散见相关内容的回忆。[⑤] 20世纪80年代，学界开

---

① 这四个阶段分别是：从黄埔建军到北伐战争结束时期、北伐之后到全面抗战爆发时期、全面抗战时期、国共全面内战时期。

② 相关著作有丁云亭等执笔《军队政治工作》，独立出版社，1939；靖铁铮、董文渊编《军队政治工作的理论与实际》，秦风日报社，1939；等等。战后军事委员会政治部编印了《抗战与政工》一书，从工作基础与指导方针、具体工作、自我检讨、本部沿革等方面初步回顾了战时国民党军队政工的发展脉络。

③ 据笔者了解，中国军事科学院图书馆有此藏本。笔者推测，这部书很可能就是1960年台北“国防部总政治部”编写的《国军政工史稿》的前作。

④ 徐勇在其所著《近代中国军政关系与“军阀”话语研究》（中华书局，2009）一书中，较多引用了《国军政工史稿案》。王奇生在《“武主文从”背景下的多重变奏：战时国民党军队的政工与党务》（《抗日战争研究》2007年第4期）一文中也有所参考引用。

⑤ 应占先：《浙江省战时政治工作队的建立和演变》，蔡竹屏：《宁属各县政工队概况》，中国人民政治协商会议浙江省委员会文史资料研究委员会编印《浙江文史资料选辑》第5辑，1963，第56~91页。另如《黄维匪军一个政工室主任的日记》，淮海战役纪念馆编《淮海战役资料选》，山东人民出版社，1978，第291~294页。

始就国民大革命时期的军队政工展开研究。[①] 随着国民党及国民政府史研究热度的高涨，进入 21 世纪后，学界对国民党军队政工史展开了深入研究，涌现了一批优秀著作。崔利民、傅光中、杨利文等人对军队党代表问题进行了探讨。[②] 江沛对抗战前国民革命军政工制度做了系统梳理，他在《中国国民党早期军队政工制度的演变：1924~1928》[③] 一文中指出：因国共间的猜忌，国民革命军政工制度随着“清党”运动产生重大变异，党代表制废除，政治训练部地位下降，军队党部更是形同虚设。试图控制军队的国民党，却被以蒋介石为首的军人反控，形成了事实上的“以军干政”“军强党弱”现象，成为此后影响民国政治走向的一大因素。江沛讨论了“清党”运动后，国民党军队政工制度的异化，以及与此相关的国民党与国民革命军的关系变化问题。王奇生《“武主文从”背景下的多重变奏：战时国民党军队的政工与党务》[④] 一文，从国民党引入苏俄的党军体制论起，先回顾了抗战前国民党军队政治工作与党务工作的得失，进而在宏观上考察了抗战时期国民党军队的政治工作与党务工作。其结论是：在“武主文从”的大背景下，抗战时期国民党军队的政工与党务，其现实成效与预定目标存在较大差距。政工成为军队的附庸，而党务成了政工的附庸，最终形成了党不如政、政不如军的局面。王奇生的这一论断，揭示了国民党军队政工存在的深层次问题，颇具启发意义。江沛与王奇生的研究，指出了国民党军队政工发展的一个内在弊病，即党权无法驾驭军权，以党领军的制度设计逐渐脱轨，事实上异化成以军领党。从长时段角度来看，国民党军队政工的实际运作，已经背离了孙中山的党军理念，更与苏式的军队政工相去甚远。

最近十余年来孙桂珍、孙扬、李翔等学者对国民党军队政工史给予了密切关注。孙桂珍的博士学位论文《国民革命军政政治工作制度研究（1924~1929）》，在制度史框架下对 1924~1949 年的国民党军队政工进行

---

① 相关成果有蒋建农《大革命时期的国民革命军总政治部》，《史学集刊》1988 年第 3 期；苏国霞《国民革命军政治工作制度初探》，《军事历史研究》1989 年第 1 期；等等。

② 崔利民：《中国军队党代表制的历史演变及其作用》，《军事历史》2001 年第 1 期；傅光中：《论国民革命军的党代表制度》，陈谦平主编《中华民国史新论：政治 · 中外关系 · 人物卷》，生活 · 读书 · 新知三联书店，2003，第 19~34 页；杨利文：《北伐前后国民革命军的党代表制》，《民国档案》2007 年第 1 期；等等。

③ 江沛：《中国国民党早期军队政工制度的演变：1924~1928》，《安徽史学》2008 年第 4 期。

④ 王奇生：《“武主文从”背景下的多重变奏：战时国民党军队的政工与党务》，《抗日战争研究》2007 年第 4 期。

梳理，对学界了解国民党军队政工制度沿革有重要意义。[①] 孙扬在《国民党军队政工沿革的制度建构考察（1927~1937）》一文中，也尝试从制度史视角管窥国民党“以党领军”之历史逻辑，揭示政工理念与实践脱节的落差所在。[②] 孙扬的另一篇文章《国共两党军队政治工作比较初探（1927~1937）》则较有开拓性，对国共两党军队政治工作进行了比较研究。[③] 他指出早期两党军队政工的内在差异对日后政工发展路径与实际效果产生了深远影响。李翔的博士学位论文《国民革命军政教体制研究》，在“抗日战争中之政教体制”一章中，论述了军委会政治部与国民党军队政治教育的关系。[④] 此后，李翔在国民党军队政工研究上进行了深度耕耘。[⑤] 上述三位学者对国民党军队政工的多个侧面进行了研究，呈现出一个多元化国民党军队政工发展面貌。

军委会政治部第三厅近年来为中共党史学界所关注。该机构成立于1938年4月。相比于第一厅、第二厅，第三厅极具特殊性与复杂性。该厅成为全面抗战初期两党合作的重要实践平台，聚集了一批中共党员与友好人士，厅长郭沫若就是一位秘密党员，相关内容过去甚少得到史家注意。[⑥] 目前学界关于中共与军委会政治部关系的研究，多来自党史学界，著述颇丰。所参考的资料多为中共方面的各类文献，如周恩来、郭沫若、阳翰笙等人的年谱、书信、文集等，对中共在军委会政治部第三厅中发挥的作用

---

① 孙桂珍：《国民革命军政治工作制度研究（1924~1949）》，博士学位论文，南开大学，2010。

② 孙扬：《国民党军队政工沿革的制度建构考察（1927~1937）》，《民国研究》2011年第1期。

③ 孙扬：《国共两党军队政治工作比较初探（1927~1937）》，《民国研究》2008年第1期。

④ 李翔：《国民革命军政教体制研究》，博士学位论文，南京大学，2008，第157~167页。

⑤ 相关研究有李翔、李国兴《主义治军、以党领军与以军控党——论1923~1926年国民党军队政工制度的引入与变异》，《江苏社会科学》2009年第4期；《国民党军队政治工作转向因素试析（1945~1946）》，《民国档案》2011年第4期；《苏俄与孙中山对植入党军体制的认知分析》，《江苏社会科学》2013年第1期；《俄制东输：国民党军队党军体制的起源（1917~1923）》，《民国档案》2016年第3期；《黄埔军校党军体制的创设：以孙中山、廖仲恺、蒋介石为中心》，《近代史研究》2016年第4期；《苏俄顾问、中共党员与党军体制的发端》，《史学集刊》2019年第5期；等等。他还出版有专著《革命的播种者：1924年黄埔军校的政工群体（1924~1925）》，广东人民出版社，2016。

⑥ 晚近的研究有郭洋《国共两党对郭沫若任第三厅厅长的不同考量》，《中共党史研究》2019年第7期。

给予高度评价，对国民党控制与打压第三厅的行为批评甚多。[①] 此外，中共中央南方局的统战与文化工作与军委会政治部也有微妙联系。[②] 其实，军委会政治部第三厅的相关内容十分复杂，值得拓展的研究点也有很多。学人应该注意搜集、整理国民政府方面的文献，并结合中共方面的资料，对军委会政治部第三厅做较为全面的分析。

总的来看，上述研究对全面抗战前的国民党军队政工着墨较多，探讨已经较为充分，但对全面抗战时期国民党军队政工的研究仍不够深入，特别是相关原始档案未得到充分挖掘与使用。此外，与军队政工发展相关的历史人物研究付之阙如，除了孙中山与国民党军队政工的关系已经有所研究外，蒋介石、陈诚、邓演达、邓文仪、袁守谦、贺衷寒、滕杰等人在国民党军队政工史上的作用，尚未得到深入解读。

2. 台湾学界的研究

台湾地区对国民党军队政工史的研究，早期由军界主导。20 世纪 50 年代初期，在台湾地区的国民党军政要人，在反思他们为何覆亡时，对军队政工效果不佳有深刻认识。蒋介石认为，“自从党代表制取消，政治部改成部队长的幕僚机关以后，军队的监察即无从实施，同时因为政工人事的不健全，故政训工作亦完全失败”。[③] 陈诚回忆说：“（抗战时期政工人员）认真做一点事，便会制造摩擦；一点事也不做，又会形同赘疣。真是左右为难，进退失据。”[④]不过，蒋介石并没有就此放弃军队政工，而是进一步强化了此项工作，相关研究也就此展开。在这期间，邓文仪组织相关人员，对苏联的军队政工展开了研究。[⑤]“国防部总政治部”则着手系统回

---

① 相关研究有崔莹《抗战初期的国民政府军事委员会政治部第三厅》，《历史档案》1989 年第 3 期；徐行《周恩来与抗战初期的政治部第三厅》，《南开学报》（哲学社会科学版）2005 年第 4 期；蔡震《从文献史料看郭沫若主政三厅始末》，《新文学史料》2012 年第 3 期；叶宗恩《国民政府军事委员会第三厅在抗日战争中的作用》，《重庆科技学院学报》（社会科学版）2016 年第 7 期；等等。

② 相关成果有胡大牛《南方局的成立与中共领导人的战略思考》，《党的文献》2011 年第 6 期；张勇《南方局与重庆文化抗战》，《史志学刊》2016 年第 4 期；王明湘《周恩来与南方局研究述评》，《周恩来研究述评》，中央文献出版社，1997；张新华《〈新华日报〉与大后方团结抗战》，《探索》1996 年第 4 期；汤志华《〈新华日报〉与抗日战争中的政治动员》，《长白学刊》2015 年第 2 期；等等。

③ 蒋介石：《国军失败的原因及雪耻复国的急务》，秦孝仪编《“总统蒋公”思想言论总集》第 23 卷，台北，中国国民党中央委员会党史委员会，1984，第 90 页。

④ 《陈诚回忆录——建设台湾》，东方出版社，2011，第 170 页。

⑤ 《邓文仪呈报对苏联军队政治工作之研究》，“蒋中正总统文物”，台北“国史馆”藏，典藏号：002-080115-00007-003。

顾1949年前的军队政治工作。1960年《国军政工史稿》出版，这是一部十分重要的国民党军队政工通史著作。[①] 该书分上下两册，基本梳理了1949年以前国民党军队政工的主要脉络，多为后世研究者引用。不过，此书的编纂者有很强的政治立场，一些论断不免有失公允。此书对于学界了解国民党军队政工发展的历史沿革有重要帮助。

20世纪60年代开始，台军开始使用“政治作战”概念来取代传统的“军队政治工作”概念，“国防部总政治部”改称“国防部总政治作战部”。“政治作战”概念当时流行于美国政治学、军事学界。它强调的是非军事因素对军事作战的辅助作用，心理战、情报战、宣传战是其三种重要表现形式，其终极目标则是在不使用大规模武力的情况下使对手屈服。[②] 简单来说，政治作战就是不全凭军事力量，贯彻全民意志、发挥整个国家战力的作战模式。这种作战思维，对“两蒋时代”台军建设产生较大影响。台军逐渐将1949年前的国民党军队政工纳入军队政治作战史框架，1983年问世的《国军政战史稿》便是这种背景下的产物。[③] 20世纪80年代开始，台湾地区军事学者对国民党军队政工史的研究，日渐侧重于1949年以来的台湾地区军队政治作战史。[④]

近年来，台湾史学界对国民党军队政工史也展开了探讨，代表性成果为吕芳上的《近代中国制度的移植与异化——以1920年代国民革命军政工制度为例的讨论》一文。[⑤] 吕芳上指出：五四运动之后至第二次北伐结束的约十年间，是中国现代史上相当关键的转折阶段。北伐之成功，离不开文武合一的力量，即军事与政治并行的“党军”。随着北伐结束，党权与军权脱离，军队政工制度逐渐演变为军指挥党，政工制度因此变质。吕芳上以这一时期军队政工制度的建立与变化，说明中国近代史上新制度的建立与移植总要经过曲折的历程。吕芳上的学生陈佑慎所著的《持驳壳枪的传教者——邓演达与国民革命军政工制度》一书，以北伐战争初期担任

① 《国军政工史稿》，台北，“国防部总政治部”，1960。

② 关于“政治作战”概念的详细阐释，参见 William Kintner and Joseph Kornfeder, *The New Frontier of War: Political Warfare, Present and Future*, Chicago: Henry Regnery Company, 1962。

③ 国军政战史稿编纂委员会编《国军政战史稿》，台北，“国防部总政治作战部”，1983。

④ 最新研究有蔡政廷《新世纪国军政治作战的转型与革新》，《复兴岗学报》（台北）总第88期，2006年；黄莜芗《国军政治作战学——政治作战制度的理论与实践》，台北，黎明文化事业股份有限公司，2010；等等。

⑤ 吕芳上：《近代中国制度的移植与异化——以1920年代国民革命军政工制度为例的讨论》，“中华民国史料研究中心”编印《一九二〇年代的中国》，2002。此文后收录于吕芳上《民国史论》（上），商务印书馆，2013，第31~102页。

国民革命军总政治部主任的著名左派人物邓演达为经纬，重探了这段影响深远的动人历史篇章。[①] 张瑞德在论及国民革命军的制度与战力时，认为抗战时期国民党军队政工在中央军中的主要工作是官兵的政治训练和思想教育，旁及官兵文化娱乐与体育活动。上述工作的成效如何，他未下论断。此外，他还指出战时国民党军队政工对军民关系工作的忽视，影响深远。[②] 曹忻《蒋经国与青年远征军政工体系的建立——以人事建制为中心》一文注意到蒋经国与青年远征军政工的关系。[③] 蒋经国在1950年出任“国防部总政治部”主任，是国民党军队政工后期发展史上的重要人物。曹忻的研究说明，蒋经国其实早有从事军队政工的实践，积累了些许经验，为日后埋下伏笔。

## （二）国外学界的研究

英语学界与本文所论主题直接相关的研究甚少。美国学者韩廉的博士学位论文《政治作战：中国国民党的模式》，是英语学界目前仅有的一篇专题探讨国民党军队政工史的学位论文。此文受当时美国政治学界、军事学界流行的政治作战学说影响，以政治作战为研究视角，考察了1924～1949年国民党军队政治作战的历程。[④] 该文对于国民党军队政工的论述，主要探讨政工人员的组织与训练、国民党军队政工政策等内容。时段上，该文基本上涵盖了国民党军队政工史的几个重要阶段；内容上，所论有些面面俱到，细节不清，不够深入，另外在史料运用上也有很大局限性。此外，美国学者易劳逸关于战时国民党军队暴露出的若干弊端的研究，对于思考国民党军队政工的评价问题有所裨益。[⑤] 英国学者方德万关于民国军事史的研究，虽未直接就军队政工展开论述，但相关论断对国民党军队政工史

---

① 陈佑慎：《持驳壳枪的传教者——邓演达与国民革命军政工制度》，台北，时英出版社，2009。

② 张瑞德：《国民革命军的制度与战力》，王建朗、黄克武主编《两岸新编中国近代史·民国卷》（上），社会科学文献出版社，2016，第211～215页。

③ 曹忻：《蒋经国与青年远征军政工体系的建立——以人事建制为中心》，《两岸发展史研究》第3期，2007年。

④ Joseph Heinlein, Political Warfare: The Chinese Nationalist Model, Ph. D. diss., The American University, 1974.

⑤ Lloyd E. Eastman（易劳逸）, John K. Fairbank and Albert Feuerwerker, eds., *The Cambridge History of China*, Vol. 13, Part 2, Cambridge University Press, 1986, pp. 557-577.

研究不乏启发意义。[①] 美国学者约西·卡尔金则研究了20世纪50年代国民党当局的军事体制，她认为1949年以前，国民党军队政工主要负责对军人与民众的政治教育，以及丰富军队的文化娱乐活动。[②]

日本学者对于战时国民党军队政工的专题研究，仅见筱田裕介『军事委员会政治部第三庁の対日伝単について』一文，关注到了第三厅如何用传单、标语等媒介进行宣传。[③] 该文所用的主要史料来自日本立命馆大学国际和平博物馆所藏的鹿地亘资料。[④] 这一研究从微观角度分析了抗战时期国民党军队宣传工作呈现出的新特点与变化。蒲丰彦也注意到武汉会战期间交战双方开展宣传战的情况。[⑤] 一些学者对抗战前的国民党军队政工有所关注。如佐佐木到一对国民大革命的研究，细井和彦对邓演达的研究，北村稔对第一次国共合作的研究等。[⑥] 日本学界对于"总体战"着墨颇多。相关研究涉及与军队政治工作有密切关系的精神战、思想战、宣传战等内容。[⑦] 此外，与国民党及国民政府政治史、军事史有关的研究，亦值得参

① 方德万的代表性著作是《中国的民族主义和战争（1925~1945）》，胡允恒译，生活·读书·新知三联书店，2007。他在书中提出，"尽管国民党在军事上可能把仗打得再糟糕不过，可是表现得却出人意料。尤其是在战争的第二阶段，这是值得好好研究的"。他的相关专题论文对笔者也甚有启发，如"War in the Making of Modern China," *Modern Asian Studies*, Vol. 30, No. 4, Oct. 1996；" The Military in the Republic, " *The China Quarterly*, No. 150, Jun. 1997；等等。

② Joyce Kallgren, "Nationalist China's Aamed Forces," *The China Quarterly*, No. 15, 1963, p. 36.

③ 篠田裕介「軍事委員会政治部第三庁の対日伝単について」立命館大学国際平和ミュージアム編『立命館平和研究：立命館大学国際平和ミュージアム紀要』18号、2017年、85-96頁。

④ 鹿地亘是日本的进步作家，战时在中国从事对日反战工作，是在华日人反战同盟的领导人之一，曾在国民政府军事委员会政治部从事宣传工作。详细情况参见鹿地亙資料調査刊行會編『日本人民反戰同盟資料』1-12卷、不二出版、1994。

⑤ 蒲豊彦「一九三八年の漢口——ペン部隊と宣伝戦」『言語文化論叢』4号、2010年。

⑥ 佐々木到一『南方革命勢力の実相と其の批判』極東新信社、1927；細井和彦『鄧演達の研究：近代中国における軍人政治家の成功と挫折』博士学位论文、立命馆大学、1997；北村稔『第一次国共合作の研究：現代中国を形成した二大勢力の出現』博士学位论文、京都大学、1999、104-106頁。

⑦ 相关研究有：仲小路彰『世界興廃大戦史』第39卷、戦争文化研究所、1940；高橋甫『百万人の戦争科学：戦力の構造と運動の理論』建民社、1953；黒沢文貴『大戦間期の日本陸軍』博士学位论文、慶應義塾大学、1998；高光佳絵『1930年代の極東国際秩序形成とその挫折：「グローバリゼーション」認識に基づく相互作用の複合的過程として』博士学位论文、一桥大学、2000；等等。总体战这一军事术语，源自一战后德国的鲁登道夫。鲁登道夫：《总体战》，戴耀先译，解放军出版社，1988。二战时期中日两国对这一学说均有关注：寺田弥吉『総力戦教書』霞ケ関書房、1941；奈良靖規『総力決戦論』直霊出版社、1943；鲁登道夫《全民战争》，董问憔译，商务印书馆，1937；柯远芬《总体战的准备和实施》，闽纵战地出版社，1942；张白衣《国家总力战论》，商务印书馆，1944；等等。

考。此处不再赘述，相关回顾参见段瑞聪与波多野澄雄的梳理。[①]

俄罗斯学者安德烈亚诺夫所编写的《俄罗斯档案：伟大的卫国战争》一书中，收录了许多关于苏联红军政治工作的重要文件，如《关于在工农红军建立军区军事委员会和军事专员制度》《关于在所有苏联加盟共和国设立军事委员和政治部主任职位的命令》等。此书是一部重要的史料汇编，对于了解二战时期苏联的军队政工制度很有帮助。[②] 以此作为比较，审视同时期中国的军队政治工作，或许能有一些思路上的启发。

## 二 既有研究聚焦的主要问题

军队政治工作的实施，以具体的制度为依托。军队政工制度只是一种宏观的、比较模糊的称谓，它在不同时期的表现形态并不相同。既有研究已经对1924~1949年国民党军队政工制度沿革进行了较为系统的梳理。概而言之，在制度史视角下，国民党军队政工发展史的主要线索已经比较清晰。

既有研究对第一次国共合作背景下的国民革命军党代表与政治部基本上持肯定态度，给予较高评价。不可否认，军队政工体系在北伐战争中发挥了不可替代的作用，如在民众动员、军中宣传、士气鼓舞等方面取得了一些的成绩。北伐战争之后，国民党军队政工的总体表现，不复昔日光彩。政工地位下降，政训处体系效力低下，统一的军队政工体系迟迟未能建立。全面抗战时期的国民党军队政工，相比于战前，制度更加健全，人员大幅度增加，地位也有所提升。那么战时国民党军队政工体系究竟表现如何，应做怎样的评价？王奇生的总体评价不高，张瑞德则认为尚需做进一步探讨。而1949年后相关军政人物的反思与回忆，对于战时国民党军队政工的评价褒贬不一。[③] 筱田裕介的研究从微观视角揭示了战时国民党军

① 段瑞聡「中国国民党・国民政府史研究の現状と課題（特集 百家争鳴の中国近現代史研究）」『研究中国』7号、2018年；波多野澄雄「日本における日中戦争史研究について」『外交史料館報』31号、2018年。

② Андриянов П. М.，Русский архив：Великая Отечественна，Moscow：ТЕРРА，1994.

③ 上文已经提到蒋介石、陈诚等人对于1949年前国民党军队政工失败的反思。长年从事政工的邓文仪晚年的回忆对战时政工肯定有加。见邓文仪《从军报国记》，台北，正中书局，1979，第342~325页。一些基层政工人员的回忆或日记也对此问题有所补充，如彭家贤《国民党军队政治工作》，全国政协文史资料委员会编《文史资料存稿选编》第16辑《军事机构》（下），中国文史出版社，2002；廖作琦《抗战时期的军队政工制度》，《传记文学》第68卷第1期；《王贻荪战时日记（1941~1942）》，香港，开源书局，2021；等等。

队政工为抗战所做的努力。笔者以为，考量战时国民党军队政工的表现，需要注意到战争的不同阶段、不同战区及中央军与地方军的差异等因素。既需要宏观评价，也需要微观评价。

国民党军队政工的发展脉络与国民党的党军关系变迁紧密相关。初始阶段，孙中山等人意图打造的是一支苏俄式的党军，因此才有了党代表的出现。“清党”运动以后的国民党军队政工，受国民党党权与军权争斗的影响，地位不如往昔，所发挥的效能也大大下降。吕芳上、江沛、王奇生等人对国民党军队政工在制度建构与运作上发生的“异化”进行了深刻剖析，认为军队政工已经不再是国民党在军队的代言人，而是军队体系的附庸。王奇生的“武主文从”解释，将军队政治工作与党务工作联系起来综合考量，这对学界理解为何国民党的军队政工未能起到应有作用提供了一种答案。“武主文从”的解释体系，对于理解国民党的军事与政治关系，特别是党军关系颇有帮助。

## 三 未来研究趋势与展望

新史料的搜集与使用，毫无疑问是史学研究创新的不二法门。在掌握丰富可靠史料的基础上，如何深度、合理解读史料则显得更加重要。此外，“旧题新作”亦未尝不可。最后笔者拟从新史料的挖掘与新视角的引入两方面，就所论议题的未来研究趋势发表一些浅见。

### （一）挖掘新史料

就笔者目前掌握的情况来看，与国民党军队政工研究直接相关的原始档案，以中国第二历史档案馆所藏军事委员会政治部档案（全宗号772）最为重要。2017 年末，完成数字化的“军事委员会政治部档案”对外开放。此全宗共有案卷 6000 余卷，其中少量与战前的国民政府训练总监部相关。国民政府军事委员会政治部成立于 1938 年 2 月，是战时体制的产物。军委会政治部档案的整理与使用，是研究战时国民党军队政工无法回避的环节。战时国民党在政策指导层面对军队政工有重要影响，大部分相关档案保存于台北的中国国民党文化传播委员会党史馆，少部分保存于中国第二历史档案馆。[①] 军队党务是国民党在军队开展政治工作

① 主要是中国第二历史档案馆所藏国民党中执委秘书处档案，全宗号 711；中宣部档案，全宗号 718。

的重要内容之一。战时国民党决定以政工兼办党务，由中央组织部会同军委会政治部共同负责，为此中组部下设有军队党务处专门对接相关业务。台北中研院近代史研究所档案馆藏“朱家骅档案”中，有一些与战时军队党务相关的史料，有参考价值。从横向联系考察，战时军事委员会侍从处、军令部、军政部等机构与政治部就具体业务的往来函电，也是值得挖掘和使用的重要档案，但目前而言，使用这几个机构的档案尚有难度。日本亚洲历史资料中心藏有一些与战时国共两党军队政工相关的资料，数量不多。

台北“国史馆”所藏“蒋中正总统文物”与“陈诚副总统文物”这两个档案系列中，有相当多案卷与战时军队政工相关。蒋介石在战时很重视军队政工，而陈诚是军委会政治部的首任部长，称得上战时国民党军队政工的关键人物。台北“国史馆”所藏张治中、贺衷寒、邓文仪、袁守谦、滕杰等政工人物的资料，也有相当价值。上述人物的日记、回忆录、口述史、自传等资料，是重要的史料。[①] 需要注意的是，“台湾档案管理局”所藏“国防部史政局”档案中，也有若干关于战时政工的档案，但数量不多，如《军事委员会政治部三十四年度工作报告》、《政工检讨会议案》（1945 年 12 月）等案卷。[②]

三十多年前，易劳逸就美国的国民党与国民政府史研究新进展发出感慨：学术环境的变化，使研究者能够利用保存在北美和欧洲的相关档案，但是对中国大陆和台湾地区所藏的档案资料利用还远远不够。[③] 相比易劳逸的时代，现在两岸档案典藏机构的开放度已经大大提升。在数量庞大的已刊文献中，分散着很多相关资料，诸如诸多军政人物的日记与回忆录，地方文史资料及相关史料汇编等，需要研究者整合梳理。

### （二）开拓新视角

首先是党军关系视角。上文已经提及，国民党军队政工发展史与国民党的党军关系变迁历程紧密相关。孙中山晚年倡导“主义治军”，打造了一支受国民党控制的党军。政工中的党代表制度成为彼时党军

① 这些资料有《蒋介石日记》、《陈诚日记》、《陈诚回忆录》、邓文仪的《从军报国记》、《康泽自述》、刘健群的《银河忆往》、《滕杰先生访问记录》、《黄通先生访问记录》等。近年出版的各种抗战老兵口述资料，也需要加以梳理使用。

② 该机构所藏档案，对中国大陆学者来说，目前来看在使用上尚有一定困难。

③ Lloyd E. Eastman, “New Perspectives on the History of Nationalist China,” *The History Teacher*, Vol. 18, No. 4, 1986, pp. 546-547.

关系的最佳写照。北伐战争结束后，国民党的党军关系发生重大变化，军队政工制度也由此异化，直到抗战结束，总体上呈现王奇生所言的“武主文从”模式。战后国民党践行“以政统军”理念，以国防部取代军事委员会，宣称努力实现“军队国家化”，政治部则改组为新闻局，最终失败。笔者以为，党军关系的视角对从宏观上考量1949年前国民党军队政工的得失与变奏有所裨益。由此进一步拓展，军事政治学关于现代国家军政关系的相关研究，①对思考国民党的党军关系变迁史具有重要意义。

就现代中国的形塑过程而言，20世纪上半叶中国的军政关系呈现极为复杂的历史图景。国民政府时期国共两党的党军关系，均与苏俄式党军体制移植到近代中国有关。苏俄式军队政工的核心原则是要加强执政党对军队的领导。从这一层面来看，国民党总体上未能做到“以党领军”，反而事实上形成“以军领党”。反观同一时期的中国共产党，拥有自己的军队要比国民党晚数年，且早期发展颇为艰难。自1929年古田会议开始，中共始终在军队政工制度设计与实践中牢牢巩固党对军队的绝对领导理念，开辟了极具特色的“以党领军”的模式。同样是从苏俄取经，为何国共两党差异如此之大？两党在战时采用了许多类似的手段开展军队政治工作，何以出现迥异的结果？问题究竟出在哪里？这些问题均值得进一步思考。

对于近代中国国共党军关系发展史的比较研究，或许可以成为一个新的研究点。在美国学界的军政关系研究中，沈大伟对此已进行了探讨。②

---

① Samuel P. Huntington, *The Solider and The State: The Theory and Politics of Civil-Military Relations*, Cambridge, MA: Harvard University Press, 1957; Samuel P. Huntington, *Changing Patterns of Military Politics*, New York: The Press of Glencoe, 1962; Morris Janowitz, *The Professional Solider: A Social and Political Portrait*, New York: Free Press, 1960; Paul Koistinen, *The Military-Industrial Complex: A Historical Perspective*, New York: Praeger, 1980. 关于军事政治学发展历程的回顾，参见段复初、郭雪真主编《军事政治学——军队、政治与国家》，台北，翰芦图书出版有限公司，2014，第63~99页；洪陆训《军事政治学——文武关系理论》（修订版），台北，五南图书出版有限公司，2016；菊地茂雄「米国の政軍関係：軍人による異論表明の在り方をめぐる近年の議論」『防衛研究所紀要』17巻2号、2015年；等等。

② David Shambaugh（沈大伟），“The Solider and the State in China: Political Work System in the People's Liberation Army,” *The China Quarterly*, No. 127, 1991。对苏联党军体制研究的代表性成果有 Amos Perlmutter and Williams Leo Grande, *The Party in Uniform: Toward a Theory of Civil-Military Relations in Communist Political Systems*, APSR, pp. 778-789。

日本学界对于中共的党军关系也极富兴趣。[①] 在理论上解释各具特色的国共两党的党军关系，开展相关具体课题的比较研究，应该是今后值得拓展的一个路径。

其次是战时政工与战后政工的贯通。既有研究对战前政工与战时政工均有较多研究，但是有意无意忽略了战后政工。从长时段来看，国民党军队政工在抗战胜利后出现了明显变化。在国防部制度下，过去的军事委员会政治部不复存在，取而代之的是国防部新闻局、监察局、民事局。[②] 1948 年初，政工局创立，政工体制再次变革，美式军事新闻制度就此被放弃。实际上，从 1944 年开始，国民党军队政工在制度设计上已经着眼于战后。到 1945 年上半年，抗战还未胜利，国民党已决定于战后取消所有军队党部，以实践“军队国家化”理念。[③] 因此，战后国民党军队政工体制的系列变革，并非心血来潮，而是一个有计划、有步骤的过程。战后国共内战期间，国民党军事作战惨败，军队政治工作表现不佳，弊端丛生。深思个中缘由，无法不联想到抗战时期国民党军队政工的诸多负面因素。战后政工所表现出的问题，其实是战时痼疾的再次发作。总之，在国民党军队政工发展史上，战时政工与战后政工实则是一体，无法割裂开来。打通战前、战时与战后的国民党军队政工史，有助于深层次分析相关问题。目前，学界尚无一部对国民党军队政工整体研究的学术著作。

最后是台湾史视域下的国民党军队政工。随着《台湾历史研究》季刊的创办，中国的台湾史研究发展到新阶段。在当代台湾史研究中，蒋介石和蒋经国时期的台军政治工作是一个值得关注的课题。探究蒋介石与蒋经国在 20 世纪 50 年代开启的政工“再造”的影响，有学术意义和现实意义。

---

① 安田淳「中国の党軍関係に関する一考察——党の軍隊に対する絶対的指導と軍の役割をめぐって（ポスト冷戦の政軍関係とシビリアン・コントロール）」『新防衛論集』24 巻 1 号、1996 年；田中仁「中国共産党の組織再編をめぐる一考察（1934-1938）-政党・軍隊と『国家』」『アジア研究』44 巻 4 号、1997 年；阿南友亮「人民解放軍考：党軍の『意図』と『能力』の乖離を読み解く（特集『和諧』後の中国）」『外交』10 号、2011 年；安田淳「『中国の特色ある現代軍事力体系』構築と『威嚇』力：二〇一二-二〇一三年の中国人民解放軍」『中国研究』7 号、2014 年；等等。

② 相关课题的新近研究参见陈佑慎《国防部：筹建与早期运作 1946~1950》，香港，开源书局，2019。

③ 战后国民党在军制改革中标榜“军队国家化”“以政统军”，实践层面究竟效果如何，仍需深入探讨。

# 结 语

综上所述，在新史料拓展、新视角引入等方面，国民党军队政工史研究还有诸多空隙有待填补。新史料之获取与解读，往往能够带来研究思路之开拓。国民党军队政治工作史是国民党政治史、军事史研究的交叉领域，内容复杂。因此，欲深入研究国民党军队政工，需要投入相当大的精力。汲取政治学、军事学的相关知识，对于提升国民党军队政工研究的理论高度有所帮助。在总结中国共产党军队政治工作重大成就之时，尝试比较分析同时期国民党军队政治工作的发展情况，不失为可行的路径。从某种程度而言，国民党的失败之处，就是中国共产党的成功之处。国共两党比较研究视角的引入，将有助于我们对历史复杂性的认识。不论做怎样的研究路径转换尝试，史实建构工作都必不可少。总而言之，国民党军队政治工作史研究领域仍有一定发展空间。

# “整体史视野下的中华民国史研究——第四届中华民国史青年论坛”学术研讨会综述

马　琳*

2022年8月24~25日，由中国社会科学院近代史研究所中华民国史研究室、南京大学中华民国史研究中心、南京大学历史学院联合主办，南京大学民国史研究中心承办的“第四届中华民国史青年论坛”在南京召开，主题为“整体史视野下的中华民国史研究”。来自国内各高校及科研机构的70余位专家学者齐聚一堂，就“民国政治的新陈代谢”“长时段视野下的民国经济”“变革之中的民国社会”“近代中国与世界”“近代文教事业的转型”“多元视角下的中共党史研究”等主题展开热烈而深入的讨论。

## 一　民国政治的新陈代谢

学者陈旭麓曾以“新陈代谢”形容近代中国社会的深刻变化，而辛亥以降最大变局应首推从帝制至共和的政体变迁，其中又有党派政治的引入与确立。作为一个政党名称，“国民党”常常习惯性指称以孙中山为党魁的“中国国民党”，然而最先以“国民党”之名组建的政党，恰恰是孙中山的清末政敌康有为与梁启超在辛亥革命后，改建前身为海外保皇会的帝国宪政会。中山大学安东强的研究呈现了这一隐僻而吊诡的史实的来龙去脉，揭示康梁在清帝逊位后同时谋划整合海内外政治力量角逐中华民国政权的秘密布置。[①] 而在基层方面，亦不乏地方实权派之间的政治角力。华

* 马琳，南京大学中华民国史研究中心助理研究员。

① 安东强：《民元康梁组建国民党活动述论》。

东师范大学的王亚飞即从个案入手，考察了辛亥之初江苏六十县民主选举县官的过程，展现出各县士绅群体围绕县级政权的控制所展开的激烈竞逐，进而导致“绅与绅战”的混乱局面，这种党团林立与派系分野互相作用，进一步加剧了地方的既存裂痕。但同时从发展的眼光来看，江苏民政长选举将投票选举从官僚系统外部引入内部，改变了权力及其合法性的来源，更试图通过“选举委任折中制”融化民意与官意。①

军阀政治是北洋时期另一典型特征。1910年代中国军阀政治的兴起有着深刻的历史背景，辛亥革命后，清朝的覆灭以及中华民国的成立，此种巨大的政治变革势必造成一时的政治失序，从而为民初军阀政治的兴起提供可能。复旦大学马建标从人的视角入手，进入近代中国军阀群体的心灵世界，从而理解军阀政治及其权力演变。北洋政府存续的十余年间，各方在中国的政治舞台及外交事务上此消彼长，然而列强的干预以及中国政客或文治派的政治努力都无法终结军阀混战的局面。马建标认为军阀政治的本质是“军事”问题和“政治”问题的结合，因此至广州革命政府发起北伐战争才现转机。② 第一次世界大战结束后，反武力、反强权成为国内思想界的焦点，而裁兵论也随之兴起。中国社会科学院近代史研究所的姜涛认为，这一时期的裁兵论不仅被部分知识分子视作解决中国社会总体问题的重要手段，也是对此前“军国民主义”和“尚武主义”的反动。五四运动以后，梁启超系提出实行以裁兵为导向的民兵制，试图借由“兵民合一”完成军阀军队的裁汰，然而这一提议却预示着“尚武”的再次回归。裁兵论最终在“五卅”以后“国民革命”“打倒军阀”的声浪中被抛弃。③刘宝吉的研究则着眼于基层，从任山东省沂水县警备队师爷的张克猷的《随营日记》入手，指出“下无法”根于“上无道”，北洋末期地方紊乱失序的困境源自军绅政权结构性的内在症结，展现出北洋末期“有权者恃权横暴，有势者倚势欺凌”的恶劣的地方社会生态。④

随着时间的推移，南方势力日益崛起，国民党政权与地方势力的摩擦逐渐成为显性矛盾。北京师范大学钟芳华梳理了九一八事变后陈济棠粤军入赣这一问题的由来、反复、重启和落地过程，揭示其背后宁粤之间的互动与博弈关系，指出为争取陈济棠支持，国民政府在粤军协饷、陈济棠职务任命等问题上，对粤采取怀柔政策，而陈济棠在入赣“剿共”名义下，

① 王亚飞：《派系、利益与党政：民元江苏县官的选举实践》。

② 马建标：《武人·政客与列强：民国军阀政治之管窥》。

③ 姜涛：《从裁兵到民兵：第一次世界大战后裁兵论在中国的演进》。

④ 刘宝吉：《社会侵蚀与军绅政权的末路：一本警备队师爷日记的历史解读》。

趁机将势力范围扩展到赣南诸县。[①] 在福建地区，“谢瘦秋案”则集中体现了北伐时期福建地方政治生态演进中福州系与新编军系两大派别营垒的冲突，中国社会科学院近代史研究所潘建华的研究将北伐战争和国民革命纳入中国社会复杂的地方性语境中进行审视，显示了新兴的南京国民政府在整合地方政局上的无力感。[②]

另外，内部党争也长期困扰着国民党政权，蒋介石即感慨“军事难，财政亦难，政治更难，党务尤难”。[③] 1923年初孙中山重返广州建立革命政府后，广东省长一职成为国民党内各派系竞逐的焦点。为推动财政统一，外省人杨庶堪出任广东省长，打破了长期以来“粤人治粤”的传统，引发了大本营内部的政治纷争，受到党内“元老派”胡汉民及蒋介石等人的抵制。中国社会科学院大学石启贤对杨庶堪就职与离任的分析展现了1923年以来国民党内各派系势力的互动博弈，以及国共合作后新旧势力的消长变化。[④] 党争同时也是“官僚南伐”话语发起的背景，即对北伐高歌猛进之际，北京政府官员却大量加入南京国民政府的现象的讨论。清华大学李世鹏从“话语”的角度来考察这一问题，认为“南伐”话语始终是在国民党内部存在的批评，同时也得到了社会舆论普遍的认可。“政治南伐”以及“官僚南伐”话语的使用，是基于国民党与其本欲打倒的对象“军阀”走向“妥协”和合作这一历史事实。[⑤] 南京师范大学严海建聚焦国民党高层内部微妙的合作与对立，利用与吴稚晖、蔡元培、李石曾、张静江等人相关的日记、书信等文献，在国民党派系格局演变的脉络下梳理“党国四老”作为一个特殊团体崛起的缘由及权势兴衰的过程，指出“四老”实际上是在其他“拥蒋”派系尚未成形的过渡期为蒋所倚重的一个政治团体；“四老”虽然是一个整体，但实际在理念、利益上均有分歧。[⑥]

时间推移至40年代末期，国共内战几近尾声，中国的政治即将打开全新的格局。贺江枫在全面搜集国共双方档案文献的基础之上，重点论述1949年卢汉为维持生存、寻求出路，游走于国共之间的心路历程，进而展现出地方实力派的传统行为逻辑在政权更迭的时代背景下愈发难以为继的

① 钟芳华：《陈济棠粤军入赣与宁粤博弈（1931～1932）》。

② 潘建华：《北伐时期的地缘、派系与革命：1927年福建“谢瘦秋案”研究》。

③ 《蒋介石日记》（手稿本），1927年3月30日，美国斯坦福大学胡佛研究所档案馆藏。

④ 石启贤：《蒋介石与1924年广东省长政潮》。

⑤ 李世鹏：《话语与政治：再释“政治南伐”》。

⑥ 严海建：《道德势力的幻像：南京国民政府初期党国四老的权势兴衰》。

现实困境，凸显1949年中国地方政治转型的复杂面相。[①]

## 二 长时段视野下的民国经济

基于政治局面的革新更动，民国时期的社会经济领域同样面临“三千年未有之大变局”。在现代化因素的冲击下，传统时代较为稳定的县级政区于近代发生松动。津浦铁路兴筑与下关商埠开放，使明清以来涨落不定的浦口沿江滩地在清末民初成为土客矛盾、官民冲突的焦点。南京大学胡箫白的文章在梳理县级政区的变动及其背后政治过程的基础上，讨论近代南京江浦地区江滩开发进程中的县域划分，凸显出行政区划变迁的“近代”维度。[②] 北京大学刘诗古则以近代长江中游的江心洲开垦为个案，关注近代国家及其制度建设在新淤洲地从“无主”向“有主”转变过程中所扮演的角色，认为堤坝的兴筑与维护作为低地社会至关重要的水利事务，实际上是国家干预与地方社会自组织治理相结合的产物。[③] 而在淮河流域，清末民初的淮河水系紊乱，河道淤塞，水患问题愈演愈烈，成为制约流域经济社会发展的主因。山东大学李发根的文章关注此前鲜少提及的北京政府治淮机构，通过梳理齐燮元主导导淮委员会的提出，引发中央、地方、社会的多方论争与解决方案的达成，探讨齐燮元的真实诉求，以及北京政府导淮委员会的最终走向及影响因素等。[④]

变动中的社会同时带来了机遇与挑战，传统以及新兴民族资本主义工商业艰难地寻求发展。广州市社会科学院的黄柏莉和华南师范大学的李晓军考察了广州茶楼这一城市民众日常公共空间在民国时期的变迁：随着国家权力不断渗入基层社会并日益强化，地方政府对茶楼治安、卫生、税收和劳资关系等方面进行了全面的管理与控制；而面对经营与生存的困境，茶楼也通过采取灵活的策略，以及行业组织、工人力量进行不懈抗争，揭示出茶楼所代表的传统小商业和地方文化的坚韧性与灵活性。[⑤] 重庆中国三峡博物馆的黄河关注到地方企业资本的“中央化”，她的研究从以四川军阀资本集团为基础创办的华西兴业公司切入，讨论了国家资本如何通过提供巨额贷款、提高占股比重等方式逐渐加强对地方公司的影响与控制，

---

① 贺江枫：《走向起义之路：1949年卢汉的政治抉择》。

② 胡箫白：《江滩开发进程中的县域划分：以近代南京江浦地区的行政区划调整为中心》。

③ 刘诗古：《改造低地：清至民国长江中游的沙洲变迁与土地开垦》。

④ 李发根：《民国北京政府“导淮委员会”的来龙去脉》。

⑤ 黄柏莉、李晓军：《博弈的舞台：民国时期广州茶楼与政府管控》。

以及战时后方股份制企业在创设、扩张的过程中获取资金的途径，同时观察到地方企业在发展过程中公司资本的演变轨迹和“央”“地”资本集团的融合与博弈。[①] 南京大学马琳则从宏观角度审视民国时期的货币政策，以南京国民政府时期对硬币铸造的管控为讨论重点，梳理了南京国民政府财政部及中央银行通过设立审查委员会、管理中央造币厂、铸造新币及辅币等一系列措施，协助、推动废两改元和法币改革等货币政策的实施，逐步建立统一而集中的新货币制度的过程。[②]

近代中日关系的变化对民国经济产生的影响深远。福建事变后，福建省主席陈仪曾希望通过向日本让渡经济利益以缓和中日关系，同时师法日本来推进现代化建设，借日方资本、技术开发安溪铁矿、建设福建铁路，以发展经济、巩固国防。南开大学黄镔的文章探讨这一合作细节，并深入探究日本对华战略的整体性推进及在中国各地的差异性。[③] 抗日战争全面爆发后，日本的经济侵略更为直接和深入，周倩倩从社会史的研究视角考察了日伪在沦陷区实行的盐业统制政策，指出失败的统制导致盐政混乱，难于整理，盐商经营步履维艰，最终出现了大范围的盐荒，沦陷区的税收和民食都受到严重影响。[④]

## 三 近代中国与世界

讨论民国时期的国际关系与外交问题，往往会涉及中日两国之间的摩擦与对抗。作为“国联与中日战争”的重要连接点，九一八事变调查和事变后的东北局势处理是李顿调查团调处的核心任务。陈海懿的研究通过再梳理调查团的调处和再审视调查团的言行，考察作为国际秩序体系维系者的国际联盟在应对中日问题时能够达到的程度及其限度，对调查团成败加以新的判断。[⑤] 中日关系的改变同时影响到其他列强的远东政策，陈梁芊考察了日本全面侵华后法国对西沙群岛的考量与行动。日本发动全面侵华战争并占领东沙岛后，法国在声明西沙“主权”的同时趁势调整其“西沙政策”，对西沙群岛实施侵占，企图通过造成“既成事实”来强化其一直以“安南”名义声索的所谓“主权”。法国对西沙的占领改变不了西沙群

① 黄河：《战时地方企业资本的“中央化”——以中国兴业公司为例》。

② 马琳：《废与立：南京国民政府时期硬币铸造问题再探》。

③ 黄镔：《安溪铁矿与中日经济合作的外交博弈（1934~1937）》。

④ 周倩倩：《沦陷区的盐政、盐商与盐荒》。

⑤ 陈海懿：《李顿调查团调处九一八事变再研究》。

岛的主权归属，但对南海争端产生的消极影响一直持续至今。[①]

与外交相呼应，中日冲突也影响着中国政局。两广事变爆发后，日本宣称中立并不加干涉，但无论是外务省还是军部，都希望趁中国内乱推进“华北分治”。张逦的研究考察了外务省与军部在因应上存在的分歧：外务省要求军部不要过分激起中国民众“排日”情绪，而军部则暗中支援两广军械策划南北呼应，武力促进华北扩张，不断激化中日民族矛盾，日本与英美等国家的在华利益冲突也日益加深。[②] 姚江鸿认为国共谈判是双方“势”与“力”的较量，而1944年日军“一号作战”一方面改变了国共两党的国内环境，同时导致美国最大限度介入中国政治，间接改变了两党的国际环境，同时也在一定程度上改变了国共力量的对比。中共充分利用这种“势”与“力”的转换来服务于谈判本身，对国民党发起政治攻势，深刻体现了战局对政局的影响。[③]

在中日关系之外，此次参会的学者对中国与其他东亚国家的互动也多有关注。北洋时期中央政府于动荡之中未能迅速建立新的边疆秩序，继而导致民族危机，史称“丑年之乱”的蒙古边境问题即在此背景之下产生。辛亥之后，外蒙古企图建立“大蒙古国”，遂于1913年大规模南犯，动乱席卷整个内蒙古。北京大学张临希的《民初国家转型下的北疆形成》讨论了外蒙古策略成因，以及民国政府在困境下的应对策略。北京政府通过政治上封锁粮运、宣慰基层，宗教上以内蒙古活佛对抗外蒙古教权，军事上针对游牧特点实施“跳庙作战”等措施，利用外蒙古的资源、地形缺陷跨出长城，取得胜利，确立现代中国北部疆界。[④] 而卢华的文章重点描述了1919年朝鲜“三一运动”爆发后，国民党人报刊舆论中亚洲想象视野里朝鲜问题的变化，以及这一变化背后所凸显的国民党人对西方文明论和帝国话语的反思、对中国和东亚区域认同的再思考。“三一运动”与五四新文化运动相呼应，对孙中山等国民党人重新思考东亚连带的革命和亚洲想象有重要推动作用，新的革命话语则因应了一战后东亚的时代思潮和中日逐渐走上对抗的现实。[⑤]

此外，对外债务自北洋时期起即为国民政府外交与财经事务中的重要

① 陈梁芊：《日本全面侵华后法国对西沙群岛的考量与行动（1937~1938）》。
② 张逦：《日本对两广事变的观察与因应——兼论事变对中日邦交调整的影响》。
③ 姚江鸿：《“势”与“力”的较量：日军“一号作战”与抗战末期的国共谈判》。
④ 张临希：《民初国家转型下的北疆形成》。
⑤ 卢华：《亚洲想象与朝鲜问题——以“三一运动”后国民党人的论述为中心（1919~1925）》。

一环，其中中英旧债更是南京国民政府整理积欠外债的重要组成部分。王钊的研究着眼于南京国民政府就整理晚清与民国北京政府的旧债而与英国展开的交涉，认为中英旧债的整理及与英国债权人的谈判为国民政府与其他国家旧债的整理提供了模板，同时也有助于中国的债信恢复。[①]

## 四 变革之中的民国社会

在整体史的框架之中，政治、经济与外交等传统史学偏好的宏大叙事不再是唯一的主题，一般社会层面的革故鼎新也成为重点探讨的对象。20世纪初期马克思主义与社会主义在中国的传播给思想界带来全新的空气。四川大学王果的文章讨论了近代中国贫困观念的第二次转变，指出社会主义、马克思主义的传入给致贫之因和救贫之策带来了新认识，并使救国方略产生变化，这些在中国语境中对致贫、救贫问题的探索，是马克思主义中国化的重要序章。[②] 四川大学周月峰认为1920年前后的“社会主义论战”常将“梁启超系”视为社会主义的反对者这一观点有待辨析，“梁启超系”事实上以社会主义者或社会主义的同情者自居，但在早期中国共产党人“劳农主义”的立场下，“不主张革命”且倾向“渐进的、改良的”社会主义带有反社会主义的色彩。[③] 王毅的文章则探究了20世纪20年代末新闻界浮现危机的时代背景，认为南京国民政府时期国民党党国体制的建立、商业资本的扩张以及民族危机持续发酵都推动着中国新闻界的革新与转型。他的研究论述这一背景下左翼记者形塑的过程：由萌生左翼心态和思想转向进而发展至建构左翼新闻理论，凝聚群体认同。[④]

此外，有数位学者关注到了妇女、家族与情感等传统史学较少涉及的话题。李志毓着眼于20世纪20年代中国妇女解放运动的“转向”，回溯新知识女性从脱离家庭到投身革命的过程，关注她们的困境、反思和主体成长，说明在一个动荡的半殖民地半封建社会中女性个体解放空间的局限，进而去理解民族、阶级话语为何能捕获大量知识女性的心灵，以及新知识女性走向革命、走向群众的开端。[⑤] 王昭也借用社会经济学中的“网络”视角，以汤蒂因与袁雪芬的交谊为例，描述在都市新兴的经济文化空

---

① 王钊：《南京国民政府时期中英整理旧债交涉（1927~1937）》。

② 王果：《贫穷的本质：近代中国贫困观念的再次反转》。

③ 周月峰：《“反社会主义者”的形成：“梁启超系”与早期中共认知中的社会主义论战》。

④ 王毅：《1920年代至1930年代中国新闻界危机与左翼记者的形塑》。

⑤ 李志毓：《一九二〇年代中国妇女解放运动的“转向”》。

间中职业女性情谊与社会网络的构建，并指出这种新的网络很大程度上摆脱了过去女性赖以为生的家族与姻亲限制，在传统社会网络缔结的一般要素之外找到新的支持系统，指向了一种具有普遍意义的现代社会情感关系。[①] 南京师范大学的易青则以调查资料为切入点，围绕法律条文审议，研究立法过程、立法源流、日本与伪满司法界的博弈以及日本法学界的影响等，将保留传统家族制度与日本构建殖民地统治秩序结合思考，对伪满洲国的“亲属继承法”加以全面的考察。[②] 中国社会科学院近代史研究所赵妍杰关注新文化运动的浪漫面相，指出五四后的中国社会在求新求变的心理引导下，弥漫着反传统、反权威的浪漫主义色彩，导致既有研究存在重思想而轻感情的状况，继而讨论了五四运动中情感因子对政治、社会和学术等领域隐而不显的塑造。[③]

## 五 近代文教事业的转型

本次会议的亮点之一是多位学者关注到民国时期文化教育领域的近代化与新学科的崛起。南京大学梁晨等人的研究以“民国大学生量化数据库”中近 8.5 万名大学生填报的亲属姓名、职业与教育等信息为基础，借助数字技术与量化分析方法，讨论近代中国大学生的家庭背景与学业发展间的关系。研究显示近代以来中国的教育精英从“官绅”家庭走向“商学”家庭，折射出社会精英阶层的转变和现代化进程；而实证数据同时表明在近代个人主义的思潮之下，家庭依然对青年学业发展与选择产生实际影响。[④]

中山大学王鹏玮从“知识史”的角度勾连民国时期地理教育与民族国家建构的关系，分析地理知识的本质、属性与围绕其展开的争论，指出在现代中国民族国家建立的过程中，地理教育被重视的原因在于基础地理教育所传授的知识。[⑤] 林伟及南京大学牛力的研究则考察了竺可桢与近代中国大学地理学系构建间的关系，竺可桢及其弟子重视借鉴世界学术潮流，对中国大学地理学建制进行调整和改造；学术制度的跨国流动彰显国家教

① 王昭：《都市职业女性情谊与社会网络的构建——以汤蒂因与袁雪芬的交谊为例（1944～1952）》。

② 易青：《法律的逻辑与殖民地统治——伪满洲国〈亲属继承法〉研究》。

③ 赵妍杰：《把情带回五四：新文化运动的浪漫面相》。

④ 梁晨、任韵竹、李中清：《近代中国大学生学业与家庭关系研究》。

⑤ 王鹏玮：《国民教育之柱石——民国中小学地理教育与国民意识的培养》。

育权力、院校学科体制与学者自主之间的博弈和平衡。[①]

尽管教育事业处于相对独立的地位，但仍不可避免地在时局动荡之中起伏飘摇。苏州大学徐鹤涛通过对北洋政府时期政府给国立、公立高校的拨款情况进行系统考察，梳理了财政变动对国立、公立高校办学经费的影响，指出在长期的政治失序与结构性的财政困境中，国立、公立高校难以走出经费缺乏的泥淖。[②] 浙江大学丁乙以江苏省教育协会这一教育团体的发起、成立、结束为主要线索，对江苏省教育协会建立前后的历史场景及其与江苏省教育协会的权势反转、关系纠葛做了全方位的描摹，补充了学界对1927年前后江苏、上海两地政治生态、教育场域与教育版图的认识与理解。[③] 社会局势的变化还影响了史学家对历史的解读。南京大学何鑫以萧一山的太平天国史研究为主题，结合萧氏的自身经历和历史背景加以分析，发现萧一山在抗战全面爆发后将太平天国史融入民族革命叙事，其文字措辞、叙述模式、分析框架和对太平天国历史地位的认知都有所变化。[④]

## 六　多元视角下的中共党史研究

在长时段的视野下，学者讨论了中国共产党在民国时期的组织建设与制度发展。北京师范大学孙会修观察了中国共产党早期发展路线转换与群众性政党的成长，认为针对1925年大发展后党员质量下降问题，中国共产党秉持布尔什维克化的“造党”理念改造组织，是其由弱变强的关键。[⑤] 安徽大学梁晨晖依托口述访谈、地方文史、县志等资料，揭示第一次国共合作破裂后，1927~1928年中共陕西暴动的生成过程，在此基础上深入探讨中共陕西党团组织在暴动中由联合到“博弈”的多面性与繁复性，深化了对中共革命历史实践中地域特征的认识。[⑥] 安徽大学黄文治在探讨安徽革命特殊性基础上，梳理土地革命时期安徽省临委“两建两废”的组织变动过程，以及土地革命时期中共在安徽组织建设方面的演进逻辑，进而以此为切入点深入探讨中共早期省委制度运行的组织实态、局限性及中央的

---

① 牛力、林伟：《从统合到独立：竺可桢与近代中国大学地理学系的构建》。
② 徐鹤涛：《穷困的大学——政府财政危机与民国前期高等教育》。
③ 丁乙：《昙花一现：1927年鼎革之际江苏省教育协会的发起、实践与收场》。
④ 何鑫：《从“天国起灭”到“革命壮澜”：萧一山的太平天国史研究与叙事》。
⑤ 孙会修：《中国共产党早期发展路线转换与群众性政党的成长》。
⑥ 梁晨晖：《从“党团联合”到“以团促党”：中共陕西暴动局面的生成（1927~1928）》。

因应方式。[①] 而自抗战中期开始，中共进一步加强沦陷城市工作，《团结报》文史周刊王富聪以华北根据地城工组织领导的伪军、伪警工作为切口，重新考察中共伪军、伪警工作的具体做法、成效及其后的制度性因素。这一过程为中共积累了敌工干部队伍和经验，也为后来的敌工工作打下了干部基础。[②]

清华大学李玉蓉的研究则关注了中国共产党在经济领域的作为，她的研究基于华北地区尤其是石家庄城市解放进程中建设与发展城市合作社的经验，探讨中共在进城之初探索城市合作社的思想及实践过程，认为这一历史经验为新中国成立之后建立全国性的供销合作社体系及城市合作社商业网络奠定了基础。[③]

南京大学孙扬跳出具体史实与史事的考证，从史学理论的角度对党史与民国史研究加以全面的思考和阐释。他认为党史研究化"弊"致利的努力，成为可资民国史研究借鉴的启示；研究者应该提出跨越学科的问题意识，克服"史料焦虑"，建立理论自觉，以"从实践出发"的当下视野，将源于现实经验的理想追寻和实践关怀运用于历史理解和历史解释，彰显史学研究的学术生命力。[④]

在大会最后的圆桌会议上，多位资深学者根据自身治史经验，对如何以整体史的视野进行中华民国史的研究发表了自己的看法。他们首先称赞了本次会议青年学者的研究成果，认为本次会议的参会论文既有从整体史角度出发，立足于民国史乃至中国近现代史的根本性议题，也有对民国重大政治转折点上各个方向的新探究，亦有从整体史的规模性拓展转型出发，运用新方法，展示新史料的佳作。对于整体史，资深学者指出整体性除了是一种形式和规范之外，更是整体的历史情境的思考。华东师范大学的瞿骏即以树做比喻，强调了整体性与根本性议题之间的关系：如果说树干是那些根本性的议题的话，一份研究不必试图将树枝、树叶、树干都呈现出来，但是在呈现树枝或树叶的同时，树干的影子、树干的形态同样要有所呈现。

---

① 黄文治：《组织史视角下安徽省临委"两建两废"述论（1927.5~1931.5）》。

② 王富聪：《抗战时期中共对沦陷城市伪军伪警的争取工作——以华北根据地党委城工部门为中心的考察》。

③ 李玉蓉：《生产抑或供销——解放战争时期城市合作社发展方向的调适》。

④ 孙扬：《化"弊"致利——中共党史研究对开拓民国史研究的启示》。

# 稿　约

《民国研究》系教育部哲学社会科学重点研究基地南京大学中华民国史研究中心主办的学术专刊。创办20余年来，在国内外民国史研究专家学者的关注与支持下，产生了良好的社会影响与学术效应，现为CSSCI来源集刊。

为适应民国史研究学科发展的需要，本刊现改由社会科学文献出版社每半年出版一辑。本刊主要刊载关于1949年前之中华民国时期相关史实与理论的研究文章，注重实证，提倡探索。热诚欢迎海内外专家、学者赐稿。

来稿要求文风朴实、论从史出、观点新颖、逻辑严密、引文准确、注释规范。本刊采用社会科学文献出版社的投稿格式和注释体例，请各位作者投稿前务必参照改妥，并校订无讹，否则恕不受理。

由于人力所限，对于来稿不能一一回复。作者自投稿之日起一个月未接到本刊备用通知者，请自行处理。本刊对决定采用的稿件，有权进行修改、删节。

根据著作权法规定，凡向本刊投稿者皆被认定遵守上述约定。

本刊专用电子邮箱：minguoyanjiu06@ sina. com

电话（兼传真）：025-83594638

南京大学中华民国史研究中心

《民国研究》编辑部

**图书在版编目(CIP)数据**

民国研究．2021 年．秋季号：总第 40 辑 / 朱庆葆主编．-- 北京：社会科学文献出版社，2023.12
ISBN 978-7-5228-2977-7

Ⅰ．①民…　Ⅱ．①朱…　Ⅲ．①中国历史-现代史-研究-民国　Ⅳ．①K258.07

中国国家版本馆 CIP 数据核字(2023)第 238232 号

**民国研究**（2021 年秋季号　总第 40 辑）

主　　编 / 朱庆葆

出 版 人 / 冀祥德
责任编辑 / 李丽丽
文稿编辑 / 徐　花
责任印制 / 王京美

出　　版 / 社会科学文献出版社·历史学分社（010）59367256
地址：北京市北三环中路甲 29 号院华龙大厦　邮编：100029
网址：www.ssap.com.cn
发　　行 / 社会科学文献出版社（010）59367028
印　　装 / 唐山玺诚印务有限公司

规　　格 / 开　本：787mm×1092mm　1/16
印　张：19　字　数：339 千字
版　　次 / 2023 年 12 月第 1 版　2023 年 12 月第 1 次印刷
书　　号 / ISBN 978-7-5228-2977-7
定　　价 / 98.00 元

读者服务电话：4008918866